《论语》人物传

付华丽　著

贵州出版集团
贵州人民出版社

孔子弟子像(局部)

唐·阎立本 绘

图书在版编目（CIP）数据

《论语》人物传 / 付华丽著 . -- 贵阳：贵州人民出版社 , 2024.7（2025.3 重印）

ISBN 978-7-221-18127-5

Ⅰ . ①论… Ⅱ . ①付… Ⅲ . ①《论语》—研究 Ⅳ . ① B222.25

中国国家版本馆 CIP 数据核字 (2023) 第 256187 号

LUNYU RENWU ZHUAN
《论语》人物传

付华丽/著

出 版 人：	朱文迅
策划编辑：	龚　璐
责任编辑：	黄　伟
助理编辑：	陶　娟
装帧设计：	温力民
责任印制：	蔡继磊
出版发行：	贵州出版集团　贵州人民出版社
地　　址：	贵阳市观山湖区中天会展城会展东路 SOHO 公寓 A 座
印　　刷：	深圳市新联美术印刷有限公司
版　　次：	2024 年 7 月第 1 版
印　　次：	2025 年 3 月第 2 次印刷
开　　本：	787 毫米 ×1092 毫米　1 / 16
印　　张：	35　彩插 4P
字　　数：	423 千字
书　　号：	ISBN 978-7-221-18127-5
定　　价：	88.00 元

如发现图书印装质量问题，请与印刷厂联系调换；版权所有，翻版必究；未经许可，不得转载。

序

《论语》是一本语录，全书一共20篇，计492章，记录的是孔子与弟子们的问答，以及孔门师徒与当时政治家们的一些对话。他们议论时政、探讨修身、评价历史人物……通过这些问答，既鲜明地呈现了孔子的性格特征和思想观点，也生动地刻画了孔门弟子及相关历史人物的个性特点。

《论语》的语言是精简的，思想是深刻的，但编排却是散乱的，其思想表达方式往往是意在言外。若要深刻理解《论语》的思想，准确把握孔子思想的"一以贯之"之道，则需要进一步了解《论语》中每一个说话者的背景，包括他们的出生、经历、性格、处境等。《论语》中的每一句话都是真实生命的展现，都是那个时代的哲思。

本书的编写方法，是在《论语》原文基础上，打乱其原有顺序，以人物为线索，重新进行集结。本书一共选出了61个《论语》中出现过的人物，除孔子本人之外，另有孔子弟子23人，与孔子同时代的政治家、圣贤、国君、隐士等人物共计37人。编写过程中，尽可能从《论语》原文中寻找其思想的内在逻辑，力图做到逐章解释。如不尽如人意，则参考《礼记》《史记》《诗经》《尚书》《孔子家语》等文献，从中寻找更为丰富的补充性资料，以寻求更准确合理的解释。

本书的编写以"返本开新"为基本原则，其关键在于"返本"，即尽可能回到"孔子的本怀"，理解孔子的原意，具体表现为：

（一）回到《论语》本身，从原典中挖掘准确释义，前后文打通，以本经解本经，使书中的人物鲜活起来。

（二）回到《论语》人物本身，从人物的出生、经历、性格、处境等各个方面，分析其所讲之话的出发点、言外之意，以及其话语中透射出来的哲思。

（三）回到春秋末期那个礼崩乐坏的大时代，思考时代对人物的影响，从而找出《论语》思想的底层逻辑。

（四）回到以尧、舜、禹、汤等历史人物、古圣先贤的文化传统中，探寻儒家思想如何一步一步成为一个真正的学派。

（五）回到儒家关于人性的基本看法，揣摩《论语》人物说话时的心理状态、情绪情感，建构鲜活的人物形象，体会说话者的言外之意。

本书取名为《〈论语〉人物传》，并非是为《论语》中的人物作传记，而是以人物为线索来阐述和观照《论语》全书的思想，在《论语》原文的基础上，补充了相关资料，以期帮助读者在更宏阔的历史和知识背景下理解人物性格及其思想。此书为个人多年学习与思考《论语》的心得，挂一漏万，仅供参考。不足之处，敬请批评指正。

付华丽

2023年7月于筑城一阳书房

目　录

上篇　孔子
　　生平行状 ··· 003
　　论君子 ··· 046
　　论道、德、仁 ··· 090
　　论诗、礼、乐 ··· 133
　　论教与学 ··· 167
　　谈为政、修养及其他 ··································· 201

中篇　孔门弟子
　　子路 ··· 239
　　子贡 ··· 285
　　颜渊 ··· 317
　　子张 ··· 334
　　子夏 ··· 352
　　子游 ··· 369
　　曾子 ··· 378
　　有子·宰我 ·· 390

冉耕·冉雍·冉求 …………………………………… 402

闵子骞·司马牛·樊迟 …………………………… 419

公冶长·南容·子贱·漆雕开·公西华·原思·孺悲 … 434

下篇　其他人物

孟庄子·孟懿子·孟武伯·孟敬子 ……………… 449

叶公·仪封人·王孙贾·恒魋·阳货·公山弗扰·佛肸 … 457

接舆·长沮·桀溺·丈人 …………………………… 468

三桓·季文子·季氏·季康子 ……………………… 474

鲁昭公·鲁定公·鲁哀公·齐景公·卫灵公·晋文公·齐桓公
　………………………………………………… 487

伯夷·叔齐·柳下惠·臧文仲·臧武仲·令尹子文·崔子·陈文子·微子·箕子·比干 ……………………………… 507

泰伯·管仲·公叔文子·宁武子 …………………… 522

尧·舜·禹·文王·武王·周公 …………………… 534

参考文献 ……………………………………………… 551

上篇

孔子

生平行状

一

孔子，子姓，孔氏，字仲尼，春秋末期鲁国人，生于公元前551年9月28日，卒于公元前479年4月11日，享年72岁。

《史记·孔子世家第十七》载：

孔子生鲁昌平乡陬（zōu）邑。先宋人也，曰孔防叔。防叔生伯夏，伯夏生叔梁纥（hé）。纥与颜氏女野合而生孔子，祷于尼丘得孔子。鲁襄公二十二年而孔子生。

孔子的曾祖父是宋国人孔防叔，祖父为伯夏，父亲是叔梁纥。至孔子，其家迁到鲁国，为第四代。《孔子家语·本姓解第三十九》记载，孔子父亲叔梁纥"身长十尺，武力绝伦"，个子非常高，武力高强，曾做过鲁国的陬邑大夫，所以孔子年轻时被称为"陬人之子"。叔梁纥勇武，曾立过大功，在晋国入侵时力举城门解救士兵，在齐国军队入侵之时，营救过鲁国大夫臧武仲。鲁国大夫孟献子说他像老虎一样有力，与当时鲁国名将狄虒（sī）弥、秦堇父合称为"鲁国三虎将"。

《孔子家语·本姓解第三十九》记载，叔梁纥"虽有九女，而无子……其妾生孟皮，字伯尼，有足病，于是乃求婚于颜氏……"孔子父亲叔梁纥的妻子生了九个女儿，妾生了一个儿子。也就是说，孔子有九个同父异母的姐姐和一个同父异母的哥哥。孔子的哥哥，字"伯尼"，"有足病"，是个残疾人。显然，孔氏家族缺少男性劳动力。于是，叔梁纥向颜氏父亲求婚。颜氏父亲，也就是孔子的外祖父，十分欣赏叔梁纥的勇武，将自己的小女儿颜征在嫁给了他。颜征在，即孔子的母亲。

《史记·孔子世家第十七》记载："孔子三岁而叔梁纥卒，葬于防……孔子母死，乃殡五父之衢。"孔子3岁的时候，父亲就去世了，安葬在祖居地防。17岁时，孔子母亲去世。孔子想把母亲与父亲合葬，但是因为父亲去世的时候，自己年纪太小，不知道父亲葬在何处，只能将去世的母亲临时安葬在五父之衢（鲁国地名）。《礼记·檀弓上第三》记载："孔子少孤，不知其墓。……问于郰曼父之母，然后得合葬于防。"也就是说，孔子后来经过打听才找到父亲的墓，终于把母亲与父亲合葬。

由这些历史资料可知，孔子出生于士人家庭，但是早年身世颇为惨淡，3岁丧父，17岁丧母，连父亲葬在哪里都不知道。这样的家庭出身，在《论语》中，孔子有所回忆。

《论语·子罕篇第九》记：

太宰问于子贡曰："夫子圣者与，何其多能也？"
子贡曰："固天纵之将圣，又多能也。"
子闻之，曰："太宰知我乎？吾少也贱，故多能鄙事。君子多乎哉？不多也。"

春秋时期的宰相称太宰。太宰问孔子的学生子贡,为什么孔子如此"多能"?子贡秉持的是一种"天才观",认为孔子是"天纵之将圣",意思是上天要让孔子成为圣人,所以孔子"多能"。不过,孔子本人并不这么看,他觉得太宰和子贡都不了解自己。孔子自述"吾少也贱,故多能鄙事",认为自己小时候出身卑微,父亲早逝,作为家里唯一一个身体健康的男孩子,很小就要帮助母亲干活,所以自己能做很多杂事,故曰"多能鄙事"。孔子并不认为自己有很多才能,而是认为自己只会做些"鄙事"而已,这其实是一种谦虚的表达。鲁迅笔下的孔乙己,在逗孩子们吃茴香豆时就常学着孔子说"多乎哉?不多也"。

《史记·孔子世家第十七》载:"孔子为儿嬉戏,常陈俎豆,设礼容。""俎豆",是古代祭祀时用来盛放食物的礼器。所谓"俎豆之事",即指祭祀活动。司马迁认为孔子小时候"常陈俎豆,设礼容"是小儿"嬉戏",其实未必。孔子早年丧父,又是家中唯一身体健康的男丁,早早地就承担起家里的祭祀活动,逢年过节祭祀父亲、祭祀祖先,是完全合情合理的。对于少年孔子来讲,能够承担起这项工作,是很了不起的事情。或许因为这个原因,当时很多人都知道"鄹人之子知礼"。

《论语·八佾篇第三》记:

子入太庙,每事问。
或曰:"孰谓鄹人之子知礼乎?入太庙,每事问。"
子闻之,曰:"是礼也。"

《论语·乡党篇第十》记：

入太庙，每事问。

这可能是孔子年轻时候的故事。

孔子有机会进入太庙，每件事情都要问一问。"太庙"，也称"大庙"，是祭祀帝王祖宗之庙，也称"祖庙"。对于鲁国来讲，"太庙"就是祭祀周公的庙。按照周朝的礼制，祭太庙一般五年一次，称为"禘"。

五年一次的大祭，必定非常隆重。孔子或许得到了"入太庙"观礼的机会。乡里的人都传说孔子懂礼，结果孔子一进到太庙里，每件事都要问一问。有人质疑他，"谁说鄹人之子孔丘懂礼呀，到了太庙里面，什么都要问。"言下之意就是孔子什么都不懂。其实，并不见得是孔子不懂，而是孔子不想那么张扬，所以才会以谦虚谨慎的态度多多请教。

孔子年轻的时候被人轻视，恐怕是经常发生的事情。《史记·孔子世家第十七》载："孔子要绖（dié），季氏飨士，孔子与往。""绖"，就是用麻做的丧带。孔子母亲去世不久，还处于服孝期，正好遇到鲁国大夫季氏犒劳款待士人，年仅17岁的孔子也去了。孔子父亲曾为鄹邑大夫，属于士阶层，所以，孔子认为自己当属受邀之列。然而，没有父母护持的青年，家道中落，在复杂而势利的贵族阶层中是难以获得尊重的。季氏的家臣阳虎并不欢迎孔子的到来。《史记·孔子世家第十七》载："阳虎绌曰：'季氏飨士，非敢飨子也。'孔子由是退。"阳虎不仅把孔子拒之门外，还讽刺说"季氏是款待士人，不是款待你！"这对于孔子来讲，是何其尴尬的一幕。

史书上记录下来的资料是有限的，但是通过这些零星的记录，可以推测，孔子对人情冷暖、世道艰难的体会可能比一般人更为深刻。

二

司马迁在《史记·孔子世家第十七》中描写孔子的长相为"生而首上圩（wéi）顶，故因名曰丘云"。意思是孔子的头顶天生就四周高，中间低。"圩"，就是洼田四周的田埂。孔子的头顶长得很奇怪，令人难以想象，总之是不好看的。司马迁又说"孔子长九尺有六寸，人皆谓之长人而异之"。大概孔子遗传了父亲的身高，长得又高又壮，当地人都称其为"长人"，对他长得这么高壮感到很惊异。周代一尺约等于19.9厘米（亦说约等于23.1厘米），孔子父亲身高"十尺"，折算下来约为1.99米；孔子本人身高"九尺六寸"，折算下来约为1.91米。可见，孔子的身高，无论当时还是现在，都是出类拔萃的。

《孔子家语·困誓第二十二》关于孔子的外貌，记述为："其长九尺有六寸，河目隆颡（sǎng），其头似尧，其颈似皋繇（yáo），其肩似子产，然自腰以下，不及禹者三寸。"这样的外貌描写很难令人产生直观的想象，毕竟也没有人知道尧、皋繇、子产、禹这些人长什么样，但是通过"九尺有六寸，河目隆颡，腰以下不及禹三寸"这一类描述，还是可以勾画出孔子的面貌轮廓来：个子很高，额头向外隆起，上身长，下身短。总之，这种的样貌在如今的大多数人眼里，并不能称为英俊好看吧。

《史记·孔子世家第十七》也有如是记载：

郑人或谓子贡曰:"东门有人,其颡似尧,其项类皋陶,其肩类子产,然自腰以下不及禹三寸,累累若丧家之狗。"子贡以实告孔子。孔子欣然笑曰:"形状,末也。而谓似丧家之狗,然哉!然哉!"

意思是,有人给子贡讲,城东门有一个看起来可怜兮兮的人,像一条"丧家之狗"。孔子对于这个评价欣然接受,连连说"是这样,是这样"。这种自嘲的方式,可以看出孔子在面对困境时乐观随顺的心态。

古人用尧、皋陶、子产、禹这些古代圣王来比喻孔子,其目的不在于描述外貌,而在于隐喻其精神。这些圣王,代表着高尚的德行和伟大的功业,也就隐喻了孔子的德行和功业。尧是帝王,额头像尧,寓意着像尧一样光明于天下;脖子像皋陶,寓意着像皋陶一样公正严明;肩膀像子产,寓意着像子产那样能担重任;腿脚像禹,寓意着像禹一样不辞辛劳。所以,这些文献中看似"怪异"的外貌描写,实际上是在褒扬孔子的伟大。

《荀子·非相篇第五》记录了孔子的外貌:"仲尼之状,面如蒙倛。""倛",是古代用来驱除鬼怪的面具。荀子说,孔子的面相就像一个可以驱邪避凶的面具。这个比喻,不禁令人联想起如今我国西南片区仍然保留的傩戏面具,通常做成张牙舞爪、青面獠牙的样子,乍看挺吓人。或许荀子是想表示孔子十分有威严,可以令牛鬼蛇神望而生畏。

后世人对于孔子的长相,只能通过这些零零星星,难辨真假的记录来进行想象,愈到后来就愈加夸张。

宋代的《太平御览》对于孔子外貌有如此记录:"孔子长十尺,

大九围,坐如蹲龙,立如牵牛,就之如昂,望之如斗。"意思是说,孔子身高十尺,腰围九尺,高大魁梧,坐的时候像蹲龙星,站着的时候像牵牛星……又有记录说孔子"眉有十二彩,目有二十四理,立如凤峙,坐如龙蹲……身长九尺六寸,腰有六十围"。这样夸张的形容,现代人是无法想象的。不过,由此可以大概了解到,孔子的外貌在后世人的笔下时常异于常人,这说明孔子形象后来逐渐被"异化",甚至被"神化"了。

三

后世人对孔子常常有一种刻板印象,以为他只是一个读书论道的书生。实则不然。

《列子·说符》载:"孔子之劲,能拓国门之关,而不肯以力闻。"由此可见,孔子不仅继承了其父的身高,也继承了其父大力王的本事,可以徒手开城门,但是却不愿意"以力闻"。也就是说,孔子虽然有"勇武"之能,但不愿意张扬这方面的能力。

孔子的学生子路,年轻的时候曾挑衅孔子,找孔子打架。或许子路觉得孔子看起来和自己是"同款",甚至有可能从外表上看,孔子比子路更彪悍一些。以子路那种争强好胜的个性,年轻时要找孔子比试比试,完全符合他的个性。自以为是的子路,最后能够心甘情愿拜在孔子门下做学生,俯首帖耳,终生侍奉老师,如果孔子在勇武方面没有过人之处,相信子路是不会服气的。

很多资料都显示,孔子会很多勇武之士才会的技艺,并且水平很高。

《论语·子罕篇第九》记：

达巷党人曰："大哉孔子！博学而无所成名。"

子闻之，谓门弟子曰："吾何执？执御乎，执射乎？吾执御矣。"

达巷，是山东的一个地名，据考证，在今山东省兖州市新兖镇旧关村一带，为春秋时期莒国所在地。达巷党人，通常被认为是春秋时期莒国的一位神童项橐。项橐能言善辩，极其聪明，连孔子都深感佩服，以之为师。《战国策·秦策》中的"文信侯欲攻赵以广河间"、司马迁《史记·樗里子甘茂列传第十一》等典籍均记有"项橐生七岁而为孔子师"的故事，《三字经》云"昔仲尼，师项橐。古圣贤，尚勤学"，以此鼓励年轻人要像孔子这样"不耻下问""见贤思齐"。

项橐对孔子也极其佩服，称赞孔子太伟大了，认为孔子博学多才，都不知道该用哪方面的才能来称赞他了。言外之意，孔子精通的技艺太多了，是个全能型人才，都不知道该说他是哪方面的专家。

孔子听说这件事，在弟子们面前，反问自己应该从事哪方面的事情。"吾何执？执御乎，执射乎？吾执御矣。"是射箭呢？还是驾车呢？孔子自己给自己两个选项，说明射箭和驾车都是他所擅长的。不过，孔子最后还是选择了"执御"，可能还是觉得自己的驾车技术更高超一些吧。

古代男子通常要学六艺，即"礼、乐、射、御、书、数"，孔子对于"御"这门技术，必然掌握得相当好。事实上，在后来孔子及众弟子周游列国期间，孔子确实是亲自驾驭马车的。

《论语·微子篇第十八》记:

长沮、桀溺耦而耕,孔子过之,使子路问津焉。

长沮曰:"夫执舆者为谁?"

子路曰:"为孔丘。"

曰:"是鲁孔丘与?"

曰:"是也。"

……

这一章记录的是孔子及众弟子从楚国叶（shè）地离开,准备返回蔡国,要找渡河的地方。孔子让子路去问正在田里劳作的长沮、桀溺。长沮、桀溺反问子路"夫执舆者为谁?""执舆",就是驾车。子路曰"为孔丘。"可见,孔子曾亲自驾车。

孔子不仅有很好的驾车水平,射箭水平应该也相当不错。

《礼记·射义第四十六》载:"孔子射于矍（jué）相之圃,盖观者如堵墙。"意思是,孔子在矍相的菜园里演习射礼,围观的人多到如一堵墙。想象一下,如果孔子对箭术一窍不通的话,他射箭怎么可能引来这么多人围观呢?射箭作为古代男子的必备技能,如果孔子水平不够的话,又怎么能够收服心高气傲、崇尚武力的学生子路呢?不仅如此,从《论语》的一些篇章中,还可进一步看出孔子射箭水平应该是很高的。

《论语·八佾篇第三》记:

子曰:"射不主皮,为力不同科,古之道也。"

这是孔子对射箭发表的看法。

"皮",就是古时候用皮做的箭靶子,也称"侯"。"皮"的中心,也就是靶心,称为"正鹄"。"科",指类别、等级。孔子认为,古人的射箭之道,目的不是射中靶心,即"射不主皮",因为每个人的力量不一样。每个人天生的力量不同,如果用同样的标准来考量,都要求射中靶心,这是不合理的。

"射"是古代"六艺"的一种,是古代男子的必备技能。但是,到了周朝,射箭已经不仅仅是一种捕猎的方式,而是被扩展成了一种社交礼仪。就像现代的运动会一样,看起来是一项体育赛事,实际上已经承载了政治、社交、礼仪等诸多方面的内容。

周朝的"射礼"分为四种:一是大射,在天子、诸侯祭祀之前举行;二是宾射,在诸侯朝见天子或诸侯相会时举行;三是燕射,在平时休息之日举行;四是乡射,在地方官荐贤举士时举行。"射礼"有着明确的流程和标准,包括"备礼、迎宾、开礼、配耦、纳射器、倚旌(jīng)、诱射、一番射、二番射、三番射、旅酬、送宾"等多个步骤。"射"箭到了周代,既是一种娱乐活动,又是一种社交活动;上至天子诸侯,下至寻常百姓,无不有机会参与。

孔子对于"射道"有很深的理解。艺是道的承载,如果孔子对"射之艺"不精通,是不可能理解"射之道"的。可以推测,孔子不仅有着高超的射箭水平,并且很有可能也确实喜欢射箭。

孔子认为射箭的目的不是射中靶心,那射箭的目的是什么呢?

《礼记·射义第四十六》载:

射者,所以观盛德也……男子之事也,因而饰之以礼乐也。故事之尽礼乐,而可数为,以立德行者,莫若射,故圣王务焉……其容体比于礼，其节比于乐，而中多者，得与于祭。

射箭是男子的事，关键在于表现礼乐，在于立德，以"容""体""节"为贵，也就是以容貌、体态、礼节为贵。具体来说，"射"，以彰显"谦和、尊重、礼让"等精神为主要目的，而不以射不射得中靶心为主要目的。"射礼"主张的是"发而不中，反求诸己"。

《论语·八佾篇第三》记：

子曰："君子无所争，必也射乎！揖让而升，下而饮。其争也君子。"

射礼的很多细节，蕴藏着儒家所推崇的礼乐精神，彰显的是君子之德。这一章，孔子通过描述射礼的细节，来阐述"什么是君子作风"。

孔子认为"君子无所争"，因为君子懂得谦让，没有什么可争的。如果非要让君子"争一争"，那就射箭吧。言下之意是，别瞎嚷嚷，穿上行头赛场上见真章。"揖让而升，下而饮"，描写的是射礼的流程：射之前互相作揖礼让，上台阶；射完之后，下台阶，相互饮酒。孔子认为这样的"争"才有君子风度，是"君子之争"。

孔子对于射礼非常熟悉，也非常理解射礼的意义不在于"射"本身。由此可推知，孔子参加的此类活动应该不少，水平应该也不低。只是孔子不以勇武之事逞能，一般不喜欢谈论这些事。

《论语·述而篇第七》记：

子钓而不纲，弋不射宿。

"纲"是古代用于捕鱼的一种方法：用绳子结成密网，放在水里，可以捕到更多的鱼。但是孔子从来不用这个方法，故说"钓而不纲"。"弋"是古代的一种射箭方法：箭上绑着一根细绳，射中鸟之后，绳子就会缠绕在鸟身上，鸟就跑不掉了。孔子也用这个方法捕鸟，但是他从来不射正在睡觉的鸟，故说"弋不射宿"。

弟子们之所以知道这些细节之事，并且记录下来，说明孔子一定经常带着弟子们钓鱼和射箭，并且水平也一定不差。

钓鱼和射箭这些"游于艺"的事情，很容易使人耽于享乐，沉溺其中。"钓而不纲，弋不射宿"，是孔子自己作好的行为示范，他是把自己作为教具，于生命实践之中展现天地之道，上学而下达。善学者，自然会有收获。

由以上内容可知，孔子不仅力大有勇，还擅长驾车、喜欢钓鱼，射箭水平也相当高。

四

《史记·孔子世家第十七》载：

孔子年十七，鲁大夫孟僖子病且死，诫其嗣懿（yì）子曰："孔丘，圣人之后……吾闻圣人之后虽不当世，必有达者。今孔丘年少好礼……若必师之。"

按照司马迁的说法，尽管孔子年轻时不太受贵族阶层的待见，却也不乏像鲁国大夫孟僖子这样欣赏他的人。孟僖子要求自己的儿子孟懿子和南宫敬叔向孔子拜师学礼。这个时候的孔子年仅17岁，可见，孔子在很年轻的时候，就以"知礼"而闻名了。

《论语·八佾篇第三》记：

子曰："夏礼吾能言之，杞不足征也；殷礼吾能言之，宋不足征也。文献不足故也，足则吾能征之矣。"

这一章主要谈孔子自己对"礼"的认识。

他认为夏朝的礼自己能够说得出来，但是杞国的礼已经不足以证明了；殷朝的礼自己也能够说得出来，但是宋国的礼已经不足以证明了。这是因为杞宋文献资料不够。如果文献资料足够，他也能够证明。

"征"，即"证"，有验证之义。杞国是夏朝人的后代，宋国是殷商人的后代，照道理说，杞国应保存有夏朝之礼，宋国应该保存有商朝之礼。但是，历史久远，两国国人并没有留存好祖先之礼。加上文献资料也不足，所以孔子说自己也没有办法验证自己了解到的夏礼和殷礼。

由此可知，孔子对于夏商周三代的礼都很有研究，的确是一个礼学专家，孟僖子确实没有看错人。

《论语·八佾篇第三》记：

子曰："禘，自既灌而往者，吾不欲观之矣。"

或问禘之说。

子曰："不知也。知其说者之于天下也，其如示诸斯乎！"指其掌。

这两章，记录了孔子对"禘"的看法。

"禘"就是祭祀太庙，也称"禘祭"，每五年举办一次。如前所述，孔子有机会进入太庙观礼，但是，"自既灌而往者，吾不欲观之矣"。"灌"，即献酒，是禘祭过程中的一个环节。孔子的意思是，从献酒那个环节开始，自己就不想再看下去了。

有人来问关于禘礼的相关事情。孔子拒绝谈论，说自己不懂，并且感叹"如果让一个懂得禘礼的人来治理天下，是易如反掌的"。这说明当时的"禘礼"存在严重的问题，以至于让"知礼"的孔子看不下去，甚至到了不想谈论的地步。可见孔子对于当时礼制崩塌的情况，感到多么失望。

孔子不仅懂得夏商周三代礼的仪制，更能够理解礼的内涵。《论语》中关于"礼"的讨论很多，是孔子思想的重要内容。孔子为什么会精通礼呢？他是从哪里学来的呢？

唐代韩愈在《师说》里提到："圣人无常师。孔子师郯子、苌弘、师襄、老聃。"郯子是郯国国君，懂礼乐；苌弘是周敬王时的大夫，精通音乐；师襄是鲁国乐官，擅弹琴；老聃，是周王室守藏室之史，精通礼。

《史记·孔子世家第十七》载："鲁南宫敬叔言鲁君曰：'请与孔子适周'。鲁君与之一乘车，两马，一竖子俱，适周问礼，盖见老子云。"在孟僖子儿子南宫敬叔的推动下，孔子有机会得到鲁昭公的资助，出国访学，到了周朝都城洛阳，向老子问礼。韩愈所说的"孔子师老聃",应该是指这件事。

可见,孔子之所以懂礼,除了自己刻苦钻研之外,也曾经得到过名师的指导。

五

孔子35岁时,鲁国发生政治争斗,他被迫出走齐国。在齐国两年的时间,孔子也没有找到出仕机会,故于37岁回到鲁国。孔子42岁时,鲁昭公在齐国病逝,鲁定公继位。鲁国政权持续地被季氏把持,之后季氏的权力竟又旁落至家臣阳虎手中。这样的政治生态环境,在孔子看来是十分恶劣的,是"离于正道"的。

司马迁《史记·孔子世家第十七》载:"故孔子不仕,退而修《诗》《书》《礼》《乐》,弟子弥众,至自远方,莫不受业焉。"也就是说,孔子在37岁回到鲁国之后,鲁国的政治生态虽然没有给他提供出仕的机会,却开启了他人生第一次收徒的高峰期。孔子前期有名的弟子大都在这一时期收入门下。

在鲁国,季氏与家臣阳虎展开了一场殊死的政治争斗,最终以阳虎败北逃走而告终。此时的鲁国挖掉了阳虎这颗大毒瘤,急需任用新的人才,孔子终于在51岁时正式出仕。

《史记·孔子世家第十七》载:"定公以孔子为中都宰,一年,四方皆则之。由中都宰为司空,由司空为大司寇。"孔子处理政事的能力非常强,仅任中都宰一年时间,就有极好的政绩表现,四面八方的人都争相效仿他。很快他就连升三级,从中都宰升为司空,又由司空升任大司寇,主管鲁国的司法治安等工作。"定公十四年,由大司寇行摄相事……与闻国政三月……男女行者别于涂,涂不拾遗。四方之客至乎邑者,不求有司,皆予以之归。"也就是说,在孔子的治理下,鲁国国泰民安、民风淳朴,呈现出一片蒸蒸日上的气象。

但是,表面上看起来积极向好的政治,背后却暗流涌动。一方面,孔子的改革直接触犯了三桓家族的利益,而鲁国公室势力微弱,不能与三桓势力相抗衡;另一方面,齐国不容许鲁国在孔子的治理下日益强大。内忧外患的共同夹击,最终结束了孔子在鲁国的政治生涯。

《论语》中收录了不少孔子在朝堂上的行状,其中以《乡党第十》最为集中,该篇记录了很多关于孔子日常起居的状貌,描绘的孔子处处表现得谦逊有礼,体现了孔子的仁爱恭敬之心,生动地刻画了为官从政时期的孔子形象。

《论语·乡党篇第十》记:

孔子于乡党,恂恂如也,似不能言者。其在宗庙朝廷,便便言,唯谨尔。

乡党,指同乡的人。孔子在自己的家乡,与乡亲们在一起的时候,"恂恂如也,似不能言者",表现得温和又谦恭,就像不怎么会说话的样子。但是,在宗庙朝廷之上主持工作时,孔子却能够"便便言,唯谨尔",既侃侃而谈,又言辞谨慎。孔子曾任鲁国大夫,位至鲁国大司寇,身居高位,而在自己的家乡与乡亲们在一起时,却表现得很低调,毫无架子。弟子们用对比的手法,突出了孔子的性格特征。

可见，孔子非常善于根据说话场合的不同而把握说话的分寸。他在宗庙朝廷上主持工作，庄重谨慎；而与家乡父老在一起却亲切随和。能够把角色切换得这么好，确实令人赞叹。

《论语·乡党篇第十》记：

朝，与下大夫言，侃侃如也；与上大夫言，訚（yín）訚如也。君在，踧踖（cù jí）如也，与与如也。

这一章描写了孔子在朝廷上的神态举止。

大夫是官名，分为上大夫、中大夫、下大夫。孔子与下大夫说话时，"侃侃如也"，从容不迫；与上大夫说话时，"訚訚如也"，正直公正。"踧踖如也"，侍奉国君非常恭敬小心；"与与如也"，走起路来神态安详恰当。孔子在朝廷上恰到好处的表现堪称完美，既不谄媚讨好，又恭敬有礼。

《论语·乡党篇第十》记：

君召使摈，色勃如也，足躩（jué）如也。揖所与立，左右手，衣前后，襜（chān）如也。趋进，翼如也。宾退，必复命曰："宾不顾矣。"

这一章描写了孔子接待外宾时的表现。

"摈"，是专门接待外国宾客的外交官。《史记·孔子世家第十七》记载，齐景公及晏子访问鲁国时，孔子曾经参与接待。可见，孔子早在出仕之前就曾应国君之召参与外交接待事务，后来孔子作鲁国大司寇兼摄相事，更是经常有外交活动。

孔子接待外宾时,"色勃如也",即满脸庄重的神情,显得恭敬认真;"足躩如也",即加快脚步走路,以显得不怠慢宾客。"揖所与立,左右手",向站在自己左右两边的人分别作揖行礼,大方得体,娴熟稳重,丝毫不慌张;"衣前后,襜如也",走起路来,衣服前后摆动,却整齐不乱;"趋进",行走时加快脚步,以显得热情、不怠慢;"翼如也",形容孔子走路的样子,就像鸟儿的翅膀一样,轻盈灵动。

等宾客离开之后,孔子一定会向国君报告"宾不顾矣",即客人已经不回头了。言下之意,就是客人已经走远。这样才算是完成了一次外交接待。让领导随时掌握工作进展情况,是为人臣者应做的事情。《弟子规》强调弟子们要"出必告,反必面",也是这个意思。

《论语·乡党篇第十》记:

入公门,鞠躬如也,如不容。立不中门,行不履阈。过位,色勃如也,足躩如也,其言似不足者。摄齐升堂,鞠躬如也,屏气似不息者。出,降一等,逞颜色,怡怡如也;没阶,趋进,翼如也;复其位,踧踖如也。

这一章描写了孔子上朝时的表现,有大量的细节描写和动作描写。

"入公门",走进朝堂大门,神情立即严肃起来,"鞠躬如也,如不容",即恭恭敬敬,仿佛没有容身之地一样;"立不中门",孔子绝不会站在大门中间,"行不履阈",走路绝不会踩门槛;"过位",经过别人的座位前面时,必定"色勃如也,足躩如也",即满脸庄重,并加快脚步，以显得不怠慢别人；"其言似不足者"，在朝堂上说话轻声细语，不大声喧哗，仿佛气力不足一样；"摄齐升堂"，即提起衣服的下摆走上堂去，"鞠躬如也"，表现得恭恭敬敬，"屏气似不息者"，仿佛屏着气没有呼吸一样，显得十分小心谨慎；"出"，即从堂上出来，"降一等"，即下台阶，"逞颜色，怡怡如也"，意思是神情放松，面色舒展，怡然快乐，丝毫没有慌乱之感；"没阶，趋进"，下完台阶，快步向前走，"翼如也"，就像鸟儿的翅膀一样，轻盈灵动，毫不造作；"复其位，踧踖如也"，等他回到自己的位置，依然表现得恭敬谨慎。

弟子们不吝笔墨记录孔子在朝堂上的行为举止，极尽详细、生动传神，刻画了一个满怀庄重之心，恪守礼制的孔子形象。他时时刻刻将自己的行为示范给世人，从不放松自己的言行，确是万世楷模。

《论语·乡党篇第十》记：

执圭，鞠躬如也，如不胜。上如揖，下如授。勃如战色，足蹜（sù）蹜如有循。享礼，有容色。私觌（dí），愉愉如也。

这一章描绘了孔子执圭上堂的样子。

"圭"，是古代朝聘、祭祀、丧葬时使用的礼器，其名称、大小因爵位、官位和用途的不同而有所差别。《说文解字》载："圭，瑞玉也。上环下方。公执桓圭，九寸；侯执信圭，伯执躬圭，皆七寸；子执谷璧，男执蒲璧，皆五寸，以封诸侯。"《周礼·春官》"大宗伯"载："以玉作六器，以礼天地四方。以苍璧礼天，以黄琮礼地，以青圭礼东方，以赤璋礼南方，以白琥礼西方，以玄璜礼北方。"

圭一般分为两种形制，一种是上下两端平直的长条形；另一种是上端尖下端平直的长条形。周朝的玉圭,一般为尖首长条形,以素面居多,精美者刻有弦纹、兽纹等,尺寸15厘米至20厘米不等。圭,不仅是身份地位的象征,也是古代礼仪制度的象征。

"鞠躬如也,如不胜",恭恭敬敬地执圭,仿佛拿不动一样,显出严肃小心的样子;"上如揖,下如授",这是动作描写,"授",即给予,孔子手执圭向上举时,好像是在作揖,向下放时,好像要交给别人,形容动作标准、协调;"勃如战色",表现神情庄重,如临战事,充满着庄严神圣之感;"足蹜蹜如有循",走路的时候,脚步紧凑,步履稳健,就好像循着一条直线在走;"享礼,有容色",敬献礼物的时候,面露和悦之色;"私觌,愉愉如也",私下和宾客们相见时,却是轻松愉快的。

在朝堂上孔子恭敬有礼,显示出不怒自威的庄严感;在国君面前显示出温和恭顺又不卑不亢的尊严感;在私下相处中,又表现得和谐可亲、谦逊有礼……孔子的言行举止给人们做出了示范和表率。

六

孔子不仅在朝堂上表现出对礼的遵循,在日常生活中,如服装、饮食、出行等方面,也严格守礼。

《论语·卫灵公篇第十五》记:

师冕见,及阶。

子曰:"阶也。"

及席。

子曰:"席也。"

皆坐。

子告之曰:"某在斯,某在斯。"

师冕出。

子张问曰:"与师言之道与?"

子曰:"然,固相师之道也。"

这一章生动地描述了孔子接待盲人乐师冕的情景。

"师",是指乐师。"冕",是乐师的名。

古代做乐师的往往是盲人。比如,与孔子同时代的晋国乐师,名"旷",世称"师旷"。据说他为了更好地研习音乐,用针刺瞎了自己的双目。孔子的音乐老师称"师襄",实际上是乐师名"襄",也是一位盲人。此处的师冕,也是一位盲人乐师。

乐师冕来见孔子,孔子到庭院迎接他。走到台阶边,就跟他说:"这里是台阶。"走到坐席边,就跟他说:"这里是坐席。"等大家都坐下来,孔子就告诉他,谁谁谁坐在哪里,一一给他做介绍。

孔子耐心体谅地接待盲人乐师的方式,令弟子子张甚为好奇。等师冕走了之后,子张问:"与乐师交谈要用这样的方式吗?"孔子说:"这本来就是辅助乐师的方式啊。""固",指本来,固然;"相",辅助、辅佐之意。

孔子待人之恭敬、礼貌、真诚、体贴,真是令人感动。这一章淋漓尽致地表现了孔子对人的尊重。

《论语·子罕篇第九》记:

子见齐衰者、冕衣裳者与瞽者,见之,虽少,必作,过之必趋。

"齐衰者",是穿丧服的人;"冕衣裳者",是做官的人;"瞽者",是盲人。

孔子见到这三种人,即使年纪比自己小,也一定会站起来。如果从这些人身边经过,一定会快步走。孔子在行为上表现出来的礼,实际上是其心中的仁爱、恭敬、怜悯之心的自然表达,毫无刻意之嫌。

《论语·乡党篇第十》记:

见齐衰者,虽狎,必变。见冕者与瞽者,虽亵,必以貌。凶服者式之,式负版者。有盛馔,必变色而作。迅雷风烈,必变。

"齐衰者",就是穿丧服的人;"狎",亲昵、亲密之意。即便是两个人关系十分亲密,平时嘻嘻哈哈,很随意,可是如果见到他穿着丧服,也会改变神色,立即庄重恭敬起来,并表现出哀凄之情。

"冕者"是戴官帽的人,代表有公务在身;"瞽者",即盲人;"亵",熟悉之义。也就是说,孔子遇到有公务在身的人和盲人,即使和他们已经很相熟识,但也一定会表现出恭敬谦让之貌。

"凶服者",是穿丧服的人,说明家中有人去世。"负版者",背上背着书籍的人,说明这种人正在做着令人尊敬的事。"版",指古代用木板刻写的书籍;"式",通"轼",本义指车前的横木,此处做动词,理解为"伏轼",即把头低下俯伏在车前的横木上。也就是说,如果孔子坐在车上,看到路上有"凶服者"或"负版者",他会把头低下俯伏在车前的横木上,以表达自己的同情与敬意。

"有盛馔,必变色而作"。如果去别人家做客,遇到丰盛的菜肴,说明主人是尽了心费了力,付出了真情,付出了代价,孔子一定会"变色而作",也就是改变神色,露出感激之情,并且站起来表示感谢。

"迅雷风烈,必变",如果遇到迅雷和大风时,也一定会改变神色,表现出担忧恐惧之貌。

由此可见,孔子在日常生活中十分通晓人情世故,随时体贴别人的感受,可以说已经到了滴水不漏的程度,堪称典范。

《论语·乡党篇第十》记:

> 升车,必正立,执绥。车中不内顾,不疾言,不亲指。

这一章描写了孔子乘车时的一些细节。

"升车",就是上车;"必正立",一定站得很端正;"执绥",拉住扶手的带子。这是写孔子上车的动作,他先端正地站在车子面前,再拉住扶手上车。

"车中不内顾,不疾言,不亲指",在车里面,他不会东张西望,也不会叽叽喳喳地讲话,更不会去指指点点。

这些细节都体现出了孔子的修养。

《论语·乡党篇第十》记:

> 君子不以绀(gàn)緅(zōu)饰,红紫不以为亵服。当暑,袗絺(chī)绤(xì),必表而出之。缁衣,羔裘;素衣,麑裘;黄衣,狐裘。亵裘长,短右袂。必有寝衣,长一身有半。狐貉之厚以居。去丧,无所不佩。非帷裳,必杀之。羔裘玄冠不以吊。吉月,必朝服而朝。

古代对于君子的着装有明确的要求。

首先，对服装颜色的要求。这一章一共用了七个表示颜色的词，分别是：绀色（深青透红）、緅色（黑中透红）、红色、紫色、缁色（黑）、素色（白）、黄色。

君子"不以绀緅饰"，意思是，不能用绀色和緅色来做衣服的装饰和镶边。因为绀色是斋戒时用的颜色，緅色则是丧礼时使用的颜色。所以，绀色和緅色用于日常着装不合适。

"红紫不以为亵服"，意思是，不要用红色和紫色作为日常的家居服。"亵服"就是居家穿的便服。红色是比较高级的官员所穿衣服的颜色；紫色则是春秋战国时期国君公服的颜色。所以，红色和紫色也不适合日常居家着装。

其次，谈到夏天的着装规范。"当暑，袗絺绤"，夏天炎热，可以穿粗麻布或细麻布做的单衣。"袗"，指单衣；"絺"是细麻布，"绤"是粗麻布。不管是粗麻布还是细麻布，只要是穿单衣，"必表而出之"，一定要穿一件"表衣"，也就是在外面加一件衣服再出门。这是很好理解的，单布衣比较容易走光，显得不庄重，所以孔子提醒说要加一件"表衣"，这样的方法在现代社会依然是合理的。

"缁衣，羔裘；素衣，麑裘；黄衣，狐裘"，意思是衣服不同，所用的材质也不同。"缁衣"要用黑色的羊皮；"素衣"要用白色的鹿皮；"黄衣"则要用黄色的狐皮。因为棉花是在南北朝时期才传进中原，所以在古代，春夏可穿丝麻制品，冬天得穿动物的皮毛才能御寒。不同的场合，着装也不相同。比如，诸侯朝堂相见穿"缁衣羔裘"，遇到国家凶灾时穿"素衣麑裘"，年终祭祀百谷神则穿"黄衣狐裘"。

这一章还谈到居家穿衣和御寒养生的问题。"亵裘长，短右袂",居家穿的大衣要做长一点,这样才保暖;但右手的袖子要短一点,这样方便做事。"必有寝衣,长一身有半",有人说"寝衣"是睡衣,也有人说是被子。本书认为后者更符合常情,被子要比身体长,是合乎常理的。孔子强调夜间一定要盖被子,以免着凉。"狐貉之厚以居",用厚厚的狐貉皮当坐垫,以免凉气上袭,使身体受寒。孔子的这些观念,即便到今天也非常符合现代人的养生之道。

此外,孔子还谈到服丧期的着装。"去丧,无所不佩。"如果服丧期满,就没有什么不可以佩戴了。换句话说,如果一个人处于服丧期,禁忌就很多。古代服丧期一般为三年,子女披麻戴孝,百日之内穿白色衣服,百日之后,穿黑色或蓝色衣服守孝,也不适宜戴珠宝首饰。

"非帷裳,必杀之。"所谓"帷裳",是古代朝祭时使用的下装,用整幅布制成,不加裁剪。古代"衣"与"裳"各有所指。"衣"为上装;"裳"为下装,类似于裙子,也称"下裳"。《释名》曰:"裳,障也。所以自障蔽也。"裳就是保护和遮掩下半身的意思。古代纺织工具简陋,布的幅面比较窄小,所以一件下裳就是几幅布像围裙一样裹在身上。到了周朝,这种不裁剪的穿裳方法还保留于礼服中,在祭祀或朝会时穿。不过这种着装,终究是不方便的。所以孔子说如果不是朝祭时穿的裳,"必杀之",一定要进行裁剪。"杀",有减少、削减之义。春秋时期,裤子还不普遍,还不能登大雅之堂,所以孔子有如此说,是可以理解的。

"羔裘玄冠不以吊。"不要穿着羊皮衣服,戴着黑色帽子去吊丧。因为羔裘玄冠是上朝时的着装,属于吉服。按照西汉孔安国的批注:"丧主素,吉主玄,吉凶异服。"所以,吊丧时一般应穿白色的粗麻衣。

"吉月，必朝服而朝。"孔安国注："吉月，月朔也。朝服，皮弁服。"吉月也就是初一，具体指正月初一。孔子曾做过鲁国的官，每到正月初一都要穿着朝服去朝见国君，以显恭敬。

实际上，在孔子所处的春秋末期，礼制遭到严重破坏，像孔子这样遵循礼制，严格按照礼仪自我要求的人，已经很少见。所以，孔子守礼的行为不仅是那个时代的行为示范，也是历朝历代的人们的行为示范。

《论语·乡党篇第十》记：

齐，必有明衣，布。齐必变食。居必迁坐。

"齐"，通"斋"，指斋戒。这是在举行祭祀活动之前做的准备工作，主要是沐浴更衣，改变饮食、转移居住的地方，以整洁身心，以示虔诚。

"必有明衣，布"，指的是沐浴之后一定要穿布做的衣服；除此之外，还"必变食"，即提前改变饮食，如不饮酒、不食肉等。另外还要"居必迁坐"，提前换个居住的地方，如夫妻不同房，或搬到专门的房子，让心安静下来。

孔子主张，在祭祀活动之前，沐浴更衣，清心寡欲，才能显出对鬼神的虔诚庄重，这是一种真诚的态度。

《论语·乡党篇第十》记：

食不厌精，脍（kuài）不厌细。食饐（yì）而餲，鱼馁而肉败，不食。色恶，不食。臭恶，不食。失饪，不食。不时，不食。割不正，不食。不得其酱，不食。肉虽多，不使胜食气。唯酒无量，不及乱。沽酒市脯，不食。不撤姜食，不多食。

这一章记录的是孔子日常的饮食习惯。

"食不厌精，脍不厌细。"所谓"厌"，有"满足"之义。粮食和鱼肉不要仅仅满足于制作的精细。食物制作精良本身是没有什么问题的，但是孔子关注的却不是制作方面的精细，而是食物本身的好坏。所以，他提出了"八不食"和"三不多食"。

"食饐而餲，鱼馁而肉败"，其中"饐"指陈旧，放时间太长；"餲"指变味。粮食陈旧变味，鱼肉腐烂不新鲜，不食。"色恶""臭恶"，颜色和气味不正常，意味着变质了，不食。"失饪""不得其酱"，烹调的方式或佐料用得不对，不食。"不时""割不正"，不是当令的食物，肉切割得不方正，不食。"沽酒市脯"，市场上买来的酒和肉，不食。

"肉虽多，不使胜食气"。此处"虽"，意思是"虽然，尽管、即使、纵然"，表转折意味。"胜"，可理解为"超过"。"食气"，指主食。孔子的意思是，尽管肉多，也不可以敞开了吃，还是要有节制，不能够超过主食。所以，肉不多食，以不超过主食为限。

"唯酒无量，不及乱"。孔子不反对饮酒，并且承认每个人的酒量各不相同，但是饮酒要有度，其标准是"不及乱"，也就是不要喝醉。所以，酒不多饮，以不醉为限。

"不撤姜食，不多食"。与姜有关的食物，孔子每餐必吃，但是也不多吃。现代研究发现，姜有发散解表、驱寒暖胃、杀菌解毒的作用，但吃多了会损耗人体津液，刺激脾胃，导致上火或腹泻等。所以孔子认为不可多食。

从这一章来看，孔子的大多数观念，都符合现代营养学理论，有很强的科学性。相关资料显示，孔子所生活的春秋末期，人均寿命不到 30 岁，即使排除战乱因素，古代的平均寿命也很低，而孔子能够活到 73 岁，或许跟他科学合理的饮食习惯有关。可以说，孔子是公共营养学、养生学方面祖师爷级的人物。

《论语·乡党篇第十》记：

祭于公，不宿肉。祭肉不出三日，出三日不食之矣。

"祭于公，不宿肉"。古代的大夫、士要协助国君举行祭祀活动，并且要带肉助祭。孔子认为这种用于祭祀的肉，不宜用过夜的。天子、诸侯祭祀，也是当天宰杀牲畜，然后再举行祭典。天子、诸侯举行大型祭祀活动要用到牛、羊、猪，又称为"三牲"，也称为"太牢"。

活动结束后，士大夫不仅可以把助祭之肉自行带回，还可以分得天子、诸侯的祭肉。用于祭祀的肉被看作是神的恩惠，所以分吃祭肉的传统一直保持到清代。《梵天庐丛录》载："清代新年进贺，每赐群臣吃肉，其间不杂他味，煮极烂，切为大脔，臣下拜受，礼至重也，乃满洲皆尚此俗。"

"祭肉不出三日，出三日不食之矣。"古代没有冰箱，鲜肉无法保存，若不能在三天之内及时吃掉，就会变质。孔子认为超过三天的肉就不要再吃了。这些事情，在今天看来，是极其琐碎的，仿佛就是街坊大妈拉家常所说的话。为什么孔子连这么琐碎的事情都要拿出来讲一讲？为什么这么琐碎的话，弟子们都要不吝笔墨地记录下来呢？

一般而言，孔子越是强调的，往往就是越缺失的。孔子强调礼，是因为那个时候礼已崩塌；孔子强调乐，是因为那个时候乐已被破坏。此处，孔子强调"祭肉不出三日，出三日不食之矣"，也一定事出有因。在古代，由于生产力水平低，人们能够吃到肉的机会并不多。"肉食者"往往都是社会地位很高的人，或做官的人。《礼记·王制第五》记载："诸侯无故不杀牛，大夫无故不杀羊，士无故不杀犬豕，庶人无故不食珍。"换句话说，肉在当时是一种紧缺物资，即使是上层的贵族也不是每天都有肉吃的。由此可以推测，祭祀活动后分发祭肉不仅仅是一种礼仪形式，而且确实是改善伙食的机会。这就有可能导致有人想多拿多得，所以孔子善意而理性地提醒：这东西只能放三天，超过三天就吃不了了，没有必要多拿多占，颇有"止贪"的意味。

《论语·乡党篇第十》记：

食不语，寝不言。

这句话被很多人简单地理解为，吃饭睡觉的时候不要说话。如果不细察其中奥妙，只是死板地执行孔子的教条，那就有可能令一顿愉快的用餐变得压抑无比。

"食"，作为动词的本义是"进食"。现代生理学已经发现，人确实不能一边进食一边说话。因为声道与食道靠得很近，如果两者同时使用，很可能导致食物进入声道，或气流进入食道，就是人们常说的被"呛"。因此，"食不语"，强调的是不要一边进食一边说话，这确实是符合科学道理的。"寝不言"的原因是什么呢？现代科学研究发现，如果一边睡觉一边讲话，会令大脑神经兴奋，进而失眠睡不着。

因此,"食不语,寝不言",是科学合理的饮食睡眠之道,是养生学的重要法则。

《论语·乡党篇第十》记:

虽疏食菜羹,瓜祭,必齐如也。

达官贵人祭祀鬼神,可以杀猪宰牛。普通百姓怎么才能向祖先神灵表达自己的感恩恭敬之心呢?孔子说"虽疏食菜羹",即使是粗茶淡饭,甚至是野菜汤,也要祭,也要像斋戒沐浴而后祭祀一样地虔诚。

孔子的这句话非常重要,他强调祭祀的本质在于发自内心的诚意。只要有足够的诚意,哪怕粗茶淡饭、野菜汤,也可达到与那些隆重祭祀活动相同的效果。孔子的眼光,总是能够彻上彻下、上通下达,照顾到所有的人,真是令人敬佩。

《论语·乡党篇第十》记:

席不正,不坐。

在中国,东汉以后才开始流行坐凳子。在这之前,都是在地上铺上席子,即"席地而坐"。所以,席,是古人的坐卧工具。站有站相,坐有坐相。东倒西歪地坐相,显得难看、草率,有损斯文。所以,孔子说"席不正,不坐",他一定要先把歪的坐席摆正,然后才端坐上去,以显得大方得体。

《论语·乡党篇第十》记:

> 乡人饮酒，杖者出，斯出矣。

孔子与同乡人在一起饮酒，这是很常见的社交活动。"杖者"，就是拄拐杖的人，指年纪长的人。如果饮酒时有长者在，孔子绝不会先离开。中国人强调人伦秩序，长者未下席，年轻人就得陪着，这是对长者的尊重。现在人们都还有这样的观念。

《论语·乡党篇第十》记：

> 乡人傩，朝服而立于阼阶。

"傩"，也叫"傩舞"，在周朝很盛行，是一种祭神跳鬼、驱疫避邪的娱神舞蹈。傩舞队会挨家挨户走窜，在各家各户的大门前跳傩舞。每当这种时候，孔子会穿着上朝的正式服装站在东边的台阶上等候迎接，以表示对乡人们的尊重。"阼阶"，是东边的台阶，主人迎接宾客时所站的方位。孔子本人对鬼神的态度是"敬而远之"，也不喜欢和学生讨论鬼神之事。他之所以郑重其事地站在东阶迎接傩舞队的到来，本质上是对人的尊重。

《论语·乡党篇第十》记：

> 问人于他邦，再拜而送之。

孔子晚年，很多朋友和弟子分散在不同的国家。比如，孔子最好的朋友蘧伯玉和弟子子路在卫国，宰予在齐国，子贡也常出使他国。因此，如果遇到熟悉的人要去某个国家，孔子会请人向居于他邦的朋友托一点口信，带一个问候。这本来是很正常的小事。但孔子每次遇到这样的情况，总是郑重其事，极为感谢，"再拜而送之"。所谓"再拜"，就是拜两次，这是很大的礼，表示孔子的谢意与敬意。孔子表现出如此的诚敬之意，带口信的人当然也不会怠慢，必然会如实带到。这就是人与人之间真诚的互动。

《论语·乡党篇第十》记：

康子馈药，拜而受之。
曰："丘未达，不敢尝。"

康子，即鲁国大夫季康子，给孔子送药来。孔子"拜而受之"，恭敬地行礼收下。这是对季康子的感谢与尊重。按照古代的礼仪，收到礼物要立即品尝。但是，孔子却解释说"丘未达，不敢尝"，自己还没有了解清楚药的特性，所以不敢贸然尝试。

这一章的重点不在于季康子送的药是否符合孔子的需要，也不在于孔子到底有没有尝药，而在于孔子如何有礼有节地对待季康子送药这件事。

首先，位高权重的季康子送药来，孔子以礼貌的方式接受了对方的礼物；其次，孔子对没有立马品尝药物做了及时解释，以免引起误会。孔子处理人际关系，果然是成熟老到，滴水不漏。

《论语·乡党篇第十》记：

君赐食，必正席先尝之；君赐腥，必熟而荐之；君赐生，必畜之。

孔子晚年被保留了大夫之名位，与季康子、鲁哀公多有往来。

所以有前文"季康子馈药"之事，此章又有"君赐食"之事。

孔子对于国君"赐食、赐腥、赐生"，各有应对："赐食"，则"必正席先尝之"，即摆正席位，立即尝一尝，以显其热情接受；"赐腥"，则"必熟而荐之"，即煮熟后，先给祖先供上，以显其随时心中装有祖先；"赐生"，则"必畜之"，即养起来。总之，孔子对于君所赐之物，都给予了高度的重视，充分表现出孔子的感恩之心与恭敬之心。很多人对于别人所送的礼物，毫不在意，放在一边任其坏掉甚至扔掉，他不知道每一件礼物背后都寄托着送礼者的情意。孔子在意的不是那些礼物本身，而是礼物背后的那份情感。所以，他不忍心有丝毫的怠慢。

《论语·乡党篇第十》记：

疾，君视之，东首，加朝服，拖绅。

"疾，君视之"，就是孔子生病，国君来探望他。按照礼的规定，国君来访，应该穿上正装起身迎接。但是，孔子已经病得很严重，起不来了。"东首"，意思是头朝东。北宋学者邢昺（bǐng）疏："病者常居北牖下，为君来视，则暂时迁乡南牖下。东首，令君得南面而视之。"根据邢昺的注疏，古代生病的人一般是靠北边的窗户居住，而君王一般要面南而坐，所以孔子把自己的床移到了南边的窗户之下，以方便国君来看望他时，也能够面朝南边。孔子的头部朝向东边，因为东边是古人迎接客人的方位。这一切都是为了显示孔子对国君的尊重，不失礼节。不仅如此，孔子还"加朝服，拖绅"，他把朝服盖在自己的身上，拖着大带子。"绅"，就是大腰带。

由此可见，即便是在孔子生病时，也从未失礼，从不草率，严格自我要求，为人们做出示范。

这一章应该是孔子晚年的故事。

《论语·乡党篇第十》记：

君命召，不俟驾，行矣。

国君下令要召见孔子，他一定会第一时间赶到。"不俟驾"，等不到马车，就已经走了。这说明孔子的工作反应能力是非常快速的，"有令必行""有令必达"，在第一时间完成任务。实际上，这就是为人臣者的本分，体现的是忠于职守。

《论语·乡党篇第十》记：

朋友死，无所归。
曰："于我殡。"

这讲的是孔子对待朋友的态度。

"无所归"，即死后没有归宿，没有人料理丧事。这在古代恐怕也是比较常见的，尤其是春秋乱世，百姓日子艰苦，贫病交加，死后无人收殓的情况时有发生。孔子对于这些亡友充满着同情，所以自告奋勇，承担起了这份责任，说"于我殡"，主动提出由自己来负责料理他们的丧事。

这是一种充满大爱的人道主义精神，孔子用生命的实践书写着"仁"的内涵。

《论语·乡党篇第十》记：

> 朋友之馈，虽车马，非祭肉，不拜。

孔子对待朋友的馈赠，即使贵重如车马，也不会拜谢。但是祭肉除外。言下之意，如果有朋友送祭肉过来，孔子一定要拜谢。这是为什么呢？因为在孔子眼里，祭肉比车马更需要恭敬与尊重。祭肉是祭祀时的供奉之肉，象征着祖先与神灵的仁慈与爱，也象征着子孙后辈对祖先神灵的虔诚之心，里面承载着感恩、期许、仁爱等美好的情感。

孔子所重视的，是这一份发自内心的情感，所以不敢有丝毫怠慢。

《论语·乡党篇第十》记：

> 寝不尸，居不客。

这是描写孔子在家的日常行为。

"尸"，最早不是"尸体、死尸"的意思，而是指祭祀的时候，代表死者接受祭祀的人，是受祀者的扮演者。这种做法，后来被木刻的牌位或画像所替代，并沿用至今。因此，"尸"，也被引申为陈列的意思。《说文解字》曰："尸，陈也。"

"寝不尸"，大部分学者将其解释为："睡觉时不要直挺挺的像个死人一样。"这个语气听起来，像是孔子对弟子们的指示与教导。但仔细揣摩，会发现，这是弟子们在描写孔子睡觉的样子。"居不客"，描写孔子在家时不像接待客人时那样严肃拘谨。

孔子和弟子们周游列国十四年，与弟子们朝夕相处。弟子们当然十分清楚孔子睡觉的样子和生活中的情况，对弟子们来说，这些都不足为奇。只是为什么弟子们要记录这些呢？有什么用意吗？

前文所述，孔子在朝堂上，在公开场合，时刻恪守礼的规范，令人感觉孔子似乎时刻神经紧绷，不得放松。但是弟子们观察到孔子其实是很放松的。他对礼的恪守，都是"从心所欲"，而"不逾矩"，因为这一切都是自然而然，发自内心的真诚表达。"寝不尸"，描述了孔子睡觉时的安然舒适；"居不客"，则描写了孔子在家时的放松状态。

七

弟子们与孔子朝夕相处，时刻观察孔子的生活起居，在《论语》中不断地刻画和建构着孔子的形象。

《论语·述而篇第七》记：

子温而厉，威而不猛，恭而安。

这一章可以看作弟子们对孔子形象的总体描述。在弟子们眼里，孔子既温和宽厚又有威严；既令人敬畏又不暴躁；既谦逊有礼又安适泰然。这些看似矛盾不相融的特质，在孔子身上结合得恰到好处，又正好符合了孔子主张的"过犹不及"的"中庸之道"。

《论语·述而篇第七》记：

子之燕居，申申如也，夭夭如也。

这一章也是描写孔子日常居家的样子。所谓"燕居",就是闲居、安居;"申申如也",怡然舒展的样子;"夭夭如也",和颜悦色的样子。孔子并不是时刻都板起面孔的,他在家里是很放松自在的。

《论语·子罕篇第九》记:

子绝四:毋意、毋必、毋固、毋我。

"绝",本义是"断丝",引申为"断绝,尽头,不超过"等意思。"毋",即"无"。弟子们通过长期观察,发现孔子绝不会有以下四个方面的行为。

"毋意",就是不随意猜测,不主观臆断。孔子强调认识一个人或分辨一件事,不仅要"听其言",还要"观其行";不仅要"观其所由",还要"察其所安"。凡事要经过细心的观察和缜密的思考后才能下结论。他主张实事求是,重视调查研究。

"毋必",就是不专断,不要求一定如何。尤其对于功名利禄,孔子秉持"可以仕则仕,可以止则止"的态度。虽然他希望有机会施展自己的政治才华,实现自己的政治理想,但是孔子也说"如不可求,从吾所好"。人生有高远的理想和坚定的志向,但是也不必过于执着,面对变化的世界,要有灵活圆融的应对策略。

"毋固",就是不要把自己围起来,故步自封、固执己见。言下之意,是倡导人要保持开放的心胸,懂得解放思想,与时俱进。而要做到这一点,则需要广泛地学习,正所谓"学则不固"。孔子主张"三人行必有我师""见贤思齐",本质上都是在强调"毋固"。

"毋我",就要不以"我"为中心。一个人行为处世,若时刻以"我"为基本出发点,必是一个自私的人。自私是人类非理性的、原始的欲望，而人之所以为人，是由于人有超越的能力，能够超越原始的自私基因，推己及人，走向"仁者爱人"的境界。

"毋意、毋必、毋固、毋我"，是弟子们对孔子完美人格的总结，是一种圆融的境界，是圣人之境。

八

《论语·先进篇第十一》记：

子曰："从我于陈、蔡者，皆不及门也。"

这一章是孔子老年时发出的感慨。

孔子 54 岁离开鲁国，周游列国 14 年，68 岁才回到祖国。在这十几年的流亡生涯中，有些弟子一直跟随着他，师生一起出生入死，共度了许多艰难的时光。其中最艰难的应该是他们辗转于陈国和蔡国边境之时，他们几经磨难，多次差点丧命。

孔子晚年回到鲁国后，弟子们各自离散：子贡、冉求出仕，子路去了卫国，宰予去了齐国，颜渊、闵子骞、冉伯牛等学生先于孔子而逝。总之，当年那些跟随自己周游列国的弟子们已经全都不在孔子身边了。

孔子晚年回忆起自己与弟子们的过往，想到当年那些与自己一起度过艰苦岁月的弟子已不在自己身边，不免心生怀念与哀凄。

《论语·子罕篇第九》记：

> 子曰："凤鸟不至，河不出图，吾已矣夫！"

"凤鸟至，河出图"，是古代的两种祥瑞之象。"凤鸟"，是传说中的神鸟。《山海经·大荒西经》载："有五采鸟三名：一曰皇鸟，一曰鸾鸟，一曰凤鸟。"传说帝舜和周文王时期都曾出现凤鸟，预示着圣人的出现和时代的兴盛。"河图"，相传在伏羲氏时代，黄河中出现了一条龙马，背上有一张星象图。伏羲正是根据这黄河龙马背上的星象图，画了"八卦"，所以，河图的出现预示着圣明君王的出现。

春秋末期，天下大乱了几百年。孔子年事已高，等了一辈子，也没有等到圣贤明君的出现，故而感慨"吾已矣夫"，言下之意是自己有生之年已经看不到周朝的兴盛了。

可见，尽管孔子大多数时候都表现出了勇敢无畏、乐观进取的心态，但是面对那样一个不知何时是尽头的无边黑暗世界，心中也难免生起悲伤。

《论语·为政篇第二》记：

> 子曰："吾十有五而志于学，三十而立，四十而不惑，五十而知天命，六十而耳顺，七十而从心所欲，不逾矩。"

孔子自述15岁时立志于"学"。此处之"学"不是知识之学，而是生命之学，是修身之学，是"为己之学"。《说文解字》释："学，觉悟也。"所谓"学"，是生命的觉醒、心灵的觉悟，外化便表现为为人处世的具体行为，可以理解为"修身之学"。

孔子15岁立志于学，其本质是立志修身。修身的学问推致于外，就是齐家、治国、平天下的学问。这是大学问，是大学之道。换句话说，孔子15岁时就已经意识到自己有治国平天下的大责任，并以此为志向。

所谓"三十而立"，立的到底是什么呢？根据语意前后逻辑一致性原则，"立"的宾语应该是"学"，即"三十而立于学"。意思即是，孔子30岁时，已经把自己笃定地立在修身、齐家、治国、平天下的大学问之上。

《史记·孔子世家第十七》记载，孔子30岁的时候，齐景公和晏婴来鲁国访问，齐景公问孔子为什么秦穆公国小地偏却可以称霸？孔子回答："秦，国虽小，其志大；处虽辟，行中正。身举五羖（gǔ），爵之大夫，起累绁之中，与语三日，授之以政。以此取之，虽王可也，其霸小矣。"从这里可以看出，孔子对治世的学问已有一套独立的看法。他主张以"王道"治国，面对齐景公之问，他以秦国为例来阐明自己的政治见解，主张"志大，行中正"，提倡不拘一格任用贤能之人。孔子致力于追求的学问是修身的学问，也是治国平天下的学问。故而孔子所立之学亦是修身、齐家、治国、平天下之学。

这个观点，孔子在世时没有直接说出，而是由其弟子曾子在《大学》中明白地阐述出来，曰："大学之道，在明明德，在亲民，在止于至善。"并且进一步论述说"古之欲明明德于天下者，先治其国；欲治其国者，先齐其家；欲齐其家者，先修其身……"

所谓"四十而不惑"，不惑的又是什么呢？根据前后逻辑一致性原则，此句为"四十而不惑于学"。"不惑"，意味着心地清明，知道人生的正途在哪里，也知道人类命运的正道在哪里。也就是说，关于修身的大学问，孔子已经没有什么迷惑了。孔子40岁之时还未出仕，正值收徒讲学的第一高峰期。他教导学生要"志于道，据于德，依于仁，游于艺"，把握住这个基本原则，纷纷扰扰的人间事就变得清清楚楚、明明白白，当然就可以进入"不惑"的境界了。

"五十而知天命"，又是什么意思呢？孔子50岁以后出仕做官，掀开其人生的新篇章。从中都宰，升任小司空、大司寇，摄相事，仕途的快速上升，带给孔子比以往更大的考验。"不成功，则成仁"，果然仅三年多的时间，孔子就被拉下马，甚至被逼出游，开始其长达十四年的流亡生涯。对自己50岁以后这段大起大落的人生，孔子不可能不进行反省和思考。

那么，孔子面对自己颠沛流离的命运，面对礼崩乐坏的大时代，他凭什么还满怀着希望和自信呢？孔子的精神力量来自哪里呢？

在宋国遭遇桓魋追杀时，孔子自信地说："天生德于予，桓魋其如予何！"意思是上天把德行赋予了我，桓魋能奈我何？在匡城被人围攻时，孔子依然自信地说："天之未丧斯文也，匡人其如予何？"意思是上天如果不想使文化灭亡，匡人又能奈我何？

孔子之所以在面临绝境时依然保持自信的力量，是因为其内心坚定地认为自己就是那个传承古圣先贤之道的使者，其内心有着继承文化传统的神圣使命感；他坚定地认为自己就是那个高举人文主义理想大旗的旗手，所有外在的力量都无法打垮心中的这份信仰。孔子正是因为认识到了自己的天命，所以"不怨天，不尤人"，才能够奋勇直前、积极进取、无所畏惧。这也是历代儒家学者共同的人生态度，是一种积极的品格。

"六十而耳顺"，是后世学者争议颇多的一句话。依照本书的理解逻辑，此句应为"六十而耳顺于学"，这是什么意思呢？

孔子15岁立志于学，立志追求"修身、齐家、治国、平天下"的大学问，几十年的人生历程走下来，受尽了人间的甘苦荣辱，很多人对于孔子"不识时务"的理想是难以理解的，甚至还有很多质疑之声。孔子在楚国边境上曾被两个耦耕的农夫长沮、桀溺奚落，遇到楚国狂人接舆时被讽刺，甚至在陈国遭受七日绝粮的困境时，连弟子子路都开始怀疑孔子之道，质问孔子"君子亦有穷乎？"

然而，孔子60岁以后，已经完全接纳了自己的命运，他不仅可以"耳顺"，不在乎别人的看法，做到"人不知而不愠"，并且深刻地认识到自己有天命在身，故云"天下有道，丘不与易也"，正是因为天下无道，自己才有发挥力量的时候。这是何等的浩然之气！主动把社会责任扛在肩上，"虽九死而犹未悔"，这正是儒家的精神传统。战国时期的孟子说"当今之世，舍我其谁"，明末清初的顾炎武说"天下兴亡，匹夫有责"，无不铁骨铮铮，无不体现着儒家强烈的家国情怀和社会责任感。

"七十而从心所欲，不逾矩"，是一种臻于至圣的境界。按照本书的理解逻辑，本句应该是"七十而从心所欲于学，不逾矩"。

"从心所欲"，指的是完全按照自己的心意做事，想怎么做就怎么做。孔子的"从心所欲"和一般人的"从心所欲"是不同的。一般人"从心所欲"，可能会干出很多出格的事情来，而孔子的"从心所欲"是"不逾矩"的。所谓"不逾矩"，就是不逾越规矩法度。

孔子对于修身、齐家、治国、平天下的大学问已经了然于胸，找到了其根本规律，心灵也完全打开，无私欲遮蔽，所作所为依着自己干干净净的"真心"而行，怎么可能逾越规矩法度呢？这一个问题，在《大学》里得到了更加详细深入的论述。《大学》云："欲修其身者,先正其心。欲正其心者,先诚其意。欲诚其意者,先致其知。"

这一章,孔子通过对自己人生的反省,通过对整个时代与社会的观照与思考,完成了对自己人生的总结,带给后人无限的思考和启迪。

论君子

一

"君子"一词在先秦典籍中被广泛使用,是孔子思想中的核心概念之一。《论语》一共492章,有86章论及君子。"君子"是《论语》中出现频率最高的词,总共出现了106次,其中孔子直接论述君子的章节就有58章。

"君"字,从"尹"从"口"。"尹"表示治理政事;"口"表示发号施令。"君"的本义就是指发号施令,治理国家。早期"君子"这个概念,主要指的是具有政治地位的人,通常是国家的管理者,即"有位之人",还没有明显的道德色彩。到了孔子时代,"君子"一词的含义开始扩展,并逐渐被赋予了道德内涵。秦汉以后,"君子"一词则主要指"有德之人"。

《论语》中的"君子"所指代的内容,大致来说,可以分为以下四种情况:(一)仅指"有位之人",即为政者,如国君、大夫等可以被称为"君子";(二)仅指"有德之人",即道德修养高的人可以被称为"君子";(三)兼指"有德有位之人",即"有德之君",就是有道德修养的为政者,是孔子理想中的"君子";(四)特指

"某个具体的人",对男子的尊称。

在《论语》中,以上四种情况皆有涉及,有时候混杂使用。

"君子之德"是由"君子之位"推出来的。在孔子看来,德与位应当匹配,即"德配位"。君子所居之位越高,越需要高的德行,越需要良好的道德修养。如果有位之人"失德",会给社会和百姓带来灾难,此之谓"德不配位,必有灾殃"。"德不配位"者,在儒家的思想框架中,是没有资格做"君"的。所以,儒家主张的"忠君",这个"君"是有前提的——需要与之相匹配的君德。儒家对"君"有很高的道德要求,如果达不到与"君"相匹配的道德水平,则"君不君",这样的"君"就是"伪君子",而不是"真君子"。学习《论语》,了解孔子之为人及其思想,需要认真梳理《论语》中各章"君子"的含义,才能建构起孔子完整的"君子论"。

二

《论语·学而篇第一》记:

子曰:"学而时习之,不亦说乎?有朋自远方来,不亦乐乎?人不知而不愠,不亦君子乎?"

这是《论语》的开篇,是中国人耳熟能详的句子。

孔子在这里连发三问:"这不是很愉悦的事吗?这不是很快乐的事吗?这不是君子的作风吗?"这种"三连问"的表达方式,语气不可谓不强烈。

从愉悦到快乐,到君子作风,是一个个境界层层推进的过程,它们共同的主语是君子。换句话说,君子如果能"学而时习之"就会感到愉悦,如果"有朋自远方来"就会感到快乐,如果能够做到"人不知而不愠",就是君子之风。

何谓"学而时习之"?

《说文解字》释:"学,觉悟也。""学"古时写作"斆",最早的意思是"对孩子进行启蒙教育使之觉悟"。"习",古时写作"習",表示鸟儿在白天飞行。鸟儿要学会飞,需要反复地尝试,因此可引申为"练习、实践"之意。"时",古时通常有"时令""时节""时机"等意思。这句话,主要是说给"有位之君"听的,其意思是,君子如果觉悟到为君之道,应该要寻找时机来进行实践,这是令人愉悦的事情。而事实上,孔子所处的时代,那些"为人君者"往往是不觉悟的,弄不清楚"为君之道"。这些人虽处在君位,但迷惑很多,挂碍很多,成天患得患失,担心这样担心那样,活得很不自在、很不坦荡。

何谓"有朋自远方来"?

"朋"字,最早的意思是两串贝壳系在一起,表示"聚集、聚合"的意思。按照《说文解字》所说,"朋"最早还写作"凤",因为凤飞起来的时候,"群鸟从万数",有"聚集在一起"的意思。后来"朋"与"友"字组词,形成"朋友"的概念,指志同道合或情意相投的人。孔子所处的春秋乱世,各诸侯争相求强大,他们需要人才,也需要劳动力。如果一个"有位之君"能够吸引天下各地的人才归附,当然是一件令人快乐的事情。

何谓"人不知而不愠"?

这句话的本义是"别人不了解自己却也不生气"。怎么会出现君子不被人了解的情况呢？其实，任何一个好的君主，其颁布的命令，其为政的主张，不可能让所有人都满意，难免会遭受到非议。在孔子看来，不被人理解是不必懊恼和生气的。这代表君子博大的心胸，是君子应有的作风。

依照本书"返本开新"的解读原则，此章本义是孔子为"有位之君"立言。当然，这样的智慧之光是具有普适性的，因此，孔子既是为"有位之君"立言，也是为天下所有人立言。经典的价值就在这里——它既可以是特指的，又可以是泛指的。

《论语·学而篇第一》记：

子曰："君子不重则不威，学则不固。主忠信，无友不如己者，过，则勿惮改。"

这一章孔子很明确地指出了"君子"应该有的四个方面的作风：首先是"重"，其次是"学"，再次是"忠信"，最后是"过勿惮改"，一共四个方面。

所谓"重"，即"庄重"。一个君子，如果言行不庄重，就没有威严；没有威严，就得不到人们的尊重；得不到人们的尊重，其说的话也就没有分量；君子说话没有分量，政令就无法施行；政令无法施行，社会就没有秩序。因此，"不重则不威"，是孔子对君子提出的第一个建议。

所谓"学"，就是"觉悟"。"觉悟"的前提是"不固"。《说文解字》释："固，四塞也。"要觉悟就不能固塞。开放的心灵需要新鲜的知识、需要听取别人的建议，需要广泛吸收各方面的信息，需要更新和转换原有的视角，这样才能保证人的心灵不被堵塞。因此，"学则不固"，这是孔子对君子提出的第二个建议。

"主忠信"，这三个字在《论语》中出现过多次，是孔子反复强调的君子修养。孔子在回答子张关于"崇德辨惑"之问时，也提到"主忠信"。

"主"，即"最重要的、最根本的"。"忠"，本义为尽心竭力，即"尽己之谓忠"。"信"，本义指人说话要真"诚"，引申为"诚实可靠，真诚无欺"。君子最为重要的事情，是做事要尽心竭力，说话要真诚可靠。

"无友不如己者"，这句话有"无"和"不"两个否定词，双重否定的表达方式增加了理解的难度。与"不重则不威"一样，是一种肯定式表达，强调"重则威"，即"庄重才会显示威严"。依此类推，"无友不如己者"，也是一种肯定的表达，强调的重点是"友如己者"。与"主忠信"结合在一起，意思就是为朋友做事要像为自己做事一样，都要尽心竭力，真诚可靠。这是孔子为君子提的第三个建议。

"过，则勿惮改"。孔子在《论语》里通常只谈"过"，不谈"错"。现代人把"过错"并列在了一起，听起来更强调"错误"，以至于这句话在现代常被理解为：君子犯了错误，不要害怕改正。这样的理解听起来似乎没有什么问题，但若仔细思索，会发现它与孔子所强调的内容有差异。

《说文解字》注"过"为"度也"。也就是说，孔子强调的"过"，实际上强调的是"度"。比如，子贡问孔子对子夏和子张的看法，孔子说"过犹不及"，这里的"过"字，明显不是"过错、错误"的意思，而是指"度"。儒家主张的是"中庸之道"，所以强调"过犹不及"，认为"过"与"不及"都欠佳。

"过"，代表一种偏差、过度的行为。孔子的真实意思是，君子所颁发的政令乃至君子自身的行为如果出现了偏差，要及时调整，不要固执，更不要因怕麻烦而不改正。"惮"，本义是畏难，怕麻烦。这是给"有位之君"讲的话，非常符合当时的政治实情。很多政治管理的方式明明已经僵化不合理，走入了极端，可是为政者碍于种种原因，怕麻烦，怕担责任而不愿意"起而改之"，导致很多不合时宜的管理制度被一直沿用下去，最终损害的是国家和百姓的利益。可见，孔子对于政治管理的灵活性要求是很高的，他也一定是积极拥抱"改革"的先锋式人物。

《论语》中多次出现的"过"字，可以集中起来进行整体观照。

《论语·卫灵公篇第十五》记：

子曰："过而不改，是谓过矣。"

《论语·子张篇第十九》记：

子夏曰："小人之过也必文。"

君子和小人面对"过"的时候，态度是不同的。孔子承认君子会有"过"，反对"过而不改"，认为能够"改过"是一种君子作风。君子面对"过"，是不怕麻烦，不畏难的；而小人面对"过"，则是力求掩盖，以避免给自己招来麻烦。

《论语·学而篇第一》记：

子曰："君子食无求饱，居无求安，敏于事而慎于言，就有道而正焉。可谓好学也矣。"

这一章叙述了孔子对君子其他方面的要求，同时也是孔子对"好学"的描述。

他首先谈到君子对物质的要求。"食无求饱，居无求安"，这句话通常被理解为吃饭不追求吃饱，居住也不追求安定，似乎孔子是一个不近人情，不食人间烟火的神仙。事实上，"无"除了用作否定副词之外，还可用作语气助词，没有实义。这种无实义的助词用法在古代是广泛存的。如《墨子·非乐》中："今王公大人，虽无造为乐器，以为事乎国家。"意思就是现在的王公大人为了国事而制造乐器。这里的"无"并不是表否定的副词，而是没有实义的语气助词。儒家并不主张每个人都过苦行僧的日子，他们承认人的基本需求，"食求饱，居求安"，并没有什么问题，用一个"无"字，只是想强调君子对于饮食、居住等物质生活的欲望要有所节制，不要过度。

其次他谈到君子在言行方面的表现。"敏于事而慎于言"，即做事情不拖拉，有效率。《说文解字》释："敏，疾也。"也可引申为勤勉努力地做事情。《说文解字》释："慎，谨也。"小心谨慎，真诚可信之意。所谓"慎于言"，其内涵是说话不仅要谨慎小心，还要真诚可信。相信在孔子的时代，一定有很多人满嘴跑火车，随处信口开河。孔子认为一个君子做事要高效迅捷，但说话则应该谨慎小心。纵观《论语》全书，可以看出，孔子特别强调"慎言"，警惕"巧言"，欣赏"讷言"。

此外，孔子还谈到君子提升个人修养的路径，就是要"就有道而正焉"。此处之"就"，为"凑近、靠近、到"之意。言下之意，就是君子要靠近"有道者"，以匡正自己的德行。可见，孔子十分清楚"近朱者赤,近墨者黑"的道理,所以主张君子要"择善而从",后世诸葛亮给刘禅所说的"亲贤臣,远小人"也是同样的道理。

由此看来,君子所谓"好学",有三个方面的要求:一是"食无求饱,居无求安",在物质上有所节制;二是"敏于事,慎于言",做事敏捷,说话谨慎;三是"就有道而正焉",亲近有德之人,匡正自己的言行。

《论语·学而篇第一》及《论语·阳货篇第十七》记:

子曰:"巧言令色,鲜矣仁。"

孔子认为花言巧语、表情热络的人,往往缺少真诚,很少有"仁"。这应该是孔子长期观察得出的结论。

在礼崩乐坏的春秋末期,政治生态恶化,趋炎附势者有之,讨好谄媚者有之,尔虞我诈者有之。如齐桓公时期的易牙,就是历史上著名的奸佞小人。他最初不顾一切地讨好齐桓公,连自己的儿子都杀掉做成肉糜献给齐桓公。齐桓公因此感动不已,对易牙充满了信任与宠爱,然而最终却落得被易牙等乱臣贼子活活饿死,无人收尸的下场。易牙巧言令色讨好齐桓公,其实心中不仁。孔子看到了那个时代官场上的现象,所以才会多次反复告诫国君,告诫为政者,要小心警惕"巧言令色"之人。

类似的言论,在《论语》的其他地方也出现过。

《论语·公冶长篇第五》记:

子曰:"巧言、令色、足恭,左丘明耻之,丘亦耻之。匿怨而友其人，左丘明耻之，丘亦耻之。"

"巧言、令色、足恭"，就是花言巧语、表情热络的样子，摆出过分的恭敬之貌，这种人分明让人感到是在逢迎、阿谀、讨好，一副谄媚的嘴脸。"匿怨而友其人"，就是把怨恨藏起来，装出一副很友好的样子，这是一种虚情假意的模样。孔子说左丘明和自己都为这样的人感到羞耻。左丘明是与孔子同时代的鲁国史官，相传孔子作《春秋》，左丘明为之作传，补充了大量的历史材料，成之即为《左传》。

《论语·卫灵公篇第十五》记：

子曰："巧言乱德。小不忍，则乱大谋。"

孔子痛批"巧言"的原因，应该是当时确实有很多人擅长"巧言"。他们依靠花言巧语博取政治权益，致使腐败滋生，道德沦丧，社会秩序受到破坏。孔子说"巧言"的严重后果是"乱德"，小到乱个人之"德"，大到乱国家之"德"。个人之德乱，会导致个人行为失去规矩，私欲膨胀，胡作非为；国家之德乱，会导致国家管理失序，伦理破坏。

孔子非常强调"言"这件事，一方面反对"巧言令色"，一方面又主张"慎言讷言"。

《论语·里仁篇第四》记：

子曰："君子欲讷于言而敏于行。"

"讷",从"言"从"内",表示有话放在肚子里,难以说出来,形容言语迟钝,说话谨慎。一般来说,"讷言"之人的基本特点是不多话,不善辩,显得忠厚老实。这种人往往是行动派。孔子欣赏这种人。有人批评孔子的学生冉雍不善言辞,孔子立即为冉雍辩护,说:"焉用佞?御人以口给,屡憎于人。不知其仁,焉用佞?"意思是,为什么一定要有善辩的口才呢,一天到晚伶牙俐齿地和人争辩,只能让别人讨厌而已。

可见,孔子认为"讷于言而敏于行"才是君子应该有的作风和态度。

《论语·宪问篇第十四》记:

子曰:"其言之不怍,则为之也难。"

"怍",是惭愧的意思。"其言之不怍",大言不惭地说话,是很容易的;"则为之也难",要说到做到,信守承诺,却并不容易做到。

孔子意在告诫国君、为政者以及自己的弟子们,别轻易承诺,说了又做不到,会失去信誉。

《论语·卫灵公篇第十五》记:

子曰:"可与言而不与之言,失人;不可与言而与之言,失言。知者不失人亦不失言。"

人际交往是一门大学问,人与人之间应该如何说话?说哪些话?这些都是值得探讨和思考的问题。

在孔子看来，与人交往，如果"可与言而不与之言"，即可以说的却不说，这会导致"失人"，失去这个朋友或人才；如果"不可与言而与之言"，即不该说的话却说了，这会导致"失言"，言语出现过失可能会引发一些严重的后果。因此，孔子认为有智慧的人是"可言则与之言，不可言则不与之言"，把握说话的分寸、时机、对象是明智的做法，既不"失人"，又不"失言"。

那么到底应该怎么说话呢？

《论语·卫灵公篇第十五》记：

子曰："辞达而已矣。"

"辞"，会意字，本义是"诉讼、打官司"，用法律来整理纷乱，引申为诉讼的言辞，后用来指一般的言辞。

在孔子看来，言辞的标准是"达"，即通达于理，通达于义，通达于道，意思就是言辞应该合乎道义，合乎道理。无论是诉讼的言辞，还是一般普通的言辞，都应该合乎道义，合乎道理。

"而已矣"，是一种淡然的口气。孔子认为说话的关键是要合乎道理，并不一定要求美好动听。这样的观点，似乎与我们一般人的经验有所不同。因为一般人都认为应该要通达权变，说话要有方式方法。

把握这句话，首先要考虑到孔子说话的对象，大抵都是国君、大夫或者自己的弟子们，总的来说都是社会的管理者，也可笼统地称之为"君子"。对他们而言，需要听到真实的意见，才能明察时事。正所谓"忠言逆耳"，孔子提醒为政者们在听话说话的时候不要过于计较权变智慧，只要合乎道理道义，就应该保持尊重。

《论语·里仁篇第四》记:

子曰:"富与贵,是人之所欲也;不以其道得之,不处也。贫与贱,是人之所恶也;不以其道得之,不去也。君子去仁,恶乎成名?君子无终食之间违仁,造次必于是,颠沛必于是。"

此章由讨论对待富贵贫贱的态度,进而谈论到君子不能没有"仁"的原因。

人们通常都喜欢富贵,所以总想追求;人们通常都讨厌贫贱,所以总想远离。孔子承认每个人都有追求富贵、远离贫贱的本能愿望。这是人之常情,即使身居高位的君子也不例外。所以"求富贵,去贫贱"是无可厚非的事。

只是君子在"求富贵""去贫贱"的过程中,需要坚持一个基本原则——道。

如果"不以其道得之",则君子宁肯不要富贵而安守贫贱。那么,君子所坚持的这个道是什么呢?孔子认为是"仁"。如果没有了"仁",君子就不能称其为君子,此所谓"君子去仁,恶乎成名?"君子时刻都以"仁"作为自己的行为准则,无论是"造次"之时,还是"颠沛"之时。

所谓"造次",就是匆忙仓促的状态;所谓"颠沛",就是穷困流离的状态。总之都是处境欠佳之时。孔子的意思是,无论在任何境遇之下,君子的所作所为都是"依于仁"的。孔子本人的人生就是既"造次"又"颠沛"的一生,但是他从未放弃过自己的理想,一生坚守自己的信仰,"须臾不可离也",以己之行,成己之仁。

由此可知,君子不能"去仁",君子之行要"依于仁",同时还要"守仁",这种表现可称为君子之德。

《论语·雍也篇第六》记:

子曰:"质胜文则野,文胜质则史。文质彬彬,然后君子。"

这一章对君子形象的描述是"文质彬彬"。孔子想阐明"文"与"质"的关系。

"质"指内在,"文"指外在;"质"指内容,"文"指形式;"质"是朴素的、天然的、无修饰的,"文"是精美的、雕琢的,有修饰的。如果只重内在,不重外在;只重内容,不重形式;只重视天然的朴素之美,不重视精心打磨的精致之美,就是"质胜文",这样会显得"野"。所谓"野",就是不文雅、不正式、不受拘束。反之,则是"文胜质",就会显得"史"。"史",就是浮夸、虚饰。

如果内在的"仁"是"质",那么外在的"礼"就是"文"。如果"仁"没有"礼"的表现,就难以理解"仁";如果"礼"失去了"仁"的灵魂,就易流于造作浮夸的外在表现。因此,若形式与内容相脱离,要么流于"野",要么流于"史",总之"过犹不及",都不恰当。

儒家强调的是中庸之道,强调"过犹不及",所以主张"文"与"质"能够配合得恰到好处、相得益彰。一个人,若文质兼备,则可以被称为文质彬彬的"君子"。

《论语·卫灵公篇第十五》记:

子曰:"君子义以为质,礼以行之,孙以出之,信以成之。君子哉!"

孔子在这一章谈到了君子应该受到四方面的约束，以成君子之德。

"义以为质"，即"以义为质"，也就是要把"义"作为根本，用"义"来进行限制，为所当为。

"礼以行之"，即"以礼行之"，按照礼的要求来行事，接受礼的约束，为所当为。

"孙以出之"，即"以孙出之"。"孙"，即"逊"，谦逊之意。有个成语叫"出言不逊"。这里所谓"出之"，其实就是"出言"，孔子提醒君子讲话要谦虚客气。

"信以成之"，即"以信成之"，就是通过真诚守信来成就自己的事业。

孔子认为，如果能够做到"义、礼、孙、信"这四点，那就是君子了。

《论语·先进篇第十一》记：

子曰："先进于礼乐，野人也；后进于礼乐，君子也。如用之，则吾从先进。"

朱熹注："野人，谓郊外之民。""野人"，指的是居于国城之郊野的人。清代学者刘宝楠释："野人者，凡民未有爵禄之称也。"所以，"野人"实际上就是平民。孔子说如果自己用人，会优先选用"先进"之野人。这是为什么呢？

"进于礼乐"，指的是修习礼乐，接受礼乐教化，即"学"。古者"学而优则仕"，孔子有很多平民出身的弟子，比如子贡、子路、冉求、子游等。他们都是通过学习礼乐登上政治舞台，并取得了一定的政治地位。孔子自己做官时，也起用过自己的学生做家臣、邑宰。孔子把这种学生称为"先进之野人"。

孔子也有一些学生是贵族子弟，他们天生就是身居高位的君子，本身就具有一定的政治地位，比如孟懿子、孟武伯、南宫敬叔、子服景伯等。他们先有位而后学礼乐，故孔子称之为"后进之君子"。

《论语·雍也篇第六》记：

> 子曰："君子博学于文，约之以礼，亦可以弗畔矣夫。"

这一章讨论"文"与"礼"的作用。对于君子来说，要做到两件事，分别为"博学于文"和"约之以礼"。"畔"，通"叛"。如果君子能够做到这两点，那就可以"弗畔"了，也就是得人心，不会有"叛乱之心"。

所谓"博学于文"，即"博学文"，广泛地学习书本上的知识，亦指要广泛地学习古代文献。在孔子看来，最重要的古代文献就是《诗》《书》《礼》《易》等典籍。为什么要"博学"这些东西呢？其目的是"告诸往而知来者"，通过学习和了解过去，进而指导现在和未来。这种从历史文献中获得的知识，也可以称为"书本上的学问"。

所谓"约之以礼"，即"以礼约"，也就是用礼的规定来自我约束，依照礼的要求来行事。一个人"懂礼""守礼"，就是"约礼"。

"有位"的君子，若能广泛学习古代文献，并用礼的规定来要求和约束自己，这样的人必然会得到百姓的拥护，当然不会有叛乱之事发生。

《论语·述而篇第七》记：

> 子曰："文，莫吾犹人也。躬行君子，则吾未之有得。"

孔子认为自己还没有达到君子的要求。他觉得在文献知识（书本上的学问）方面，自己和别人差不多。但是，在生命中践行君子之道，自己还没有什么收获。这是孔子自我谦虚的说法。孔子是个六艺皆通的"全能"老师，一般人不仅在书本学问方面赶不上他，在人格修养方面更赶不上他。

从这一章也可以看出，做君子的关键不在于书本知识和才艺技能的学习，更关键的是"躬行"实践，是身体力行在生命中开展起来的德行。

《论语·里仁篇第四》记：

> 子曰："古者言之不出，耻躬之不逮也。"

孔子此处说"古者"，是指古代的圣贤君子。"古者言之不出"，可以看成是"古者不出言"，即古代的圣贤明君不开口讲话。"耻"，即"以……为羞耻。""逮"，指"达到、及"的意思。"耻躬之不逮"，即因为行动达不到而感到羞耻。

生活中，"嘴快手慢""言而不行"的人很多见，孔子对此深以为恨。《论语》中，孔子曾经评价自己的弟子宰予，说自己原本是"听其言而信其行"，自从有了宰予之后，则改为"听其言而观其行"。可见，孔子对于"身体力行""躬身实践"非常看重。

孔子喜欢借古人来教导弟子，教导世人，这也是中国人常用的"以古鉴今"的教育方式。古代的圣贤君子之所以不轻易开口讲话，是担心自己在行动上达不到。

从这一章，可以看出孔子的主张，他讨厌"言而不行"者，欣赏"危行言逊"者，倡导谨言慎行。不仅儒家有如此的观念，道家的代表人物老子也说"轻诺必寡信"。可见，对于"谨言慎行"这件事，儒家和道家是有共识的。

《论语·宪问篇第十四》记：

子曰："君子耻其言而过其行。"

这一章，孔子对君子的"言"与"行"提出了要求。

"其言而过其行"，即"言过其行"，意思是说得多做得少。也就是说，君子以"言过其行"为羞耻。孔子对于"言"这件事，一直保持高度的警惕。他曾经批评子贡"方人"，批评宰我讲话迷惑人，也批评"巧言令色"之人。孔子主张"讷于言，而敏于行"，"敏于事，而慎于言"，也就是主张少说一点，多做一点；做事敏捷一点，讲话谨慎一点。

《论语·卫灵公篇第十五》记：

子曰："君子病无能焉，不病人之不己知也。"

子曰："君子疾没世而名不称焉。"

"病"与"疾"，在古代，用法并不相同。"疾"一般指不严重的病,"病"则是指比较严重的病。后来两个字合并使用。除了疾病的意思之外,"疾"和"病"都还有"忧患、痛苦"之意。这两章,君子以"没世而名不称"为一疾,以"无能"为一病,本质都是忧患。

"君子病无能焉,不病人之不己知也"。孔子认为,君子所忧患的是自己有没有能力把事情做好,而不是担心别人不了解自己。这与孔子所说的"人不知而不愠","不患人之不己知",是同样的看法。

"君子疾没世而名不称焉",这句话的意思是,君子忧患自己死之后,不能称名于后世。为什么君子会担心这种问题呢?这和儒家的一些观念有关系。在《孝经》里,孔子给曾子讲孝,他对孝的最高定义是:"立身行道,扬名于后世,以显父母,孝之终也。"《孝经》中的这句话,或许可以作为此章的注脚。古人重视身后扬名,把这样的行为视为"显父母"之德的孝道之表现。这说明,君子所希望"称扬"的名,一定是美善之名。

从这两章来看,在孔子的君子观念中,君子要有忧患意识:一是忧患自己的能力够不够;二是忧患自己做的事情够不够好。

《论语·季氏篇第十六》记:

孔子曰:"君子有九思:视思明,听思聪,色思温,貌思恭,言思忠,事思敬,疑思问,忿思难,见得思义。"

这一章,孔子从"视、听、色、貌、言、事、疑、忿、见得"等九个方面对君子提出了要求。这些要求非常细致,可以说是面面俱到。

"思",本义是"深想,考虑"的意思。君子在做这九件事的时候要深入考虑的是什么呢?

"视思明",就是要看明白,要有所明察。如何才能真正看得明白呢?

关于"视"的讨论,下面这一章,可以看作是对"视"进一步的诠释。

《论语·为政篇第二》记:

子曰:"视其所以,观其所由,察其所安,人焉廋哉?人焉廋哉?"

"视""观""察"都可以理解为"认真仔细地看",这是一种十分精细的考察。但是这三个字的含义有深浅之不同。《论语集释》载皇侃注:"视,直视也。观,广瞻也。察,沉吟用心忖度也。"这三个字的区别在于:"视"是直接看;"观"是扩大视野范围来考察;"察",指用心细细地揣度。现代学者钱穆解释:"视是从一节处看,观是大体看,察是从细微处看。"

考察哪些内容呢?即"所以""所由""所安"三个方面。"所以",指"原因";"所由",指方法;"所安",指真实目的。考察一个人做事,不仅要考察他为什么要做这件事,还要考察他是怎么做的,甚至还要考察他做这件事的初心是什么。归纳起来有三项内容:原因是什么?方法是什么?目的是什么?只有把这三个问题都考察清楚了,对一个人所做之事,才能有准确的把握。孔子对这三条原则,很有信心,连说两遍"人焉廋哉,人焉廋哉!"意思是:如果这样的话,这个人还怎么藏呀!这个人还怎么藏呀!言下之意，如果对人进行如此全方位的细致考察，这个人将无所隐遁，完全彰显暴露。

总之，按照孔子的说法，"视"要"明"，就得从"所以""所由""所安"，即原因、方法、目的三个方面进行考虑，才能真切明白，看得透彻。

"听思聪"，就是要听明白。"聪"，本义是指耳闻声音而心能辨别其真假。《说文解字》释："聪，察也。"这句话强调，听到事情要有所明察，有所辨别。如何明察呢？孔子在《论语》中也有一些言论，可作为诠释。比如，孔子在谈到宰我时，就说自己不仅"听其言"，还要"观其行"，也就是要通过观察实际行动来考察和判断一个人说的话。

"视"与"听"，是一个人观察外界并获取信息的主要方法，如何才能对外界五花八门的信息保持正确的判断，而不至于被虚假信息所迷惑，这确实需要智慧。因此，孔子主张要"视思明，听思聪"，就是强调谨慎明察。

"色思温"，指脸色要温和。《论语》中还有两处提到了孔子之色"温"，另有子夏在描述君子特征时也说到"温"。可见，"温"是儒家对君子修养的一项重要要求。"温"，本义是加热浴盆里的水，以便供婴儿洗澡。引申为"温和、柔和、宽厚、和气"。

"貌思恭"，指举止要谦逊有礼。恭，是敬的外在表现。《尔雅》注："肃肃，翼翼，恭也。"意思就是恭敬谨慎的样子。"色思温，貌思恭"，是对君子外在举止的要求，要有"亲和力"。如果能做到这一点，必然是一个易于亲近的人。

"言思忠"，说话要考虑是否尽心。关于"忠"，《论语》里多次出现。曾子言："为人谋而不忠乎？"孔子言："主忠信。"二者都有强调"尽心"之意。说话为何要考虑"忠"呢?《说文解字》释:"忠,敬也。"其注为:"敬者,肃也。未有尽心而不敬者。"所以,"忠"有"尽心"之意。这一句话中,孔子强调君子不要随便乱讲话,每说一句话,都应该出于忠心,应该有所敬意。

"事思敬",是指做事要严肃认真,谨慎小心。孔子给樊迟说要"执事敬",给子张说要"行笃敬",都是强调做事要认真。

《论语·卫灵公篇第十五》记:

子曰:"事君,敬其事而后其食。"

谈到"事君",即侍奉君主的做法,孔子认为是"敬其事而后其食"。意思就是先认认真真把事情做好,而后再领取俸禄。这和孔子教导樊迟要"先难而后获"的意思是一样的。

"言思忠,事思敬",是对君子说话做事的要求。

"疑思问",有疑惑的地方要多提问,多咨询。孔子很赞赏"不耻下问"的孔文子,并主张"三人行必有我师"。他认为每个人的身上都有自己可以学习的东西,其弟子子贡、子张、樊迟等都是善问之人。曾子也称赞"以能问于不能"的颜渊,这说明,儒家鼓励"提问"。有疑惑,及时提出来,与更多的人探讨,获取更多的解决思路,是一种非常灵活而有效的解决问题的方法。很多人刚愎自用,尤其是身居高位的君子,不好意思提问,故步自封,僵化保守。

"忿思难",意思是情绪愤懑之时,要考虑事情的后果。"忿",本义是心绪散乱,情绪糟糕,引申为愤怒。"难",此处指灾祸。人在情绪烦乱时,容易做出错误的决定,最后可能导致无法收拾的可怕后果。所以，人在"忿"的时候，要考虑可能引起的灾祸，这样就可以避免冲动的决定。孔子对这一点有深切的认识，他不仅提醒易冲动的子路，还警告子路要"临事而惧，好谋而成"。孔子也提醒过弟子樊迟，不要逞"一朝之忿"。

《论语·尧曰篇第二十》记：

孔子曰："不知命，无以为君子也；不知礼，无以立也；不知言，无以知人也。"

这是《论语》的最后一章。很多人将这句话作为《论语》全书的总结句。在孔子看来，君子还有一个重要的特点，那就是"知命"。孔子说自己"五十而知天命"，即50岁的时候知道了自己的天命。

"命"，本义为"令"。古人把"天"作为一种神格化的象征，象征着世界最高的主宰。《易经》曰："君子事天，小人事人。"君子是按照天的旨意在人间做事，这就是"受命于天"。君子接受了上天的命令，身居管理者的地位，替上天来照顾百姓，这就是他们的天命。孔子的本义很明白：如果一个君子不知道自己的身上有照顾百姓的使命，他就不能够成为君子。

同样的，对于一个君子来说，如果"不知礼"，不懂得规矩、制度，就"无以立"。何为"立"？"立"，有"成、坚"等很多意思。君子立国，是需要制度章法的，如果不懂得"礼"，凭借什么来管理国家、安顿百姓呢？

"知言"，才能"知人"。听得懂别人所说的话，洞察得出语言背后的真实意图，能够分辨言语的真假虚实，这是领导者很重要的素养。领导者喜欢听好听的话，殊不知巧言令色、甜言蜜语的背后可能充满着凶险与危机，而逆耳忠言却如同苦药一样，令一般的人都无法接受。所以，有智慧的领导者能够通过语言本身，洞察说话者的真实动机，这样才能够知人识人，吸引到更多的贤良和忠臣。

因此，孔子认为，"知命""知礼""知言"，是君子的基本素养。

孔子关于"命"的运用，在《论语》中还有一处，可供参考。

《论语·宪问篇第十四》记：

公伯寮愬子路于季孙。

子服景伯以告，曰："夫子固有惑志于公伯寮，吾力犹能肆诸市朝。"

子曰："道之将行也与，命也；道之将废也与，命也。公伯寮其如命何？"

"愬"，有"诋毁、诬陷"的意思。

公伯寮和子路、冉求等人都曾经给季孙氏做家臣。公伯寮在季孙氏面前诋毁子路。鲁国的另一个大夫子服景伯，跑来把这件事告诉孔子。子服景伯在《论语》里出现两次，两次都是来"告密"的。另外一次是子服景伯在朝廷上听到有人说"子贡贤于仲尼"，他又跑去把这件事告诉了子贡。由此可知，子服景伯与孔子及其弟子们走得比较近。据《左传》记载，子服景伯曾与子贡一起出使齐国，配合子贡用外交手段化解了鲁国的危机，可以推测，子服景伯也是一个能言善辩之人。

子服景伯的意思是，季孙氏已经被公伯寮给迷惑了，但是自己能够解决掉这个蛊惑人心的家伙。"吾力犹能肆诸市朝"之"肆"，是一种处死之后陈尸示众的刑法。子服景伯的立场显然是站在子路这一边,认为自己以鲁国大夫的权势,可以处决掉诋毁子路的公伯寮,因此前来给孔子报告。

然而,孔子并不主张子服景伯用这种暴力的方式来解决问题。孔子认为,无论是"道之将行",还是"道之将废",都是天命所决定的。公伯寮区区一个小人是改变不了"道"的发展趋势的。这样说来,是不是孔子把一切事情都归于"(天)命",自己就不再负责任了呢?

显然不是这样。儒家不是宿命论者,儒家所说的(天)命,有其本身发展的规律,比如"顺天者昌,逆天者亡""得民心者,得天下""得道者多助,失道者寡助",这些就是儒家所指的天道、天命。所以,在孔子看来,只要子路自己行得正,以道事君,就不必去理会公伯寮的诋毁。

《论语·公冶长篇第五》记:

> 子谓子产:"有君子之道四焉:其行己也恭,其事上也敬,其养民也惠,其使民也义。"

子产,郑国人,和孔子同时代的一位政治家,先后辅佐过两代国君。子产很有政治管理的能力,在执政期间,进行政治、经济、文化改革,推动外交,既维护了郑国公室的利益,又限制了贵族的特权,使郑国一度出现中兴局面。

孔子对子产评价很高。《史记·仲尼弟子列传第七》中记载,孔子最为欣赏的同时代君子有六个:周王室的老子、卫国的蘧伯玉、齐国的晏子、楚国的老莱子、郑国的子产、鲁国的孟公绰。其中,孔子最鼓励学生仿效的人就是子产。

　　孔子认为子产做到了君子当为的四个方面:一是"行己也恭",是指待人处世很谦恭;二是"事上也敬",是指为国君做事很认真;三是"养民也惠",对待百姓施予恩惠;四是"使民也义",役使百姓合理恰当。这四个方面,被孔子称为"君子之道四焉"。

三

　　孔子论君子的言论很多,其论述方法也各不相同。除了从正面回答"君子应该如何",还从反面回答"君子不能做什么"。从否定的角度,指出了君子人格的禁区。

　　《论语·为政篇第二》和《论语·八佾篇第三》记:

　　子曰:"君子不器。"

　　子曰:"君子无所争,必也射乎!揖让而升,下而饮。其争也君子。"

　　这两章,孔子提出了君子应该有的两个表现:一是"君子不器",二是"君子无所争"。

　　"君子不器",强调的是君子不要太执着于形而下的东西,要有能够超越有形之"器"的高远眼光和见识,不能局限在外在的知识与技能上,也不能局限在具体的事情上。君子要洞穿有形之器,追求无形之道,才能够以道驭术、以道治国。

"君子无所争",强调君子对名利要有淡泊之心。孔子认为一个君子没有什么可以争的,实在要争,那就射箭场上见,大家"揖让而升,下而饮",彼此行礼之后,升阶射箭,比射结束后喝酒,要处处表现出君子的风度。

《论语·卫灵公篇第十五》记:

子曰:"君子不以言举人,不以人废言。"

这一章,孔子说君子要注意两件事:一是"以言举人",二是"以人废言"。这其实是选拔人才的注意事项。

话说得好,擅长演讲,会说好听的话,这叫"巧言",如果以此为依据来选拔人才,这是智慧不够的表现。君子不会这么做。君子的正确做法是,"听其言",还要"观其行",还要"思其忠",这样才能做出理性的判断。因此,孔子反对"以言举人"。

如果不喜欢某个人,或者因为这个人地位比较低,抑或这个人是自己的反对派,抑或因为这个人曾经犯过错,便以此认为他讲的话全无道理,对他进行全盘否定,这也是智慧不够的表现。所谓"智者千虑必有一失,愚者千虑必有一得",广开言路,各方面的声音都听一听,尤其是反面的声音,有利于君子做出更加理性的决策。因此,孔子反对"因人废言"。

孔子提醒君子要有知人识人的智慧,不要只关注他所说的话,还要进一步对这个人进行考察。

《论语·宪问篇第十四》记:

子曰:"君子道者三,我无能焉:仁者不忧,知者不惑,勇者不惧。"

子贡曰:"夫子自道也。"

这一章,孔子提出了君子"三不":不忧、不惑、不惧。

"忧",本义是愁闷、发愁,引申为担心、放心不下等意思。"不忧",就是指心中不发愁,没有什么放不下的,这是"仁者"的表现。孔子曾经"在陈绝粮",生命危在旦夕,依然抚琴吟诗;在遭遇桓魋、匡人的追杀时,他处变不惊、以"天命"自恃。不过,每个人都会有自己的"忧",比如孔子说自己"学之不讲,闻义不能徙,是吾忧也"。他认为自己有"忧",达不到"仁"的要求,所以从来不说自己做到了"仁"。

"惑",本义为心疑不定。《说文解字》释:"惑,乱也。"实际上指的是心乱,引申为糊涂、迷惑等。"不惑",是指心不乱,想得周全,看得明白,这是"知(智)者"的表现。孔子还给弟子们指出了"知(智)"的具体内容,比如"务民之义,敬鬼神而远之""择处仁"等。孔子自述"四十而不惑"。40岁才感觉心灵通透,没有迷惑,说明一个人能够做到心不乱,想得周全,看得明白,并不是一件容易的事。

"惧",本义为害怕、恐惧,引申可指忧虑、担心等。"恐""惧""畏"三字都有害怕之意,其中"恐"的程度最重,有惶恐不安之意;"惧",则含有戒惕谨慎之意;"畏",则是一种心底深处感受到的威压。"不惧",指的是不要因为过度的戒惕谨慎而导致害怕。这样会使人裹足不前,优柔寡断,瞻前顾后。不过,凡事"过犹不及",对于孔门中最"好勇"的子路,孔子却教导他要"临事而惧"。

"君子之道"表现在"不忧、不惑、不惧"三个方面,也可以称为"仁、智、勇"三德。孔子很谦虚,认为自己还做不到这"三德"。但是,在弟子子贡的眼里,孔子已经做到了,故说这是"夫子自道也"。

《论语·宪问篇第十四》记:

子曰:"不在其位,不谋其政。"
曾子曰:"君子思不出其位。"

这是孔子与其学生曾子的对答。

孔子从反面说"不在其位,不谋其政",实际上是一种强调,其本义是指,君子要根据自己所处的"位"来行使自己的政治权利。在孔子所处的礼崩乐坏的时代,政权旁落的情况比比皆是。而礼崩乐坏、政权旁落,导致世道纷乱、朝政不纲。所以,孔子讲这句话是有所指的,比如鲁国三家大夫,长期把持鲁国政权,无视周朝的礼制,做出"八佾舞于庭""季氏旅于泰山"这种令孔子十分不能容忍的僭越之举。

曾子听完孔子的阐述之后,进一步点明"君子思不出其位"。这句话虽出自曾子之口,但实际上也是孔子的观点。由此可知,君子做事,首先要考虑自己所处的位置,守好自己的岗位,切实履行好自己的职责。

《论语·卫灵公篇第十五》记:

子曰:"君子矜而不争,群而不党。"

"矜"，本义是指用来做迎宾仪仗长矛的柄，引申为矜持、庄重、自尊等意。"矜而不争"，是描述君子身居高位矜持庄重的样子，不与人争利，这样才会令人尊重。"群"，本义是同类聚合在一起。"群而不党"，描述的是君子合群，有良好的人际关系，但是不拉帮结派。此章所强调的是君子"不争"和"不党"，即君子不争名夺利，也不拉帮结派。

《论语·卫灵公篇第十五》记：

子曰："君子贞而不谅。"

何谓"贞"？《说文解字》释："贞，卜问也。"其本义是占卜、卜问的意思。古代把占卜的人称为"贞人"。也称为"巫"。在古代，什么样的人才有占卜的资格呢？这种人往往品行端正、道德高尚、深受大家爱戴，所以，"贞"字有品行端正、忠贞不屈之意。现代学者认为"巫君同源"，可见，作为君子应该具备"贞"的美德。

何谓"谅"？"谅"字的解释很多，有作"宽恕"解，有作"信实"解，也有作"推想"解，还有作"固执"解，其含义大相径庭，难取其义。结合前文"贞"字推理，"不谅"应该是对"贞"的补充和强调。"贞"是褒义，则"谅"应该代表贬义，取其"固执"之意较为合理。

也就是说，孔子认为君子既要品行端正，坚持原则，又不要固执己见，食古不化。

《论语·季氏篇第十六》记：

孔子曰："侍于君子有三愆：言未及之而言谓之躁，言及之而不言谓之隐，未见颜色而言谓之瞽。"

孔子曰："君子有三戒：少之时，血气未定，戒之在色；及其壮也，血气方刚，戒之在斗；及其老也，血气既衰，戒之在得。"

孔子曰："君子有三畏：畏天命，畏大人，畏圣人之言。小人不知天命而不畏也，狎大人，侮圣人之言。"

这三章分别讨论了"三愆""三戒"和"三畏"。

所谓"三愆"，就是三种过失。它们分别是"躁""隐""瞽"，即急躁、隐瞒、盲目。孔子所说的是侍奉君子，要避免出现的三种过失。"言未及之而言"，就是没有轮到自己发言就急着发言，这是"躁"；"言及之而不言"，轮到自己发言的时候却不说话，这是"隐"；"未见颜色而言"，就是不看别人的脸色就说话，这是"瞽"。这三种情况，是侍奉君子时应该避免的。

所谓"三戒"，就是三个警惕。它们分别是"色""斗""得"，即女色、争斗和贪婪。孔子认为随着年龄的增长，每个阶段的注意事项是不一样的。"少之时，血气未定"，年轻的时候，身体发育还不成熟，要警惕"色"的诱惑；"及其壮也，血气方刚"，成年人脾气急，容易冲动，要保持平和的心态，以德服人，警惕发生无谓的争斗；"及其老也，血气既衰"，年老时，心血神气都开始衰老，要以淡泊恬静为主，警惕对名利的贪婪。

所谓"三畏"，就是三方面的敬畏。它们分别是"天命""大人""圣人之言"，即天赋的使命、德高望重的君子、圣人所讲的话。孔子说过"不知命，无以为君子"，君子应知道自己的天赋使命,理解自己的权力来自人民,要全心全意为人民服务,对于自己的使命产生敬畏之心。小人"不知天命",普通老百姓不知道天命的存在,因此无所敬畏。"狎大人"之"狎",指的是"与人亲昵但不尊重",也就是内心缺少恭敬,显得轻浮。有人把"大人"理解为贵族,这恐怕需要进一步商榷。"君子"本义即是身居高位的为政者,所以此处"大人",指的应是品格高尚的贤能之士,这才更符合实际。"圣人之言",即孔子所说的古圣先王的遗言和教导,如尧舜禹汤、文武周公等。这一章,也可以看作是孔子在论述君子为人处世的三种态度。

四

除了上述"君子三畏"用"小人"与"君子"进行对比说明之外,《论语》中还有很多地方把"小人"与"君子"相对举。这种对比式的论述方式,有利于把握君子所"当为"与"不当为"的区别,有利于深刻理解与把握君子的内涵。

《论语·为政篇第二》记:

子曰:"君子周而不比,小人比而不周。"

"周",甲骨文的写法是在"田"里加四点,现代学者郭沫若认为这像田里种的农作物,显得"稠密",引申为"遍及、紧密、全面、周全、周密、没有疏漏"等意思。《说文解字》释:"周,密也。""比",古音读第四声。早期字形是两个人很亲近地靠在一起,方向一致,并肩向前,意思是"紧靠、亲近、并列",也可以引申为"密"的意思。《说文解字》释:"比,密也。"

由此可见,"周与比"都可以解释为"密",意指山多,喻事物之间空隙小,距离近,引申到人际关系上,都可以指"关系近,亲密"。但是,这两者之间还是有细微的差别,如"小火曰温,大火曰煮"之程度力量上的差别。"周"字发源于"周全",而"比"发源于"靠近"。两个表示"亲密"的词义在宽窄和高低上略有差异。

所以,"君子周而不比,小人比而不周。"就可以理解为:君子之间关系好,但是不一定很亲密;小人之间很亲密,但不一定关系好。

为什么君子可以"周而不比"呢?因为君子之交不含任何功利心,君子以"道"取友,是一种纯粹的友谊。平时不见得交往很密切,也不见得那么热切活络,却能够真心相待。而小人则不然,平时看起来交往过密,亲如手足,一旦遇到利益则恩义断绝。这种情况在我们的日常生活中可谓多矣。

《论语·里仁篇第四》记:

子曰:"君子怀德,小人怀土;君子怀刑,小人怀惠。"

这一章连用四个"怀"字。"怀",本义为思念、怀念。《说文解字》释:"怀,念思也。"由此引申为内心蕴藏、心中存有、人心归向等义。君子内心存有的是"德"和"刑",小人内心存有的是"土"和"惠"。

"德",是合乎道的行为;"刑",指刑法,可以引申指礼法、规范。"土",最初指土地,可以引申指财富。对于农耕民族来讲,土地是最为重要的财富。为了争夺土地，人们可以不惜一切代价。"惠"，指好处和利益。

孔子所强调的是：君子心里随时想着的是德行，小人心里随时想的是土地（财富）；君子心里随时想着的是刑罚和规范，小人心里随时想着的是好处和利益。君子随时自我反省是否德行圆满，所作所为是否符合礼法的规范和要求；小人则随时想到自己的私利与好处。这是两种不同的人格境界。

《论语·里仁篇第四》记：

子曰："君子喻于义，小人喻于利。"

"喻"，即"晓"，可理解为"通晓、了解"。这里君子与小人对举，各得一个标签。"义"是君子的标签，"利"是小人的标签。"义"在《论语》中多次出现，但是把"义与利"放在一起讨论的情况却只有三次。另外两次是在《宪问篇》里，子路问成人，孔子答"见利思义"；孔子讲"君子有九思"，其中第九思就是"见利思义"。

行事合乎道，恰当合宜，即称之为"义"。孔子的观点是"君子义以为上"，即君子做事以"义"为基本原则。

《论语·述而篇第七》记：

子曰："君子坦荡荡，小人长戚戚。"

"坦荡荡"，是形容平坦、浩大、空旷之貌。孔子用坦荡荡来形容君子的心理状态。光明磊落、心胸开阔、心无挂碍、心神安宁，那是一种什么感觉？当然是舒畅轻松、心安理得。假设一个人任何时候都坦坦荡荡，心无挂碍，哪里还会有什么烦恼呢？

"戚戚"，是形容斧头砍伐树木的声音，大概就是"咚咚咚，砰砰砰"之类的声音，这种声音给人的感觉是七上八下，很不安的。"长戚戚"，是长久的，持久的"戚戚"之音，也就是说心里面总是七上八下，总是不安，总是处于患得患失的焦虑之中。

为什么君子可以坦荡荡？小人却总是长戚戚呢？

《论语》中没有进一步的解释。北宋程子认为："君子循理，故常舒泰；小人役于物，故多忧戚。"也就是说，君子做事遵循规律，所以常常感觉舒泰。小人呢，则容易被外物所捆绑，所以常常感觉忧戚。所谓做事遵循规律，就是该怎么做就怎么做。人如果总是被外物束缚捆绑，就会陷入烦躁不安和忧愁焦虑的情绪之中。因此，"坦荡荡"是一种君子之德。

《论语·颜渊篇第十二》记：

子曰："君子成人之美，不成人之恶；小人反是。"

"成"，本义是"完成，成为、成熟、成就"。在不同的语境中有不同的引申，可引申为"成全、助成、促成"。

"人之美"与"人之恶"，是一对相反的概念。"人之美"，也可以理解为"人之善"。古人常把"美善"并说，二者都有"美好"的意思。孔子认为，君子行事，是要成全别人的美善，而不要促成别人的丑恶。

《孔子家语·六本第十五》载："曾子耘瓜，误斩其根。曾皙怒，建大杖以击其背。曾子仆地而不知人久之。有顷乃苏，欣然而起，进于曾晳曰：'向也参得罪于大人，大人用力教参，得无疾乎？'退而就房，援琴而歌，欲令曾晳闻之，知其体康也。孔子闻之而怒，告门弟子曰：'参来勿内。'曾参自以为无罪，使人请于孔子。"这个故事是说：曾子干农活的时候，不小心把瓜根给斩断了，父亲曾晳很生气，用大棒子打曾子的背，把曾子打倒在地上不省人事，好久才苏醒过来。为了不让父亲担心自己被打残了，曾子还主动去向父亲请安，并抚琴唱歌，以显示自己身体无恙。这件事，让孔子十分生气，不想见到曾子。曾子搞不懂孔子生气的缘由，所以让旁人去问孔子。

孔子的回答是："小棰则待过，大杖则逃走……今参事父，委身以待暴怒，殪而不避，既身死而陷父于不义，其不孝孰大焉。"孔子认为曾参被父亲毒打，却不逃走，万一自己被父亲失手打死了，不仅自己丧了命，还把父亲陷于"不义"之境，这是在"成人之恶"，而不是"成人之美"。

很多人一不小心就促成了别人的恶，这是要特别警惕的。表面看起来的"美"很有可能是"恶"。所以，君子"成人之美"之外，还需要有分辨是非善恶的能力。

《论语·子路篇》记：

子曰："君子和而不同，小人同而不和。"

子曰："君子泰而不骄，小人骄而不泰。"

这两章，孔子提出了君子的另外两种修养，一是"和、泰"，二是"不同、不骄"。做得到就是君子，做不到的就是小人。

"和"常与"龢"通用。"龢"最早见于商代甲骨文，左边为

"龠"。龠是一种由一排竹管合并而成的乐器，类似于笙箫之类。这些乐器一起吹奏，发出悦耳的声音，即"和谐"之音。所以，这个字本义是指音乐和谐。"和"最早见于战国金文，本义指声音的应和。后来"龢"被"和"取代，引申为"平和、温和、柔和、和平"等意。

"同"，甲骨文的写法是：凮。上面一个"凡"字，一种用来夯地的夯桩；下面一个"口"字。本义是指大家在用夯桩夯地时统一用力。为了保证用力均匀，所有人要喊同样的号子，于是下面有"口"字。"同"就引申为"相同、一样"的意思。

音乐之"和"，代表多样性的统一；号子之"同"，代表绝对的一致。所以，"君子和而不同，小人同而不和"，可以理解为：君子之间统一和谐，但不要求完全相同；小人之间虽然完全相同，但不一定统一和谐。

为什么君子可以"和而不同"呢？因为君子行事，以"义"为基本原则，并且懂得尊重差异性，不会强行要求别人与自己一样。同时，君子也有自己的独立性，也不会轻易盲从别人。小人则正好相反。

所谓"君子泰而不骄，小人骄而不泰"，可以理解为：君子拥有很多（才能、成就、地位等），却不会骄矜傲慢；小人骄矜傲慢，却不一定拥有很多（才能、成就、地位等）。

"泰"，本义为避开水患而得平安。《说文解字》释："泰，滑也。从廾从水。"引申为"安定、美好"之意。但是，"泰"除了"安定、舒泰"这类正向意思之外，在古代汉语中还与"侈、奢、骄"等字连在一起使用，形成了该字的另一种意义。

在《同源词典》和《汉语词典》中，"泰"字均有"甚"义，即"多，过度"的意思。由此，因由"过度"而引申出"居高傲慢"，亦符合汉字引申的逻辑。

君子无论在地位、财富、知识、德行上都是"多"的，"多"则"泰"，但是君子需要驾驭得住，尽管自己拥有很多，不可以因此骄矜傲慢，仍应该保持谦虚恭敬。现实中，很多人有权有钱之后，往往变得傲慢无礼，目中无人。这是给每一个为政之君的提醒，也适用于我们每一个人。

《论语·子路篇第十三》记：

子曰："君子易事而难说也，说之不以道不说也，及其使人也器之；小人难事而易说也，说之虽不以道说也，及其使人也求备焉。"

这一章可以分成两个层面来进行理解：一是"易事君子，难事小人"。"事"，即"侍奉"。换言之，就是侍奉君子是比较容易的，而侍奉小人是比较难的。二是"易说小人，难说君子"。"说"，通"悦"，此处为使动用法。这句话的意思是，要取悦小人是比较容易的，而要取悦君子却是比较难的。所以，为君子做事与为小人做事，感受是不相同的，孔子从另一个侧面来描述了君子所应有的表现。

为什么君子"易事而难说"，小人"难事而易说"呢？

这是因为君子和小人待人对事的标准不一样。讨好谄媚、阿谀奉承这一套在君子那里是行不通的，君子所看重的是事情是否符合道义，而不是是否能满足自己的好恶。所以，孔子说"说之不以道，不说也"。小人却正好相反，喜欢听阿谀奉承的话，喜欢被别人拍马屁，虽然可能会损害他人、集体、国家的利益，但却不以为意。这样的例子在孔子时代很常见，在现代社会依然很多。

除此之外，君子和小人的用人观也不同。君子用人的态度是"器之"，即根据每个人的能力各为其"器"，做出实际的安排，使其各尽所能。而小人的用人态度则是"求备"，也就是求全责备，百般挑剔，却不能因材而用。

这一章，可理解为孔子从管理学的角度来区别君子和小人，指出君子所当为。

《论语·宪问篇第十四》记：

> 子曰："君子而不仁者有矣夫，未有小人而仁者也。"

孔子说有"君子而不仁者"，却没有"小人而仁者"。小人的境界本来就不够，所以"小人不仁"很正常，无须更多讨论。这句话的重点在于"仁"和君子不一定是共生共在的。"君子"也有可能做不到"仁"。因为"仁"是很难达到的境界，孔子曾说自己做不到"仁"，并且认为自己的弟子也还称不上"仁"。可见，"仁"不在于"达到"，而在于"追求"。"君子"是以"仁"为追求的，而小人则未必如此。

《论语·宪问篇第十四》记：

> 子曰："君子上达，小人下达。"

这一章，孔子说得过于简略，以致后世学者对其的理解也是众说纷纭。

"达",在《论语》中,多解释为"通达",强调其"通晓、理解、洞察"之义。这一章正确的语序应该是"君子达于上,小人达于下。"意思是:君子通晓上,小人通晓下。

《论语》中还有一句,孔子感叹没有人了解他,不过孔子却"不怨天,不尤人,下学而上达。""下学而上达"正确语序应为"学于下,而达于上"。意即向下学习,通晓上。

把握这两句话的关键是要理解孔子所谓的"上""下"指的是什么?

《周易·系辞上》云:"形而上者谓之道,形而下者谓之器。"孔子以"形"作为基本的量尺,对"道""器"进行区分。"形",指的是什么呢?庄子说:"物成生理谓之形。"《周易·系辞上》云:"在天成象,在地成形。"从先秦的诸多文献来看,"形"指的是事物本有的形象、面貌、形体、形状等,总之都是指世间有实体的有形之物。超越实体有形,从实体有形中抽象出来的事物的本质和规律,可称为"道";反之,不能超越实体有形,落实在具体事物中,则称为"器"。孔子说"君子不器",其实是说君子要有超越有形的能力,能够抽象把握事物的本质规律。

故君子上达达于"道",是指君子有能力超越事物有形的实体,能够把握事物的本质规律,有高远而超越的理想;而小人只能下达达于"器",只关注日常的、具体的、琐碎的、有形的事物。

但是,孔子又认为"君子上达"达于道,还是要从"下学"开始,也就是要从具体的生活实践,从实实在在的日常有形之事物开始,才能够"上达"。这样的观点,很像现代人所说的"来源于生活,又高于生活"。一切学问都不是凭空产生的,都来源于实践生活。但是又不能止于实践生活,君子还要有超越现实的能力,既能上天揽月，又能脚踏实地。

《论语·卫灵公篇第十五》记：

在陈绝粮，从者病莫能兴。
子路愠见曰："君子亦有穷乎？"
子曰："君子固穷，小人穷斯滥矣。"

周游列国期间，孔子及弟子们在陈国被围困，绝粮七天，弟子们都没精打采，感觉撑不住了。子路也很心烦，脸露愠色，质疑孔子成天倡导的君子学问。孔子在这个时候却表现得很淡定，认为正是这种艰难时刻才能辨别君子与小人。

面对"穷"，也就是面对困境，君子和小人的态度是不一样的。君子是"固"，小人是"滥"。志向坚定的君子可以固守困境，不会失去自己的操守与追求，这是"固"；小人遇到困境时就守不住自己的理想信念了，这是"滥"。"滥"与"固"正好形成相反的态势，"滥"是大水漫延而无节制，就是"不固"，坚守不住。

《论语·卫灵公篇第十五》记：

子曰："君子求诸己，小人求诸人。"

这是孔子谈论君子和小人面对事情的不同态度，从字面上就很好理解。"诸"，即"之于"。这句话可以写成"君子求之于自己，小人求之于他人。""己"就是自己，"人"就是他人，自己之外的一切他人。

《论语·宪问篇第十四》记：

子曰:"古之学者为己,今之学者为人。"

这里将"己"和"人"放在一起对比讨论。

从哲学的视角来理解,这一章正是儒家心性之学的重要特征。君子把所有的责任都自己承担下来,愿意为自己的一切负责,不归咎于外在的人。这实际上是把人的主动权收归于自身,自己的命运由自己决定,化被动为主动。这就是儒家与其他思想家在哲学上存在的分野。儒家对于人的价值、主观能动性、能力给予了高度的认可与肯定。

《论语·卫灵公篇第十五》记:

曰:"君子不可小知而可大受也,小人不可大受而可小知也。"

这一章讨论的是君子关于"小知"和"大受"的态度。"小知",就是小才能、小才华、小聪明;"大受",就是大担当、大责任。君子可能在小事上并不一定能表现出什么才能,但却是可以承担大责任的人,如曾子所说:"可以托六尺之孤,可以寄百里之命。"未成年的孩子和偌大的家业都值得托付的人,一定是忠诚可靠之人,这种人才称得上是君子。小人可能会有一些小才华,也可以做一些小事情,但是做大事往往不靠谱。

《论语·阳货篇第十七》记:

子之武城,闻弦歌之声。
夫子莞尔而笑,曰:"割鸡焉用牛刀?"

子游对曰:"昔者偃也闻诸夫子曰:'君子学道则爱人,小人学道则易使也。'"

子曰:"二三子,偃之言是也!前言戏之耳。"

这一章对话,发生在孔子晚年时。他去到学生子游做官的地方,听到弦歌之声。孔子又惊又喜,和子游开玩笑,治理这么小个地方,用得着礼乐教化吗?子游就用孔子自己讲过的话来回答孔子。"君子学道则爱人,小人学道则易使也。"

"学道"都有意义,不可认为只有特别的人才有资格。君子学道更懂得爱护百姓,小人学道更懂得配合管理。

《论语·阳货篇第十七》记:

子路曰:"君子尚勇乎?"

子曰:"君子义以为上。君子有勇而无义为乱,小人有勇而无义为盗。"

子路自己好武尚勇,所以有此问。并且,孔子自己也说君子之道有三:"仁者不忧,智者不惑,勇者不惧。"不过,面对冲动鲁莽的子路,孔子认为要因材施教,得给"勇"附加一个重要条件,也就是"义"。缺少"义"限制的"勇",如果身为君子,就会"乱";如果是小人,就会"盗"。孔子的主张是"君子义以为上",要用道义来限制勇猛,才不至于沦为"乱"和"盗"。

五

《论语》中还有一些单独的小人画像。

《论语·阳货篇第十七》记:

曰:"色厉而内荏,譬诸小人,其犹穿窬之盗也与?"

"色厉",指外表强悍严厉;"内荏",指内在空虚软弱。这种内外不一致的人,孔子称之为"小人"。"色厉内荏"的小人是没有底气的,外强中干,狐假虎威。

孔子生活在礼崩乐坏的时代,礼乐征伐"自诸侯出""自大夫出"。"陪臣执国命""名不正言不顺"的情况很多见,比如三桓专权、阳货干政等等。孔子看不上这些人,认为这些人犹如"穿窬之盗",是挖洞爬墙的盗贼。

《论语·阳货篇第十七》记:

子曰:"鄙夫可与事君也与哉?其未得之也,患得之;既得之,患失之。苟患失之,无所不至矣。"

"患得患失",是鄙夫的特点,是小人而非君子。怎么能够和这样的"鄙夫"共同"事君"呢?齐国的陈文子,因为不愿意在齐国与小人崔子共同侍奉齐君,放弃了优越的物质条件逃到了他国。

"未得之也,患得之;既得之,患失之",一个人成天想的都是自己的私利,没有得到之前,担心得不到;得到之后,又担心失去。

"苟患失之,无所不至矣",意思是说如果一个人成天担心自己可能会失去所得到的官位、俸禄、名声、财富,那他可能就什么都做得出来。

短短几句话,孔子便勾勒出了一个自私自利的"鄙夫"形象。

《论语·阳货篇第十七》记:

子曰:"饱食终日,无所用心,难矣哉!不有博弈者乎?为之犹贤乎已。"

孔子用"饱食终日,无所用心"八个字,刻画了一个懒惰懈怠,只会制造生活垃圾的无所事事之人。孔子对这种人感到很无奈,说"难矣哉",真是难办啊。也不知道孔子弟子中是否有这种"饱食终日,无所用心"者。

"不有博弈者乎?"孔子反问,不是有下棋这种游戏吗?就算是下下棋,"为之犹贤乎已",也比成天无所事事要好一些。

《孟子·滕文公上》云:"人之有道也,饱食暖衣,逸居而无教,则近于禽兽。"孟子这段话与孔子此章意思颇为相近。人与动物的差别在于,人不止于吃饱、穿暖、住得舒服等现实物欲的满足,还有精神上的追求。

论道、德、仁

一

道、德、仁，是儒家哲学最为核心的概念。要把握孔子学说，必须对这几个概念有较为清晰的认识。这些概念作为儒家哲学框架内的基本名词，在两千多年的历史发展进程中，已经走出了儒家学术圈，成为社会普遍使用的术语。尽管被社会广泛使用，但是很多人对这几个术语的具体含义，往往又知之不明。若要准确把握这几个词，还得从《论语》中找出一些线索来，回到孔子最初的理论构建过程中去考察。

《论语》全书共有58章提到"道"字，其中孔子本人论及"道"的章节有44章，另有14章由孔门弟子有子、曾子、子张、子贡、子夏等人论及。该字在《论语》中总共出现70次，如此高的出现频率，说明"道"是孔子学说的重要概念之一。

《论语·里仁篇第四》记：

子曰："朝闻道，夕死可矣。"

什么样的"道"，可以让人"早上听说了，晚上就可以死"呢？

什么样的"道",可以让人冲破"贪生怕死"的天性牢笼而无所畏惧呢?

这个"道",一定是"大道",是绝对的真理,是足够崇高的理想和信念。如果不是这样的"道",怎么能够让人不畏死亡呢?

"道",本义指人行走的路,做动词用就有"取道、经过"的意思;作名词用则有"路径、方法、规律"等意思;还可以进一步引申为抽象的概念,指代人类共同的理想、信念、价值观,以及思想、学说、方法等等,它包含着一种普遍的正确性,代表着人类普遍的追求。

换句话说,"道"代表着人类前行的正确道路,代表的是光明、正确的方向,是人生追求的最高理想,可以姑且称之为"绝对的真理"或"人生的终极目标",也可看作是个人修养和治国安邦的最高原则。所以,"道",本质是正道、大道、光明之道、圣人之道,是君子的追求,也是"君子之道"。心中有对道的追求,就等于找到了人生的意义与方向,内心会涌起无限的力量,这种力量可以超越生死。

孔子当然领悟到了这一点,所以才会说出"朝闻道,夕死可矣"。理解这句话,不必去探究闻道是否真的可死,而要去感受那种因"闻道"而获得的内心震撼,那是一种超越自我的力量与追求。

《论语·述而篇第七》记:

子曰:"志于道,据于德,依于仁,游于艺。"

这一章明确指出"道""德""仁""艺"的基本功能。这句话的主语被省略掉了。根据《论语》全书的思想，可以把整句话的主语定为"君子"。这句话完整地说，应该是"君子志于道，据于德，依于仁，游于艺"。

"志于道"，是为君子指出的方向。"志"，本义为意念、心意，引申义为志向、目标，是"心之所向"。所以，"道"是君子所要走的路，所要去的方向，当然也是所有人本应该走的路，本应该有的正确方向。

这个"道"，到底是一条什么样的路呢？是一个什么样的方向呢？它是什么样子的呢？具体有什么样的特征与表现呢？人们要怎样才能找得到这个方向呢？道与人是什么关系呢？

这些问题，是破除《论语》及孔子思想迷雾的钥匙，需要一点一点地揭开。

《论语·里仁篇第四》记：

子曰："士志于道，而耻恶衣恶食者，未足与议也。"

有理想的知识分子，可以称为"士"。他所追求的是"道"，是绝对的真理，是崇高的理想，是人生的意义，而不是外在的衣食住行等物质感官上的享受。如果一个人"耻恶衣恶食"，计较吃穿，为吃得不好、穿得不美而感到羞耻，孔子认为"未足与议"，即不值得与其谈论"道"。君子"食无求饱，居无求安"，他们对于物质的欲望是极低的。君子用"道"来匡正自己的言行，这叫"就有道而正焉"。

《论语·宪问篇第十四》记：

子曰:"士而怀居,不足以为士矣。"

"怀居",就是怀念、留念家里的安逸舒适。一个有理想的知识分子,成天贪念家中的舒适,便不足以称为"士"。孔子眼中的"士",应该"志于道",而不关注华服美食这些外在的物质条件。

《论语·卫灵公篇第十五》记:

子曰:"道不同,不相为谋。"

这里的"道",指的是抽象意义之"道",代表的是理想、信念或价值观。孔子的意思是,人与人之间,如果理想、志向、思想、价值观不一致,是不能相互出主意、不能共商事业的。孔子讲这句话,大概也是受现实事件的影响,有感而发。

孔子率众弟子周游列国期间,在途经楚国时,多次遇到一些道家的隐士,如长沮、桀溺之类,他们远离世俗,隐于田亩之中,以耕田为乐。

《论语·微子篇第十八》记:

长沮、桀溺耦而耕,孔子过之,使子路问津焉。
……
曰:"滔滔者天下皆是也,而谁以易之?且而与其从辟人之士也,岂若从辟世之士?"耰而不辍。
子路行以告。
夫子怃然曰:"鸟兽不可与同群,吾非斯人之徒与而谁与?天下有道,丘不与易也。"

长沮、桀溺两个耕田人，认为天下的混乱和无序已经如洪水一般泛滥成灾，世道已经没有希望了，只想躲避纷乱，认为孔子这样拼命奔走想要匡扶天下是没有什么用的。这是典型的"道不同，不相为谋"。思想、理念、价值观不同，便无法相与参谋共商大事。所以，孔子感慨"鸟兽不可与同群"，鸟与兽是两种不同的动物，是不可能聚在一起的。然而，孔子认为自己既然是人，当然要与人在一起，要和社会保持联系，"吾非斯人之徒与而谁与？"在孔子看来，与家国同在，与天下人同在，是天经地义的"人"的本分。

孔子说："天下有道，丘不与易也。"这句话的意思是：天下如果有道，就不需要自己来参与改变了。这一句话，显示出的是儒家对社会责任的主动担当。战国时期的孟子说："当今之世，舍我其谁？"明末清初的学者顾炎武说："天下兴亡，匹夫有责。"话虽然不同，但都彰显着相同的信念与精神追求。以天下为己任的大责任、大担当，是儒家的"道"，是儒家的精神指向，是儒家的理想和价值观。

在孔子的言论中，有"无道"与"有道"之分。怎么来理解其内涵呢？"天下有道"，从词的本义推出去，指的是天下人有路可走，也就是指政治清明、社会稳定、百姓安居乐业，这样的局面，就可以称之为"天下有道"了。孔子所处的时代，礼崩乐坏、政治腐败、社会混乱、"苛政猛于虎"、百姓无路可走，是一个"无道"的时代。孔子分辨政治之"有道"和"无道"，其标准是政治是否清明、社会是否稳定、百姓是否安居。推而言之，孔子分辨国君之"有道"和"无道"，其标准则是国君能否使政治清明、社会稳定、百姓安居。若能，则为"有道之君"；若否，则为"无道之君"。孔子评价卫灵公，言其"无道矣"，说明他没有做到这几点。

孔子面对"无道"的政治局面，并不是狂飙突进的，也不会一味地执着。只是他并不像道家那样选择放弃努力而归隐山林。孔子对于不同于己的处世方式，虽不支持，亦不反对，表现出"和而不同"的君子风度。

《论语·泰伯篇第八》记：

子曰："笃信好学，守死善道。危邦不入，乱邦不居。天下有道则见，无道则隐。邦有道，贫且贱焉，耻也；邦无道，富且贵焉，耻也。"

这一章提出两个方面的问题：如何应对天下之"有道"与"无道"；如何面对邦之"有道"和"无道"。百姓有路可走，政治清明、社会稳定、人民安居，就是有道之邦，有道之天下，其君则为有道之君。反之，则是无道。

面对"有道"与"无道"，君子应该持什么样的态度呢？

孔子认为君子应该秉持的态度是"笃信好学，守死善道"。什么是"善道"？善者，吉也，美也。言下之意，就是君子要誓死守护美好的道路，其实也就是誓死捍卫理想、信念与价值观。

对于君子而言，不去"无道"的国家做官求富贵，宁肯藏起来等待时机，这叫"危邦不入，乱邦不居。有道则见，无道则隐。"孔子也说"隐"，但儒家之"隐"，是"收藏"之意，目的是等待时机，以期重见春天。与道家的放弃之"隐"有所不同。

《论语·季氏篇第十六》记：

孔子曰："天下有道，则礼乐征伐自天子出；天下无道，则礼乐征伐自诸侯出。自诸侯出，盖十世希不失矣；自大夫出，五世希不失矣；陪臣执国命，三世希不失矣。天下有道，则政不在大夫；天下有道，则庶人不议。"

在孔子看来，判断天下"有道"还是"无道"有一个方法，就是看礼乐征伐的命令从哪里发出来？如果"礼乐征伐"的命令是从天子那里发出来的，则说明"天下有道"，国家发展走在正确的轨道上；如果"礼乐征伐"的命令是从诸侯、大夫、陪臣（家臣）等地方发出来的，则说明"天下无道"，社会秩序已经混乱了。

"天下无道"的结果是什么呢？当然是"亡天下"！孔子预测：如果政令出自诸侯，持续十代即亡；如果政令出自大夫，五代则亡；如果政令出自陪臣，三代则亡。严重的礼崩乐坏，带来的结果是天下必亡。

如何体现"天下有道"呢？在孔子看来，至少表现为两点：一是"政不在大夫"，即朝政不会下落到大夫手中；二是"庶人不议"，即政治清明，各守其职，百姓安居乐业，对于朝政没有什么可议论的。

《论语·宪问篇第十四》记：

子曰："邦有道，危言危行；邦无道，危行言孙。"

"危"是端正之意，如"正襟危坐"。"危言危行"，是指言行端正。"危行言孙"，是说行为端正，言语恭顺谦卑。孔子有很多学生在各处做官，所以孔子告诫其弟子们，在任何情况下，都要坚持"危言、危行、言孙"，这既是个人的道德修养，也是一种政治素养。

《论语·卫灵公篇第十五》记：

子曰："直哉史鱼！邦有道如矢，邦无道如矢。君子哉蘧伯玉！邦有道则仕，邦无道则可卷而怀之。"

这一章，孔子赞叹了当时的两个政治人物：一是卫国大夫史鱼，也就是祝鮀；另一个是蘧伯玉。

史鱼为人十分正直，被誉为卫国的柱石之臣。他一直劝谏卫灵公远离奸臣弥子暇，任用贤臣蘧伯玉，但在其有生之年没有劝谏成功。《孔子家语·困誓第二十二》载有"史鱼尸谏卫灵公"的故事：史鱼临终前告诉自己的儿子，让其把自己的尸体放在窗户下面。卫灵公来吊丧时，看到史鱼的尸体被放在窗户下，觉得不敬，就质问史鱼的儿子。史鱼的儿子就把史鱼临终前的遗命告诉了卫灵公。卫灵公受到史鱼尸谏之感化，最终重用了蘧伯玉，辞退了弥子暇。所以，孔子赞叹史鱼"直哉！"并评价他无论是"邦有道"，还是"邦无道"，都"如矢"，即"正直"。"矢"，本义是箭，形容性格像箭一样笔直。后世就形成一个成语，叫"其直如矢"，用以形容正直的人。

蘧伯玉，是孔子一生的挚友。孔子周游列国期间，在卫国居住长达十年之久，其中大部分时间住在蘧伯玉家，两人无话不谈。在孔子看来，"卫灵公无道"，但是卫国之所以能够在大国的夹缝中得以生存，正是因为有史鱼、蘧伯玉这些贤人的辅佐。蘧伯玉主张以德治国，主张执政者率先垂范，做好模范带头作用，以实现"无为而治"。蘧伯玉的政治主张、人格情操对孔子及儒家思想产生了重大的影响。

孔子赞蘧伯玉"君子哉",认为蘧伯玉是一个能进能退之人,"邦有道则仕,邦无道则可卷而怀之"。这和孔子"用之则行,舍之则藏""有道则见,无道则隐"的观念完全一样。

所谓"邦有道",就是国家的发展有出路,百姓有路可走,也就意味着国家走在正确的发展轨道上。这种时候,君子应该努力做事、言行端正,靠着自己的能力与才华获得"富与贵"。所谓"邦无道",就是国家没有出路,百姓无路可走,也就意味着国家走在了错误的路上。这种时候,没有机会展示自己的能力与才华,做正直的事情,就暂时隐藏起来、等待时机,同时注意言语的方式。

《论语·卫灵公篇第十五》记:

子曰:"人能弘道,非道弘人。"

这一章的"道",强调其抽象意义。"道"作为一种人类共同追求的理想、信念与价值观,是人类普遍追求的方向。作为一种具有正确性内含的"道",如何彰显?在儒家看来,只能由"人"去扩充彰显,这叫"人能弘道"。"弘"的本义是弓声,特指声音洪大。《尔雅》释:"弘,大也。"后被引申为扩大,进而引申为彰显、发扬、弘扬。

"道"在这里指的是一种抽象的观念和理想,具有事物发展的规律性,内含一种普遍的正确性。"道"十分精微,需要借助人的行动才能得以扩大推广;"道"本身无法彰显,它需要借助人的行为才能得以表现。《中庸》言其"致广大而尽精微",没有人来扩大与彰显"道","道"则无法在人间展现。所以,有人在的地方,就有"道",这种关于人类共同的理想、信念与价值观,从来不会离开人，所以《礼记·中庸第三十一》说："道也者，不可须臾离也"。

"道"是无形的，人是有形的，能够用自己的生命行动，在人类世界去彰显这形而上的抽象之"道"，从而让"道"得以显现。所以，孔子说"人能弘道"。反之，以无形彰显有形，则是不可能的。

《论语·卫灵公篇第十五》记：

子曰："君子谋道不谋食。耕也，馁在其中矣；学也，禄在其中矣。君子忧道不忧贫。"

"道"不仅可"弘"，还可"谋"可"忧"。君子"弘道"的表现，也是"谋道"，并且常常"忧道"。要准确把握这一章，需要把语序调整为："君子谋道不谋食，耕也，馁在其中矣；君子忧道不忧贫，学也，禄在其中矣。"

"道"的本义是正确的道路，代表一种抽象的人类共同的正确价值理念和发展方向。有德之君子，心怀天下，他所关注和忧虑的，是事情本身是否走在正确的方向上，而不是关注和忧虑个人的物质满足。

"耕也，馁在其中矣。"百姓既然在种地，为什么还会有饥饿呢？这看起来颇为矛盾。孔子到底要表达什么意思呢？孔子认为，君子的主要作用不是下地耕田，而应该有更高远的目标，要在"道"上去追求，要致力于安邦定国这样的大事，而不是亲身下地与农民共同劳作。如果没有清明的国家政治，即使君子与百姓都下地耕田，饥饿也在所难免。这句话很像是讲给樊迟听的。樊迟曾向孔子请教怎么种地，被孔子批评为"小人"，种地非君子所为。孔子认为，君子的任务是为百姓提供一个秩序稳定的社会，以供百姓安居乐业，而不是亲自下地种田。

"学，禄在其中矣。"孔子强调的"学"，是"君子之学"。君子首先要忧虑国家是否走在正确的轨道上，而不是个人的俸禄问题。只要国家走在正确的轨道上，繁荣昌盛、政治稳定、经济发展，君子自然有俸禄可以拿，自然可获得常人所说的"富贵"。值得注意的是，孔子并非反对君子"谋食""忧贫"，而是认为"君子"有更大的使命，需要分清主次。

《论语·雍也篇第六》记：

子曰："齐一变至于鲁，鲁一变至于道。"

齐国和鲁国，是西周初年最早分封的诸侯国。周武王当年把功臣姜子牙分封到齐国，把自己的弟弟周公姬旦分封到鲁国。齐国和鲁国的治理风格很不相同。据《史记》记载，齐国比较注重实际功效，进行了一系列改革，经济很快发展起来，成为一方霸主；而鲁国则比较注重礼治，其经济发展速度赶不上齐国，但在意识形态和上层建筑方面保存得比较完备。

孔子认为齐国在政治上一改变，就是鲁国的样子了。而鲁国到了春秋末期，虽然保留了先朝的一些遗风，但其礼制也不完备了。因此，孔子说，如果鲁国能够在政治上改变，就可以接近于"道"了。这个"道"，狭义地指周朝初年的"先王之道"，具体可以指周朝的礼制；广义来说，就是指"正确的道路"，也就是治国安邦的最高原则。

《论语·学而篇第一》记：

子曰:"道千乘之国,敬事而信,节用而爱人,使民以时。"

"千乘之国",是具有"千乘"兵车规模的诸侯国。"一乘",指的是1辆战车、4匹马、1名驾车手、1名射箭手、1名持戈手、72名步兵、25名后勤兵,士兵加起来总共100人。千乘之国,代表这个国家拥有10万人的军队,说明这个国家的军事实力很强。以秦国的养兵制为例,每25个百姓负担1名士兵。拥有10万军队的国家,至少要有250万人口。公元前512—前474年间,也就是孔子所生活的春秋末期,东周总人口约2500万,其中晋国有400万,楚国有300万,齐国约200万,吴国约150万,秦国约120万。因此,拥有250万人的国家,算得上名副其实的大国。所以,人们常用"千乘之国"来指代人口众多、军事力量强大的诸侯国。

"道千乘之国",正常语序应该为"千乘之国之道",本义是"千乘之国"的正确道路。这一章,孔子指出一个国家若要强大,为政者需要做好五件事:一是"敬事",即处理政事要严肃认真,周全考虑;二是"信",即真诚守信;三是"节用",君子不能铺张浪费,要节制用度;四是"爱人",为政者要爱护百姓;五是"使民以时",派遣百姓劳役要符合农时,不要滥用民力,耽误农事。

如果能做好这五件事,则政治清明、社会稳定、百姓安居,整个国家就能走上富强之路,也就是所谓的"千乘之国"之道。

《论语·雍也篇第六》记:

子曰:"谁能出不由户?何莫由斯道也?"

古代"门"与"户"有所区别。双扇开曰"门",单扇开曰"户"。现代人常常二者混用。

孔子这句话其实是一种隐喻。"谁能出不由户?"意思是"谁出去的时候不经过一道门呢?"言下之意,每个人都有一条必然要走的路。"何莫由斯道也?"意思是"为什么没有人顺着(我指出的)这条路走呢?"

可见,孔子立志行道,为人们指出了一条正确的道路,可是大家都不愿意走。孔子生活在礼崩乐坏的时代,各个国家、各个政治利益集团考虑的都是自己的私利,相互争权争霸,父子反目、兄弟争国等恶性事件时有发生,最终导致的结果是政治不稳、百姓不安。面对这样的政治局面,孔子非常痛心,他非常清楚国家走向了错误的方向,奔走游说一生,劝诫为政者要走"正道",可是却没有人真正听从。所以,孔子十分遗憾地说"何莫由斯道也?"为什么没有人听从我所指出的这条路呢?

《论语·阳货篇第十七》记:

子曰:"道听而涂说,德之弃也。"

"涂"通"途"。"道"是"路","涂",也是"路"。在路上"听",又在路上"说",这意味着什么呢?其实,在路上听到的往往都是捕风捉影的消息,没有经过深入了解、确认,通常把这种在路上听到的东西称为"传闻";对这种没有经过确证的传闻又"说"出去,这就是随意传播,是一种以谣传谣的恶习。孔子反对这种做法,批评这是一种失德的表现,称之为"德之弃也"。

《论语·八佾篇第三》记:

子曰:"射不主皮,为力不同科,古之道也。"

"射"是古代的六艺之一,是一种以射箭比赛为主要活动内容的礼仪。"射礼"的过程有很多流程和仪式。在孔子看来,"射"的意义不在于射箭比赛本身的输赢,而是在"射"的过程中表现出来的仪容、心态、秩序、礼节等等。

"主皮"的"皮",是指皮做的靶子。"主皮",即射中靶子。"不主皮",就是不以射中靶子为目的。射礼早在夏商时期就已经有了,当时的"射"会根据力量的不同来分上、中、下三科,类似于现代举重比赛分公斤级一样。所以孔子说古代射箭比赛的方法,是要根据"力不同"来进行分科的,这是自古以来的规矩。但是到孔子所处的春秋末期,"射"已经不分科了,小个子、大个子,年纪大、年纪小均放在一起比赛。孔子从当时的射礼中看到的是规则的破坏,也就是礼的破坏。

综上所述,《论语》中的道,是君子所要追求的根本方向,故孔子强调"志于道"。这个道是本该走的道路,内含一种天然的正确性、规律性、不变性,因为其高度的抽象性和含摄性,往往不容易被人所把握。道不是人为赋予的,它是自在的、本有的。所以,道有其自在性、本有性。

所谓"天道",是指天(包括人类和大自然,包括世间的一切存在)按照它本有、自在的规律运行,走在自己本应该走的道路上,有自己本该运行的轨道。如:地球、月亮都有自己天然的本有的轨道。脱离轨道,即为失道,失道则乱。

所谓"人道",是指人按照其作为人的本有、自在的规律运行，走在人本应该走的道路上。如：生老病死是人生之规律，向死而生的道路，是其天然、本有的道路。这就是人生的轨道。脱离轨道，即为失道，失道则乱。人道是天道的一部分，是天道在人身上的表现。因此，可以说"人道即是天道"。

所谓"有道"，则是有（正确的）路、有（正确的）方向、有（正确的）方法。于国家是发展有道，于百姓是生存有道。国家政治上轨道，百姓安居乐业，社会稳定有序，个人能力得以发展，个人利益与集体利益、百姓利益与国家利益形成高度统一。能够管理出这种政治局面的领导被称为"圣王"，其管理方法被称为"圣王之道"。

所谓"无道"，则是无（正确的）路、无（正确的）方向、无（正确的）方法。也就是说，国家没有发展方向，百姓无路可走，个人前途无希望，结果就是政治混乱失序，百姓流离不安，个人发展被限制。

所谓"大道"，指的是宽广（正确）的路、不变的方向、基本的原则、根本的方法。国家发展走上宽广正确的发展之路，社会稳定进步，百姓安居，个人能力得以发挥，这是光明"大道"。用"大道"来治理天下，被称为"王道"。

所谓"小道"，是指狭小（正确）的路、小的方向、短期的目标或权宜的方法，它具有一定的合理性，可以发挥一定的作用，但是不彻底，不能从根本上解决问题。或许可以在经济、军事等某些方面取得局部成效，在小范围内起一定作用，但是往往顾此而失彼，难以致远，难以统领全局。对于国家来说，这种"小道"容易走向"霸道"的结局。春秋时期的那些强国，在历史上被称为"霸"，就是因为其在局部取得了一定的发展，但是不具备行稳致远的能力,也不具备统领天下百姓的能力,因此不能称其为"王道"。

所谓"邪道",是歪邪的路。尽管也是一种路,但是方向完全错了。严格来说"邪道"已经"非道"也,本质上已经不能称其为"道"了。只是为了表达和理解的方便,勉强还用到这个"道"字。

由于"道"这个概念具有高度的抽象性和含摄性,不容易理解和把握,需要进行层层解构,才能让人们理解,所以,孔子不得不解说"道"之形而下的表现,那就是"德"。

二

"德"是《论语》中另一个需要认真厘清内涵的概念。《论语》中有30章出现"德"这一名词,其中有3章分别是曾子、子张、子夏所言。如前所述,由于"道"的高度的抽象性和含摄性,令人难以领会,这就需要寻找到一个比"道"更具体一些的概念来帮助人们理解与把握。以什么来体现"道"呢?孔子认为是"德"。所以,"道"是"德"的抽象,"德"是"道"的表现。也可以说,"道"是德之体,"德"是道之用。

《论语·述而篇第七》记:

子曰:"志于道,据于德,依于仁,游于艺。"

君子以"道"为人生追求的根本方向,以"德"为人生行动的依凭。所谓"据",本义是指用手撑着,有倚靠之义。"德"是君子行动的依据。那么,"德"存在的依据又是什么呢?答案是"道"。

"道"是"德"的依据，是"德"的形而上者。不言"道"而言"德"，只是因为"德"是"道"的表现。言"德"，本质上也是言"道"；有"德"，本质上也是有"道"；有"大德"，本质上就是有"大道"；"无德"，本质上就是"无道"。

"德"，本义为直视"所行之路"的方向，遵循本心、本性。换句话说，只有一心一意行走在那个本有、自在、正确、光明的道路上，才能称为"德"。天遵循其自身本有、自在、正确的运行规律，谓之有天德；人遵循人本有、自在、正确的生长规律，谓之有人德。有德者，是遵循"道"者。天德即天道，人德即人道。

《管子·心术上》云："德者，道之舍，物得以生生，知得以职道之精。德者，得也。"准确地说，应该理解为"德者，得道者也"。"得道"谓之"德"。"得道"，也就是找到了正确的道路，有了正确的方向，依照和遵循道的规律，这叫"得天道"，也可以称为"天德"。对于人来说，如果能够找到人生发展的正确方向，依照人生发展的规律而行事，则是"得人道"，即可称为"人德"。

如前所说，天道之天是指世间一切事物，包括人在内。天道包含人道，人道合于天道。由此推之，人德必合于天德。

君子若有德，必定有道，必定走在正确的道路上，行为有范、国家有序、百姓能安，个人也能得以发展。若君子无德，则必定无道，必定脱离正确的道路，行为失范、国家无序、百姓流离，个人也便无所依着。

那么，在孔子的思想中，"德"落实到人的身上，到底是什么样子呢？有什么表现呢？在人类社会与政治生活中，有什么重要作用呢？

《论语·里仁篇第四》记：

子曰:"君子怀德,小人怀土;君子怀刑,小人怀惠。"

此章把"君子"与"小人"进行对比,强调"君子"的表现。"怀",本义为"怀念、思念",引申指心中存有、内心蕴藏。关于"德""刑"二字,《左传·宣公十二年》载:"叛而伐之,服而舍之,德、刑成矣。伐叛,刑也;柔服,德也。二者立矣。"意思是讨伐反叛者,是用刑罚;赦免服罪者,是施德行。

德与刑,是常存于君子心中的事情。君子治理国家,需要德与刑同时使用。以德治国与以法治国,要相互配合,相辅相佐。小人心中常常考虑的则是"土"与"惠",即土地和恩惠。对于农耕民族来说,土地是最基本的生存依赖;恩惠代表着现实的好处。小人与君子考虑的事情不一样,这是因为角色的不同。君子被赋予了管理国家、照顾百姓的责任,所以必须考虑"德"与"刑"这种治理国家的大问题。

"君子怀德",本质上是"怀道",也就是思考自己及自己的工作是否合乎道。

《论语·为政篇第二》记:

子曰:"为政以德,譬如北辰,居其所而众星共之。"

孔子认为"为政"的根本是用"德"。这当然是给为政者讲的话。

君子为政,要首先用"德",以"德"来管理国家、照顾百姓。"为政以德"的君子,就好像是北极星一样,必然被众星环绕。这是一种比喻，言下之意是只要"为政以德"，就会受到百姓拥护与爱戴，百姓都会聚拢在其周围。

为什么君子"为政以德"，就可以获得百姓的爱戴与拥护呢？因为"有德者"，必合乎道，带领国家走在正确的道路上，国泰民安，自然受到拥护。

《论语·里仁篇第四》记：

子曰："德不孤，必有邻。"

"德"，即"得道"；有德者，即得道者。

为什么得道者不会孤单呢？为什么得道者必定会有邻呢？

这是因为道只有一个，天道运行必定遵循着同样的规律，人道运行必定遵循同样的法则。既然道是相同的，那么德必然也是一样的。因此，无论是谁，只要走在正确的路上，大家就是志同道合者，怎么会孤单呢？怎么会没有伙伴来相互亲近呢？

尽管现实中有道德者常常不被理解，但是孔子依然对他们保持着信心。

《论语·雍也篇第六》记：

子曰："中庸之为，德也，其至矣乎！民鲜久矣。"

所谓"中庸之为，德也"，其实就是"中庸之为，道也"，即"中庸之道"。孔子认为"中庸之德"是"至德"，"中庸之道"是至道。换句话说，"中庸"是"道""德"的最高境界。在《论语》中，孔子反复强调"过犹不及"，偏向于任何一边都不可取。任何事情"恰到好处"才是最佳。只可惜,"民鲜久矣",人们缺少这种中庸之德已经很久了。

要做到"中庸",是很不容易的。孔子的孙子子思后来专门论述"中庸",其中提出"仲尼曰:'君子中庸,小人反中庸'"。可见,"中庸之道",就是君子所要追求的道。

《论语·宪问篇第十四》记:

子曰:"骥不称其力,称其德也。"

"骥",指善跑的良马,力量大、跑得快,号称日行千里,故称千里马。古人常用千里马来比喻杰出的人才。

孔子说千里马值得称赞并不是因为它跑得快,而是因为千里马有德。千里马有什么德呢?千里马之德,在于尽了千里马的本分,按照千里马之道来做,勤奋努力、日行千里而不知疲惫。这显然是一种借物喻人的说法。孔子所想表达的是,一个人是否有德,关键不在于其真实力量的大小,而在于其是否依道而行。依道而行,是为有德者。

《论语·宪问篇第十四》记:

或曰:"以德报怨,何如?"
子曰:"何以报德?以直报怨,以德报德。"

有人问孔子,"以德报怨,怎么样?"所谓"怨",本义是"不满、责备"的意思,引申指"仇恨"。"报",本义为"制裁、判决",后来引申为"投报、回报、报复或回复、报告"等等。

"德"指"得道"。以德报怨,即以道报怨。言下之意,就是用正确的方式来对待怨恨。至于什么样的方式是正确的方式,则需要进一步判断。这就需要了解"怨"从何来?到底是什么"怨"?显然,在那个礼崩乐坏的时代里,最为突出的、最大的"怨",当然是"民怨",是百姓的不满与怨恨。

"以德报怨,何如?"意思就是"君子以德报民怨,何如?"孔子认为不可,反问:"以德报怨,何以报德?"意思是"如果以德报怨,那又用什么来报德呢?"

孔子认为对待"民怨"要"直"。"直",本义为"正直,不弯曲",引申为"公正"。《韩非子·解老》云:"所谓直者,义必公正,公心不偏党也。"民之所怨,必因有所不公。君子为政应该保持公心,公正而不偏私,才能保证民无所怨。

而对待"德",则要"以德报德",可以理解为以"君德"回报"民德"。百姓之德表现为民风淳厚、各安本分、艰苦奋斗,走在正确的人生发展道路上。假设如此,为政的君子则更应该顺应百姓发展的趋势,顺百姓之自然。正如,现阶段我国社会的主要矛盾是人民日益增长的美好生活需要和不平衡不充分的发展之间的矛盾,而为政者的根本任务就是要解决社会当前的主要矛盾。因此,为政者顺应民心,以百姓心为心,忧百姓之忧,这就是为君之德。君子"以德治国",本质上就是依道而行。

《论语·阳货篇第十七》记:

子曰:"乡愿,德之贼也。"

"乡愿",指的是乡间那种貌似忠厚诚恳,实则虚伪媚俗的伪善者，后世称之为"伪君子"。这种人表面上看起来是个老好人，实际上是非不分、善恶混淆、言行不一，没有明确的原则，谁也不得罪，但是对谁也不真诚。孔子认为这种人是"德之贼"。"贼"，是"危害、败坏"的意思，其感情色彩很重，有"祸害很大、很邪恶"之意。这种人败坏"道"和"德"，所以令孔子十分反感。

《孟子·尽心下》里有一段话可以作为这一章的注脚：

万章问曰："一乡皆称原人焉，无所往而不为原人，孔子以为德之贼，何哉？"

孟子曰："非之无举也，刺之无刺也，同乎流俗，合乎污世，居之似忠信，行之似廉洁，众皆悦之，自以为是，而不可与入尧舜之道，故曰德之贼也。"

万章是孟子的学生。他问孟子，一乡的人都称这个人是好人，为什么孔子还要把他看成"德之贼"呢？孟子解释说，这种人虽然看起来八面玲珑，无可挑剔，举不出他的缺点，但是仔细观察，发现这种人与世俗同流合污。表面上看起来待人忠信，处世廉洁，找不到毛病，内心里自我感觉良好，实际上不入圣人之道。这种人很难被识别，容易迷惑众人，所以孔子认为这种人就是"德之贼"，是败坏"道""德"的人。

《论语·卫灵公篇第十五》记：

子曰："巧言乱德。小不忍则乱大谋。"

《论语》中，孔子多次提及"巧言"，认为其"鲜矣仁"。在孔子看来，花言巧语之人，往往不真诚，很少有"仁"的。此章又说"巧言乱德"。所谓"乱"，是"扰乱、干扰、危害"的意思。孔子更欣赏"讷言"者，经常告诫学生"君子欲讷于言而敏于行"。为什么孔子如此讨厌"巧言"之人呢？为什么孔子会认为"巧言"者会"乱德"呢？

这或许跟孔子对社会和人性的观察有关系。在孔子接触的人中应该存在不少"巧言令色"的伪君子，比如孔子初到卫国时受到卫国国君及卫国夫人的礼遇，这些人在接待孔子的时候，非常客气，给予了孔子相当高规格的接待，也会说一些恭维好听的话。但是，卫国国君及夫人，乃至很多其他当政的大夫，对于孔子之道并不真的感兴趣，只是想借孔子之名来谋取私人的政治利益罢了。

在后世人看来，一个人若善于"巧言"未尝是一件坏事情，这或许可以代表一种高情商，有高超的表达技巧。不过，根据《大戴礼记》的解释："巧言令色，能小行而笃，难于仁矣。"也就是说，这种外在的表达技巧，解决一点小事情还是可以的，但是若要成就大道仁心，则有困难了。南宋朱熹在《论语集注》中为孔子解释："好其言，善其色，致饰于外，务悦于人，则人欲肆而本心之德亡矣。"意思是一个人把精力都放在了取悦他人、注重修饰外在的言色之上，则人的私欲会被放大，就失去了人的本心。

"巧言乱德"，这句话听起来，很"言重"。但是，它对于为政的君子确实非常有警醒意义。在为政者的身边，常常会出现奸佞小人，他们说着恭维好听的话，做着谄媚奉承的事，却常常别有用心，会使听的人失去原则，丧失底线，最后导致政治失其道，这就是"乱德"。

南宋朱熹解释说："巧言，变乱是非，听之使人丧其所守。"也就是说，讨好动听的话，往往是非不分，会使听的人失去原则，丧失底线，故而说"乱德"。

"小不忍，则乱大谋。"小的事情不忍耐，可能会打乱大计划，这是一种大局意识。这与"成大事者不拘小节"的意思是一样的。真正要成大事者，就不要斤斤计较于一些小事情，要抓住关键、抓住主流，这是一种眼光，也是一种智慧。

这一章很有可能是孔子给掌握着权力的为政者们的提醒。

《论语·宪问篇第十四》记：

子曰："有德者必有言，有言者不必有德。仁者必有勇，勇者不必有仁。"

"必"，在这里是"一定"的意思。

此章出现了两组概念相对举：一是"有德者"与"有言者"；二是"仁者"与"勇者"。

根据前文所述，"有德者"，为"得道者"，即走在正确道路上的人。

"有言者"是什么意思呢？"言"，象形字，张口伸舌头的样子，本义是"说话"，可引申为"说法、言论、口号"等等。"有言者"，即有自己的言论和说法，并且这种言论具有合乎于道的正确性。孔子认为"有德者"一定会有合乎道德的正确言论和主张，这是可以成立的逻辑，故说"有德者必有言"；

反过来，会说合乎道德的言论之人，并不一定是"有德者"，很有可能是"满嘴仁义道德，一肚子男盗女娼"之人。这也可以佐证为什么孔子要强调"听其言"，还要"观其行"的原因。因为很多人确实是说一套做一套,言行不一,故说"有言不必有德"。

"仁者必有勇",仁者一定是勇者,因为"勇者不惧"。仁者心中有道,胸怀博大宽阔,志向高远笃定,无所畏惧,"朝闻道,夕死可矣",所以"仁者"必是"勇者"。孟子说"仁者无敌",因为没有人跟仁者对抗,仁者受到众人的拥戴。

但是,若反过来,就不一定能够成立了。"勇者不必有仁",这是因为"勇"分为"君子之勇"和"匹夫之勇"。若是"君子之勇",则可为"君子之仁";若是"匹夫之勇",则是"小人之勇",就做不到"仁"了。

《论语·卫灵公篇第十五》:

子曰:"由,知德者鲜矣。"

这是孔子对弟子子路说的话。

孔子感慨地说:"仲由啊,知德者少啊!"在礼乐崩坏的时代里,诸侯纷争、强国争霸、父子争权、贵族逐利,一个"无道"的时代,怎么会有德呢?能够知道"德"的人都是很少的。孔子的语气中颇有一种"众人皆醉我独醒"的痛心、愤懑和无奈之感。

三

"仁",是孔子学术思想中又一个非常重要的概念,被认为是孔子思想的核心。因此,要了解孔子的思想,必须对"仁"这个概念有准确的把握。《论语》中,孔子专门论仁有 58 章,总共出现了

105个仁字，其中回答弟子问仁有九处之多，孔子每一次都从某一个侧面对"仁"的内涵进行阐述。除此之外，孔子还用"仁"来评价微子、比干、箕子、伯夷、叔齐、管仲等历史人物。这些评价彰显出孔子对"仁"的理解。孔子对"仁"的叙述，构成了孔子的仁学体系。

从古文字材料看，"仁"字最早出现在春秋晚期的侯马盟书中。《说文解字》注："仁，亲也，从人，从二。"本义是"对人友善相亲"。近代学者刘师培释："仁必合两人而后见，人与人接，仁道乃生。"从训诂学家对"仁"的训释来看，"仁"只能产生于自己与他人的关系中，一个人单独地存在，则不能成其仁。换句话说，"仁"，只能是自己（主体）对他人（客体）的态度，并基于这样的态度形成的某种关系状态。这样看来，"仁"字本身就含有"推己及人"的关系隐喻，指代的是一种对他人充满着恭、敬、忠、爱、信、敏、惠、宽等真诚的情感内涵的道德总和，其基本特征是：发乎于己心，推及至他人，充满着真情实感。"仁"是人心本有的，它合乎人性，故"仁道"，就是"人道"，就是"天道"；"仁德"，就是"人德"，就是"天德"。"仁"上承"道"与"德"，是道德的具体表现。可以这样说，"道"是德之体，"德"为道之用；"德"为仁之体，"仁"为德之用。

《礼记·中庸第三十一》曰："道不远人，人之为道而远人，不可以为道。"在儒家的思想体系中，"道，须臾不可离也"。既然"道不远人"，所以"仁"也不远人；既然"道，须臾不可离"，所以"仁"也须臾不可离。"仁"时时刻刻就在自己的身上，只要一念觉醒，"仁"就来了。

《论语·述而篇第七》记：

子曰:"仁远乎哉?我欲仁,斯仁至矣。"

孔子反问:"仁,离我们很远吗?"可能当时也有很多人认为"仁"是难以达到的境界,感觉孔子谈仁是在讲空话大话,所以孔子不得不解答这个问题。

"我欲仁,斯仁至矣。"意思是:我想要仁的时候,仁就来了。这话说得有些玄妙,但孔子所言却又是真实的。只要一个人想做好人,他的心灵立即就会有一种"自觉",这种"自觉"就会令其在思想与行为上转向,"仁"就到来了。有一种"放下屠刀,立地成佛"的意味。

战国时期的孟子在论述"仁"的时候,说"人皆有不忍人之心",这种"不忍人之心"即是"仁"的发端之处,就是这个"仁至"之时,也可以称之为"仁心"。这种"仁心"从哪里来的呢?这是人之为人的天然本性,不受任何外在原因的支配,是从本有的道德而来。孟子认为人有"不忍人之心,以有不忍人之政",也就是由"仁心"推出"仁政"。

"仁",只能被描述,难以被定义。只能通过描述来感受和把握"仁"的内涵,而不能找到相对应的词对其进行准确的翻译。所以,在读《论语》时,只能去理解和感受"仁"的内涵,不能去翻译"仁"的意思。因为在不同的表达语境中,"仁"所指的具体内容是变化的,并且"仁"可以和其他词组合在一起,形成一系列以"仁"为基本内涵的术语,如:仁义、仁者、仁政、仁德、仁术、仁爱、仁民、施仁等等。

《论语》中,可以通过孔子回答弟子"问仁",来进一步了解孔子对"仁"的看法。

《论语·颜渊篇第十二》记：

颜渊问仁。

子曰："克己复礼为仁。一日克己复礼，天下归仁焉。为仁由己，而由人乎哉？"

颜渊曰："请问其目？"

子曰："非礼勿视，非礼勿听，非礼勿言，非礼勿动。"

颜渊曰："回虽不敏，请事斯语矣。"

孔子认为"克己复礼"就是"为仁"，把"礼"与"仁"关联在一起了。"仁"的表现在于"克己"与"复礼"。

"克"，本义为"战胜"。"复"，有"实践、履行"之意。"克己复礼"，是指战胜自己（私欲），依照礼的要求去实践，这样做的目的就是"为仁"。"一日"，亦写作"一旦"，表假设。只要能够战胜自己（私欲），并按照礼的要求去实践，"天下归仁"，也就是天下便走上了正途，走上了正确的轨道。

"礼"又指什么呢？

"礼"，最早写作"禮"，本义指"祭神、敬神"，引申为表示敬意。到了周朝，随着祭祀活动渐渐形成的规范，"礼"演变为社会道德秩序与等级制度，以及与此相适应的行为准则与道德规范。"礼"的背后潜藏着制度、规范、准则、秩序等内涵。"失礼"，即失去了制度、规范、准则、秩序。如果一个人失礼，则人生失去正轨；如果一个国家失礼，则国家陷入混乱。孔子所处的春秋末期，即是一个"失礼"的时代，整个社会陷入混乱，历史上称其为"礼崩乐坏的时代"。

"仁"的表现是"克己复礼",战胜个人的私欲,依照礼的要求,各尽其责,各守其职,凡是不符合"礼"的规范的东西都不要看,不符合"礼"的规范的声音都不要听,不符合"礼"的规范的话都不要讲,不符合"礼"的规范的事情都不要做。如果能做到这几点,就可以称"为仁"。换句话说,"仁"就得以体现出来了。

"为仁由己,而由人乎哉?"这一句的关键是"由己"不"由人"。这是儒家心性之学的关键所在。儒家把生命的主动权牢牢掌握在自己的手中,这是对人的主体性的高度肯定。也就是说,一个人能不能战胜自己,能不能够按照礼的要求去生命中实践,完全是由自己所决定的。这种响当当的、充满力量的话语,如夜空闪耀的星星,照亮人们的心灵。

《论语·八佾篇第三》记:

子曰:"人而不仁,如礼何?人而不仁,如乐何?"

这一章,进一步阐述"仁"与"礼"的关系。上一章,孔子强调"礼",认为做到"复礼"也就"为仁"了。而这一章,孔子则强调"仁"。

孔子用两个反问句来加强其语气。孔子的观点是:人若没有"仁",则"礼"和"乐"也没有什么作用。"礼"和"乐"都是"仁"的外在的表现形式。徒有外在的形式,而没有发乎内心之"仁",那外在的形式也就变得没有意义了。

对于为政者来说,如果只是重视形式上的"礼"(即规矩和制度等),却并不是真诚地为百姓着想,只是做面子工程,而不脚踏实地解决民间疾苦，不能够"想民之所想，急民之所急"，这种"礼"（规矩和制度）又有什么意义呢？"礼"都没有意义了，那配合"礼"的"乐"，就更没有意义了。

对个人来说，道德亦是如此。比如，一个人为了表示自己孝顺父母，在父母去世后为其举行隆重的葬礼。若只是在形式上做足了功课，而内心却没有真诚的哀凄之情，孔子认为这并不是真孝，也并不是真"仁"。

因为"仁"上承自道德，其特点是发乎于己心，推及至他人，具有真诚的情感。如果没有从己心发出的"仁"作为"礼乐"的前提，那礼乐还有什么意义呢？

可见，"仁"是"礼"和"乐"的本质。

《论语·学而篇第一》记：

> 子曰："弟子入则孝，出则弟，谨而信，泛爱众，而亲仁，行有余力，则以学文。"

这一章，孔子阐述了弟子应有的德行——孝、弟（即悌）、谨、信、泛爱、亲仁、学文。

"弟子入则孝，出则弟，谨而信"，即要求弟子们要孝顺父母，尊敬兄长，说话谨慎，真诚守信。孔子的弟子们通常要去做官，所以教导他们要"泛爱众"。这一种"爱"，是一种怜悯、同情之爱。三人为"众"，表示人多。西周时期金文"众"字，明显地描绘了一群奴隶被监督着劳作的情形。这说明"众"原本代表的是劳苦大众、人民百姓。孔子强调"泛爱众"，意思是要同情、体恤和怜悯百姓。

"而亲仁",很多学者将之理解为"亲近有仁德的人",这个解释颇值得再揣摩一下。如果孔子是希望弟子们亲近仁德之人,孔子应该会说"亲仁者"。"有仁德的人",在《论语》中孔子一般称之为"仁者",而不言之为"仁"。据此推断,孔子说"亲仁",大概率应该不是指"亲近仁德的人"。《说文解字》释:"亲,至也。"再结合前后语境进行推断,可发现:前文孔子提到弟子要多同情和体恤百姓的疾苦,怎么样才能同情和体恤到百姓的疾苦呢?这就需要启动内在之"仁",也就是说,需要发乎于内心真诚的情感,才能与百姓"感同身受",才能真正体察到民间百姓的疾苦,才能真正理解和同情百姓之急忧。"仁"的本质是上承道德,其特点是发乎于己心,推及至他人,具有真诚的情感。因此,此处"亲仁"理解为"靠近自己的真心,体贴到自己内心那份最真诚的情感",后世王阳明所讲"致良知",当是此意。

接下来,孔子又说"行有余力,则以学文"。有余力则学文,可见,学习书本知识,被孔子排在了最后。在孔子看来,在日常生活与工作中以"仁"心为出发点,躬行实践更加重要。

那么,如何了解和分辨"仁"与"不仁"呢?

《论语·里仁篇第四》记:

> 子曰:"唯仁者能好人,能恶人。"

"仁者",一般理解为"有仁德的人"。什么是"有仁德的人"呢?依据前文所述,"仁"是上承自道德,其特点是发乎于己心,推及至他人,具有真诚的情感。比如见到父母知孝,见到工作知忠,见到朋友知信,等等,这种能够把人与人之间的伦理之道表现出来的人就是"仁者"，也就是"有德者""有道者"。

所以，"仁者"有自己的行为标准，这个行为标准是合乎道德的标准。由此推之，符合道德标准的人，是"仁者"所"好"，反之则"恶"。孔子强调一个"唯"字，意思是说：只有"仁者"才具有"好人""恶人"的能力。因为"仁者"有合乎道德的基本判断标准，故能够明辨是非。由此也可推出"仁者"必有"智"。

《论语·里仁篇第四》记：

> 子曰："不仁者不可以久处约，不可以长处乐。仁者安仁，知者利仁。"

这一章描述"不仁者"的表现有两个方面：一是"不可以久处约"，二是"不可以长处乐"。这种人的生命是永远不安的。

"约"，本义是"约束、限制"，也可用于表达困顿、穷困之境。结合前后语义推敲来看，"处约"与"处乐"是指两种相反的处境。"不仁者"，既不能长久地安于穷困之境，也没有能力长久地安于快乐之境。《礼记·中庸第三十一》里有一段话可以提供佐证："君子素其位而行，不愿乎其外。素富贵，行乎富贵；素贫贱，行乎贫贱；素夷狄，行乎夷狄；素患难，行乎患难。君子无入而不自得焉。"这样的君子可以安于任何处境，总能够处变不惊，怡然自得，即使情境发生变化，依然能够恪守为人之本分，即恪守人之道，践行人之德，这就是"仁者"。

所以，孔子说"仁者"可以安于仁，可以用"仁"之德来应对处境的一切变化。而"知（智）者"可以利于仁，因为智者是能明辨是非的人，所以有利于仁。此处之"利"，可理解为"对……有利"，也就是"辅仁"之意。

　　这样的境界，一般人是难以做得到的。这是一种圣人境界，处圣人之境的人才能成为真正的"仁者"。所以"仁者"不易有。《论语》中，鲁哀公、季康子曾多次问孔子"仁乎哉？"孔子皆不轻许。

《论语·宪问篇第十四》记：

　　子曰："君子而不仁者有矣夫，未有小人而仁者也。"

　　前面一章孔子说"不仁者"既不能够"久处约"，也不能够"长处乐"。身居高位的为政之君子常有这样的"不仁者"，这其实是德不配位的表现。"为政不仁，则国乱"，后果就很严重了。孔子一心劝导为政者要"为仁"，做有德之君，施行"仁政"。对于本处于社会底层的百姓（也称"小人"）来说，孔子并没有给予太多的指责。因为在孔子的观念里，"君子之德风，小人之德草，草上之风必偃"。小人是跟着君子走的。如果君子"不仁"，不可能出现"小人而仁者"。

《论语·雍也篇第六》记：

　　子曰："知者乐水，仁者乐山。知者动，仁者静。知者乐，仁者寿。"

　　"乐（yào）"，一般理解为"喜欢、欣赏"。"知"，通"智"。
　　这一章，孔子明确区分出仁者与智者，并为两者进行画像。智者喜欢欣赏水，表现为动与乐；仁者喜欢欣赏山，表现为静与寿。

山水是古人常用的意象，被赋予了一些象征意义。山象征着厚重、安静、高尚、坚定、沉稳、恒久等，呈现出阳刚的静态之美，如"父爱如山""稳如泰山""寿比南山""军令如山"等；水象征灵动、欢快、滋养、坚韧、包容、深情等，呈现出阴柔的动态之美，如"上善若水""水滴石穿""情深似海""水枯石烂"等。

　　孔子用山来表征"仁者"，用水来表征"智者"。

　　问题在于，仁者与智者之间有什么关系吗？显然，这是阴与阳的关系。阴中有阳，阳中有阴，相辅相成。正如《管氏地理指蒙》所言，"水随山而行，山界水而止"，"水无山则气散，山无水则气寒"。但是，从根本上说，"仁"还是"智"的本体，故云"有仁者必有智"，"智者利仁"。

　　《论语·里仁篇第四》记：

　　子曰："里仁为美，择不处仁，焉得知？"

　　"里"字，上"田"下"土"。有田有土就能种植粮食瓜果，获得赖以生存的生活资料。可见，有田有土，就有"里"，有"里"就有粮食。就土地来说，则要以"肥"为美，肥沃的土地才能使农作物生长得好。可是，作为儒家代表人物的孔子，其重点探讨的是修身，集中于精神道德成长方面的问题。此处之"里"，显然是借喻，可借指"心里""心地"，是心之土地。如"心地善良""心地无私""心地狭窄"等词，都有这个意味。什么样的心之土地才是美的呢？孔子认为是"仁"，故云"心里"（亦可云"心地"）以"仁"为美。

　　"仁"上承自道德，其特点是发乎于己心，推及至他人，具有真诚的情感。这种心叫"仁心",表现出来的行为叫"行仁"或"仁德"。

"择",有挑选、选择之义。孔子反复阐明君子之行要"志于道、据于德、依于仁"。显然,"择处仁",本质来说就是"依于仁"做出的行为选择,是明智之举。

很多注释将这句话解释为:居住在有仁德的地方是美好的。选择住处,不住在有仁德的地方,怎么能说是明智的呢?这种解释即使不能言"错",但恐未达孔子原意,至少未尽孔子全意。

《论语·里仁篇第四》记:

子曰:"苟志于仁矣,无恶也。"

"苟",表示一种假设,可理解为"如果"。或许有一个国君向孔子提了这样一个问题:君子应该怎样做,才能"无恶"呢?"恶",根据其程度的不同,可以是"过"或"错",也可以是"坏"和"罪",总之都是脱离正轨的,是需要纠正的。

孔子说,如果一个君子能够"志于仁",就不会有恶了。其实,"志于仁",本质上就是"志于道",就是"据于德",就是"依于仁",因为"仁"上承自道德。一个君子都能够"志于道"了,也就意味着他是走在光明、正确的发展道路上,当然就可以避免"过"与"恶"了。

《论语·卫灵公篇第十五》记:

子曰:"知及之,仁不能守之,虽得之,必失之;知及之,仁能守之,不庄以莅之,则民不敬;知及之,仁能守之,庄以莅之,动之不以礼,未善也。"

这一章是对为政者而言的,指导为政者应当如何做。要达到"善政"或"美政",为政者需要做到以下四个方面:"知及之""仁守之""庄以莅之""动之以礼"。只有这四个层次皆做到了,方可称为"善",否则均为"未善"。

"知",通"智",强调的是头脑聪明,智力强,知识广。"仁"是发乎于己心,推及于他人的道德。"庄",指的是态度神情之严肃庄重,令人敬畏。"礼",表示与道德相适应的外在形式、制度、规范等。

孔子认为,为政者要治理好国家,须做到"知及之""仁守之""庄以莅之""动之以礼"这四个方面。如果仅有"智",未有"仁",则得到的东西也将失去,如权力、财富、地位等;就算是做到了"智"与"仁",没有"庄",则不能令百姓敬畏;即使"智""仁""庄"皆具备,还需要"礼","运之以礼",即依照"礼"的要求来行事,才能称为"善"。

换句话说,靠聪明获得的东西(如权力、地位、财富),如果缺少仁德,即使得到也会失去。即使聪明且有仁德,却不以庄重的态度来对待这些东西(权力、地位、财富),那么百姓也不会发自内心地恭敬。就算是前面这三点都做到了,在行动上却不能依礼而行,仍然是不完善的。

这种论述方法,层层递进,明确了要达到"善",这四个要素,缺一不可。由此可见,实现"仁",不能够离开"礼"。也就是说,为政之君子,既要有发乎内心的真诚,还要自我约束,遵守规范。

《论语·里仁篇第四》记:

子曰:"我未见好仁者,恶不仁者。好仁者,无以尚之;恶不仁者,其为仁矣,不使不仁者加乎其身。有能一日用其力于仁矣乎?我未见力不足者。盖有之矣,我未之见也。"

战国时期的孟子认为,孔子把人生之道分成了两种,一种是"仁",另一种是"不仁"。《孟子·离娄上》载:"道二,仁与不仁而已矣。"所谓"仁者",是依道而行的人,是遵守礼法的人,是发乎内在真诚的人;"不仁者"则恰好相反,指不依道而行、破坏礼法、缺乏真诚的人。

用什么态度来对待"仁者"与"不仁者"呢?

孔子提出"好"与"恶"二字,也就是喜欢与讨厌两种态度。"好仁者",即喜欢那些依道而行、遵守礼法、发乎真诚之人,对于这样的人,应该"无以尚之"。此处"尚",可以理解为"推崇"。如果自己的身上缺乏仁者的作风,则应该对仁者大加推崇,以之为榜样,这才是"好仁者"应该有的做法。"恶不仁者",即讨厌那些不依规矩而行、破坏礼法、缺乏真诚的人。对待"不仁者"的正确态度是"不使不仁者加乎其身",也就是自己要规避"不仁者"的恶习。能够有这种"好恶",则需要明辨是非善恶的能力。

这一章的观点,与孔子提倡的"见贤思齐,见不贤而内自省"有异曲同工之妙。

孔子说自己"未见"这两种人。在孔子看来,能够明辨是非善恶的人其实很难找。这实际上就是孔子所处的礼崩乐坏时代的现状。

难道"仁"是那么难的事情吗？孔子竟然说没有见到过有这种追求的人。紧接着，孔子又说其实"仁"并不难。

他反问："有能一日用其力于仁矣乎？"意思是：有人能够把一整天的力气用于仁吗？

这句话可以进一步理解为，有人能够坚持一整天保持内心的真诚，做事情合乎道义礼法吗？这其实并不是多么困难的事，"我未见力不足者"，"盖有之矣，我未之见也"，孔子说自己没有见过"力不足"的人。

言下之意，做不到"仁"，不是能力不足的问题，而是思想和态度不愿意转变，"非不能也，是不为也"。孔子说"我欲仁，斯仁至矣"，孔子认为能否做到"仁"，关键还在于自己的心灵是否觉悟。

以孔子为代表的儒家，强调个人主观能动性的发挥，强调个人对自我命运的掌控，所以，孔子说："为仁由己，而由人乎哉？"意思是，能不能做到"仁"，能不能成为一个"仁者"，是由自己决定的。

《论语·卫灵公篇第十五》记：

子曰："民之于仁也，甚于水火。水火，吾见蹈而死者矣，未见蹈仁而死者也。"

这一章孔子想说明"民"与"仁"的关系。

孔子认为"民与仁"的关系，胜过"民与水火"的关系。"仁"的境界高于"水火"。水火皆有益，可以养民，但过之则有害，所以孔子说"吾见蹈而死者矣"，即见到过因蹈入水火而死的人。但是，"仁"是可以无限扩充的，因为"仁"的扩充带来的是人性道德光辉的普照，只会有助于民。所以孔子说"未见蹈仁而死者也"，没有见过因为蹈入仁而死的。

孔子的思想一以贯之，强调"仁民"的重要性。孔子对为政之君提出行"仁德之政"之要求后，推而广之，要求每个人都应该以"仁"为己任。

《论语·学而篇第一》记：

子曰："巧言令色，鲜矣仁！"

"巧言"，巧妙动听的言辞；"令色"，和悦美好的容色。"巧言令色"通常是善与人打交道的表现，所以，善于"巧言令色"者，往往很受人们的欢迎。但是，孔子却批评"巧言令色"者，"鲜矣仁"，即少有发自真诚、遵守礼法、依道而行的。这像是一盆冷水泼向为政者，给了他们冰冷的一激，让他们保持客观理性。一般而言，为政者身居高位，掌握着权力，身边最容易出现谄媚讨好的小人，如齐桓公身边的易牙，秦始皇身边的赵高，这些小人都是祸害国家的毒瘤。这话说给为政者听，是提醒他们要保持清明和冷静。

推而广之，对于普通人而言，也要特别谨防身边"巧言令色"而别有用心之人。孔子并没有说"巧言令色，不仁"，只是提醒人们不要被身边那些讨好恭维的人冲昏了头脑。

《论语·子路篇第十三》记：

子曰："刚、毅、木、讷近仁。"

相比于"巧言令色"者,孔子更欣赏"刚毅木讷"之人。

"刚",指刚直、坚强;"毅",指勇决、果断;"木",有忠厚、淳朴之意;"讷",指谨慎、踏实、不多话。很明显,"刚、毅、木、讷",其实是忠良之臣的基本特征。具备这四个特征的人,接近"仁德"。任何的领导者,若身边多一些品德刚正、做事果决、为人忠诚朴实、做事踏实谨慎之人的辅佐,必能走在正确的道路上。

《论语·子路篇第十三》:

子曰:"如有王者,必世而后仁。"

孔子重视"仁",认为只有"仁者"才有资格称"王"。因此,能够配得上"王者"称号的,必有相当好的"仁德"。王者所行之道,为"王道",本质上就是"仁道"。

孔子说"如有王者",一定要经历三十年,才能称得上"仁"。"世",即三十年。为什么一定要经历三十年呢?一个国君执掌政权,管理国家,要经过三十年,才能考验出其是否奉行的是"仁道"。这说明,要做一个"王者"(即"仁者"),使国家长治久安,并不容易,需要时间的淬炼和历史的检验。

《论语·泰伯篇第八》记:

子曰:"好勇疾贫,乱也。人而不仁,疾之已甚,乱也。"

这一章,孔子说了两个导致"乱"的原因:一是"好勇疾贫";二是"人而不仁,疾之已甚"。

第一个导致"乱"的原因,比较好理解。"好勇",即崇尚勇力，意味着胆子大，好勇斗狠，争强好胜，容易与人发生争斗；"疾贫"，即痛恨憎恶贫穷，意味着容易做出别有用心、偷鸡摸狗的苟且之事。毫无疑问，这些都容易导致社会秩序的混乱。

第二个导致"乱"的原因，则不易理解，却恰是孔子所强调的重点。"人而不仁，疾之已甚"的"已甚"，可以解释为"过分，过甚"。君子为人而不仁，总做违背礼法道义的事，会导致别人的极端痛恨，也会导致社会秩序的混乱。

春秋时期，复仇是普遍存在的现象。比如，伍子胥父兄三人原本都是楚国的重要政治人物，都是仁慈孝道、敢于直言进谏的忠义之士。楚平王不仁，欲霸占太子的未婚妻，并由此引发了一场政治迫害。伍子胥的父兄被楚平王杀害，他自己则逃亡到吴国。这一场灭门之灾，让伍子胥在吴国日夜想着为父兄报仇。他努力效忠吴国，为吴国练兵，最终带领三万吴国大军攻入楚国，发动了一场攻楚之战。尽管当时楚平王已经死了，伍子胥还是把楚平王的尸体挖出来，鞭尸三百才罢休。伍子胥出生于公元前559年，比孔子大8岁，其带领吴军破楚的时间为公元前506年，此时的孔子年仅45岁。可见，这一段历史是孔子亲自见证过的。

伍子胥的复仇事件只是春秋乱世中的一个缩影，类似的事件层出不穷。而这一切乱的根源，则是因为"不仁"。为君子而"不仁"，易引发极端的仇恨，并由此发生种种暴力事件。所以，孔子必然提醒身居高位的君子，要做一个"仁者"，依道德礼法而行，真诚善待百姓。

《论语·里仁篇第四》记：

子曰："人之过也，各于其党。观过，斯知仁矣。"

对于"过"这件事,孔子从来不回避。他认为有"过"并不可怕,只要能"改过",如"过,则勿惮改",即能够意识到并且加以修正,这就值得赞叹。《左传·宣公二年》亦云:"人谁无过?过而能改,善莫大焉。"

"党",在古代强调的是血缘亲族。《周礼·大司徒》所载:"五族为党。"《礼记·坊记第三十》云:"睦于父母之党。"中国人的血缘亲族观念非常强,偏私偏爱也是发乎于内在的真实情感。儒家清醒地认识到血缘关系的远近亲疏,所以主张"爱有差等",既然有差等,就必然有"过"之时。

《论语》中记录了一段叶公与孔子的对话。如果父亲偷了羊,儿子该怎么做。孔子说"父为子隐,子为父隐",然而,"直在其中矣"。而这个"直"乃是正直,当然是"仁"的范畴。尽管表面上看起来,父亲儿子相护包庇是"过",但是由这样的"过",可以看到父子有亲的天然情感。孔子认为这种发乎内在的真诚才是真正的"仁"。正如《礼记·中庸第三十一》所云:"仁者,人也,亲亲为大;义者,宜也,尊贤为大。"

《论语·卫灵公篇第十五》记:

> 子曰:"志士仁人无求生以害仁,有杀身以成仁。"

此章"志士"与"仁人"同列,强调有志者必有仁。志士仁人对于"仁",有两种做法:一种是不可能的做法;一种是可能的做法。

"求生以害仁",这是不可能的。为了苟且偷生而昧着自己的良知,损害道德礼法,这不是志士仁人的做法。

"杀身以成仁",这是有可能的。因为志士仁人心中有浩然之气,要坦荡清白地活在人间,宁肯牺牲生命,也不愿意违背道德的原则。自古英雄皆如此,比如宋代最后的英雄文天祥,就用生命谱写了"杀身成仁"的忠义赞歌。

《论语·卫灵公篇第十五》记:

子曰:"当仁,不让于师。"

"当",本意是两块田相当、相等,引申为"面对着、承担、担任"之义。根据《论语》所记曾子言"仁以为己任",按照思维逻辑的一致性原则,此处"当仁"的"当",可理解为"承担、担任","当仁"则与曾子所言"仁以为己任"有异曲同工之效。

换句话说,把道德良知、道义礼法的责任扛在肩上的人,即使面对老师,也不需要谦虚推辞,因为这是每个人应尽的责任和应有的担当。

论诗、礼、乐

在《论语》中，诗书礼乐是孔子常常提及的话题，也是孔子日常教学的重要内容。然而，诗书礼乐与道德仁义等术语经常被混杂在一起谈论，这就需要读者在品读时略加分辨，才有益于整体把握孔子的思想。

一

《诗》，即《诗经》，为儒家十三经之一，是中国古代的重要文献，收录了公元前11世纪至公元前6世纪的诗歌，反映了自西周初年至春秋中叶约五百年间的社会风貌，被誉为中国最早的诗歌总集，是古代诗歌的开端，也被认为是中国现实主义诗歌的源头。

《诗经》分为"风、雅、颂"三个部分。"风"分为十五国风，所录诗歌均来自民间。周朝设有专门的采诗官，负责到各国采集民歌，以此方式来体察民情，考察政治得失。这些从民间采集的诗歌最后汇集为"国风"，涵盖地域十分广泛，时间跨度也很长，是《诗经》中文学成就最高，反映时代风貌最真的部分。其内容有对爱情、劳动等美好生活的吟唱，也有对压迫欺凌的愤怒表达，还有对故土亲人的怀念与哀叹。"雅"分为"大雅"和"小雅",大多数是贵族使用的祭祀之歌,用于祈求丰收或歌颂祖德,亦有少数民歌。"颂"则为宗庙祭祀之歌。《诗经》不仅是一部成就极高的文学作品,也是一部考察早期历史、宗教、社会风貌的重要文献,具有极高的史学价值。

据司马迁《史记·孔子世家第十七》所载:"古者诗三千余篇,及至孔子,去其重,取可施于礼义……三百五篇,孔子皆弦歌之,以求合《韶》《武》《雅》《颂》之音。"也就是说,至孔子的时代,《诗》已经收集到三千多篇,水平与价值良莠不齐,孔子对这几千首诗进行了筛选,依据"礼义"原则,选取了305篇保留下来。并且,每一首都"弦歌之",可见,孔子对《诗》是花费了大量精力的。

孔子十分重视《诗》教,这在《论语》中有多处表现。

《论语·季氏篇第十六》记:

陈亢问于伯鱼曰:"子亦有异闻乎?"

对曰:"未也。尝独立,鲤趋而过庭,曰:'学《诗》乎?'对曰:'未也。''不学《诗》,无以言。'鲤退而学《诗》。他日,又独立,鲤趋而过庭,曰:'学《礼》乎?'对曰:'未也。''不学《礼》,无以立。'鲤退而学《礼》。闻斯二者。"

陈亢退而喜曰:"问一得三,闻《诗》,闻《礼》,又闻君子之远其子也。"

陈亢是孔子的学生,伯鱼是孔子的儿子。陈亢问伯鱼有没有得到父亲什么特别的指点和教导。伯鱼说没有,他只是清楚地记得父亲让自己学《诗》和学《礼》的事情。"不学《诗》，无以言"，"不学《礼》，无以立"。孔子认为，不学《诗》，讲不好话；不学《礼》，人生无法立足。为什么不学《诗》，连话都讲不好呢？这需要通读《论语》中关于论《诗》的文句来进行琢磨。

《论语·为政篇第二》记：

子曰："《诗》三百，一言以蔽之，曰：'思无邪'。"

孔子认为《诗经》三百首，归结下来最基本的特征或者说最核心的表现是"思无邪"。什么是"思无邪"呢？历代学者对此有不同的看法。有人解作"思想纯正"，有人认为是"直抒胸臆"，还有人认为没有实义，只是表达一种语气。

"思无邪"最早出自《诗经·鲁颂·駉》：

駉駉牡马，在坰之野。薄言駉者，有骊有皇，有骊有黄，以车彭彭。思无疆，思马斯臧。

駉駉牡马，在坰之野。薄言駉者，有骓有駓，有骍有骐，以车伾伾。思无期，思马斯才。

駉駉牡马，在坰之野。薄言駉者，有驒有骆，有骝有雒，以车绎绎。思无斁，思马斯作。

駉駉牡马，在坰之野。薄言駉者，有駰有騢，有驔有鱼，以车祛祛。思无邪，思马斯徂。

"駉"，指马儿健壮的样子。这是一首赞颂鲁国牧马的诗歌。

在野外放牧的马儿长得十分健壮，有各种各样的毛色，"有骃（yù）有皇，有骊有黄；有骓（zhuī）有駓（pī），有骍有骐；有骗（tuó）有骆，有骝（liú）有雒（luò）；有骃（yīn）有騢（xiá），有驔（diàn）有鱼"。该诗描绘了一幅牧马的盛况图。马匹数量多，长得如此健壮，用来拉车自然有力量，跑得快。诗中用"以车彭彭（bāng）、以车伾伾（pī）、以车绎绎、以车祛祛"等词语来形容马儿拉车的样子。这是在盛赞当时鲁国牧马业的发达。牧马业发达，马匹数量多、品质好、长得健壮、跑得快，说明鲁国富强，并由此折射出当时鲁国国君鲁僖公有德。

"思无邪"在本首诗的最末，与全诗的"思无疆、思无期、思无斁（yì）"，形成句式上的反复。"思"字在《诗经》中出现得很多，多数时候用于句首或句中做语气词，本首中的"思"亦是句首语气词，无义，仅表示一下感慨赞叹的语气。"无疆"，指没有边界、永远、无穷的意思，这里赞颂鲁国的马健壮无比，奔跑起来可以永不停止；"无期"，就是没有期限，亦指无穷无尽，与"无疆"的意思近似；"无斁"，不厌倦、不懈怠，形容马儿奔跑起来不知疲惫；这三者均是用不同的词语来说明马的健壮，表达对鲁国骏马的赞美，用词夸张，但是意韵已至。由此推之，"无邪"之意，亦是用来赞美鲁国之马的。因此，"无邪"必定有实义，绝非摆于句末的语气助词。

"邪"，是"衺（xié）"的异体字，意思是"不正"。"无邪"就是"没有不正"，也就是"正"。根据前后文义，可以推测，"思无邪"应当是赞美健壮的马儿奔腾在大道上，充满力量，充满活力，充满朝气。这显然可以形成一种隐喻，喻指一个有朝气有活力的君子一定是奔跑在"正道"上的，绝不会偏离"道"。

"借物喻人"是诗歌的基本表现手法。诗以言志，孔子认为整部《诗经》，都只是在教导人们如何走在正确的路上。这才是"思无邪"的含义，也才符合孔子的"一以贯之"之道。

孔子对《诗经》有着如此深刻的认识，所以总是对弟子们强调学《诗》的重要性。

《论语·阳货篇第十七》记：

子曰："小子何莫学夫《诗》？《诗》可以兴，可以观，可以群，可以怨。迩之事父，远之事君，多识于鸟兽草木之名。"

孔子问弟子们，"你们为什么不学一学《诗》呢？"言下之意，就是主张弟子们要多读《诗》。他还总结出了学《诗》的若干好处，即"兴、观、群、怨"。

"兴"，本义是"举起"，引申为"升起、兴发"等意思。诗歌具有语言优美、音调和谐、情感丰富的特点，往往带给人美的感受和情感的共鸣。孔子认为读《诗》可以兴发人的情感，如读到《蒹葭》中的"蒹葭苍苍，白露为霜，所谓伊人，在水一方"，会令人升起一种清新美好又充满愁绪的感觉；读到《卷耳》中的"采采卷耳，不盈顷筐。嗟我怀人，寘（zhì）彼周行"，会升起对那思念丈夫的女子的同情。一个有生命的人，是有情感的人，只有内心的情感充盈才不会麻木不仁。多读《诗》，有利于培养一个人内在情感的丰富性。

"观"字，从"又"从"见"，本义为"反复看"，可理解为"仔细察看"。诗歌常运用借景抒情、借物喻人、借事说理等曲折隐晦的表现手法，这是文学作品的基本特点。所以，读《诗》，需要一种独特的观察力和感受力，才能够读得出文字后面的意思，才能够理解诗歌的言外之意。比如读到《驷》时，能够察觉到赞美的不是马，而是实施马政的国君；读到《硕鼠》时，能够理解到痛恨的不是鼠，而是不体恤民情的统治者。多读《诗》，有利于提升一个人透过现象看本质的能力。

"群"，从"羊"从"君"，本义指"牲畜聚集在一起"，引申为同类相聚，有"众人、集体"的意思。人不是孤立的存在，而是群居的动物。既然是群居，就必然涉及人与人之间如何相处的问题，儒家称之为"伦理关系"，现代称之为"人际关系"，心理学家将人类的这种特征称为"乐群性"。所以，如何让自己与他人恰当地相处，如何让个人恰当地融入集体，使个人与个人、个人与集体之间相互促进、协同发展，这是非常重要的一种能力。比如《燕燕》中的"之子于归，远送于野。瞻望弗及，泣涕如雨"，表达了姐妹之间的深厚情感；《常棣》中的"妻子好合，如鼓瑟琴。兄弟既翕（xī），和乐且湛（dān）"，表现了夫妻和兄弟之间的和睦关系。孔子认为读《诗》，有利于改善人际关系，提升与人交往的能力。

"怨"，本义为"不满意、责备、抱怨"，还可引申为"埋怨、怨言、怨恨"等意思。自古以来，诗歌就具有宣泄情绪、调和心境的重要功能。人们总是通过诗歌来表达心中的惆怅与不满。《诗经》中收录了很多讽刺诗和哀怨诗，或表达对统治者的不满与愤恨，或表达对国家人民的忧虑，或表达夫妻别离不得相聚的愁怨。比如《相鼠》中的"相鼠有皮，人而无仪。人而无仪，不死何为？"直接表达了对荒淫无道、不知廉耻的统治者的深恶痛绝；《渐渐之石》中的"月离于毕，俾（bǐ）滂沱矣。武人东征，不皇他矣"，表现了兵士们出门远征的辛苦。可见，在孔子看来，多读《诗》，有利于宣泄心中的愤懑和愁苦，对于净化心灵有益处。

孔子从"兴、观、群、怨"四个方面论述了学《诗》的好处，体现出了文学的社会功能。除此之外，学《诗》还有两个现实功能，即"迩之事父，远之事君"。在孔子看来，一个人若有丰富的情感，有洞察事物本质的能力，有与人相处的能力，还懂得恰当表达自己的情绪，那其在能力和德行上便都是足够的，在家时他可以侍奉父母，在社会上，他亦可以侍奉君主。

最后，孔子说，读《诗》还可以使人"多识于鸟兽草木之名"，即多认识一些鸟兽草木的名字。《诗》中确实有很多鸟兽草木之名，如雎鸠、黄鸟、螽（zhōng）斯、荇菜、木瓜、蒹葭等。

孔子向弟子们推荐《诗》，既从《诗》本身的特点说起，又说到现实的利益，最后还说到，最不济也可以多认识一些鸟兽草木之名。总而言之，读《诗》，有百利而无一害。

但是，孔子却不是一个主张读死书的人，而是强调要学以致用。

《论语·子路篇第十三》记：

子曰："诵《诗》三百，授之以政，不达；使于四方，不能专对；虽多，亦奚以为？"

《诗》总共 305 篇，又称《诗三百》，后世称为《诗经》。孔子主张读《诗》，重视《诗》的教育作用。但是，如果读《诗》却不能致用，亦是没有什么意义的。

"授之以政，不达"，意思是交代政事给他处理，却做不好；"使于四方，不能专对"，意思是让他出使外国，却不能单独应对。如果读《诗》，居然不能让一个人的综合能力与道德修养得以长进，孔子认为"虽多，亦奚以为？"虽然读了这么多，又有什么用呢？可见，孔子主张的是学以致用、知行并进，而不是做学无所用的书呆子。

《论语·阳货篇第十七》记：

> 子谓伯鱼曰："女为《周南》《召南》矣乎？人而不为《周南》《召南》，其犹正墙面而立也与！"

周朝建立之后，定都镐京，也就是现在的西安一带。西安以东为周公的采邑，包括了今河南西南部和湖北西北部；西安以西为召公的采邑，大致范围是今汉中盆地东部及南阳一带。周公和召公都是周文王的儿子，均是贤德之君，两人曾共同辅佐周武王。

《周南》，是"国风"中的作品，是周公统治下的南方地区的民歌；《召南》，为召公管辖之下的南方地区的民歌。《周南》包括《关雎》《采耳》《桃夭》等十一首诗。《召南》包括《鹊巢》《采蘩》《草虫》《采苹》等十四首诗。

孔子问自己的儿子伯鱼有没有学《周南》《召南》，其实就是问他有没有学《诗》。"其犹正墙面而立也与"，意思是，一个人若不学《周南》《召南》这样的诗，就好比一个人面对着墙站立一样。言下之意，就是没有见识，没有眼光，当然也就没有出路，犹如被墙挡住似的。这说明，在孔子看来，读《周南》《召南》中的诗歌有增长见识、开阔眼界、启迪心灵、促进思考的作用。

《诗》以诗歌的文学样式来表达立身处世的道理，强调是非人伦的重要性，倡导道德教化的价值。孔子认为《诗》可以教化人心、匡正风气，所以倡导弟子们要学《诗》，这也符合孔子一贯的精神。

《论语·八佾篇第三》记：

> 子曰："《关雎》，乐而不淫，哀而不伤。"

《关雎》是《诗经》中的第一首诗，通常被认为是描绘男女爱情的情诗，表达了君子对"窈窕淑女"的爱慕和思念之情。语言优美、人物画面生动传神。孔子对《关雎》的评价是"乐而不淫，哀而不伤"。"乐而不淫"，喜悦快乐但不过分；"哀而不伤"，悲哀却不至于过于悲痛。《关雎》原文如下：

> 关关雎鸠，在河之洲。窈窕淑女，君子好逑。
> 参差荇菜，左右流之。窈窕淑女，寤寐求之。
> 求之不得，寤寐思服。悠哉悠哉，辗转反侧。
> 参差荇菜，左右采之。窈窕淑女，琴瑟友之。
> 参差荇菜，左右芼之。窈窕淑女，钟鼓乐之。

《关雎》里描述了君子对"窈窕淑女"的思念爱慕之情："寤寐求之，辗转反侧"，生动传神地描写了君子对心爱女子的日夜思念；"琴瑟友之，钟鼓乐之"，描写了君子与心爱女子在一起弹琴鼓瑟、亲密相处的快乐愉悦。这样美好的爱情，是发自心灵中最真诚的情感，孔子是很赞赏的。

不过，孔子更看重的却是《关雎》恰到好处的情感表达，既没有高兴过度导致癫狂，也没有思念过度导致忧郁。恰如《礼记·中庸第三十一》所云"发而皆中节"，既有表达又有节制，做得刚刚好。

所以，孔子所说的"乐而不淫，哀而不伤"，实质上表达的是一种对"中和之美"与"中庸之道"的追求。

《论语·八佾篇第三》记：

三家者以《雍》彻。

子曰："'相维辟公，天子穆穆'，奚取于三家之堂？"

所谓"三家者"，指的是当时鲁国最有权势的三家大夫——季孙氏、孟孙氏、叔孙氏。这三家大夫都是鲁桓公的后代，历史上称之为"三桓"。

《雍》是"周颂"中的一篇，是古代天子在祭祀宗庙完毕后，撤祭品时唱的颂歌。其主要内容为歌颂周朝先人，并表达了对他们的恭敬思念之情，也祈祷先人护佑自己。

"相维辟公，天子穆穆"，是《雍》诗中的两句，描写了祭祀时的分工情况。祭祀时，天子是主祭，诸侯是助祭。"辟公"，即诸侯，"相"，有辅助之意，"维"为语气助词。诸侯在辅助天子祭祀时，要表现得温和而恭敬。

按照周朝的礼制，把贵族阶层分为天子、诸侯、大夫三级。在大夫的家庙中举行祭祀活动，用的竟然是天子祭祀使用的颂歌，这显然是有违礼制的。所以，孔子对这件事提出了质疑和指责，"这样的诗怎么会出现在三家大夫的厅堂上呢？"虽然这看起来只是一件小事，但是孔子有"见微知著"的洞察力，他一眼就看出了三家大夫已然不把天子放在眼里，不把周朝的礼制放在眼里，并进行肆意破坏。这种僭越之举，让孔子十分不满。

《论语·子罕篇第九》记：

"唐棣之华，偏其反而。岂不尔思？室是远尔。"
子曰："未之思也，夫何远之有。"

"唐棣之华，偏其反而。岂不尔思？室是远尔。"学者们通常认为这是一首逸诗，也就是没有被孔子收入到《诗经》中的诗。

"唐棣"是一种树木的名称。"华"，通"花"。这里描写了唐棣之花在风中摇摆的样子——"偏其反而"，即"翩翩地翻转摇摆"。这在诗歌里有起兴的作用。

接下来，写人事。"岂不尔思？室是远尔。"意思是"我怎么会不思念你呢？只是因为距离太远了。"显然，这原本应该是一首描写男女感情的诗歌。

但孔子对"岂不尔思，室是远尔"的说法并不认同。他认为距离遥远只是一个借口，只是"未之思也，夫何远之有？"若心中真有思念，岂会因距离而阻隔？这话说得含蓄，看起来是在评论男女感情的事，却也可引申至"为仁由己，而由人乎哉？"儒家强调人的主观能动性，尊重人的自我掌控权，主张"我欲仁，斯仁至矣"。

孔子强调学《诗》，重视《诗》教，所以弟子们也时常引用《诗》中的句子来表达自己的观点。

《论语·学而篇第一》记：

子贡曰："贫而无谄，富而无骄，何如？"
子曰："可也。未若贫而乐，富而好礼者也。"
子贡曰："《诗》云：'如切如磋，如琢如磨'，其斯之谓与？"

子曰:"赐也,始可与言《诗》已矣,告诸往而知来者。"

《论语·八佾篇第三》记:

子夏问曰:"'巧笑倩兮,美目盼兮,素以为绚兮'何谓也?"
子曰:"绘事后素。"
曰:"礼后乎?"
子曰:"起予者商也,始可与言《诗》已矣。"

《论语·泰伯篇第八》记:

曾子有疾,召门弟子曰:"启予足,启予手。《诗》云:'战战兢兢,如临深渊,如履薄冰。'而今而后,吾知免夫,小子!"

由上述原文可以推测,子贡、子夏、曾子,甚至宰予等孔子的学生在《诗》的学习上应该是有不少心得的。尤其是曾子所著《大学》一文,大量引用了《诗经》中的句子来说明自己的观点,可见《诗经》对曾子一定产生过深刻的影响。

二

孔子不仅重视《诗》教,还高度重视礼教,他不仅主张弟子们学《礼》,更要求自己及他人在政治生活中守礼,他对违背礼的行为深恶痛绝。

孔子为什么如此重视礼教呢？孔子心中的礼到底是什么呢？这些都是读《论语》时应该要搞清楚的大问题。

"礼"，最初写作"禮"，本义是指"祭祀、敬神"，表"充满敬意"的意思。古人重视祭祀，在人类社会长期的发展演变过程中，祭祀活动逐渐形成了特定的仪式和规范。人们按照某种固定的仪式和规范来进行祭祀，每个参与祭祀的人各司其职，各守其位，可以使祭祀活动避免杂乱无序，使其井然有序地开展。

祭祀活动的有序开展，尚且需要遵循礼的规范。那么，更加复杂的社会管理，当然更需要礼来进行规范，使参与社会管理的人各司其职，各守本分，"在其位，谋其政"，各个环节，各个阶层相互配合，才能使社会井然有序，人民安居乐业，国家繁荣昌盛。这是儒家治国的基本逻辑。

然而，社会是复杂的，管理也是复杂的，因此礼必然也是一个复杂的系统。朝代更迭，时代发展，每一个时代都会形成那个时代的一套"礼"，所以夏朝有夏朝的礼、商朝有商朝的礼、周朝有周朝的礼。

周朝初年，周公制礼，对社会进行了等级划分，并制定了与之相应的规范，不仅有国家制度、官员制度、继承制度、土地制度等，还有饮食、起居、祭祀、丧葬等方面的礼制，涉及政治管理与社会生活的方方面面。这些内容被记录下来整理成书，就是后世所说的《周礼》。《史记·鲁周公世家第三》载："成王在丰，天下已安，周之官司政未次序，于是周公作周官，官别其宜，作立政，以便百姓。"司马迁认为周朝的礼制是在周公辅佐成王时期建立起来的，形成了分职管理体系。孔子训导弟子们要学《礼》，主要是指《周礼》。

对个人和国家来讲，要走在正道上，需要遵循一定的规范，不可随意而为。人们遵守礼的规定，意味着会对人形成一种约束。

因此，礼渐渐演变成了社会的行为准则和道德规范。一个理想的社会，应该是人人守礼，人人讲礼。人们遵循共同的行为准则和道德规范，则可形成一个井然有序的社会，反之则乱。而孔子所生活的时代恰好是一个严重的礼崩乐坏的时代，天子失德、诸侯失礼，全天下都按照自己的个人意志来行事，不再遵循共同的行为准则与规范，导致天下大乱。这就是为什么孔子痛恨人们不遵守礼的原因，也是孔子主张"克己复礼"的原因。本质上来说，孔子希望以"礼"来解决"乱"的问题。

礼，是孔子讨论的大问题。他不仅主张个人要依礼处事，也主张国家要依礼治国、官员要依礼执政，总之，全天下之人都要学礼、守礼。

《论语·八佾篇第三》记：

孔子谓季氏："八佾舞于庭，是可忍也，孰不可忍也？"

"佾"是古代奏乐舞蹈时的行列。行与列的规模大小代表着社会地位等级的高低。一佾指的是一列八人，二佾是二列十六人，四佾是四列三十二人，六佾是四十八人，八佾是六十四人。按照周朝的礼制，天子享用八佾，诸侯享用六佾，大夫享用四佾，士享用二佾。

季氏，是鲁国的大夫，按规定，只可享有四佾。然而，季氏僭越，以大夫之位享天子之礼。这种行为，反映出的是天子失去权威，丧失管理能力，致使季氏目无天子，肆无忌惮地破坏制度。这种礼崩乐坏的混乱秩序，令孔子感到痛心。

所以，当他听说季氏在家里面享用八佾乐舞的时候，痛心疾首地说"是可忍也，孰不可忍也"。在孔子的心中，这种明目张胆的僭越行为是不可接受的。孔子从季氏的行为中，看到的是不可逆转的礼崩乐坏的大趋势。

孔子重视礼的重要性。他在教导自己的儿子伯鱼时，明确指出"不学礼，无以立"。

《论语·季氏篇第十六》记：

陈亢问于伯鱼曰："子亦有异闻乎？"

……

"他日，又独立，鲤趋而过庭，曰：'学《礼》乎？'对曰：'未也。''不学《礼》，无以立。'鲤退而学《礼》。闻斯二者。"

陈亢退而喜曰："问一得三，闻《诗》，闻《礼》，又闻君子之远其子也。"

此处的"礼"，要不要打书名号，可以两说。如果打上书名号，代表学礼的依据是《周礼》，这是狭义的理解，当然也说得通。如果不打书名号，则代表要学一切的礼，包括来自《周礼》书本上的知识，也包括一切与社会生活相关的行为准则与道德规范，这是广义的理解。本书取广义的理解。

在孔子看来，一个人不学礼，立身处世就没有标准和规范，行动可能会失去方向，行为可能会失去约束和限制，那后果可能是不堪设想的。

孔子本人对礼是很有研究的。据《庄子》《礼记》《史记》等文献记载，孔子曾向老子问礼。《史记·老子韩非列传第三》载："孔子适周，将问礼于老子。"可见，孔子对礼的研究成果也是经过各方面学习而得。

在《论语》中，也有相关的记录可以表明孔子对礼有很深的了解。

《论语·八佾篇第三》记：

子曰："夏礼吾能言之，杞不足征也；殷礼吾能言之，宋不足征也。文献不足故也，足则吾能征之矣。"

孔子认为夏和殷两个朝代的礼自己都能够讲得出来，只是夏朝的后代杞国人"不足征"，殷朝人的后代宋国人"不足征"。"征"，即"证"，验证之义。言下之意就是，杞国和宋国都没有保存好他们各自祖先的礼，因为留下来的文献资料和贤德之人不足。

"文"，文章、典籍；"献"，最初写作"獻"，左为"鬲"右为"犬"，本义是以犬为祭，代表进献之物。既找不到充分的文章典籍等文字资料，也找不到充足的夏殷两代祭祀时使用的器物，所以孔子说没有办法证明他所了解到的先朝的礼。

从这里，也可以看出孔子做学问是严谨的，既要有理还要有据。孔子对于礼的研究之深入，在其他章也有所体现。

《论语·为政篇第二》记：

子张问："十世可知也？"

子曰："殷因于夏礼，所损益，可知也；周因于殷礼，所损益，可知也。其或继周者，虽百世，可知也。"

"世"，即"代"，指三十年。十世，即三百年；百世，即千年。弟子子张问孔子，十世以后的事情可以预测吗？孔子回答"虽百世，可知也"，意思是即使是百世之后的事也是可以预测的。

孔子是在说大话吗？他怎么会知道千年之后的事呢？孔子说，殷朝的礼来源于夏礼，而周朝的礼来源于殷礼，每个朝代在前一个朝代的基础上，根据时代的不同，有所增减修改。这说明，礼是不断继承又不断创新的。所以，从这个角度来说，孔子当然可以知道未来一千年后的礼。

《论语·八佾篇第三》记：

子曰："周监于二代，郁郁乎文哉！吾从周。"

孔子认为周朝的礼借鉴参考了夏商两朝的礼，是在继承之上的创新，所以焕发出光彩和生机。孔子赞其"郁郁乎"，意思就是光彩夺目，十分耀眼。这也就意味着，在夏商过去千年的基础上，周朝制定出了一套更加成熟完善的礼乐制度，所以，孔子认为要"从周"，即要遵循周朝的制度。

从以上这些文字，可以看出，正是因为孔子对夏商周三代的礼都有深入的研究，他才看得出各朝代礼之损益增减，才能够深刻认识到礼是需要随着时代的变化而变化的。这是一种"与时俱进"的思想。同时，他还深刻地认识到礼还有不可变的东西，那就是礼的本质内涵不会变。孔子既然能认识到礼的变与不变，当然可以推测到十世百世之后的情况了。

那么，孔子对礼的本质有什么样的认识呢？

《论语·八佾篇第三》记：

林放问礼之本。

> 子曰:"大哉问!礼,与其奢也,宁俭;丧,与其易也,宁戚。"

该篇中的林放是孔子的学生,向孔子问礼的本质是什么。

孔子对林放之问给予了高度的评价,赞叹此为"大哉问!"他认为这是个极好的问题。在当时,很多人弃礼而不顾,或者即使表面上遵循礼却没有把握到礼的本质,导致流于形式。这都是孔子眼中所看到的社会问题。能够有人问"礼的本质是什么?"这令孔子的精神为之一振。

后世,有很多人都讨厌儒家的繁文缛节,认为儒家倡导的礼形式多于内容,并以此批评儒家。其实,这只是腐儒的做派,并不是孔子本来的主张。孔子明明白白地说"礼,宁俭勿奢;丧,宁戚勿易"。礼,与其在形式上奢侈,不如节俭一点;具体而言丧事,与其在形式上做得周到完备,不如内心多一些真正的哀戚。可见,如果让孔子在内容与形式上做取舍,他会更偏重内容,而不是重形式。

从这一章,也可以看出,孔子主张的礼,是形式与内容同时兼有的礼。如果二者不可得兼,舍形式而取内容。这是一种有主次、本末的明智判断。类似的观点,在《论语》中被反复提及。

《论语·八佾篇第三》记:

> 子曰:"禘自既灌而往者,吾不欲观之矣。"

"禘",也称"禘祭",是古代对天神、祖先的大型祭祀活动。《礼记·明堂位第十四》里记载了禘祀活动使用的物品及每个流程所选用的歌舞,如"季夏六月,以禘礼祀周公于大庙……灌用玉瓒（zàn）大圭，荐用玉豆雕篹（suǎn）……升歌《清庙》，下管《象》……"

祭祀是一件庄重严肃的事情，为了表示恭敬虔诚，要先净手，这个环节称之为"灌"。孔子观禘礼，看到净手这个环节，就不想再看下去。

孔子为什么不想再看下去了呢？在这一章中，孔子没有明说，但是结合《论语》全书各处关于祭祀的言论，可以推测，孔子之所以不想再看下去，大概是认为祭者在祭祀之时缺少发自内心的真诚，只是徒有形式而已。

《论语·八佾篇第三》记：

子曰："人而不仁，如礼何？人而不仁，如乐何？"

孔子反问：不以仁待人，即使有礼，礼又有什么用呢？不以仁待人，即使有乐，乐又有什么用呢？

孔子用反问的表现方式，表达了礼乐的本质是"仁"。失去了"仁"心的礼乐，都只是徒有其表，只是外在形式而已。"仁"指的是发乎于己心，推及于他人，具有内在真诚的情感，是人本有的道德。比如父母去世，治办丧礼，即使丧礼极尽奢华，各方面做得很完备，但若是子女心中缺乏真诚的哀戚之情，这样的丧礼，孔子也并不认同。

从这一章，可以推测，可能当时有很多人在表面上做得很好，但缺少内在的真诚，反而显得虚假，所以受到了孔子的质疑和批判。

《论语·阳货篇第十七》记：

子曰:"礼云礼云,玉帛云乎哉?乐云乐云,钟鼓云乎哉?"

孔子感慨地说:"礼仪呀,礼仪呀,难道只是指玉器和丝帛吗?音乐呀,音乐呀,难道只是说钟鼓乐器吗?"

孔子为什么会发出这样的感叹呢?显然是因为孔子看到了当时社会上的流弊——礼乐只流于玉帛钟鼓这些形式,而忘却了礼乐的本质。礼乐的本质是"仁",失去了内在的真诚,只在形式上有所表现,是没有什么意义的。这一章可以看做是上一章的延伸。

《论语·八佾篇第三》记:

祭如在,祭神如神在。

子曰:"吾不与祭,如不祭。"

古人祭祀一般有两个对象:一为鬼,二为神。本书认为"祭如在,祭神如神在"存在缺文,应该为"祭鬼如鬼在,祭神如神在"。

《礼记·祭义第二十四》中说:"众生必死,死必归土,此谓之鬼。"换句话说,就是人死为鬼。祭鬼,实际上就是祭祖先。孔子认为,祭祀鬼神要真诚恭敬,就好像鬼神就在面前一样。

"吾不与祭,如不祭。"孔子强调祭祀活动一定要自己亲自参加,这样才显得恭敬真诚。如果请别人代为参加祭祀活动,就跟没有祭祀是一样的,毫无意义。

《论语·八佾篇第三》记:

或问禘之说。

子曰:"不知也。知其说者之于天下也,其如示诸斯乎!"指其掌。

"说",可以指学说、观点、言论,此处引申理解为"意思"或"道理"。有人向孔子问禘祭的意义。孔子回答"不懂"。孔子怎么可能不懂呢?孔子若是真不懂,这一章就是废话了,也没有必要被弟子们记录下来。显然,孔子并非真不懂。

孔子指着自己的手掌说,"知其说者之于天下也,其如示诸斯乎",懂得禘祭的真正意思的人治理天下,就好比看自己的手掌一样清楚明白。可见,孔子认为,禘祭的真正意义在于缅怀先人,珍惜当下,本质上是一种教化,让人内心升起真诚仁爱之心。假如一个人真的明白这个道理,那么他治理天下,也是清楚明白的。

孔子认为懂得禘祭的真正意义的人能够治理天下,自己没有机会治理天下,所以只能说自己"不知也",实在难掩心中的遗憾。

《论语·里仁篇第四》记:

子曰:"能以礼让为国乎?何有?不能以礼让为国,如礼何?"

这一章的意思是:若能用"礼让"来治理国家,则国家治理有何难呢?若不能用"礼让"来治理国家,那"礼"又有什么用呢?

孔子关注"礼"的社会功能。一个国家若能够依礼而治,自然就能够上轨道。如果违礼而行,礼则不礼,就起不到作用。"让",指放弃自己的利益或机会而将其提供给别人,这当然是一种"礼"的表现。"以礼让为国",这是给国君的建议,提醒身居高位的统治者,不要贪得无厌、中饱私囊,要让利于民,才能长治久安。

《论语·泰伯篇第八》记:

子曰:"恭而无礼则劳;慎而无礼则葸;勇而无礼则乱;直而无礼则绞。君子笃于亲,则民兴于仁;故旧不遗,则民不偷。"

礼,是用来约束和节制行为的规范和准则。"恭""慎""勇""直",分别是"恭敬""谨慎""勇敢""直率"的意思。这些原本是人的积极品质,是值得提倡和鼓励的,但孔子却说,如果没有礼的约束和节制,这些原本积极的行为也有可能丧失分寸,走向另一个极端。

恭敬过度而无礼节制,可能导致"劳",唯唯诺诺、疲惫不堪;过分地谨慎小心而无礼节制,可能导致"葸",犹豫不决、优柔寡断;勇敢无惧而无礼节制,可能导致"乱",莽撞冲动、扰乱社会秩序;直率而无礼节制,可能导致"绞",待人尖酸刻薄,求全责备,不顾他人感受。很明显,孔子强调,每个人都要在礼的约束下节制自己的行为,走"中庸之道",才是完善的。

"君子笃于亲,则民兴于仁;故旧不遗,则民不偷。"这是要求君子以身示范。居上位的君子对待自己的亲人有深厚的情感,百姓会争相效仿,就会兴起仁德之风;居上位的君子不忘旧日的朋友,则百姓也不会冷漠待人。人与人之间和睦相处,世间被仁爱真情充满,才是一个理想的社会。

孔子所生活的春秋时期,各诸侯国的贵族阶层为争夺权力,经常发生父子相杀、手足相残的惨剧,所以孔子才会劝诫君子要"笃于亲""不遗故旧",以显其仁德之心。

《论语·子路篇第十三》记:

樊迟请学稼。

……

子曰:"上好礼,则民莫敢不敬;上好义,则民莫敢不服;上好信,则民莫敢不用情。……"

《论语·宪问篇第十四》记:

子曰:"上好礼,则民易使也。"

居上位的君子若能够爱好礼,百姓没有不恭敬的,也更容易听从命令和指挥。君子依礼治国,本质上是依道而行,百姓当然心服口服,上行下效,愿意效忠。因此,当鲁定公向孔子问君臣之间的相处原则时,孔子亦说:"君使臣以礼,臣事君以忠。"

可见,孔子对于君子的基本要求是"礼","非礼勿视,非礼勿听,非礼勿言,非礼勿动",若能做到对礼的严格遵循,则"天下归仁"。

孔子虽然高度重视"礼",主张学礼、守礼,反对违礼、无礼。但是,孔子也是与时俱进的,他也承认有些具体的礼仪、规范要随着时代的变化而变化。

《论语·子罕篇第九》记:

子曰:"麻冕,礼也;今也纯,俭,吾从众。拜下,礼也;今拜乎上,泰也;虽违众,吾从下。"

冕,是礼帽,以前是用麻制作而成,这是合乎礼的。现在用

"纯"来做了。《说文解字》释："纯，丝也。"古代有"纯衣"，即用丝做成的衣服。孔子说现在的人用丝来做帽子，这样节省一点，自己也认可这种做法。为什么用丝做帽子会比用麻做帽子节省呢？在一般人的观念中，总感觉丝比麻奢华和高级。实际上，早在孔子之前的一百年，鲁国就是一个养蚕缫丝的大国，丝织产业在鲁国很普遍，物多而价贱，所以鲁国丝的价格比麻要便宜。孔子说"今也纯，俭，吾从众"，这说明孔子并不是食古不化之人，只要是合理的改变，他都是可以赞同和支持的。

"拜"，是以双手交叉举至额前，头部微微下弯至手的一种礼仪，是一种作揖礼。按照周朝的礼制，行拜礼应在堂下；但是到了春秋末期，大家都不讲究这些规矩了，到了堂上才行拜礼。在孔子看来，这种做法显得傲慢，不够恭敬。"泰"有"骄纵、傲慢"之义。孔子说，虽然自己的做法与当前大多数人不一样，但他还是坚持在堂下行拜礼的古制。可见，孔子在某些方面表现得非常坚定。

《论语·八佾篇第三》记：

> 子曰："事君尽礼，人以为谄也。"

或许孔子在朝堂上按照周礼的要求侍奉君主，对君主恭敬有礼，对国家尽心竭力，却被人误会为谄媚，所以孔子会发出此感慨。这从一个侧面反映了当时守礼已经不是常态，所以孔子的行为才会被人误解。

"事君尽礼"，是为人臣者的本分，是应该遵守的行为准则，也是一种道德规范。如果"事君"不"尽礼"，可能使得"君不君，臣不臣"，从而导致制度的破坏和秩序的混乱。因此，"事君尽礼"，不仅不应当被批评，反而应当被提倡。要特别说明的是，此处的"君"本质上是国的代表和化身，对君尽礼或尽忠，其内在的核心是对国家尽礼尽忠，不能狭隘地把"君"理解为某一个具体的人，要不然便会沦为狭隘的封建思想论。

《论语·里仁篇第四》记：

子曰："以约失之者鲜矣。"

"约"，即"约束，限制"的意思。用什么来约束和限制人们的行为呢？按照孔子的观点，当然是用"礼"。这句话可看成是："以（礼）约，失之者鲜矣。"

孔子认为，能够用礼来自我约束的人，不容易出现过失。可见，一个人，尤其是一个为政者，能够做到"以礼约之"，便是一种明哲保身的智慧之举。

《论语·雍也篇第六》记：

子曰："觚不觚，觚哉？觚哉？"

觚（gū），是古代用青铜做的一种酒器，长身、细腰、顶部和底部呈喇叭状。古代的酒器名称很多，盛两升称"觚"，盛三升称"觯（zhì）"，盛四升称"角"。孔子说："觚已经不是觚了，这还是觚吗？这还是觚吗？"

这一句话显然是在指桑骂槐。北宋程颐说："觚而失其形制，则非觚也。举一器，而天下之物莫不皆然。"就是说，如果"觚"已经没有原来的形制、容量，就不能称为"觚"了。在礼崩乐坏的时代里，天子失道、诸侯无德，等于是失去了"王"和"君"的内涵。"君不君、臣不臣、父不父、子不子"，是那个时代的普遍现象。孔子对于这样的时代，感到十分痛心和无奈。

三

孔子不仅重视诗教、礼教，还重视乐教，强调音乐的教化作用。所谓"乐由中出，礼自外作"，礼乐配合的本质是人心内外的结合，是一种相互补充的关系。以孔子为代表的儒家，早就认识到音乐的情感功能，正如《礼记·乐记第十九》所云："凡音者，生人心者也。情动于中，故形于声，声成文，谓之音……夫乐者，乐也，人情之所不能免也，故人不能无乐。"可见，两千多年前的古人已经认识到音乐可以表达丰富的情感，人不能没有音乐。除此之外，儒家还强调音乐的政治教化功能。《礼记·乐记第十九》云："治世之音安以乐，其政和；乱世之音怨以怒，其政乖；亡国之音哀以思，其民困。声音之道，与政通矣。"

孔子倡导学习音乐，把发自于内心的"乐"所代表的情感，与人为设定的"礼"的规范结合起来，形成了孔子的"礼乐观"。他本人不仅热爱音乐，而且音乐造诣相当高。这在《论语》中也有一些相关记录。

《论语·述而篇第七》记：

子与人歌而善，必使反之，而后和之。

如果遇到别人唱歌唱得好,孔子一定会要求别人再来一遍,然后自己跟着一起唱。由此可见,孔子是个热爱音乐,喜欢唱歌的人,可能还是个音乐发烧友。

《论语·述而篇第七》记:

子食于有丧者之侧,未尝饱也。

子于是日哭,则不歌。

如果在办丧事的人家里吃饭,孔子从来没有吃饱过。为什么会从来没吃饱过呢?一个人若心中充满真诚的哀戚之感,其实是没有什么胃口的。弟子观察到,孔子去为别人办丧事,面对逝者,总是发自内心地感到哀戚,所以从来没有吃饱过。

孔子不仅为丧者表达真诚的哀戚,而且也会真心地为逝者哭泣。因此,如果孔子为逝者哭过,他这一天是不再唱歌的。这是孔子"仁"的表现。

通过这一章,一方面可以看出孔子在自己的生命中,时刻践行着自己"仁"的主张。另一方面,也可以推测,孔子日常是很喜欢唱歌的,只是在给别人办丧事的时候不唱歌,这属于例外情况。

在《论语》中,有几首音乐被反复提到,这几首音乐可以代表孔子的音乐鉴赏力。

《论语·述而篇第七》记:

子在齐闻《韶》,三月不知肉味,曰:"不图为乐之至于斯也。"

《韶》乐，相传为舜所作，史称"舜乐"，起源于5000多年前，是一种集诗、乐、舞为一体的综合性艺术。

根据《汉书·礼乐志》记载，舜帝驾崩之后，《韶》乐一直在陈国一带流传。到了春秋时期，陈国公子陈完逃亡到齐国，把《韶》乐也带到了齐国。孔子在三十多岁的时候到齐国，有机会听到这首音乐，受到强烈震撼，沉醉其中，以至于"三月不知肉味"，并由衷地感叹"不图为乐至于斯也"。"不图"，意思是"不料，没想到"。孔子感叹，没有想到这首《韶》乐可以达到如此高的境界。

到底《韶》乐到了什么样的境界呢？

《论语·八佾篇第三》记：

子谓《韶》："尽美矣，又尽善也。"
谓《武》："尽美矣，未尽善也。"

孔子对《韶》乐给予了极高的评价。他称赞其"尽美矣"，在音乐的形式上十分完美；"又尽善也"，在音乐的内涵上有一种中正平和之气，其实是表现了舜的谦让仁爱之德，刻画出了一个道德典范应有的样子。舜有圣人之德，所以能够尊为天子。在《礼记·中庸第三十一》中，孔子赞其"大孝也与"，对舜推崇备至，主张君子要有舜这样的崇高品德。

《礼记·乐记第十九》云："王者功成作乐，治定制礼。"古人作乐以记古人之功，其乐必与其德相符合，所以听其乐可以知其德。孔子音乐鉴赏力极高，闻其音可知其人，以圣人之心体会圣人之意，可见，孔子是真懂音乐之人。

与此同时，孔子还评价了《武》乐。他认为《武》乐"尽美矣",在形式上也已经十分完美了;但是在音乐的内涵上"未尽善也"。为什么这么说呢?《孔子家语·辩乐解第三十五》记载:孔子曾与同时代的音乐人宾牟贾讨论这首音乐,提到"众夹振焉而四伐",意思是舞队两边有人夹着舞者摇动金铎以鼓动士气,听着铎声挥舞着剑向四周刺去。这说明《武》乐中充满着杀伐进攻之气。周武王所处的时代,正值改朝换代之交。他兴兵伐纣,推翻商朝建立周朝,表现出卓越的军事才能和政治才能。武王以暴制暴而使天下易,虽然是以"有道"伐"无道",但在孔子看来,终究是不得已之举。

《韶》乐充满着平和之气,《武》乐充满着杀伐之气,这是两首音乐本质之不同。孔子表面上是在评论音乐,实际上是在评论政治和历史。文德与武功均可定天下,然而,如果可以选择,还是文德之治更胜一筹,此之谓"尽善尽美"。

《论语·八佾篇第三》记:

子语鲁大师乐。
曰:"乐其可知也。始作,翕如也;从之,纯如也,皦如也,绎如也,以成。"

"大师",即"太师",鲁国宫廷的乐官。孔子对他讲解演奏音乐的过程。孔子说"音乐是可以了解的",分为"始作""从之""以成"三个步骤。每一个步骤都有自己的特点。"始作",即音乐开始的时候;"翕如也",即合聚协调的样子,也就是各种乐器合奏,声音开阔洪亮,充满气势,听众听着这样的乐声,精神为之一振;"从之",紧接着,"纯如也,皦如也,绎如也",形容音乐舒缓和谐、节奏分明、行云流水，充满流畅之感；这样一直到音乐结束。

孔子用"翕如、纯如、皦如、绎如"等四个形容词描绘了音乐演奏的全过程，简洁分明。由此可见其对音乐的见解是很深的。

孔子的音乐才能是从哪里来的呢？《论语》里没有明确的记载，但司马迁在《史记·孔子世家第十七》里对此有所记录。孔子向师襄学琴，连续学了十天都没有换曲子。师襄提醒他可以换曲子练了，孔子拒绝，认为自己只是会曲子的形式，"未得其数也"，没有掌握到其中的规律和结构；过了一段时间，孔子还在练，曰"未得其志也"，还没有体会到曲子的内涵；又过了一段时间，孔子还在弹，曰"未得其人也"，还没有领略到曲子所要描述的人是什么样的；到最后，孔子终于练成了一种听音识人的本领，曰"丘得其为人，黯然而黑，几然而长，眼如望羊，如王四国，非文王其谁能为此也！"师襄完全被孔子折服，起身向孔子行礼，乃说出这首曲子的名字正是《文王操》。

孔子除了向鲁国乐师襄学琴之外，还曾到洛阳向苌弘学乐。《孔子家语·观周第十一》记载："孔子至周，问礼于老聃，访乐于苌弘。"由此可知，孔子音乐造诣高，其实也是他勤学苦练的结果。

《论语·泰伯篇第八》记：

子曰："师挚之始，《关雎》之乱，洋洋乎盈耳哉！"

师挚，是鲁国的乐师。这一章记录的是孔子听完一场音乐会后发出的感慨。古代演奏音乐，一般由乐师开始。此处的"乱"，指的是结尾。可以想象，这一场音乐会，以师挚的音乐演奏开始，以

《关雎》结束。孔子用"洋洋乎"三字对这场音乐会表示赞叹,美妙动听的音乐如行云流水,以至于"盈耳哉",久久回荡在耳边。

能够对这场音乐会给出如此精准的评价,说明孔子的音乐造诣是非常高的。

《论语·卫灵公篇第十五》记:

颜渊问为邦。

子曰:"行夏之时,乘殷之辂,服周之冕,乐则《韶》舞;放郑声,远佞人。郑声淫,佞人殆。"

颜渊问孔子如何"为邦",其实是问治国之道。

孔子给颜渊指出了四个方面:一是使用夏朝的历法。夏朝历法,也称农历,这是最标准的历法,一年分四季,宜于农业种植。二是乘殷朝的车子。"辂",就是车。据说商朝的造车技术很高,代表着比较高的水平。三是戴周朝的帽子。"冕"是礼帽,彰显的是周朝的礼仪制度。四是奏《韶》舞。《韶》"尽美矣,又尽善也",呈现中正平和之志,代表着音乐的最高水平,亦指代文德之治的最高水平。所以,孔子认为,若要治理好国家,得把这四个方面做好。

孔子还提醒,要"放郑声,远佞人",因为"郑声淫,佞人殆"。"放",为"禁止"的意思。孔子主张远离奸佞小人,禁止郑国音乐。

为什么孔子主张禁止郑国音乐呢?

《论语·阳货篇第十七》记:

子曰:"恶紫之夺朱也,恶郑声之乱雅乐也,恶利口之覆邦家者。"

孔子有三件特别讨厌的事情:第一,讨厌紫色,认为紫色会夺走红色的光彩,此为隐喻。朱本为正色,紫为杂色。以杂色夺主色,意味着主次正邪颠倒。第二,讨厌郑国音乐,认为这样的音乐扰乱典雅纯正的音乐。若全天下充斥的都是郑国这种音乐,可能导致人心沉迷涣散,于家国无益。第三,讨厌巧言善辩之人,认为其可能导致家国的颠覆。孔子一向对于"巧言令色"之人警惕性很高,因其容易蛊惑人心,扰乱社会秩序。

孔子是真心不喜欢郑(卫)国音乐,认为其太过于低俗放荡,不利于安顿和节制人心。

郑卫之音,是指商族后裔郑国及卫国的音乐,一直被儒家批判为"乱世之音""亡国之音""靡靡之音",常将这种音乐与纯正典雅的雅乐相对。《礼记·乐记第十九》记录了孔子弟子子夏对郑卫之音的评价:"郑音好滥淫志,宋音燕女溺志,卫音趋数烦志;齐音敖辟乔志。"郑卫之音起源于巫术歌舞。由于商代祭祀活动非常频繁,娱神的歌舞随之泛滥。这种音乐的特点是:表演者多为女性、倡优、侏儒;酣歌狂舞,动作夸张;漫无节制,内容随意。郑卫之音,可以算作是流行歌舞的始祖。

孔子不仅在观念上倡导乐教,还亲自做了相关的文献整理工作。《论语·子罕篇第九》记:

子曰:"吾自卫反鲁,然后乐正,《雅》《颂》各得其所。"

孔子68岁时,结束周游列国14年的生涯,从卫国返回鲁国。

回到鲁国之后，孔子对《诗》《书》《礼》《乐》《易》等文献进行了整理。司马迁《史记·孔子世家第十七》载"孔子之时，周室微而礼乐废，诗书缺"，所以孔子晚年"追迹三代之礼，序书传"，"古者诗三千余篇，及至孔子，去其重，取可施于礼义……三百五篇孔子皆弦歌之，以求合韶武雅颂之音。"

孔子所言"吾自卫反鲁，然后乐正，《雅》《颂》各得其所"，指的就是他在晚年所做的文献修订工作。

四

《论语·述而篇第七》记：

> 子所雅言，《诗》《书》、执礼，皆雅言也。

雅言，是先秦时期宗伯儒士专用的一种上古语言文字，主要用于祭祀或者记录，是一种专用的书面用语，不用于普通交流。宗伯，是周朝的一种官员，主要职责是辅佐天子、掌管宗室礼仪、祭祀祖先等。儒士，最早是对精通宗教礼乐的术士的称呼，为古代的相礼者，负责为贵族主持祭祀、婚丧嫁娶等仪式。由此可知，雅言最早是宗伯儒士这些专业人士内部使用的专业术语。雅言中常含典故或约定俗成的隐喻之词。例如"雎鸠"指"告庙"，"采葛"指丧礼等。如果没有受过专门的教育，不能通雅言，是无法在朝廷上工作的。至秦朝焚书坑儒，儒生大多被害，雅言出现断裂。后世学者通过考古学、文献学等重新训诂雅言，为雅言注疏。

这一章是弟子们通过观察而记录下来的。

孔子在记录《诗》《书》和执行礼仪时，使用的都是雅言。雅言用于祭祀，则上通鬼神；用于记录，则传诸久远，故要求文字得体、庄重、文雅。宗伯儒士，是早期的知识分子。雅言也可以说是知识分子们的专门术语。

《论语·泰伯篇第八》记：

子曰："兴于诗，立于礼，成于乐。"

这一章，孔子阐述了诗、礼、乐三者如何利于君子。此章省略了主语，可添加"君子"二字作为主语，更符合《论语》的一贯思想。

孔子曾说"不学《诗》，无以言"，不读《诗》，都不知道该怎么讲话，因为《诗经》内容丰富，包罗万象。君子不读《诗》，意味着情感和知识两方面的匮乏。君子的真挚情感可以通过学诗而兴发起来，故云"兴于《诗》"。

孔子多次强调"不知礼，无以立"的观点。君子立于社会，达于政治，需要依循相应的行为准则和道德规范，故云"立于礼"。

何谓"成于乐"？音乐是人创造的。什么样的人创造什么样的音乐，什么样的时代创造什么样的音乐。音乐是一个人、一个国家、一个时代精神风貌的反映。舜至德圆满，所以有"尽美尽善"的《韶》乐。反之，音乐也可以促进君子的成长，使礼乐配合，内外相和，从而成就圆满。

论教与学

一

孔子在 30 岁左右,开始收徒讲学。《史记·孔子世家第十七》载:"孔子以诗书礼乐教,弟子盖三千焉,身通六艺者七十有二人。"可见,孔子在教育方面取得了瞩目的成就,其教育教学思想对后世影响深远,被后世尊称为"万世师表"。在《论语》中有大量孔子关于教与学的思考,可从一个侧面反映出孔子的人物性格及精神风貌。

欲了解孔子的教育教学思想,得先了解一下西周时期的教育体系。

西周的教育大致可分为小学和大学,有一定的学制规定,主要是为贵族子弟服务。《礼记·学记第十八》记载:"家有塾、党有庠、术有序、国有学。"每一级行政机构都设有相应的学校。

最高级别的学校称为"国学",是周天子和诸侯在都城专门为贵族子弟设立的专门学校,入学年龄一般在 15 岁以上,类似于现在的高等教育,即大学。大学又分为天子所立和诸侯所立两种。一般周天子所立的大学规模比较大,分布在王宫的东西南北中,"周五学，中曰辟雍，环之以水；水南为成均，水北为上庠，水东为东序，水西为瞽宗。"辟雍"是天子学习的地方，"成均"是学习音乐的地方，"上庠"是学习"书"的地方，"东序"是学习射御及其他武器军事技能的地方，"瞽宗"是学习礼乐的地方。诸侯所设的大学规模较小，一般环水而建，故称"泮宫"。《礼记·王制第五》载："天子曰辟雍，诸侯曰泮宫。"

此外，还有乡学和遂学，也是西周教育的重要组成部分。这是专门为更低一级贵族子弟设立的地方学校，等级较低，规模较小，设置比较简单。乡学中的弟子到了15岁以后，可以通过考查和推荐的方式，到国学继续深造。

总之，中国古代的教育是"学在官府"，学校是为贵族子弟开设的，平民子弟基本上没有受教育的机会。到了西周末期，官学衰微，贵族子弟无心读书，成天游荡嬉戏；至春秋末期，官学几乎形同虚设。试想，作为统治阶层的贵族，普遍远离文化教育，成天出没于声色犬马、追名逐利之中，怎么可能管理好国家，安顿好社会呢？礼崩乐坏、世风日下、道德败坏成了那个时代的基本特征。

在官学衰落的同时，私学悄然兴起。早在春秋中期，就已经有了私学。据学者考证，比孔子更早期的贤人柳下惠就曾创办过私学，教育弟子，著书立说。

与孔子同时代兴办私学的人也有不少。比如，郑国的邓析就曾兴办私学，而且十分红火，门徒众多。他主要向人传授法律知识，教人打官司，帮助人们处理纠纷。但是时间一长，这个学校却演变成了教人操纵权术、逃避惩罚的学校，败坏了郑国的风气，最终导致郑国大乱，被郑国处斩。在鲁国，还有一个与孔子同时开办私学的少正卯，能言善辩，在鲁国大受欢迎，连孔子的学生也被吸引。

少正卯所讲的是纵横家那套学术，充满着阴谋与心机。这在孔子看来是阴险狡诈之术。据司马迁《史记·孔子世家第十七》载，"于是诛鲁大夫乱政者少正卯"，由此可知，少正卯后来被时任鲁国大司寇兼任相事的孔子诛杀。

为什么孔子要诛杀少正卯呢？

《论语·为政篇第二》记：

子曰："攻乎异端，斯害也已！"

孔子认为专门研究异端邪说，这是有害的。在孔子眼里，少正卯所钻研的学问就属于异端邪说，于个人成长无益，于国家安定无益。在《荀子·宥坐》中，孔子列举了少正卯五条罪状："一曰心达而险，二曰行辟而坚，三曰言伪而辩，四曰记丑而博，五曰顺非而泽。此五者有一于人，则不免君子之诛，而少正卯皆兼有之……此人之桀雄者也，不可以不除。"这种被孔子称为"桀雄"的人，博闻多识、能言善辩，却颠倒是非、妖言惑众、蛊惑人心，对于国家和社会是有害的。

孔子的教育，倡导的是仁义道德，追求的是成圣成贤。他所钻研的学问和所办的私学与同时代学者是不一样的。那么，孔子教授学生什么呢？

《论语·述而篇第七》记：

子以四教：文，行，忠，信。

孔子对弟子的教育主要集中在"文、行、忠、信"四个方面。

"文",指文献知识,具体指的是《诗》《书》《礼》《易》等。这是孔子教学所依托的主要教材。

"行",本义是十字路口。在这里,可以引申为孔子教导学生如何走自己的人生之路,也就是如何成人、成君子。通观《论语》全书,无一不贯穿这一教学指导思想。

"忠"与"信",是君子之德的表现,是君子为人处世的基本原则。

很明显,孔子的教育内容与前所述的邓析教的法家学术和少正卯教的纵横家学术是不一样的。孔子自始至终都在教学生如何做一个合格的人,如何做君子,如何成圣成贤,如何彰显人性的光辉,这才是孔子教育的根本目标。

孔子的教学法,往往是遇事而论,随缘点化。在《论语》中,到处都是孔子对学生的指点。

《论语·为政篇第二》记:

子曰:"温故而知新,可以为师矣。"

"师",最早是指商周时期军队的一种编制单位,指代军队。后来,"师"被用来指代统兵的将领,也被用作官名。综观西周时期的各种文献材料,可以看出,"师"一类的官,在西周末期越来越频繁的军事行动中表现突出,并且由于战功的不断累积,他们获得了相应的政治影响力和政治地位。除了用于指代军事单位和统兵将领之外,"师"所指代的职位及内涵还有很多,既可以指掌管音乐的官员,如春秋时期有名的音乐家师襄、师旷等;也可指教导天子和太子的官职,如天子的老师称"太师"。后来,"师"又转指执掌教民之事的官职,即掌握某种专业技能并能为他人提供指导的人。

"温故而知新",有两种理解逻辑:一种是先"温故"而后"知新",也就是说,"温故"是"知新"的前提条件;另一种是,"即温故即知新",温故本身也是知新,是一件事情的两个方面。

由于孔子并没有明确指出所温之"故"为何物,这就为后世读者留下了极大的发挥空间。后世学者大多将"温故知新"理解为温习已经学过的旧知识,从旧知识中寻找到新启发。但是,这"旧知识"到底是什么呢?

孔子的学生通常要去从政,通观《论语》全书,皆是教人修身为政之学。由此可推知,孔子所言"温故",是希望弟子们认真学习《诗》《书》《礼》《易》之"故",认真总结前人和历史的经验之"故",与时俱进,开拓创新,此谓之"温故知新"。

此处孔子所言"为师",也不仅是指知识的传授者,更是指社会秩序的管理者,百姓行为的示范者。按照《礼记·学记第十八》的观点,是"建国君民,教学为先"。在儒家看来,治国安民的第一要务,应该是推行道德教化,以文化人。为政者是"建国君民,教学为先"的第一责任人,应该率先垂范,为人师表,故称为"为师"。

能够从历史故旧中感悟到新的思想,并付诸自己的生命实践,这就叫"学而时习之",这样的人"可以为师矣"。孔子不仅强调要"学而时习","温故知新",还提出了"见贤思齐""三人行必有我师"等观点。

《论语·里仁篇第四》记:

子曰:"见贤思齐焉,见不贤而内自省也。"

这是孔子待人的基本态度，也是其对弟子们的教导。此处，"贤"与"不贤"可能是两种人，也可能是一个人身上的"贤"与"不贤"两个方面。《说文解字》释："贤，多才也。""贤"，本义是管理钱的人，后多引申指有道德的、有才能的人。

孔子说自己见到有道德有才能的人，就会心生向往，希望自己也能与之一样；见到没有道德没有才能的人，就会立即反思自己是不是也有同样的问题。

《论语·述而篇第七》记：

子曰："三人行，必有我师焉。择其善者而从之，其不善者而改之。"

这一章所要表达的观点与上一章如出一辙，说明孔子的思想是一以贯之的。

"三人行，必有我师焉"，是历代中国人常常引用的话，其应用之广泛已不待言。"择其善者而从之，其不善者而改之"，此处孔子将人的行为分为"善"与"不善"两种，并且指出了两种不同的做法，分别是"从之"和"改之"。所以，"择其善者而从之"，也就是"见贤思齐"；"择其不善而改之"，也就是"见不贤而内自省也。"

这两章充分表明，孔子善于从别人身上找到促进自己成长的资源，这是一种非常积极的应对能力。

《论语·为政篇第二》记：

子曰："学而不思则罔，思而不学则殆。"

"罔",本义与"网"相同,都是指捕鱼或捕鸟兽用的网,此处引申为"迷惑无知的样子"。"殆",本义是"危险、陷入困境"的意思。

孔子在这里探讨"学"与"思"的关系。"学而不思"的结果是迷惑;"思而不学"的结果是危险。这显然是孔子通过长期观察所获得的经验,并以此教导弟子要"学思"并重。

《论语·卫灵公篇第十五》记:

子曰:"吾尝终日不食、终夜不寝。以思,无益,不如学也。"

孔子自述自己曾经整天不吃饭,整夜不睡觉,成天都在思考,最后发现,这种"终日不食、终夜不寝"的思考方法是没有什么进步的,"无益,不如学也"。战国中期的荀子作《劝学篇》,亦说"吾尝终日而思矣,不如须臾之所学也"。

总之,学思并进,才符合孔子及儒家的主张。

《论语·公冶长篇第五》记:

子曰:"十室之邑,必有忠信如丘者焉,不如丘之好学也。"

"邑",其甲骨文的写法是上"口"下"人",本义是"有人居住的地方"。《周礼·地官》载:"九夫为井,四井为邑,四邑为丘,四丘为甸,四甸为县,四县为都。"由此可见,"邑"是一个行政地理概念。"十室",即十户人家。只有十户人居住的"邑",是非常小的,大概类似于现代农村里的一个小规模村民组。

孔子说"十室之邑,必有忠信如丘者焉",但是"不如丘之好学也"。意思是，在有十户人家居住的小地方，一定有如自己一样具有忠信品德的人，但是如自己一样"好学"的人恐怕没有。这说明，在孔子的眼里，"忠信"虽然可贵，但并不难得。而"好学"者却十分鲜见。孔子对于"好学"有深刻的理解，轻易不说谁是"好学"之人。通读《论语》，孔子认为"好学"者只有两人：一是自己，二是颜渊。他赞闵子骞孝，赞子贱为君子，却不称其"好学"。自颜渊死后，孔子认为再也没有"好学"之人了。

在孔子心里，"好学"难能可贵，并且极其重要。那么，"好学"到底有些什么内涵呢？

《论语·学而篇第一》记：

子曰："君子食无求饱，居无求安，敏于事而慎于言，就有道而正焉。可谓好学也已。"

这是孔子对"好学"内涵的解释。

君子必"好学"，其表现在"食无求饱""居无求安""敏于事而慎于行""就有道而正焉"四个方面。也就是说，在孔子眼里，"好学"并不像现代人所说的喜欢学习文化知识这么单一，而是一种全方位的为人处世的表现。

《论语·子张篇第十九》记：

子夏曰："日知其所亡，月无忘其所能，可谓好学也已矣。"

这是孔子弟子子夏对"好学"的理解，与孔子对"好学"的理解有一点差别。

子夏认为的"好学"是每天知道一些自己所不懂的,即每天收获新知;一个月都不会忘记自己已经学会的东西,即不忘旧知。按照子夏的看法,收获新知且不忘旧知,固然会积累起很多知识,知识积累得越多,意味着越好学。很明显,子夏对于"好学"之理解,已经从孔子强调的修身治世之学转为知识技能之学,其境界高下立判。孔子所说的"好(修身之)学"可以涵盖子夏所说的"好(知识之)学",但是反过来却不行。可见,子夏更倾向于对实用知识的关注,但对孔子思想的精奥之处还没有把握住。

二

孔子在教导弟子的过程中,谈了很多关于个人成长与修养的内容。

《论语·雍也篇第六》记:

> 子曰:"知之者不如好之者;好之者不如乐之者。"

孔子提到"知之、好之、乐之"三种情况。理解此章的关键是搞清楚此"之"所指为何。

结合《论语》全文看,孔子倡导人生的正道为君子之道、圣人之道,可以想见,孔子所言"知之、好之、乐之"的"之",当为"君子之道"。"知之",就是懂得"君子之道",就是懂得人生的方向;"好之",是带着真诚的情感,发自内心去追求;"乐之",则是更高的境界,以追求"君子之道"为快乐,以成为君子为自己幸福的源泉。

"知之、好之、乐之",可以看作是人生学习成长的三个阶段或三重境界。

《论语·述而篇第七》记:

> 子曰:"述而不作,信而好古,窃比于我老彭。"

"述而不作"通常被理解为"讲话而不写文章"。这恐怕与原文文义相差甚远。

《礼记·中庸第三十一》载:"虽有其位,苟无其德,不敢作礼乐焉;虽有其德,苟无其位,亦不敢作礼乐焉。"这段话的意思是说,虽然有相应的地位,但是没有相应的德行,是不敢作礼乐制度的;虽然有相应的德行,但是没有相应的地位,也是不敢作礼乐制度的。《周易·系辞下》云:"德薄而位尊,智小而谋大,力小而任重,鲜不及矣。"这就是"德不配位,必有灾殃。"无论是《礼记》还是《周易》都强调"德"与"位"的匹配。要把事情做好,必须"以德配位"。

孔子有德,但是他没有天子之位,而同时,孔子又极钦慕古代的礼乐制度,认为那才是最完美的社会制度。身居礼崩乐坏的乱世,孔子对于恢复礼乐秩序可以说是极其向往,无限期待。一方面,孔子向往周朝初年周公所创制的礼乐制度,另一方面,自己又没有资格来创制礼乐制度,所以只好"述而不作"。在孔子看来,若要终结当时因礼崩乐坏而导致的征伐与杀戮,恢复稳定的社会秩序,只能回到周朝初年的礼乐政治之下。这是孔子为那个时代提出来的解决方案。但是孔子无位,他所能做的,只能是把古代的礼乐制度传述下来，供有德有位者借鉴参考。我们由此可以想见孔子对周公无比怀念的心情。所以，"述而不作"最初并不是"只讲话而不写文章"的意思，而是"传述古代的礼乐制度，而不创作新的制度"，这实在是孔子有德无位、不得已而为之的无奈之举。同时，"述而不作"的举动也可以表明孔子对古代礼乐制度非常有信心，他认为"复礼"，就可以使国家重新走上正途。

所谓"信而好古"，应该如何理解呢？"信"，相信；"好"，喜欢。孔子又信又好的"古"到底是什么古？是泛指古代的一切呢？还是有某一特指的对象呢？老子有云："执古之道，以御今之有。能知古始，是谓道纪。"孔子信古好古，老子也说要"执古之道"。可见古人都重视比之更早的"古"。不过，这两个古是不是同样的"古"呢？

《说文解字》谓"古，故也。"可引申理解为"旧的、过去的、传统的"。可见，不论是孔子所笃信的，还是老子所倡导的，都是过去的"先王之道"。不管孔子和老子所说的是不是同样的先王，至少可以说明一点，无论是儒家还是道家，甚至于其他学说，都重视知往鉴今，继往开来，这是中国人一贯的文化传统。

在这里，孔子说"述而不作，信而好古"，一方面是鉴于自己有德无位的现实状况，只能如此做；另一方面，更因为孔子"信而好古"，他觉得古代已经有值得恢复和向往的文化传统与社会管理制度，已经不必再别立山头、独辟道路了。但是，我们不能就此认为孔子是一个保守迂腐的复古主义者。

最后，孔子说"窃比于我老彭"。"窃"，即"暗中、私下地、悄悄地"。老彭是什么？不同的学者有不同的看法。有人说老彭就是老子；也有人说老彭是商朝的贤大夫，好述古事；还有人说老彭是老子的祖先彭祖；更有人说老彭指的是老子和彭祖两个人。不过，后世大多数人都认为老彭是商朝的贤大夫，好述古事。自古有贤德的大臣都喜欢通过讲古代人物的兴衰成败来提醒当朝统治者。因此，理解这一句话要注意"窃"字的语气。孔子说"私下把自己比成商朝大夫老彭"，多少有一种自嘲的味道。

这一句话补充在后面，不仅不是狗尾续貂，反而是整章的点睛之处。自古以来，贤大夫如何给天子进谏呢？秦朝李斯作《谏逐客书》、西汉贾谊作《过秦论》、北宋苏洵作《六国论》，无一不是言古之事以谏今之政。所以，孔子说自己"述而不作，信而好古，窃比于我老彭"，可谓是意味深长，不可由此认为孔子是个迂腐的保守老人。

《论语·述而篇第七》记：

子曰："默而识之，学而不厌，诲人不倦，何有于我哉？"

"默"，指"不出声、不说话"，即默默无言之意。清代段玉裁《说文解字注》曰："默假借为静穆之称。""识"不是知识，而是通"志"。如"博闻强识"之"识"也是通"志"，意思是"记住"。"学而不厌，诲人不倦"，根据《说文解字》可解释为："学，觉悟也""晓之以破其晦，曰诲。"

从"默而识之"到"学而不厌"，再到"诲人不倦"，这是一个从"静思"到"觉悟"，再到"施于人"的由内而外、推己及人的心理动态过程。

读书学习也是同样的心理过程。从最初的感知觉，在心中慢慢沉潜酝酿，而后当默默涵养，持敬庄重，而后才能把道理化于心而有所得、有所悟。如果在前期沉默涵养的过程中守不住，总是东张西望，心思浮动，那就很难有所悟、有所得。所以，"默而识之"是"学而不厌"的前提。

"学而不厌"四个字后面藏着一种不息的动力。这是一种时时反省、时时觉思、绵绵密密的内在功夫。如果三天打鱼两天晒网，怎么可能"学而不厌"呢？"学"，是觉悟，犹如阳光照进心灵，如黑夜之于拂晓天光，混沌渐渐变得明朗起来，直至一切明白如是，彻上彻下、彻里彻外，无不明明白白、清清楚楚，当然喜乐油然而生，哪里会生厌呢？

至此时，方才可以去致用。"诲人不倦"其实是"学以致用"的外化过程，是一个内圣推至外王的过程。说得简单一点，就是自己明白了才能去教别人。否则，以其昏昏使人昏昏，大糊涂教小糊涂，越教越糊涂。而且，这个"学"不可一日怠惰，因为一朝的懈怠，可能带来的就是误人子弟。

所以，总结起来看，"默而识之、学而不厌、诲人不倦"，这三件事不是孤立存在的，而是有始有终、相互依存的连续循环过程。我们随便一读，觉得这三件事情没什么了不起，可是，若认真细索起来，却又是极具考验的学问功夫。

面对这三件事，孔子反问："何有于我哉？"

"何有于我哉？"这种句式在古代文言文较为常见，是一种"倒装疑问句式"。调整过来，应该是"于我，有何哉？"此处理解为"对于我来讲，哪些是我拥有的呢？"可以简单转译为"我做到了哪几样呢？"

这样分析下来，就能够逐渐把握到孔子讲话的言外意思，也可以尝试着去揣摩孔子说话时的情绪状态。"默而识之"，是涵养沉潜的功夫；"学而不厌"，是省察觉悟的功夫；"诲人不倦"，是学以致用的功夫。在孔子看来，这三方面功夫，自己还做得不够好。这当然是孔子的自谦之言。但是也由此可见，在孔子心里，这三个学问功夫是极重要的。以孔子学问之大、觉悟之高，尚且说自己做得不好。反观当今之世，又有多少自以为是的人呢？

《论语·述而篇第七》记：

子曰："德之不修，学之不讲，闻义不能徙，不善不能改，是吾忧也。"

孔子在大多数时候都是乐观快乐、从容淡定的。这一章是《论语》一书中唯一一次谈孔子之"忧"的。孔子说自己有四个"忧"：

一是"德之不修"。修德，也就是修身，一直被儒家视为内圣外王的根本。《礼记·大学第四十二》载："古之欲明明德于天下者，先治其国；欲治其国者，先齐其家；欲齐其家者，先修其身；欲修其身者，先正其心；欲正其心者，先诚其意；欲诚其意者，先致其知；致知在格物……自天子以至于庶人，一是皆以修身为本。"

齐家、治国、平天下的根本在于修身。无论是天子、贵族还是普通老百姓，都要从修身开始，才能最终实现齐家、治国、平天下的外王事业。孔子是担心自己"德之不修"吗？显然不是。相信孔子有管理好自己的能力，他是不必要担心自己"德之不修"的。孔子担心的是谁"德之不修"呢？放眼当时的天下时局，可以看到：天子诸侯各失其德，国家政治不上轨道，相互争霸，导致礼崩乐坏，君不君、臣不臣，社会秩序被严重破坏，民不聊生。这样的现实，让孔子十分忧虑。所以，孔子所担心的不是自己"德之不修"，也不是一般人的"德之不修"，而是身居高位的为政者"德之不修"。因为，身居高位的为政者不修德，会直接导致社会动乱，殃及百姓。

二是"学之不讲"。难道孔子担心自己的学问没有地方讲吗？显然这是说不通的。子曰："予欲无言。"孔子本人曾经说自己并不想讲话，怎么又会担心自己的学问没有地方讲呢？可见，"学之不讲"这四字另有深意。

"学"，此处做名词用，可以指"学问"。问题在于，指的是什么学问呢？《说文解字》注："学，觉，悟也。"可见，孔子所担心的"不讲"之"学问"不是一般的学问，而是"觉悟的、有智慧的学问"。那么，什么样的学问，才称得上"觉悟的、有智慧的学问"呢？当然是"先王的学问"，是"先王之学""先王之道"。具体说来，也就是尧舜禹汤、文武周公所开创的儒家礼乐教化传统。这种文化传统需要代代相传。若要传承，就得"讲"。而礼崩乐坏的孔子时代，这种文化传统被恣意破坏，君不君、臣不臣，大家只想称霸，只想获利，谁还讲"先王之道"呢？这样的社会现状令孔子极为痛心。所以，"学之不讲"是孔子的第二个"忧"。

三是"闻义不能徙"。《礼记·中庸第三十一》载："义者，宜也，尊贤为大。""义"有恰当、适宜的意思。"徙"有迁移的意思。"闻义不能徙"的意思是：听到恰当的做法，却不能够照做。孔子曾经在鲁国做官，后来受到排挤，周游列国十四年，其间接触到不少身居高位的诸侯国领导人。孔子不断地宣传自己的仁政主张，可惜没有人听他的。他曾经十分感慨："谁能出不由户？何莫由斯道也？"尽管在外流亡十几年，也没有找到一个国君愿意采纳施行他的主张。因此，孔子发出这样的叹息，认为"闻义不能徙"是自己的第三个"忧"。

四是"不善不能改"。这句话同前面三句是一个道理，只是更加具体。不善之处就是不妥之处，就是缺点和问题。对于那些身居高位的贵族统治阶层而言，他们未必不知道政治的腐败与问题，却因为种种现实的利害关系不能更改。比如，孔子在鲁国做官时，三桓的权力被家臣把持，犯上作乱，礼制崩坏。当时的季桓子非常清楚地知道应该支持孔子"隳三都"的计划，但是这样做也会损害自己的利益，最终导致孔子的改革虎头蛇尾，以孔子被排挤出局而结束。《史记·孔子世家第十七》记载楚昭王曾经兴师迎孔子，令尹子西对此表示反对，楚昭王担心任用孔子后自己的利益受损，最后作罢。

由上可知，孔子之"忧"，不是为己而忧，而是为天下而忧。这正体现了儒家家国天下的济世情怀。自孔子后，有孟子承续，之后还有"先天下之忧而忧，后天下之乐而乐"的范仲淹，有"人生自古谁无死，留取丹心照汗青"的文天祥……这就是儒家精神的延续，从未断绝，直至现在。

《论语·学而篇》记：

子曰："自行束修以上，吾未尝无诲焉。"

所谓"自行束脩以上"，有很多种说法。一种说法认为"束脩"是肉干，大概类似于今天的腌腊肉之类的东西。据说古代贵族子弟年满15岁，就要带上肉干去送给老师，以示弟子之礼，从此跟随老师学习。另一种说法认为"束脩"是扎头发。古代男子也是长发，15岁代表成年，要把头发扎起来外出求学。无论是哪种说法，

"自行束脩以上",指 15 岁以上,是可以确定的。

孔子的意思是:只要年龄满了 15 岁,就可以来去找他学习。"吾未尝不诲焉",意思是自己从来没有不教诲的。言下之意,只要愿意求学,孔子一概不拒绝。

《论语·卫灵公篇第十五》记:

子曰:"有教无类。"

这句话的意思是,不管是什么人,不论贫富、贵贱、智愚、善恶,都可以接受教育。

"未尝不诲""有教无类",结合起来就像一则"招生启事"。除了年龄,别无限制。通观《论语》会发现,孔子的学生和弟子是比较复杂多样的。有像冉有、子贡这样的有钱人;有像颜渊、闵子骞这样的寒门弟子;有像孟懿子、南宫敬叔这样的贵族子弟;有像曾参、高柴这样老实鲁钝、看起来不大灵光的学生;也有像宰我这样机巧善辩的学生。西汉末年刘向所编的《说苑·杂言》中记录了一个故事:当时有一个叫东郭子惠的人对孔子收学生没有门槛表示质疑,问子贡:"夫子之门何其杂也?"孔子听说后,解释说:"修道以俟天下,来者不止,是以杂也。"孔子认为求学问道,提升修养的目的是为国家为社会做贡献。天下人才不拘一格,所以孔子收徒来者不拒。

古代是"学在官府",只有贵族子弟才有机会受教育。普通平民家庭出身的孩子,谋生的手段是种地、做杂役或者当兵,很难有机会求学。然而,那个时候的体制教育也是问题重重,很难完成"立德树人"的教育目标,这从当时各国的腐败政治可以看得出来。

一方面，官学培养不出人才；另一方面，体制教育又没有给予普通平民受教育的机会，导致人才稀缺。春秋末期，每个诸侯国都想称霸天下，人才问题如何解决？

官学不能满足社会的需求，私学必然会应运而生。教育是立国之本，强国之基。孔子在两千多年前，就深刻认识到了这一点。而孔子本人才华横溢，六艺皆通，确实具备办教育的能力。《论语》中有多处记载孔子的才华：善唱歌、善礼仪、善政事、善驾车、善射箭、善音乐、精通法律等。孔子的诸多才华，足以让孔子根据学生的天赋禀性进行分科指导。

《论语·先进篇第十一》记：

德行：颜渊、闵子骞、冉伯牛、仲弓。言语：宰我、子贡。政事：冉有、季路。文学：子游、子夏。

孔子或许是中国历史上最富才华的老师，也只有他才能做到什么学生都能教。孔子根据弟子们的禀赋，把弟子们分在"德行、言语、政事、文学"四个类别里面，并各有表现突出的优秀学生。

在孔子之后，几乎所有的大学问家都广收门徒。中国的教育传统可以说是从孔子这里开出来的，故孔子被称为"大成至圣先师"。孔子开中国教育风气之先，是中国教育史上的先驱式、开创式人物。不仅如此，在具体的教学法上，孔子也有很多宝贵的思考。

《论语·述而篇第七》记：

子曰："不愤不启，不悱不发，举一隅不以三隅反，则不复也。"

"举一反三"的成语就出自这里。孔子是启发式教育的最早提出者。

什么叫"不愤不启，不悱不发"呢？

所谓"愤"，是指一种情绪郁结于心，憋着闷着，想发又发不出来的那种心理和情绪状态，如南宋理学家朱熹所言："愤者，心求通而未得之意也。"这是学生对于某个问题经过了足够的思考，仿佛若有所得，但又说不出来的状态。孔子认为，学生的思考一定要到了这个关节点，老师才开口点拨他。如果看到学生不明白，就急于讲答案，不利于学生的进步与成长。这就是孔子所谓的"不愤不启"。

所谓"悱"，跟"愤"是异曲同工。也是那种"想说又说不出来"的状态，如朱熹所说："悱者，口欲言而未能之貌也。"孔子把"愤"与"悱"分开来讲，一方面表达其精微，更是一种强调。这句话可以改写成："不愤悱，不启发。"

从这一章可以看出，孔子特别强调教学的"时机"。这给后世教学启发很大。无论是老师还是家长，只要是做教育，都要把握好这个关键。当一个人有了愤悱之情的时候，就像关了闸的水库，水蓄得多了，闸门一旦打开，必将一泻千里。而这个愤与悱的状态是需要积蓄与酝酿的。所以，教育者要学会等待，给予学生充足的独立思考与探索尝试的时间。不仅教育需要把握时机，对他人的关爱与帮助也要把握时机，才能够起到"雪中送炭"的效果。

孔子说"举一隅而不以三隅反，则不复也"。"隅"就是角落。意思就是孔子讲一个角落，你就马上联想到其他三个角落。如果联想不到，孔子就不再重复讲了。为什么孔子不讲了呢？难道是孔子不负责任吗？不是。因为孔子觉得时机还不到，还没有达到"愤悱"的状态，还需要继续涵养蕴蓄。

《论语·述而篇第七》记:

互乡难与言,童子见,门人惑。

子曰:"与其进也,不与其退也,唯何甚?人洁己以进,与其洁也,不保其往也。"

互乡是一个地名,据说在今天河南境内。互乡的人不好讲话,言外之意,是说这个地民风不好。所以,一般人可能都不大愿意与这个地方的人交往。

互乡人本就口碑不好,又是一个未成年的"童子",孔子为什么要亲自接见他呢?弟子们觉得不理解。

"与其进也,不与其退也。""与"字,此处意思为"帮助、赞许"。"其"指这个童子。孔子认为,应该帮助这个童子进步,而不是使他退步。"唯何甚?"有什么可大惊小怪的呢?

"人洁己以进,与其洁也,不保其往也。"这个童子穿戴整齐,收拾得干干净净来拜见孔子,说明他希望得到孔子的指导,有进取之心。孔子只想呵护童子这份进取之心,而不去考虑他是从哪里来的。

这是孔子仁爱慈悲的表现,也体现了孔子"有教无类"的教育理念。

《论语·子罕篇第九》记:

子曰:"吾有知乎哉?无知也。有鄙夫问于我,空空如也。我叩其两端而竭焉。"

很多人认为孔子很博学。孔子删《诗》《书》，订《礼》《乐》，注《易》，作《春秋》，从事实上来说，孔子一定是遍读古代文献的博学之人。但是他却自谦说自己"无知"。

孔子还举例说明自己的"无知"。"有鄙夫问于我"，"鄙夫"就是农夫，代表没有接受过知识文化教育的人。孔子说乡下的农夫问自己问题，自己"空空如也"，这是一种形容，表示自己对农夫所谈论的问题一点都不懂。孔子对于学问的态度是"知之为知之，不知为不知"，如果遇到自己不懂的问题，他是敢于承认的。

孔子又说"我叩其两端而竭焉"，所谓"其"指前文所述的"鄙夫之问"。孔子对于自己不懂的问题，其处理方法是"叩其两端"。这是什么意思呢？"叩"，本义是"击、敲打"，这里可引申指"推敲、揣摩、研究"；"两端"是两头、两边。"鄙夫之问"会有哪两端呢？是左右两端、上下两端还是正反两端？其实，无论指哪个"两端"，都代表着多角度的思考方式。这说明，孔子思考问题，要从"两端"去思考，而不是单一取向。"竭"字，通常指用力到达极限，这里表示遇到不明白的问题，孔子会尽最大努力多角度去思考。

孔子以身示范，给弟子们呈现了一种谦虚好学、多角度思考的为学态度。

《论语·述而篇第七》记：

> 子曰："我非生而知之者，好古，敏以求之者也。"

孔子精通六艺，知识学问非常广博。古代的六艺有两种说法：一种是六项技能，分别是礼（礼仪）、乐（音乐）、射（射箭）、御（驾车）、书（识字）、数（计算）。另一种指的是儒家六经，分别

《诗》《书》《礼》《乐》《易》《春秋》。孔子是"全能"老师，收学生不拘一格，并且是以六艺作为教学的主要内容。因此，学生在他这里能够学到的知识技能很多。

曾经有人说孔子是个"天才"，比如子贡就曾说孔子是"天纵之圣"，是"生而知之"的人。孔子却要声明自己不是天才，自己的学问不是"生而知之"，而是"敏而好学"的结果。孔子说自己不是天生就懂得这么多，只不过是因为自己热爱古代的文化，并且努力学习罢了。"敏"的本义是做事动作快，有敏捷之义，引申为"勤勉、努力"。

原来孔子这样的圣人也不是天生的，只要肯努力，每个人都有希望。后世学者读到这句话，心中往往生出一种希冀之感，因为"圣人可学而至"。

《论语·述而篇第七》记：

曰："盖有不知而作之者，我无是也。多闻，择其善者而从之；多见而识之，知之次也。"

"盖"，此处作副词用，意思是"大概"。"作"，甲骨文作"乍"，表示"做工、为、制造、开始"等意思。在礼崩乐坏的乱世里，各家学派风起云涌，都提出了自己的政治主张以期能够改良社会。或许很多人并不知道古代礼乐已经相当完备，所以有志者会"自作之"。

而孔子则认为古代已经有很完备的礼乐制度，其做法与其他学者有所不同。孔子"述而不作"，他只是认真阐述古代的文化，并不创造新的学术。不过，对于古代文化，孔子也不是不加区分地全盘接受，而是采取"多闻，择其善者而从之"的态度，这意味着批判性地继承。"多见而识之"之"识"，解释为"识别"，有辨别、区分之意，这意味着选择性地吸收。

无论是"多闻"还是"多见"，都是学习、继承和吸收古代文化的重要方式。这当然反映出了孔子的为学态度。

《论语·泰伯篇第八》记：

子曰："三年学，不至于谷，不易得也。"

孔子认为一个人为学三年，其志向不在于官职俸禄，这是不容易的事情。根据南宋朱熹的说法，此处"至"，应当看作"志"。本书认同这一观点。"谷"，则用于指代"俸禄"。古代官员的报酬一般是粮食、土地等实物。据史书记载，孔子担任鲁国大司寇时"奉粟六万"。

为学，其"志"不在"谷"，那"志"在哪里？依照儒家的观点，为学志在圣贤。一般人都是在现实中寻找人生的目标，缺少大理想。孔子的人生志向是"道"，是圣贤之道，也是人间正道。

不经过心灵反省的人是很难超越现实功利的。所以，孔子感慨"三年学，不至于谷，不易得也"。

《论语·泰伯篇第八》记：

子曰："狂而不直，侗而不愿，悾悾而不信，吾不知之矣。"

"狂而不直"，看起来张狂敢言，实际上却并不正直；"侗而不愿"，看起来幼稚单纯却并不质朴；"悾悾而不信"，看起来诚恳却并不真诚守信。"悾悾"两字组合在一起,形容童蒙无知的样子。这是典型的里外不一致的表现。

孔子有着深邃的目光,总能从表象洞穿到更本质的东西。很明显,孔子主张的是"直(正直)、愿(淳朴)、信(守信)",其本质是"仁"。他强调一个人不管外在如何表现,内在一定要有"仁"。缺少了内在的"仁",其所表现出来的都是一种虚伪。"吾不知之矣",孔子表示自己很难理解这种内外不一致的虚伪表现。

《论语·泰伯篇第八》记:

子曰:"学如不及,犹恐失之。"

"不及",乃"不达、不至"。从句子成分来说,这一句既缺少主语又缺少宾语。根据孔子"一以贯之"的思想,这里可以理解为"(君子)学如不及(身)"。紧接着说"犹恐失之",意思是"恐怕会丢掉这个学问"。言下之意就是,君子的学问要致于身,要致于用,要在生命中开展与实践。如果学问不能学到自己的身上来、不能学以致用,不能在生命中开展与实践,就变成了空洞的学问,道理是道理,做事归做事,知行不能合一,这就不是真学问。

明代思想家王阳明言:"未有知而不行者,知而不行只是未知。"可看作对孔子这一章的注脚。这样的观念,还体现在子夏的言论中。

《论语·学而篇第一》记:

子夏曰:"贤贤易色;事父母,能竭其力;事君,能致其身;与朋友交,言而有信。虽曰未学,吾必谓之学矣。"

这里所讲之"学"亦不是知识之学，而是一个人在"贤贤、事父母、事君、与朋友交"等不同的关系中所展现出来的道德行为。看一个人有没有真学问、真修养，不是看他说了什么，更重要的是看他做了什么，看他怎么做的。如果一个人对待妻子和颜悦色，孝敬父母尽心竭力，侍奉君主全心全意，与朋友交往言而有信，这些行为当然能说明这个人是有真修养的。所以子夏说"虽曰未学，吾必谓之学矣。"

《论语·宪问篇第十四》记：

子曰："古之学者为己，今之学者为人。"

"人"与"己"是古代区别自己与他人的基本概念。孔子认为古人与今人的为学之道最本质的区别是"为己"与"为人"。这是为学目的之不同。

"为己"是向内的自我要求，"为人"是向外的现实追求。理解这一章的关键是对"学"字内涵的把握。在《论语》中，孔子反复提到"学"，通常不是指"学习知识"，而是强调人的内在修养与心灵的觉悟，是一种生命的自我反省。生命的觉醒、道德的修养都来自心灵的内在自觉，并不来自于外界。孔子"信而好古"，向往尧舜禹汤、文武周公这样具有高度心灵自觉的圣贤人物。所以，孔子必然要倡导"为己之学"。"为己"方能"为人"，"己达"才能"达人"，"己立"才能"立人"，这是孔子一贯的思想。

这样一句简简单单的话，彰显的是孔子的人文理想。生命的自觉意味着自我做主，外界的一切都只是助缘，每个人都可以为自己的人生承担起责任。在礼乐崩坏的春秋乱世里，人们是多么希望找到精神的指引和发展的方向。这种哲学观的出现，就如同茫茫黑夜中的一盏明灯，为人类的前行提供了精神的力量。

战国思想家孟子云："学问之道无他，求其放心而已矣。"为学的根本目的，不是为了现实的功名利禄，而是要把放逸飘荡的心灵拉回来，回到自己的内心来，这不是"为己之学"是什么呢？

《论语·宪问篇第十四》记：

子曰："不患人之不己知，患其不能也。"

"患"，即忧患、担心。这一章谈君子的"患"与"不患"。

君子有所患有所不患。君子"不患"的是什么？"患"的又是什么？

君子"不患"别人不了解自己。像孔子这样精通六艺的全能型人才，在现实中却没有施展才华的机会，这种不得志的人生难免令人沮丧。不过孔子仍然能用乐观的态度来面对，他说"人不知而不愠""不患人之不己知"，体现的是对功名利禄的超越。孔子不以追求功名为目标，所以他根本就不担心别人是不是了解自己。

君子"患不能"。在孔子看来，人们所要担心的是自己"不能"。言下之意，君子更应该重视的是不断加强自身的道德文化修养，才能够"己欲立而立人，己欲达而达人"。

君子除了"患其不能"，还有其他"患"吗？

《论语·学而篇第一》记：

子曰："不患人之不己知，患不知人也。"

"不知人",是君子所"患"。这既是孔子生命的写照,也是孔子对弟子们的教导。孔子一向强调"知人"的重要性。他还说过"不知言,无以知人也"。在弟子樊迟问"知"时,孔子回答:"知人。"可见,孔子非常强调"知人"的重要性,认为"知人"是智慧的表现,并且要懂得分辨别人的语言,才能够了解别人。这很像心理学,要懂得揣摩和理解别人的心理,才能够做出恰当的回应。

《论语·里仁篇第四》记:

子曰:"不患无位,患所以立;不患莫己知,求为可知也。"

这一章也是强调"患"与"不患"。

君子不担心自己没有权力与地位,也不担心没有人了解自己,他所担心的是自己是否能"立",是否有足够的道德修养,是否有为人称道的价值。其所强调的是"君子反求诸己",不以外在的声名地位为自己忧患的主要内容,而以自己是否有足够的道德修养、是否值得被人称道为忧虑。正如孔子所言:"德之不修,学之不讲,是吾忧也。"

总而言之,君子所思所忧都不是个人的功利与名声,既"不患人之不己知",也"不患无位",他所"患"的是自己"不能""不知人""所以立",也就是担心自己能不能为他人做好服务,能不能为他人办好事,是一种内在真诚的利他指向。

《论语·雍也篇第六》记:

子曰:"中人以上,可以语上也;中人以下,不可以语上也。"

这一章，既可以看作孔子因材施教的原则，也可以看作孔子对于世间人情的深切把握。在孔子看来，人与人之间在先天禀赋上是有差别的，有"中人以上"者，也有"中人以下"者。孔子认为"中人以上"，也就是资质在中等水平以上的人，可以与他谈论比较深刻的学问；而"中人以下"，对于资质在中等水平以下的人，就不要去和他谈论高深的学问了。也就是说，对待先天禀赋不同的人应该有不同的方法，"可以语上"则语，"不可以语上"则不语。

例如，弟子们向孔子问"仁"，孔子的回答各不相同。对待资质鲁钝的樊迟，孔子会告诉他"仁者，爱人"，指示他具体的做法；而对于聪慧好学的颜渊，孔子会给他说更为抽象的"克己复礼"。

《论语·子罕篇第九》记：

子曰："出则事公卿，入则事父兄，丧事不敢不勉，不为酒困，何有于我哉？"

"事公卿"，即出仕做官，代表职场事业；"事父兄"，即孝顺恭敬父母和兄长，代表家庭。孔子的一生，3岁丧父，17岁丧母。在其职业生涯中，出仕时间非常短，可以说"事公卿""事父兄"这些事情，孔子没有太多机会去做。

"勉"，是"努力、尽力"之意。"丧事不敢不勉，不为酒困"，这句话中孔子用了若干否定词来进行自我反问。孔子反问自己，为别人办丧事是不是尽心尽力呢？有没有过度沉湎于饮酒呢？

这一章的口吻，很像曾子"一日三省吾身"那三句自我反问。显然，孔子是在提醒弟子们要常常这样自我反省。

《论语·泰伯篇第八》记：

子曰:"民可使由之;不可使知之。"

这一章,既可以看作是孔子的为政思想,也可看作是孔子的教育思想。

"民"字,初见于商代甲骨文,其古字上部像一只左眼,下部像针一类尖利的东西刺着眼睛,很有可能是"盲"的本字,表示被针刺瞎一只眼睛的战俘充当了奴隶。至春秋时,"民"字有所简化,其原初意义也逐渐淡化,转借来指代平民百姓,即处于被统治地位的普通大众。总而言之,"民"代表被统治、被管理的人,也代表着大多数人。

儒家倡导"以民为本""民为邦本"的观念,看重百姓的利益。孔子自始至终都是站在人民的立场,以人民的根本利益为出发点,与统治阶层进行对话。这一章,也体现了孔子一贯的思想。

孔子用一种假设语气在向为政者提建议。"可使"与"不可使",指百姓是否能够遵法守礼,接受上级的安排和管理。如果百姓"可使",则"由之",即让百姓服从安排就可以了;如果百姓"不可使",则"知之",即让百姓了解,提高认识,也就是要对百姓施行教化。

在《论语·阳货篇》中记有一段子游做武城宰的故事。子游在武城这个小地方,施行弦歌之治,孔子听闻后莞尔一笑,开玩笑说"割鸡焉用牛刀"。子游回答:"君子学道则爱人,小人学道则易使也。"此处的"小人",并不具有道德意义,指代的就是被统治、被管理的人,就是平民百姓。可见,通过礼乐教化,百姓可以提高道德修养,提高思想境界,管理起来更容易。

孔子虽然秉持仁爱之心,以百姓的根本利益为基本出发点来发表自己的主张。但是，孔子也十分清楚百姓其实并不好管理。

《论语·阳货篇第十七》记：

子曰："唯女子与小人为难养也，近之则不孙，远之则怨。"

这一章常被后世所诟病，以此认为孔子看不起女性和底层劳动人民。实际上，孔子此言具有一定的写实性，可以就事论事地看。

"女子"，在古代有很多意思，一是泛指所有的女性，二是指未嫁的女孩；三是指女儿和儿子。在《论语》中，这也是孔子唯一一次提到"女子"一词。"小人"在《论语》中很多见，常用来与"君子"相对，指社会地位低下的底层百姓，后来渐渐引申指学问见识浅狭者，并进一步指道德修养不足之人。

在古代，无论是女子，还是小人，由于社会地位低，没有机会接受教育，智慧未开，理性不足，学问见识浅薄，人格不成熟，故云"难养"。根据下文，"难养"，不是物质上的难养，而是强调"难相处"。因为他们往往"近之则不孙"，"远之则怨"，也就是说，与"女子"和"小人"相处，总是很难把握，若亲近他们，他们可能会恃宠而骄、傲慢无礼；若疏远他们，他们可能又会委屈、抱怨。显然，这种被情绪主导的行为，是人格不成熟的表现。

怎样才能解决这个问题呢？只能通过"学而时习""修学""崇德""克己复礼"等方式，不断进德修业，才能成长为一个人格成熟的君子。这一章，与其看作是孔子对女子、小人的评价和看法，不如看作是孔子对于礼乐教化的强调。

三

《论语·公冶长篇第五》记：

> 子在陈，曰："归与！归与！吾党之小子狂简，斐然成章，不知所以裁之。"

孔子在陈国时，对弟子们说"归与！归与！"意思是"回去吧！回去吧！"

这一章的故事，很有可能发生在季康子执政时期。

季康子派人来请冉求回鲁国从政。孔子心情应该是很复杂的，一方面他为冉求能有机会回到祖国、为国家效力而感到高兴，并且积极支持冉求回去；另一方面为自己迟迟不能回归祖国而感到失落，对家乡的思念，对政治的忧患，种种心情涌上心头。

接着孔子感叹自己的弟子们"吾党之小子"，要么"狂"要么"简"（"简"，亦被看作"狷"），各有才能，"斐然成章"，可以说是各有可观之处。正如孔子所评价的："德行：颜渊，闵子骞，冉伯牛，仲弓。言语：宰我，子贡。政事：冉有，季路。文学：子游，子夏。"

换句话说，在孔子的眼里，这些弟子虽然各有优势，却都是偏于一科，"不知所以裁之"，这些弟子们还不知道怎么去综合平衡自己。所谓"裁"，本义是用剪刀把布或纸剪开，使之符合一定的范式。这里指弟子们还不知道如何通过自我调节与自我克制来合乎礼的要求。这说明，弟子们还达不到圆融之境。

《论语·卫灵公篇第十五》记：

子曰："不曰'如之何、如之何'者，吾末如之何也已矣。"

"如之何，如之何"，意思是"怎么办呀，怎么办呀"。

孔子认为，那些不问怎么办的人，自己才真不知道该怎么办了。一个人遇到事情，居然从来不问怎么办，说明根本没有用心思考。对于这种从不思考的人，孔子也很无奈，没有办法，只能叹气说"吾末如之何也已矣"。

或许孔门弟子中有不爱动脑筋的学生，孔子也感到启发不了他们。

《论语·子罕篇第九》记：

子曰："苗而不秀者有矣夫，秀而不实者有矣夫。"

"苗"就是庄稼发芽长苗；"秀"就是庄稼挂穗开花；"实"就是庄稼结果成熟。"苗、秀、实"，是庄稼生长的三个基本阶段。种庄稼的最终结果当然是要收获"实"。孔子说，有的庄稼虽然发芽长苗却不挂穗开花，这叫"苗而不秀"；有的庄稼挂穗开花，却未必会成熟结果，这叫"秀而不实"。

这是以庄稼喻人才。培养人才如培育庄稼：苗长得好，不见得花开得好；花开得好，不见得果结得好。因此，对待教育这件事，要有发展的眼光，要注重每一个过程，只有最终的果结得好，才算是教育取得了成功。

《论语·子罕篇第九》记：

> 子曰:"后生可畏,焉知来者之不如今也?四十、五十而无闻焉,斯亦不足畏也已。"

"先生",是对年长者的尊称;"后生",是对年轻人的说法。孔子"信而好古",对于历史人物给予了极高的尊重,常常给人一种"今人不如古人"的误会。实际上,孔子也非常重视年轻人的力量,说"后生可畏",对于年轻人寄予了很大期望。

"畏"并不是恐惧害怕,而是带着谦恭的敬畏,是一种正向积极的情感。孔子反问"焉知来者之不如今也?"怎么知道后来的人就不如现在的人呢?青年人年富力强、思维敏捷、创造性好,是社会发展与国家建设的中坚力量,不可轻视。孔子极其重视人才培养,鼓励弟子们积极进取、立志求道。

孔子又说"四十、五十而无闻焉,斯亦不足畏也已"。在孔子看来,如果四五十岁,在学问、修养上还没有什么成就的话,就"不足畏"了,说明这个人没有什么造化了。

《论语·阳货篇第十七》记:

> 子曰:"年四十而见恶焉,其终也已。"

关于"四十"这个年纪,在《论语》中出现了好几次,说明孔子很重视40岁。孔子认为"四十而不惑",到了40岁应该很清楚自己人生发展的路途,对于生命有着清晰的思考,知道要做什么,不要做什么,该做什么不该做什么。

"见恶",就是被人讨厌。如果到了40岁,还被人讨厌,"其终也已",那他这辈子算是完了。孔子怎么会说这样的话呢?汉末经学大师郑玄批注说:"年在不惑,而为人所恶,终于善行也。"年轻的时候做错了事,更容易得到别人的原谅,也更有机会改过自新。人到中年还被人讨厌,真是令人感到毫无前途。

谈为政、修养及其他

概括来说，《论语》全书均围绕着"为政"与"修身"两件事情展开论述。正如《礼记·大学四十二》所云："古之欲明明德于天下者，先治其国，欲治其国者，先齐其家，欲齐其家者，先修其身……自天子以至于庶人，壹是皆以修身为本。""修身"是内圣之学，"为政"是外王之学。"内圣外王"正是儒家的追求。"修身"是"为政"之本，"为政"是"修身"之用。

儒家高度关注人的需要，关怀社会，具有强烈的家国情怀和社会责任感，有着崇高的人文理想，这在《论语》中有许多表现。

一

《论语·公冶长篇第五》记：

子曰："吾未见刚者。"
或对曰："申枨。"

> 子曰："枨也欲，焉得刚。"

所谓"刚"，本义指"坚硬"，可引申为"坚强、刚直、坚定"等意思。孔子感慨说自己没有见过"刚者"，意思是没有见过真正刚直坚定的人。

申枨是孔子的弟子，六艺精通，可能在当时人看来颇有孔子之气象。所以有人说申枨应该可以算"刚者"。但是孔子却说申枨还有欲望，怎么能算得上刚呢？言下之意，孔子认为"刚者"，必须是"无欲"，即"无欲则刚"。

"欲"，指个人私欲。当一个人内心还充满着个人私欲时，意志是难以坚定的，思想是容易摇摆的，行为是难以坚持的。一个真正的君子，只有把个人利益置之度外，舍弃个人私欲，才会有坚定的理想和信念。

《论语·公冶长篇第五》记：

> 子曰："已矣乎！吾未见能见其过而内自讼者也。"

"已矣乎！""已"，本义为"止、罢了"，引申为"已经过去了，算了吧"。这是孔子无可奈何的感慨。

"见其过而内自讼者"，意思是看到自己的行为有偏差或过失，心中感到自责的人。按照儒家的观念，人是有良知的。基于这样的良知，一个人若是知道自己的行为有偏差或过失，是应该感到自责的，因为他会不安心。但是，孔子竟然说自己没有见过这种人。

为什么孔子说没有见过这种人呢？只有一种可能——那就是人们根本识别不出自己行为的偏差与过失，即"不能见其过"。也就是说，一个人都不知道自己犯了错，伤害到了别人，他的心里怎么可能会自我反省呢？所谓"内自讼"，就是对自己的错误进行自觉的反省。所谓"无知者无畏"，在礼崩乐坏、世道苍凉的社会里，人心麻木不仁，人们根本认识不到自己的问题所在，所以不会"内自讼"。

人心麻木至此，应该怎么办呢？孔子认为只能通过"学"，通过教育来呼唤心灵的觉醒。所以，孔子非常重视教育，重视心灵的觉悟。

《论语·雍也篇第六》记：

子曰："人之生也直，罔之生也幸而免。"

"直"，本义是"不弯曲"，可引申为"正直"。孔子认为一个人应该"以直而生"，这是一种超然、豁达、光明、不留遗憾的人生，是值得追求的人生。换句话说，人应该活得坦坦荡荡、明明白白。明代思想家王阳明临终所言的"此心光明，亦复何言"，感动了后世的无数人。只有终其一生都活得光明坦荡之人，终老时方可说得出"此心光明"，这真是太难达到的境界。

"罔"，本义与"网"相同，都是捕鱼及捕鸟兽用的网。一个人活在"网"中，当然是挣扎的、束缚的、痛苦的。孔子承认糊涂迷惑的人也能够活下来，但这只是"幸而免"，只是侥幸地活着，是一种"苟且的活"。在孔子看来，这不是值得追求的人生。

《论语·述而篇第七》记：

子曰："奢则不孙，俭则固。与其不孙也，宁固。"

这一章是孔子语重心长，又有些不得已的谆谆教导。

"奢"字，上"大"下"者"。最初指的是宅院大，常与"侈"连用。"侈"，本义指人多。所谓"奢侈"，就是指宅院大、人又多，代表过分的排场和享受。因此，"奢"有"夸大、过度"的意思。"孙"通"逊"，指"谦虚"。"奢则不孙"，意思就是"过度夸大而不谦虚"。

"俭"，原意是"自我约束，不放纵"，引申为"节省、朴素"等意思。一个人若能自我约束，不放纵自己，就会生活朴素，不铺张浪费。"固"，本义是四周被围起来，坚固安全，不容易被侵犯。"俭则固"，意在提醒为政者，要懂得自我约束，这其实是让自己更加安全的办法。

"奢"和"俭"就像左右两边，很容易偏向其中一边。而儒家主张的是中道而行，既不要过度"俭"，更不要过度"奢"。如若实在行不了中道，则宁肯偏右，保守一些也保险一些，至少不至于犯大错误。所以，孔子说"与其不孙，宁固"，其实是一种两害相权取其轻的权宜做法。

《论语·子罕篇第九》记：

子曰："譬如为山，未成一篑，止，吾止也；譬如平地，虽覆一篑，进，吾往也。"

"譬如"，就是比如。孔子用打比方的方法，来表达自己的观点。

"篑"，是用来盛土的筐子。有个成语叫"功亏一篑"，意思是只差一筐土而未能成功，用于比喻只差最后一点努力却未能完成的遗憾。孔子打比方说："好比要用土来堆一座山，只差最后一筐土就成山了。"这最后一筐土到底要不要堆上去，由谁来决定？好比要填平一个土坑，只差最后一筐土，坑就变成了平地，这最后一筐土要不要填进去，由谁来决定？

这一章的关键在于，前进还是后退，停止还是继续，由谁来决定？

孔子说："止，吾止也；进，吾往也。"停下来，是自己要停下来；继续前进，是自己要继续前进。换句话说，一切都是自己决定的。

这是孔子对于人生主动权的宣示。儒家思想强调人的主观能动性，高度重视人对自我的掌控权，人本主义思想在此得到了彰显。孔子批评弟子冉求不阻止季康子祭祀泰山，冉求辩解说自己阻止不了这件事。孔子却认为冉求决心不够、画地为牢、自我设限，说："力不足者，中道而废，今汝画。"如孟子所说："是不为也，非不能也。"至于"为"还是"不为"，谁来决定？不是他人，而是自己。

《论语·子罕篇第九》记：

子曰："法语之言，能无从乎？改之为贵。巽与之言，能无说乎？绎之为贵。说而不绎，从而不改，吾末如之何也已矣。"

这一章孔子发表了对待"法语之言"和"巽与之言"的两种主张。

"法"，本义是"法律、标准"，是对一切规范规则的统称。所谓"法语之言"，是指符合大道礼法的正言。如《诗》《书》《礼》

《易》《论语》《孟子》这些经典中所阐述的道理都是人世间的大道理，都可以看作是"法语之言"。人们对于这种符合人间大道的"法语之言"，怎么能够不顺从呢？

孔子认为，只是顺从还不够，要"改之为贵"，要以"法语之言"为准绳来改进自己身上的不足，使自己的言行能够符合"法语之言"。

"巽"的本义是"顺从"，可引申为"谦让、讨好"之义。所谓"巽与之言"，指顺从好听的话。"说"即"悦"，感到高兴和喜悦。一般人都喜欢听赞许、顺从、好听的话。不过，孔子认为对于动听的语言要持高度警惕的态度，认为"巧言令色，鲜以仁"。

在孔子看来，对于"巽与之言"，要"绎之为贵"。"绎"的本义是"抽丝"，引申为"细致地分析、理出头绪、追究原因"。孔子的意思是，在听到赞许好听的话时，要随时保持清醒的觉察，察觉其话外之音、言外之意。

"说而不绎，从而不改"，如果只是一味地高兴而不加以分析，一味地顺从却从来不改正，孔子拿这种人也是没有办法的，故云"吾末如之何也已矣"。

《论语·子罕篇第九》记：

> 子曰："三军可夺帅也，匹夫不可夺志也。"

按照周朝的军事编制，天子拥有六军，诸侯拥有三军。一军二千五百人，三军有七千五百人。三军分为前军、中军、后军，诸侯各国说法有所不同，有说上中下三军，也有说左中右三军。三军中以中军为最尊，前（上、左）军次之，后（下、右）军再次之，其统领称为"卿",分为上卿、中卿、下卿。

"三军",在这里是借代用法,指规模庞大的军队。三军的首领是可以改变的,但是一个人的志向是不可改变的。把"三军之帅"与"匹夫之志"相对举,孔子强调了"志不可夺"的重要性。这种对个人意志的高度尊重与肯定,正是儒家人本主义的典型特征,激励着世世代代的中国人。

《论语·子罕篇第九》记:

子曰:"岁寒,然后知松柏之后凋也。"

冬天天气寒冷,很多树到了冬天全都落了叶,只剩下枝干,唯松柏在严寒中傲然挺立。因此,松柏自古以来就是文人墨客歌颂的对象,是坚强意志、顽强拼搏、不畏艰难的精神象征。

孔子通过观察自然,以隐喻的方式表达了对高尚人格精神的追求。春夏之际,有很多树比松柏更引人注目,就像人群中那些亮眼的明星一样。然而,大浪淘沙,只有抵抗得住极度磨难的,经历过风云岁月洗礼留下来的,才是真正的强者。

《论语·乡党篇第十》记:

厩焚,子退朝。
曰:"伤人乎?"
不问马。

这是一个既简单又有深刻寓意的故事。马厩失火,孔子退朝回家听说这件事,问"伤人乎?"孔子第一反应是问,有没有伤到人?却不问马。

为什么弟子们要把这样一个生活小细节记录下来呢?按照通常的逻辑,马厩失火,应该了解损失了多少匹马。可是在孔子的眼里,他只关注到人,所以孔子的第一反应是问有没有伤到人。

这是典型的人本位思想的体现。孔子所关心的只是人间事,所关注的只是人的生命。

《论语·子路篇第十三》记:

子曰:"不得中行而与之,必也狂狷乎!狂者进取,狷者有所不为也。"

这一章指出了三种人,分别是"狂者""狷者",还有"中行者"。

"狂",本义是指"狗失去常态",泛指"狂妄、不受约束、声势浩大"。春秋时期因为政治的黑暗与动荡,出现了不少装疯卖傻,不愿与污浊的世道同流合污的"狂者",如楚国的接舆。还有一种"狂者",心中存有高远的志向,锐意进取,勇往直前,死而无悔,《论语集释》载包成注:"狂者进取于善道,知进而不知退。"

"狷",指洁身自好,性情耿直,拘谨无为。"狷者"也不愿意与污浊的社会同流合污,选择退而隐居,把自己藏起来,不问世事,如《论语》中的长沮、桀溺之类。这种性格的人与"狂者"正好相反,"狷者"退而守善道,知退而不知进。

这是面对乱世的两种心态。在孔子看来,最好的心态是"中行者"的心态,"可以仕则仕,可以止则止""用之则行,舍之则藏","穷则独善其身,达则兼济天下""无可无不可",进退皆可自如。

不过，人生就像骑自行车，要么偏左要么偏右，要么"过"要么"不及"，要么"狂"要么"狷"，要做到"中行"，实在太难了。

《论语·宪问篇第十四》记：

子曰："爱之，能勿劳乎？忠焉，能勿诲乎？"

这一章用了两个反问句，从发乎人之常情的角度，谈论如何待人的问题。

"爱之，能勿劳乎？"既然是爱他，能不让他劳苦吗？真爱一个人，是要促进他的成长和发展，怎么可能不让他"劳"呢？如父母爱孩子，老师爱学生，上级爱下属，就会支持他去接受挑战，接受劳苦，因为只有在实践中才能有真正的收获，才能获得真实的成长。

"忠焉，能勿诲乎？"既然是尽心竭力，能不教导他吗？"良药苦口利于病"，真正的尽心竭力，就要好好地教诲他，让他成为他自己。

对于家庭教育而言，父母"不使其劳"，致使孩子成为衣来伸手饭来张口的寄生虫；无原则地溺爱，而不给予恰当的引导，这种"不教诲"的教育方式，导致孩子没大没小，丧失做人的原则与标准。

《论语·宪问篇第十四》记：

微生亩谓孔子曰："丘何为是栖栖者与？无乃为佞乎？"
孔子曰："非敢为佞也，疾固也。"

微生亩是鲁国的隐士,有学者说他是孔子家乡的一位长者,比孔子年长,所以直呼孔子之名"丘",并且说话也很直接,并不很客气。"栖栖",指"四处奔走,无暇安居"的样子。

孔子周游列国十四年,东奔西跑、忙忙碌碌,还朝不保夕,到底图的是什么呢?微生亩反问孔子:"无乃为佞乎?"难道是为了显示你巧言善辩的口才吗?

孔子当然不可能是为了显示自己的口才而满世界跑,孔子的理由是"疾固也"。"疾",可以看作动词,理解为"憎恶、讨厌、忧虑"等意思。"固"是固陋而闭塞的状态,没有革新的气象。孔子认为自己之所以四处奔走,宣传仁政思想,是因为忧虑时代与社会的固陋闭塞,希望以自己的声音唤醒世人。

由此章,可以推测,像微生亩这样不理解孔子初心的人应该是很多的。所以孔子不禁要感叹没有人理解自己,"知我者其天乎",可以想象,孔子的内心是多么孤独。

《论语·宪问篇第十四》记:

子曰:"贤者辟世,其次辟地,其次辟色,其次辟言。"
子曰:"作者七人矣。"

"辟",即"避",也就是"回避、躲避"的意思。"贤者"有"四辟":辟世、辟地、辟色、辟言。

圣人不避世。圣人在污浊的世界中不仅能出淤泥而不染,还要奋起去改变这污浊的世界。贤者则未必。贤者洁身自好,不愿与污浊的世界同流合污,所以选择"避世",如伯夷叔齐这一类人,宁肯跑到首阳山上饿死,也不肯"食周粟"。孔子本人不会避世,但是对于这种避世的洁身自好之人，则表示尊重与理解，只是感慨"鸟兽不可与同群"。

若避不了世，贤者会选择"辟地"。也就是选择更合适一点的地方，"危邦不入，乱邦不居"，找一个相对清静点的地方，自我修行，如孔子周游列国期间遇到的长沮桀溺之类，他们退耕于山林，不问世事。"辟世""辟地"，都在环境上做了改变，看起来避得比较彻底。

另有一种避，称为"辟色"。也就是逃避某一些人，不为无道之君效力，不与无道之人同朝，如齐国大夫崔子弑齐君，陈文子不愿与崔子这样的人共事，弃马而走他乡。

还有一种避，是"辟言"。也就是不参与那些不恰当的、自己并不认同的政治言论，不发言不议论，不选边站，只顾自己把本职工作做好，比如商代贤臣伊尹在政治生涯中"三上三下"，每一次他都做好交接工作，从不议论朝政是非。

北宋程子曰："四者虽以大小次第言之，然非有优劣也，所遇不同耳。"这四种"辟"，并没有高低优劣的不同，只是因缘境遇不同导致的不同选择。孔子说做到这"四辟"的人有七个。至于是哪七个人，孔子没有说，或许说了，弟子们没有记下来。

《论语·宪问篇第十四》记：

阙党童子将命。

或问之曰："益者与？"

子曰："吾见其居于位也，见其与先生并行也。非求益者也，欲速成者也。"

"阙党童子将命"，就是孔子老家阙里的乡亲家的童子负责传命。南宋思想家朱熹注"将命，谓传宾主之言"，即负责在宾主之间传命的工作。大概这个童子在宾主席上表现比较突出，所以有人问孔子："这是个上进的孩子吗？"

孔子回答说，自己看到这个童子坐在成年人的座位上，并且看到他与长辈并肩而行。从这一点，孔子看出这个童子"非求益者"，并不是追求上进，而是"欲速成者也"，只是想急于求成而已。

按照《礼记·玉藻第十三》的要求，"童子之节也……无事则立主人之北，南面"，意思就是传命的童子应该站立于主人的北边，面朝南面，可见，童子"居于位"是不合礼的。《礼记·曲礼上第一》记："十年以长，则兄事之；五年以长，则肩随之。"意思是比自己年长 10 岁的人，就像兄长一样侍奉他；与年长自己 5 岁的长者一起行走，可以与他并肩而行，但要稍稍居后。可见，与长者并行，这也不合礼。

孔子根据童子的行为细节，判断其并非求进取，只是急于展现自己。真正追求进步的人，应该表现为待人谦恭有礼，行为举止符合礼仪法度。

《论语·卫灵公篇第十五》记：

子曰："人无远虑，必有近忧。"

这是一种假设语气，意思是，如果一个人不考虑长远，那就一定有忧患在眼前。孔子主张目光远大，深谋远虑。"远虑"与"近忧"是一种因果关系，"无远虑"可能导致"有近忧"。

那么,"远虑"的是什么?"近忧"的又是什么?它们之间为什么会有因果关系呢?

"远虑",指人生理想与志向。"士志于道",其人生理想是成为一个有道之人。曾子说,"士不可以不弘毅,任重而道远"。一个人若没有长远的考虑,则是在糊涂中前进,随时都被糊涂所捆绑和裹挟,没有清明的人生,生命就会常感忧患,常有"近忧",这就是"小人长戚戚"。

《论语·卫灵公篇第十五》记:

子曰:"躬自厚而薄责于人,则远怨矣。"

"躬",本义指"身体",做动词表示"弯下身子"。"躬自","躬"与"自"合在一起,指自己、自身。孔子强调,一个人对自身的要求要高一些,对别人的要求要低一些,这样做可以远离抱怨。孔子主张"君子反求诸己",多从自己身上找原因,严于律己,宽于律人。

《论语·卫灵公篇第十五》记:

子曰:"群居终日,言不及义,好行小慧,难矣哉!"

整天聚在一块儿,说了一天的话,也说不到点子上,还喜欢耍小聪明,这样的人很难有成就。"言不及义",就是"可言而不与之言""不可言而与之言",该说的不说,不该说的却说了,这是没有智慧的人。"好行小慧",就是喜欢耍小聪明。小聪明者往往无大智慧,所以很难有大成就。

孔子批评了这种"群居终日,言不及义,好行小慧"之人。

《论语·卫灵公篇第十五》记:

> 子曰:"吾犹及史之阙文也,有马者借人乘之,今亡矣夫!"

"史之阙文",是指史书上的阙文。史官在写史书的时候,遇到有遗漏、争议或不可考的地方,会在这个地方留出空白,等有资料的时候再补上去。这种被有意存留而未写出的文句,称为"阙文"。史官之阙文,表现的是一种认真审慎、负责任的态度。孔子曾经对子路说过"君子于其所不知,盖阙如也",意思是对于自己所不了解的,宁肯暂时存疑,保留空白,表现的是一种"知之为知之,不知为不知"的实事求是的态度。

"有马者借人乘之",有马的人,把自己的马借给别人乘坐。在古代,马是重要的战略物资,一般人不会轻易出借。愿意把自己的马借出来的人,说明顾虑少,为人大方,性情单纯质朴。

"吾犹及",孔子说自己曾经接触过"史之阙文"和"有马者借人乘之"的这两种人。

"今亡矣夫",言下之意是,现在没有这样的人了,说明世道人心的涣散。

《论语·季氏篇第十六》记:

> 孔子曰:"生而知之者上也,学而知之者次也;困而学之又其次也。困而不学,民斯为下矣。"

第一种情况是"生而知之者"。这可以说是"天选之子",是天生的圣人和智者，此谓之"上也"，是最完美的情况。到底有没有这种天生开悟的圣人呢？或许是有的。既然孔子说此为"上也"，等于是承认了"生而知之者"的存在。不过这种人应该是极罕见的。。

第二种情况是"学而知之者"。"学者，觉也"，是主动地通过深度的内在反省而获得觉悟与智慧。这样的人相比天生圣人，"次也"，虽不完美，却也相当不错了。孔子自认为自己是"学而知之者"，他评价自己"学而不厌""发愤忘食"。

第三种情况是"困而学之"者。历尽了生命千帆，遭遇过人生困境，人的心灵获得了觉醒与智慧。这是一种在现实逼迫之下产生的被动觉悟与成长，故云"又其次也"。王阳明在被流放贬谪后悟出了圣人之道，可以算作"困而学之"的典范。事实上，能够做到"困而学之"的人，在现实中也不是很多。因此，尽管"困而学之"是被动的，却也走向了觉悟与智慧，也是值得赞叹的。

最糟糕的一种情况是"困而不学"者。糊糊涂涂、不明不白，这是大部分人的现实人生。苏格拉底说过："没有经过反省与检讨的人生，是不值得的。"不知为何生，不知为何死，不知人生的意义与价值，执迷而不悟，麻木而不仁，就算是遇到了"困"，也不反省和觉悟。这确实是很可悲的，所以孔子认为"民斯为下矣"，这是最糟糕的一种情况。

《论语·子罕篇第九》记：

牢曰："子云：'吾不试，故艺。'"

牢，孔子的学生，姓琴，名牢。他记得孔子给自己说过一句话:"吾不试,故艺。"

"不试",可理解为"不用"。"吾不试",宾语前置,即"不试吾",也就是"不用我"。言下之意,因为没有出仕做官的机会,"故艺"。"艺"字,古代写作"藝",原本表示"一个人双手拿着草木",表示种植草木的技能。"艺"就是可操作可实践的技能,与"道""法"等抽象概念相对。春秋时期,有"六艺",分别是礼、乐、射、御、书、数。孔子六艺皆通,他认为,自己之所以精通"六艺",是因为自己"不仕",没有出仕做官的机会,故而才有时间来学习这些技能。

二

《论语·里仁篇第四》记:

子曰:"放于利而行,多怨。"

这一章是孔子对弟子及当时的为政者们的告诫。《说文解字》注:"放,逐也。"以追逐个人利益为行动指南,会遭致很多的怨恨。

显然,孔子反对逐利,并明白指出了逐利带来的不良后果。

《论语·颜渊篇第十二》记:

子曰:"听讼,吾犹人也。必也使无讼乎。"

"听讼",曾经是孔子的本职工作。孔子曾任鲁国大司寇,掌管刑狱，自然是要听诉讼、判案子。

"听讼，吾犹人也"，意思是在听诉讼、办案子这些事情上，孔子与别人没有什么差别。如果非要说孔子在听诉讼、办案子上与别人有什么不同，那就是"必也使无讼乎"。孔子作为主管司法工作的大司寇，最大的愿望是"没有诉讼"。没有诉讼，意味着天下百姓安居乐业，和睦无争。这才是孔子所希望看到的政治局面。如果一个主管司法治安的长官上任之后，诉讼案件越来越多，抓到的小偷越来越多，只能证明这个地方的管理有问题。

这可以看出，孔子听讼与其他人听讼的区别在于初心和境界的不同。法官希望世间没有诉讼，医生希望世间没有病人，这是一种终极的理想境界。

《论语·子路篇第十三》记：

子曰："鲁卫之政，兄弟也。"
子谓卫公子荆，"善居室。始有，曰：'苟合矣。'少有，曰：'苟完矣。'富有，曰：'苟美矣。'"

鲁国和卫国都是周文王儿子的封地。鲁国是周公旦的封地，卫国是康叔的封地。所以，鲁国和卫国是真正的兄弟之国。周朝初年，这种有血缘关系的兄弟之国还有很多，为什么孔子单单要提鲁国和卫国呢？

鲁国和卫国有很多相似之处。春秋末期，两国在当时都属于中等强国，都有着悠久的历史和高贵的出身，并且都有一定的政治与经济实力，但是，两个国家内部政治争斗都十分频繁，强臣专权，骨肉相杀，父子兄弟离散；卫国的旁边有强大的晋国，鲁国的旁边有强大的齐国，这两大强国虎视眈眈地觊觎着鲁国和卫国，随时都有被入侵的危险。所以，孔子说鲁国和卫国就像一对难兄难弟，都面临着内忧外患的政治局面。

卫公子荆，是卫国的大夫，名荆，字南楚，是卫献公的儿子，其生活年代比孔子要早。卫公子荆是一位不可多得的贤大夫，得到孔子的积极评价。孔子在谈到卫公子荆的时候，说他"善居室"。所谓"居"，是指住宅；所谓"室"，主要指内室。这里用"居室"指代家庭。这里是说，卫公子荆善于管理家庭。

"如有"，最初有了一点钱，卫公子荆觉得"苟合矣"，已经差不多了；"少有"，后来钱略微多了一点点，卫公子荆觉得"苟完矣"，已经很完备了；"富有"，钱充裕一点之后，卫公子荆觉得"苟美矣"，已经相当完美了。可见，卫公子荆是一个特别懂得满足的人，他不会贪得无厌，懂得知足常乐。对于这种人孔子持赞赏态度。

这话大概是讲给鲁哀公、季康子这样的为政者听的，希望他们能够以卫公子荆为榜样，不要贪得无厌，无休止地敛财。

《论语·子路篇第十三》记：

> 子曰："苟有用我者，期月而已可也，三年有成。"

孔子对于从政是充满向往的，并且对于自己的政事能力也充满信心。孔子对弟子们讲，如果有国君能够重用自己，让自己来主持政事，"期月而已可也"，一年就可以见成效，三年可以成效显著。"期月"，就是一整年。

孔子的从政时间非常短，他51岁出仕，从中都宰到小司空、大司寇，前后不过三年多时间，确实能力突出，很快鲁国就展现出蒸蒸日上的发展态势，以至于被齐国看成眼中钉，想尽办法遏制鲁国的发展。还有一些国家，尽管自己不用孔子，却也不愿意其他国家用他，比如陈、蔡两国就曾经千方百计阻止孔子去楚国。可见，不光是孔子对自己的政事能力有信心，其他人也认识到了孔子超凡的政事能力。

《论语·子路篇第十三》记：

子曰："'善人为邦百年，亦可以胜残去杀矣。'诚哉是言也！"

"善人"，指有道德的人。"善人"未必有与生俱来的"位"，很有可能是平民中的有道德的人。"善人为邦"，即"善人为君"，如尧舜禹，他们曾经都是"无位"的"善人"，后来成为了邦国的管理者。

"善人为邦百年"的结果是"可以胜残去杀"，意思是，让有道之人来管理国家一百年，他便可以战胜残暴，消除杀戮和刑罚，言下之意就是社会政治得到整顿，社会和平稳定、百姓安居乐业。

"善人为邦百年，亦可以胜残去杀矣"，此非孔子之言，但孔子同意这个观点。所以孔子说："诚哉，是言也！"在礼崩乐坏的动乱年代，诸侯相争、国家相杀、父子兄弟相残，政治极其不稳定，其后果必然是经济停滞、"苛政猛于虎"、民不聊生。可见，孔子是多么希望有"善人"来治理国家。

《论语·子路篇第十三》记：

子曰："善人教民七年，亦可以即戎矣。"

"善人"是有德之人，百姓经过七年"有德之君"的治理，必然思想高度统一，价值取向一致。在这种条件下，"亦可以即戎"，意思是百姓可以去打仗了。在经过"有德之君"长期的思想道德教育之后，百姓也会懂得"天下虽安，忘战必危"的道理，随时准备为国家为人民牺牲自己的生命。

《论语·子路篇第十三》记：

子曰："以不教民战，是谓弃之。"

春秋时期经常打仗，如果没有经过训练，就让百姓去作战，这等于是抛弃他们。孔子曾经给弟子子张讲"四恶"，其中一恶就是"不教而杀谓之虐"。由此可知，孔子主张"教民"，如《礼记·学记第十八》所云："古之王者，建国君民，教学为先。"在儒家看来，政治与教育本质上是合一的，政治领袖是全民的导师。因此，孔子特别强调为政者要率先垂范，成为百姓仿效的好榜样。

《论语·宪问篇第十四》记：

子曰："为命，裨谌草创之，世叔讨论之，行人子羽修饰之，东里子产润色之。"

根据西汉经学家孔安国的批注，"为命"指的是"作会盟之辞"，也就是诸侯会盟时的公文，是一种官方发布的外交辞令，类似于现代的"白皮书""友好协定""联合声明"之类的文件。

孔子说郑国发表外交公文，是非常谨慎的，要经过四个流程才能定稿。首先，是由"裨谌"草拟初稿；然后，交由"世叔"进行讨论，提出修改意见；接着，再交由"行人子羽"进行加工修改；最后，由"东里子产"负责润色，方可定稿。"裨谌""世叔""子产"，都是郑国大夫；"子羽"，是郑国行人，主管外交事务的官员。

在外交场合，每一个字、每一句话都关系到国家利益，所以必须慎之又慎，一丝不苟。孔子对于郑国外交公文的发布流程感到赞叹，以此说给弟子们听，教导弟子们做事要严谨。

三

《论语》中有不少谈论"孝"的篇章。"孝"在中国古代是道德修养中最为基本的表现。关于如何"行孝"，孔子给出了很多建议。

《论语·里仁篇第四》记：

> 子曰："事父母几谏，见志不从，又敬不违，劳而不怨。"

《弟子规》云："父母呼，应勿缓。父母命，行勿懒。父母教，须敬听。父母责，须顺承。"很多人据此误认为中国古代，子女在父母面前只能言听计从，不能有自己的想法，更没有发言权。实际上，孔子从来没有这样刻板地教导过学生。

《说文解字》释："谏，证也。"有"规劝、挽救"之义，可用于下级对上级，晚辈对长辈提意见。"谏"，不是一般地提出批评，而是在经过仔细推敲之后给出的谨慎建议。可见,孔子并不提倡子女对父母言听计从,也不认为父母一切都是对的。孔子所提倡的是:如果父母有做得不妥的地方,要及时地给予规劝。

《孝经·谏诤章》载:"昔者天子有争臣七人,虽无道、不失其天下;诸侯有争臣五人,虽无道,不失其国;大夫有争臣三人,虽无道,不失其家;士有争友,则身不离于令名;父有争子,则身不陷于不义。"也就是说,只要谏臣尽忠职守,敢于提建议和意见,天子、诸侯、大夫虽无道,也还可以保全。士有敢于直言的诤友,就不至于身败名裂。父母有敢于谏言的子女,就不至于令自己身陷于不义。

据说曾子听闻孔子讲孝后,作《孝经》留存于后世。孔子对于忠孝的理解是客观而理性的。他知道即便为人父母,也难免犯错误。所以,他主张并允许子女对父母提意见,表达自己的看法,只是要注意方法和心态。

"事父母,几谏",所谓"几谏",就是方法。"几",有"微小、一点点、苗头、预兆"等意思,在这里可以引申为"含蓄委婉地规劝"。现实生活中,年轻人在对父母进行规劝时常常没有好脾气,甚至让人感觉是在"教训"父母,这不是孔子所提倡的。孔子认为父母做得不对的地方,劝谏是必要的,是合乎道义的。如果明知父母做得不对,却不进行劝谏,反而是陷父母于"不义"之境,此是一种不孝。

但是,若父母不听劝,怎么办呢?孔子说:"见志不从,又敬不违,劳而不怨。"这句话的主语和宾语都被省略掉了,我们理解时要加上去。其意思是:做子女的把自己的想法表达清楚了,但是父母不愿意遵从,做子女的依然应该继续恭敬父母而不要违逆,继续辛劳地侍奉父母而不要抱怨。

可见，在劝谏父母这件事情上，既要坚持原则，又要方法恰当，还要适可而止，保持好心态。这样的要求真的很高，不容易做到。

《论语·里仁篇第四》记：

子曰："父母在，不远游，游必有方。"

"游"并不是"旅行、游玩"。

春秋战国时期，礼崩乐坏，王室衰微，各诸侯国都希望发展壮大，成为一方霸主，因而对人才都有迫切的需求，进而催生了知识分子阶层（士阶层）的崛起。很多没落贵族子弟和平民子弟通过读书学艺，得以跻身社会管理层。《管子·霸言第二十三》云："夫争天下者，必先争人。"《墨子·尚贤》云："尚贤者，政之本也。"可见，重视人才已经成为那个时代各国的普遍共识。百家争鸣现象正是这个大背景下的产物。

古人求学，并不像今天这样固定在某个地方，而是要出"游"，到处寻访良师益友，如孔子曾入东周洛阳访老子，向老子问礼；曾到齐国向师襄学琴。孔子门下也有不少来自其他国家的学生，比如子贡是卫国人，子游是吴国人。这种异地求学的现象，谓之"游学"。读书人入仕，也不是固定在某一个地方等着聘用，也常常周游各地寻找工作机会。如子贡本是卫国人，却做了鲁国的相；荀子本是赵国人，到齐国做了三任稷下学宫的祭酒。这种远离家乡异地工作的现象，称为"游宦"。春秋战国时期，游学游宦已经成为一种风气，在读书人中是一种常见现象。

古代的交通和通信不方便，出门之后几乎难以联系，以至于有些人离家多年之后再归家，父母都不在世了。所以，孔子建议说"父母在，不远游"，父母还在世的时候，最好不要走得太远。但是，孔子又补一句"游必有方"，说明孔子并不是绝对反对"远游"。如果确实为了求学谋仕而出游在外，那一定要有个方向，让父母知道自己去了何处。

尽管孔子3岁丧父，17岁丧母，很早就成了孤儿，但他对为人父母之心的体谅，对于亲情的重视，真是溢于言表。由此亦可见孔子的仁者之心。

《论语·里仁篇第四》记：

子曰："父母之年，不可不知也。一则以喜，一则以惧。"

这一句话，说得细致入微，真诚动人。如果做子女的连自己父母的年龄都不知道，确实有点不像话。对于父母基本信息的了解是很有必要的。从子女对父母的了解程度，也可以看出父母与子女之间的关系亲疏。在礼崩乐坏的时代里，"君不君、臣不臣、父不父、子不子"，大家为争权夺利，父子相杀，手足相残，孔子对于这样的社会现状深深地感到忧虑。

"一则以喜，一则以惧。"喜惧的是什么呢？喜的是父母还健康地活着，惧的是父母年纪大了，来日无多。"孝"为仁之本。所以，若对父母之年有忧惧之感，会使子女们更加珍惜与父母相处的时光，更加孝顺父母。自古以来，最悲伤的事情就是"子欲养而亲不待"。

孔子对于人情世故的体贴，可谓至矣。

四

很多人对孔子有一种刻板印象，认为圣人不食人间烟火，以追名逐利为耻，视金钱、富贵如粪土。这让普通人感到圣人之道难走。实际上，这是一种片面的理解。《论语》中不乏孔子对财富名利的中肯之言。

《论语·述而篇第七》记：

子曰："富而可求也，虽执鞭之士，吾亦为之。如不可求，从吾所好。"

这一章讲的是孔子对于财富的看法。

什么是"执鞭之士"？有两种说法，一种是古代天子帝王出入时，有人执鞭在前面开道，类似于护卫；另一种说法是拿鞭子守城门的人。不管是哪种说法，"执鞭之士"都代表了从事卑微工作之人。

"富而可求，虽执鞭之士，吾亦为之"，这是孔子做的假设。意思是，假如财富是可以追求的，即使是"执鞭之士"这样卑微的工作，孔子也愿意去做。

什么是"可求之富"呢？依据孔子思想一以贯之的原则，所谓"可求之富"一定是合乎道的富。当取则取，不当取则不能取，一切都要以道为基本准则。孔子的学生子贡诚信经商，富甲一方，是"君子爱财，取之有道"的典范。孔子对于子贡经商不反对，对于人们追求财富也不反对。他承认富与贵是"人之所欲"。孔子不反对富贵，反对的是"不义而富且贵"，来路不明，取之不义，这是孔子所反对和鄙视的富贵。比如，无功而受之禄，为无道之君敛财，都是不合乎道的。

可见，孔子并非不食人间烟火，而是一个深谙人性，通达人情世故之人。孔子所要表达的意思是，工作不分贵贱，地位不分尊卑，合乎道的事是可以做的，合乎道的财富也可以取的。反之，不合乎道的财富，则是不值得追求的。

纵观孔子的职业生涯，年轻时做过乘田、委吏等基层工作人员，地位非常卑微；后来又做过鲁国大司寇兼摄相事，地位不可谓不高。曾受到齐国、卫国、楚国、宋国等多国国君的欣赏，但他不愿意放弃自己的政治原则与政治理想，不愿意去迎合谄媚权贵，宁肯奔波流亡于列国之间，对于孔子来说，他不是一定要逼着自己做出一副苦困样子来显圣人之相，而是不愿违背自己的理想和原则求富贵，因此孔子言"如不可求，从吾所好"。

《论语·述而篇第七》记：

子曰："饭疏食饮水，曲肱而枕之，乐亦在其中矣。不义而富且贵，于我如浮云。"

"饭疏食饮水"，就是吃糙米饭，喝凉水；"曲肱而枕之"，把手臂弯起来当枕头睡觉。这两句都是形容生活条件极其贫困艰苦。与颜渊"一箪食，一瓢饮，在陋巷"的生活环境是一样的。

这么艰苦的生活条件，孔子却说"乐亦在其中矣"，这是为什么呢？孔子的快乐在内不在外，"君子谋道不谋食"，其心中牵挂的从来不是物质生活的好坏。心中有光，到哪里都敞亮；心中有爱，到哪里都温暖。孔子心中有"道",所以快乐,这叫"安贫乐道"。这就是《礼记·中庸第三十一》所云:"君子无入而不自得焉。"

"饭疏食饮水,曲肱而枕之",很可能是孔子周游列国期间的真实写照。但他始终不愿放弃自己的理想和信念,不愿趋炎附势,所以自己才解释说"不义而富且贵,于我如浮云"。不合道义的富贵,如浮云一样,是不可靠的。

五

《论语·述而篇第七》记:

> 子之所慎:齐、战、疾。

"慎",即谨慎,意味着某种深深的忧虑和高度的重视。孔子特别忧虑和重视的三件事情:斋戒、战争和疾病。

"齐"通"斋",是祭祀前的准备,形式很多。"斋必变食,居必迁坐",比如沐浴更衣、不食荤菜、不沾房事,目的都是整洁收敛身心;"祭神如神在",以谨慎认真的态度来对待。为什么孔子对于斋戒这件事如此谨慎呢?因为祭祀的对象是祖先和神灵,表达的是感恩与敬畏,增强的是祭祀者内心的希望感和力量感,所以不能随便马虎、草率对待。

孔子特别反对战争,因为它劳民伤财,牵涉到国家的兴衰荣辱和百姓的生死存亡。如《孙子兵法》所言:"兵者,国之大事,死生之道,存亡之道,不可不察。"而孔子生活的春秋时期战争频繁,孟子评价"春秋无义战",说明了当时混乱的政治局面。

孔子还重视疾病,反映了"贵生"的思想。孔子重视科学饮食,在《论语·乡党篇》里指出"八个不食",即腐烂变质的、颜色不对的、发臭的、夹生的、烹调不当的、不合时令的、肉切得不方正的,以及市场上买的熟食等八种食物不吃。现在看来,仍然具有一定的科学性。《史记·孔子世家第十七》还提到"长幼异食",根据年龄的不同,饮食上应该有所区别,这也具有一定合理性。

孔子还非常重视生活起居,如"食不语,寝不言"等。《孔子家语·五仪解第七》中说:"寝处不时,饮食不节,逸劳过度者,疾共杀之。"意思是说生活没有规律,饮食没有节制,不注意劳逸结合,时间长了累积起来会生病而死。

《论语·述而篇》记:

子不语怪、力、乱、神。

弟子们通过长期的接触与观察,发现孔子对于"怪异、勇力、叛乱、鬼神"这四件事情是不谈论的。

北宋谢良佐认为"子不语怪力乱神",是因为"圣人语常而不语怪,语德而不语力,语治而不语乱,语人而不语神"。南宋朱熹在《四书章句集注》中解释"子不语怪力乱神",是因为"怪异、勇力、悖乱之事,非理之正,故圣人所不语。鬼神造化之迹,虽非不正,然非穷理之至,有未易明者,故亦不轻以语人也"。

孔子是一个取向积极之人,主张"死守善道",把所有的精力都用于讨论与探索如何彰显人性之美善,通常是从正面进行引导和教化,而不是花精力去研究"怪异、勇力、叛乱、鬼神"方面的事情。

所谓怪,就是奇幻怪异之事。民间有很多怪异的事,老百姓之间喜欢相互传说。比如马变成了狐狸,一个女人生下两条龙,诸如此类的奇谈怪说。孔子认为这些事情于人伦教化没有什么意义,所以从来不谈。

所谓"力",就是尚勇暴力之事。春秋是一个征伐动乱的时代,有不少骁勇善战的勇士。比如,在《史记·刺客列传第二十六》里提到的"专诸、要离、曹沫、高渠弥"四大春秋时期的刺客。这些刺客的故事,孔子是不讲的。在孔子看来,这些事情于移风易俗、人伦教化也没有什么积极意义。

所谓"乱",是犯上作乱之事。春秋时期,诸侯挟持天子,大夫放逐诸侯,家臣反叛大夫的事情不胜枚举,《史记·太史公自序第七十》曰:"《春秋》之中,弑君三十六,亡国五十二,诸侯奔走不得保社稷者不可胜数。"那个时代的社会动荡由此可见一斑。孔子不愿意讲这些以下犯上、乱臣贼子的故事,他认为这些故事没有什么正面意义,反倒容易让人起邪念,搞得人心惶惶。

所谓"神",是指鬼神方面的事情。古代科学不发达,人类的寿命很短。人们在无助无知的年代,总喜欢谈论鬼神。子路曾向孔子请教如何"事鬼神"。孔子避而不谈。鬼神之事无法验证,孔子不愿意多谈,因为没有什么实际意义,谈多了反而让人产生各种妄想。孔子对鬼神的态度是"敬而远之"。

《论语·八佾篇第三》记:

> 子曰:"夷狄之有君,不如诸夏之亡也。"

在周朝人眼中，生活在中原地区的人，有着共同的文化、礼仪、服饰和生活习惯，被称为"华夏"或"诸夏"。唐代孔颖达释："中国有礼仪之大，故称夏；有服章之美，谓之华。"所以，中原文明，也称华夏文明，代表着当时最先进的文明。而在中原之外的东西南北，还生活着其他的民族。他们的文化、礼仪、服饰和生活习惯与中原华夏人相异，故称"北狄、南蛮、西戎、东夷"，其所生活的地方往往被称为"化外之地"。

而华夏文明最典型的表现是"礼仪"。比如，夷狄人在父兄去世后，继承父兄所有的财产，包括父兄的妻子。这在中原华夏民族看来是违背礼仪、不可接受的。

孔子是中原华夏文明的坚定拥护者，在他的眼中，"夷狄之有君"，还比不上"诸夏之无君"。可见，孔子对于没有文明教化的夷狄之地，是看不上眼的。

尽管孔子看不上夷狄的文明，认为其文明落后，却还一度想"居九夷"。

《论语·子罕篇第九》记：

子欲居九夷。
或曰："陋，如之何？"
子曰："君子居之，何陋之有！"

"九夷"，先秦时对居住于今山东东部、淮河中下游地区部族的泛称，通常来说，可以泛指中原华夏族之外的少数民族。孔子怎么会突然想"居九夷"呢？

大概是孔子对当时的国家政治过于失望，才会发出这种感慨。

有人听到孔子的这个感慨，就说九夷之地如此之"陋"，怎么能够在那里居住呢？此处之"陋"，主要不是指物质之"陋"，而是指文明之"陋"。

尽管孔子对于中原华夏文明的衰落感到痛心和无奈，但是其内心对于君子出世依然抱持着希望，因此他会说，"君子居之，何陋之有？"

孔子当然看不上夷狄化外之地的落后文明，但他对"君子"有信心。因为"君子"有"过者化，存者神"的能力。君子所到之处就是文明的传播弘扬之处。比如，明代思想家王阳明被贬至偏远落后、万山丛中的贵州龙场，住山洞、吃野菜、语言不通、气候不适，但是王阳明在贵州三年，做文化宣教，把儒家的精神和文化永久地留在了这片土地上，"民到于今受其赐"。

《论语·子罕篇第九》记：

子曰："吾未见好德如好色者也。"

《论语·卫灵公篇第十五》记：

子曰："已矣乎！吾未见好德如好色者也。"

《史记·孔子世家第十七》记载孔子离开鲁国到了卫国，住在好友蘧伯玉家中。卫国国君卫灵公的夫人南子想拉拢孔子，以显示自己礼贤下士之德，增加自己的政治筹码。先是有国君夫人南子召见孔子一事，引起子路不满；后又有孔子乘车跟在卫灵公及其夫人的车后面，招摇过市，引起人们的误会与猜疑。由此，孔子方才颇有感慨地说"吾未见好德如好色者也"。

此处把"好德"与"好色"放在一起对比而言。"好色",是人的本能欲望。《礼记·大学第四十二》云:"所谓诚其意者,毋自欺也。如恶恶臭,如好好色,此之谓自谦。"儒家学者承认"爱美之心,人皆有之",人们天然喜欢美好的事物,如美人、美酒、美服、美德。然而,现实中人们更愿意把"色"放在首位,而不是把"德"放在首位。

孔子显然看到了卫灵公及其夫人南子只是想拉拢他,以博取更多的政治筹码,并不是真的欣赏自己的德行才干。《史记·孔子世家第十七》记载,孔子在认清楚这个事实之后,不愿意与卫国权贵纠缠,离开了卫国。

《论语·子罕篇第九》记:

子在川上曰:"逝者如斯夫!不舍昼夜。"

"川",本义是河流。"子在川上曰",很有画面感:高大魁梧的孔子站在河岸上,看着一去不复返的滔滔黄河水,日夜奔流,从不停歇,心中生出无限感慨,不禁发出感叹:"逝者如斯夫!不舍昼夜。"

这句话显然运用了比喻。这如流水一般日夜不停、奔流而去的"逝者",到底是什么呢?孔子没有明说,给读者留下了思考的空间。南宋思想家朱熹将这句话引申为"进学不已",即"欲学者时时省察,而无毫发之间断也",意思是求学不可懈怠;还有学者将其理解为时光如流水,勉励后人珍惜时间。

自古以来,无数的知识分子曾经从水的意象中寻找关于生命的启示。老子看到了"水之善",说出了"上善若水";孔子看到了"水之动",说出了"不舍昼夜"。这分明是两种不同的看水视角。

儒家的总体特色是追求与进取,即使做不成功也要试一试。"知其不可而为之",这是一种气魄和胆量。河水永不停止,不舍昼夜,这是孔子眼中的水之道。若水停下来,岂不就是一潭死水,何来的生机?"逝者如斯夫",是孔子看到滔滔不绝的流水时,产生的对生命之道的深刻领悟。生命就如这流水一样,不舍昼夜,从不停歇,勇往直前,绝不回头啊。

《论语·子罕篇第九》记:

子曰:"可与共学,未可与适道;可与适道,未可与立;可与立,未可与权。"

这一章颇有些费解,因为句子的主语宾语都被省略掉了。

人生难得一知己,千古难得一知音。这可能是孔子对人生的感慨。孔子的一生是孤独的,他曾经感叹"莫我知也夫",意思是没有人真正了解自己。

"可与共学,未可与适道",有相同的生命觉悟的人,未必能够一起走上求道的路。观孔子一生,跟在孔子身边的学生不少,赞赏孔子才能的国君也有,却鲜有能够与孔子一起追求理想的人。

"可与适道,未可与立",就算有与自己共同追求理想的人,也未必能够一直坚守求道的路。观孔子一生,他年轻时曾因自己的政治主张受到齐国国君齐景公的青睐,却因晏子的反对而失去被重用的机会;也曾经在鲁国权贵的支持下主持过政治改革,却因权贵们在自己的既得利益面前不能坚定决心而失败。

"可与立，未可与权"，就算是能够与自己一起坚定地追求理想与志向，也未必能够权衡通达。因为追求理想大道的路上充满着各种不确定性，有挫折、有风险。如果没有通达权变的能力，就有可能"出师未捷身先死"，这并不是孔子愿意看到的结果。

这番话，层层递进，所要表达的是寻找道友的艰难。

《论语·季氏篇第十六》记：

孔子曰："益者三友，损者三友。友直、友谅、友多闻，益矣；友便辟、友善柔、友便佞，损矣。"

这一章孔子谈交友之道。他把"友"分为两类，分别是"益友"和"损友"。

"三益友"，分别是"友直、友谅、友多闻"，也就是正直的、诚信的、见识广博的人是益友，有利于促进自己的进步。

"三损友"，分别是"友便辟、友善柔、友便佞"，也就是逢迎谄媚的、表面善良温柔而内心奸诈的、善于花言巧语的人都是损友，于自己的进步无益。

《论语·季氏篇第十六》记：

孔子曰："益者三乐，损者三乐。乐节礼乐、乐道人之善、乐多贤友，益矣；乐骄乐、乐佚游、乐宴乐，损矣。"

孔子认为令人快乐的事情很多，但并不是所有令人快乐的事情都是有"益"的。有一些事情虽然令人快乐，可是却于人有"损"。所以，孔子提出"益者三乐，损者三乐"。

"乐节礼乐",意思是用礼乐来节制自己。礼乐代表规范,用礼乐来规范和节制自己的言行,不会使自己失于"轨范",从而走在人生的正道上。

"乐道人之善",意思是乐于称道别人的善。"道人之善",意味着"成人之美",意味着有善于发现美好的心灵,这符合儒家"隐恶扬善"的基本观念。君子是不吝赞美别人的。

"乐多贤友",意思是有很多利于自己德行学问之进步的朋友。什么样的友才是贤友呢?"友直、友谅、友多闻",也就是正直、诚信、见识广博的人是真正的贤友。

这三种快乐是可持续的快乐,于德有益而无损,是孔子所主张的。

"乐骄乐",意思是骄傲自满,这或许带来一些短暂的心理满足,但是对自己的德行进步没有好处。所以孔子主张"谦逊","孙以出之,信以成之"。

"乐佚游",意思是放纵游荡而没有节制。三国时期的经学大师王肃批注:"佚游,出入不知节也"。这种做法对自己的德行往往有损。

"乐宴乐",意思是沉溺于聚会宴请、饮酒作乐,孔子认为这种做法也对自己的德行有损。

这三种快乐,都是短暂的、不可持续的快乐,于德无益而有损,是孔子所不主张的。

中篇

孔门弟子

子路

一

仲由,字子路,鲁国人。生于公元前542年,比孔子小9岁,卒于公元前480年,享年62岁。子路少年家贫,民间流传有子路"为亲负米"的故事,他是二十四孝史中的人物之一。

司马迁《史记·仲尼弟子列传第七》载:"子路性鄙,好勇力,志伉直,冠雄鸡,佩豭(jiā)豚,陵暴孔子。孔子设礼稍诱子路,子路后儒服委质,因门人请为弟子。"子路性情粗犷质朴,喜欢逞勇斗力,脾气刚强,性格耿直。他曾经头上顶着用公鸡毛装饰的帽子,身上佩着用野猪皮装饰的宝剑,欺凌冒犯孔子。

《孔子家语·子路初见第十九》记录子路初见孔子的情形:"子路见孔子。子曰:'当何好乐?'对曰:'好长剑。'孔子曰:'吾非此之问也。徒谓以子之所能,而加之以学问,岂可及哉?'子路曰:'学岂益哉也?'"子路第一次见孔子的时候,孔子问他有什么爱好?子路说自己喜欢长剑。孔子建议他"加之以学问",学点文化。可是,子路根本看不起孔子的学问,反问孔子:"学问有什么好处呢?"

于是，孔子劝他，"夫人君而无谏臣则失正，士而无教友则失听。御狂马者不释策，操弓不反檠（qíng）。木受绳则直，人受谏则圣……君子不可不学"。孔子苦口婆心地对子路说："如果一个君王没有谏臣就会失正，如果一个士人没有教友就听不到好的建议。驾驭狂放的马需要马鞭，操弓射箭需要有矫正弓弩的檠；木头要有墨绳来牵引才会直，人要接受善言规劝才会高尚。总而言之，君子不可不学。"

子路并不服气，辩驳道："南山有竹，不揉自直。斩而用之，达于犀革。以此言之，何学之有？"子路说南山上的竹子，不需要揉烤加工就很笔直，斩下来削尖，射出去可以穿透犀牛皮。这表明南山上的竹子质地非常好。子路言下之意是把自己比作南山上的竹子，天生材质就已经很好了，没有必要再学习了。

孔子曰："括而羽之，镞而砺之，其入之不亦深乎。"孔子则认为南山上的竹子确实材质优良，但如果能够在箭尾插上羽毛，在箭头装上金属箭头，就可以射得更深更远了，这不是如虎添翼、锦上添花吗？孔子没有否认子路天生的禀赋，但是奉劝他通过学习使自己更进一步。

这是子路早期的故事。

《论语·先进篇第十一》记：

柴也愚，参也鲁，师也辟，由也喭。

孔子评价自己的四个弟子：高柴（子羔）愚笨，曾参（曾子）鲁钝，颛孙师（子张）偏激，仲由（子路）粗鲁。

孔子初识子路时，认为其是一个未被文明开化的粗野之人，于是"设礼"诱子路，也就是用礼乐慢慢地引导他。后来子路听了孔子的话，穿着儒服，带着拜师的礼物，请孔子的学生推荐，向孔子行礼，称自己"敬而受教"，主动请求做孔子的弟子。

二

子路是跟随孔子时间最长的弟子之一。他早年跟着孔子在鲁国做官，后来又跟着孔子周游列国，充当着孔子侍卫的角色，在政事才能方面亦获得了孔子的肯定。

《论语·先进篇第十一》记：

德行：颜渊，闵子骞，冉伯牛，仲弓。言语：宰我，子贡。政事：冉有，季路。文学：子游，子夏。

孔子把子路列为"孔门十哲"中政事科的代表人物。事实上，子路也确有政绩。孔子在鲁国做官时，子路也开始步入仕途。他先后做过季氏宰、费宰，后来又做卫国蒲邑宰，扶危济困，开沟挖渠，政绩突出。

公元前480年，卫国发生内乱，子路不顾个人安危，冒死冲进卫国宫中营救孔悝（kuī），在混战中被蒯（kuǎi）聩所杀，砍成肉酱，壮烈殉主。临死之前，子路将被击落的冠缨重整在头上，称"君子死而冠不免"，其气节可见一斑。子路之死可谓极其悲壮惨烈。

子路仅比孔子小9岁，在长期相处的过程中，和孔子形成了亦师亦友的深厚情谊。听到子路死，孔子悲痛不已，以子路家人的身份来处理他的丧事。《礼记·檀弓上第三》载："孔子哭子路于中庭，有人吊者，而夫子拜之。既哭，进使者而问其故。使者曰：'醢（hǎi）之矣。'遂命覆醢。"时年71岁的孔子，在自己家的庭院里为子路设灵堂，以供祭奠。有人来吊唁时，孔子以子路家人的身份答拜。吊祭完之后，向使者问子路的死因，使者说"醢之矣"，即被砍成了肉酱。孔子立刻叫人把家里的肉酱全部倒掉，此后再也不要看到这种相似的东西。可见，在孔子心里，子路已是自己的家人。

三

子路是孔子最早的学生之一，与孔子相处时间较长，故而与孔子的对话在《论语》中也很多见。这些师徒对话，充分展现了子路与孔子的师生关系、子路的性格特征，以及孔子对子路教导的方式，也折射出孔子的哲学思想。

《论语·为政篇第二》记：

> 子曰："由，诲汝知之乎！知之为知之，不知为不知，是知也。"

"知之为知之，不知为不知"，这句话后世流传甚广。子路年轻的时候性格过于直率，经常抢着发言，口无遮拦，常常做出一副自己很懂的样子，但有时候也会说错话，所以孔子点着他的名说："由，诲汝知之乎！"意思就是"让我来告诉你什么叫知吧"。"知之为知之，不知为不知"，懂就是懂，不懂就是不懂。这是求学和做人应该有的正确态度，这才叫作"知"。"知"，同"智"，即"智慧"。

这一章连续出现四个"知"字，中间两个"知"可以理解为"知道、了解、懂得"，另两个"知"通"智"，可理解为"智慧"。

《论语·公冶长篇第五》记：

子路有闻，未之能行，唯恐有闻。

子路听到什么道理，若还没有落实到行动上，他就担心又听到什么新道理。这说明子路是个急性子，听到什么便很想马上做到。

《论语·颜渊篇第十二》记：

子曰："片言可以折狱者，其由也与？"
子路无宿诺。

子路曾经做官，会涉及听诉讼之类的工作。

孔子评价子路"片言"就可以"折狱"，表明子路审理案件速度很快，干净利落，不拖泥带水。"片言"，就是很少的话；"折狱"，就是断案。子路办案的风格，显示出他公平正直、忠信果决的性格。

"子路无宿诺。"这句话非孔子所说，很可能是后世编撰者如子游、曾子等人对子路的评价。"宿"，本义是"住宿，过夜"，引申为"拖延、停留"等意。"无宿诺"，说明子路说话算话，信守诺言，答应要做的事情从不拖延。

《论语·先进篇第十一》记：

闵子侍侧,訚(yín)訚如也;子路,行行如也;冉有、子贡,侃侃如也。

子乐。

"若由也,不得其死然。"

这一章记录孔门几大弟子侍奉在孔子身边的神态样貌。

闵子骞侍立在孔子身边,"訚訚如也"。南宋思想家朱熹注"訚訚"为"和悦而诤也",即外表看起来温和,实则内在刚强,也就是外柔内刚的样子。冉有、子贡侍立在孔子身边,"侃侃如也"。"侃侃",从容不迫、不急不缓、胸有成竹的样子。而子路侍立在孔子身边,则是"行行如也"。南宋朱熹注:"行行,刚强之貌。"也就是说,子路显出一副刚强勇武的样子。

孔子看到这几个学生各不相同的神态表现,大概也觉得颇为有趣,不由得笑了。但是笑的同时,又担心子路性格过于刚强外露,可能招来杀身之祸,不由得要叮嘱子路:"若由也,不得其死然也。"意思是,像子路这样,恐怕以后不得善终啊。遗憾的是,子路后来的结局,果然被孔子不幸言中。

孔子对于子路刚强急躁的性格,看在眼里,说在嘴上,经常苦口婆心地提醒他。

《论语·述而篇第七》记:

子谓颜渊曰:"用之则行,舍之则藏,惟我与尔有是夫!"

子路曰:"子行三军,则谁与?"

子曰:"暴虎冯河,死而无悔者,吾不与也。必也临事而惧,好谋而成者也。"

这一章是颜渊、子路与孔子师徒三人的对话。

颜渊是孔子的得意门生,受到孔子的推崇和欣赏。孔子认为只有颜渊和自己才能做到"用之则行,舍之则藏"。有机会就出仕做官,为民服务;没有机会就专注于自我修养。言下之意,孔子和颜渊在任何境遇下都能各有发挥,"不怨天,不尤人"。这是一种对待自己处境的随和态度。孔子把颜渊与自己相提并论,显然是对颜渊的一种褒奖。

可能子路在一旁听到孔子把颜渊抬得这么高,有点不服气,马上就问孔子:"老师,您如果统率三军,会带谁去呢?"子路心想或许凭着自己的军事才能,应该能得到老师的青睐。谁知孔子并没有给出子路所希望的回答,反而是给了子路一番告诫。

"暴虎冯河,死而无悔者,吾不与也。"意思是:赤手空拳打老虎,毫无准备徒步过河,死了都不知道后悔,这些危险的事情,孔子是不主张的。孔子主张"临事而惧,好谋而成者也"。这话很明显是提醒子路,行事不要过于冲动鲁莽,要谨慎小心,认真谋划。

孔子一直担心子路"临事不惧不谋",所以,只要逮到机会就要告诫他凡事要冷静,不要冲动。

《论语·公冶长篇第五》记:

子曰:"道不行,乘桴浮于海,从我者其由与?"
子路闻之喜。
子曰:"由也好勇过我,无所取材。"

"桴",指的是水面上漂浮的木排或竹排,大的曰筏,小的曰桴,或可称小木排。孔子感慨天下无道,无路可走,干脆乘个小木排漂流到海外算了。大道不能推行,天下纷乱,孔子难免惆怅,类似的感慨,还有"子欲居九夷"。

孔子说的"海外"与现代人所说的"海外"不是一个概念。古人说的"海外"指境外,"至海外"与"居九夷"是一样的意思,均指离开原有的环境。孔子说,如果自己乘着小木排漂流到海外,能够跟在自己身边的恐怕只有子路一人,这显然是在表扬子路的忠心和勇敢。子路听到孔子的表扬,喜形于色。

看子路信以为真,孔子只好接着说,子路在勇武方面确实不错,却不善于"取材"。"材"通"裁",意思是子路不善于裁夺。

孔子怎么会真的"乘桴浮于海"呢,这不过是一时的感慨罢了,子路竟然信以为真,还"闻之喜",说明其完全没有忖度到孔子的心理。

《论语·阳货篇第十七》记:

子路曰:"君子尚勇乎?"

子曰:"君子义以为上。君子有勇而无义为乱,小人有勇而无义为盗。"

年轻时的子路,勇敢好武,从不胆小怕事,如江湖侠客一般,仗义直率,对于孔子的告诫,有时候也未必服气。所以,子路偶尔也会提一些颇有点"抬杠"意味的问题。

子路问:"君子崇尚勇敢吗?"

事实上,君子必定是崇尚勇敢的。孔子自己就说过"知者不惑，仁者不忧，勇者不惧"。孔子不可能反对勇敢。所以，子路这个问题很有点抬杠的意思。

不过，孔子因材施教，对于子路这种性情鲁莽、好勇逞强之人，一定要把道理讲透才行。因此，孔子说"君子义以为上"。君子以"义"为最根本。什么叫"义"？义，即"義"也，美善也，引申为"合宜的、恰当的"。居上位的为政者，"有勇无义"，有可能僭越违礼，犯上作乱；居下位的百姓"有勇无义"，有可能无视礼法，胡作非为。也就是说，君子之勇是以"义"为前提的"勇"，是"有义之勇"。

《论语·先进篇第十一》记：

子路问："闻斯行诸？"
子曰："有父兄在，如之何其闻斯行之？"
冉有问："闻斯行诸？"
子曰："闻斯行之。"
公西华曰："由也问闻斯行诸，子曰'有父兄在'；求也问闻斯行诸，子曰'闻斯行之'。赤也惑，敢问。"
子曰："求也退，故进之；由也兼人，故退之。"

子路、冉求向孔子问了相同的问题："闻斯行诸？"意思是"听到马上就去做吗？"

孔子鼓励冉求听到了就马上去做，却告诉子路"有父兄在，如之何其闻斯行之"，言下之意，让子路三思而后行，做事情之前先想想家中还有父亲和兄长，或许应该回去问问他们的意见。总之，孔子不主张子路"闻斯行之。"

公西华看不明白,请孔子解释为什么一个问题却有两个截然不同的答案。孔子解释说,冉求性格懦弱,所以鼓励他"闻斯行之",而子路性格冲动,所以要约束他,不主张他"闻斯行之"。

这一章是孔子因材施教的典型案例。同时也可以看出孔子对子路性格的担忧。

《论语·子罕篇第九》记:

子曰:"衣敝缊袍,与衣狐貉者立,而不耻者,其由也与!'不忮(zhì)不求,何用不臧?'"

子路终身诵之。

子曰:"是道也,何足以臧?"

"衣",是动词,"穿"的意思。"敝缊袍",破旧的袍子,代指破旧衣服。"狐貉",用狐皮、貉皮做的衣服,代指好衣服。孔子表扬子路,认为子路虽然穿着破旧衣服与那些穿高级衣服的人站在一起,却不会感到不好意思。一般而言,穿着寒酸的人与有钱人在一起,常感到羞耻自卑,但是子路很自信,根本不在乎物质上的东西。

"不忮不求,何用不臧?"出自《诗经·卫风·雄雉》。"忮",是嫉妒;"求",是贪求;"臧",有"称赞、褒扬"之意。比如臧否(pǐ)人物,就是褒贬人物的意思。总之,孔子对于子路这种不羡慕有钱人,不贪念富贵的品质感到十分满意,引用了《诗经》里的句子来表扬子路,认为这是值得褒奖的行为。

《论语》中,子路虽然和孔子的对话很多,得到表扬的时候并不多。这是孔子对子路难得的表扬。所以,子路很高兴,从此以后经常念着这句话。子路真是个简单直率的人,得到老师一次表扬,就喜上眉梢,毫无遮掩。孔子只好又提醒他:"是道也,何足以臧?"这就是道,因为道是人人都必须遵守的,有什么好称赞的呢?仿佛一盆冷水又给子路浇了上来。

从这样的对话中,既可以看到子路那孩子般率真的性格,也能看到孔子对子路那慈父般的爱。

四

《论语·公冶长篇第五》记:

颜渊、季路侍。

子曰:"盍各言尔志?"

子路曰:"愿车马、衣轻裘与朋友共,敝之而无憾。"

颜渊曰:"愿无伐善,无施劳。"

子路曰:"愿闻子之志。"

子曰:"老者安之,朋友信之,少者怀之。"

这一章记录的是早年颜渊、子路和孔子在一起的日常生活。孔子让两个学生谈一谈自己的志向。

这种情况,通常都是子路率先发言。子路说自己想做一个豪爽仗义之人,愿意把自己的车马、裘皮衣服等珍贵的东西与朋友分享,用坏了也不遗憾。颜渊则不同,他的理想是做一个谦虚自省的人,不夸耀自己的长处,也不把麻烦事推给别人。可见,子路关注的是身外之物，颜渊关注的是个人修养。

两个弟子性格不同，对自己的要求也不一样。

最有趣的是，子路反问孔子"愿闻子之志"。孔门弟子中，也只有子路会这样反问老师。一方面说明子路和孔子之间的关系不同于其他学生，他们年纪相差没有那么大，既是师生又是朋友，所以说话会更随便一些；另一方面也表现了子路直率天真的性格。不过，也应该感谢子路这一问，让后世学者知道了孔子的理想。

孔子的理想是"老者安之，少者怀之，朋友信之"。老年人得以安定，小孩子得到安顿，朋友之间真诚守信。"怀"，此处不宜理解为"怀念"，应理解为"安"，与前一个"安"属同义词。如《韩非子·五蠹》云，"行仁义而怀西戎"，即安抚西戎的意思。由此可见，孔子心中所装的是天下的黎民百姓。他的理想是社会安定，人民安居乐业。

师生三人的理想之高远广大，一览无余。

《论语·先进篇第十一》记：

子路、曾皙、冉有、公西华侍坐。

子曰："以吾一日长乎尔，毋吾以也。居则曰'不吾知也'，如或知尔，则何以哉？"

子路率尔而对曰："千乘之国，摄乎大国之间，加之以师旅，因之以饥馑，由也为之，比及三年，可使有勇，且知方也。"

夫子哂（shěn）之。

……

三子者出，曾皙后。

曾皙曰："夫三子者之言何如？"

子曰："亦各言其志也已矣。"

曰："夫子何哂由也？"

曰："为国以礼，其言不让，是故哂之。"

……

这是一幅非常亲切闲适的师生论学画面。

孔子先给弟子们讲："因为我年纪比你们大一点，你们不要因为这个就不敢讲话了。平时你们都说别人不了解你们。假如现在有人想了解你们的才华与能力，你觉得你们能做些什么呢？"所谓"不吾知"，即"不知吾"。孔子想让弟子们做一下自我评估，看看自己能做点儿什么事情。

子路"率尔而对"，即率先回答。这就是子路急躁直率性格的表现。子路认为自己有治理"千乘之国"的能力。所谓"千乘之国"，就是拥有一千辆兵车的诸侯国。古时四匹马拉一辆车，称为"一乘"。千乘，表示有四千匹马和一千辆车。所以，"千乘之国"，代表一个中等大小的国家。这种中等大小的国家，"摄乎大国之间"，即夹在大国的中间（比如鲁国就是夹在齐国和吴国之间的中等大小的诸侯国，曾被齐国入侵）；"加之以师旅，因之以饥馑"，即国家被侵略，或发生饥荒，"由也为之，比及三年，可使有勇，且知方也"，子路认为这样的国家如果让自己来治理，三年时间，就可以让百姓勇敢，并且懂得礼仪。

子路说这话时，应该是一副豪气干云的样子，对自己信心满满。听了子路豪迈的理想，"夫子哂之"。"哂"，是笑的意思。但是这种笑并不是会心的笑，而是带有一种礼貌客套和不认同的味道。

后世学者把"哂"译为"讥笑",本书以为不妥,料想子路讲得再怎么猖狂,孔子也不至于"讥笑"他。

等同学们散去后,曾点问孔子,为什么要"哂"子路?孔子做了解释。

孔子说:"为国以礼,其言不让,是故哂之。"在孔子看来,治理国家使用的方法是礼,这样才能受到民众的拥护和爱戴。但是,子路说话如此趾高气扬,毫不谦让,这种表现已经违背了君子"泰而不骄"之德。

孔子没有对子路的高远理想进一步评论,只是微微一"哂",虽然自己并不赞同,但是出于礼貌露出了一个微笑。事实上,后来子路做官,勤政为民,开沟修渠,发展农业生产,政事上取得了不俗的成绩。

《论语·雍也篇第六》记:

季康子问:"仲由可使从政也与?"
子曰:"由也果,于从政乎何有?"
曰:"赐也可使从政也与?"
曰:"赐也达,于从政乎何有?"
曰:"求也可使从政也与?"
曰:"求也艺,于从政乎何有?"

季康子是鲁国当权大夫,想招揽人才协助自己处理政务,向孔子打听几个弟子的能力。孔子对子路、子贡、冉求分别给予了推荐。孔子认为子路办事果断,子贡办事通达,冉求多才多艺,都是从政的人才。可见,孔子对于子路的政事能力还是相当认可的。

《论语·先进篇第十一》记：

季子然问："仲由、冉求可谓大臣与？"

子曰："吾以子为异之问，曾由与求之问。所谓大臣者，以道事君，不可则止。今由与求也，可谓具臣矣。"

曰："然则从之者与？"

子曰："弑父与君，亦不从也。"

季子然是鲁国的大夫，找孔子了解子路和冉求的能力。可见当时，孔门弟子的人才受到很多人的青睐。季子然问："仲由、冉求可谓大臣与？"孔子则认为："今由与求也，可谓具臣矣。"这里出现了"大臣"与"具臣"两个概念。

在孔子的观念里，"大臣"的特点是"以道事君，不可则止"。也就是说，以仁道侍奉君主，如果君主做不到，那就辞职不干了。而子路和冉求不是这种人。子路为卫国孔悝做家臣，冉求为鲁国季康子做家臣，两个人都有很好的政事处理能力，在处理具体事务方面表现杰出，但是当大夫们卷入朝廷政治的僭越纷争时，两个人却做不到"以道辅君"。所以孔子认为他们只是"具臣"。

虽然子路和冉求达不到"以道事君，不可则止"的"大臣"境界，但是也并不是毫无底线的，并不会什么事情都跟从君主，至少"弑父、弑君"这样的事情，是绝对不会干的。

孔子对自己学生的认识和了解非常深刻，不愧是他们的老师。

五

《论语》中，还有很多子路向孔子提问的记录。子路勤学好问，问政、问成人、问事君、问士、问君子、问仁、问鬼神。这些问题，反映了子路的所思所想及所关注的主题，也进一步地展现了孔子的思想及其价值取向，同时，还表现了孔子因材施教的教学方法。

《论语·子路篇第十三》记：

子路问政。
子曰："先之，劳之。"
请益。
曰："无倦。"

子路是政事科高才生，以政事著称，必然会与孔子讨论如何为政的问题。孔子先是给子路指出两个原则：一是"先之"，二是"劳之"。这是什么意思呢？

孔子特别强调上级领导的榜样作用。"先之"，是"为之先"，即为百姓先，也就是要身体力行，起带头示范作用。这是孔子一贯的主张。孔子给季康子讲"君子之德风，小人之德草，草上之风，必偃"，给樊迟讲"举直错诸枉，能使枉者直"，语言表述方式虽然不同，但观念并无二致。

"劳之"一词的解释，后世学者们存在一些争议。是"为之劳"？"使之劳"？还是"以之劳"？子路问如何为政，前一说"为之先",此处说"为之劳",符合语言表达习惯。这两个字的意思就是,为政者要为民操劳。范仲淹之"先天下之忧而忧",就是为民操劳的典范。

子路听完后"请益",也就是进一步问。孔子再给出第三条原则:"无倦。"

《论语·颜渊篇第十二》曰:"居之无倦,行之以忠"。《荀子·尧问》云:"忠信无倦,而天下自来。"可见"无倦"也是儒家常提到的行动原则。"无倦",即不懈怠,不厌其烦,始终如一,不忘初心。

"先之""劳之""无倦",是孔子为子路指出的三条为政原则。

《论语·宪问篇第十四》记:

> 子路问成人。
> 子曰:"若臧武仲之知、公绰之不欲、卞庄子之勇、冉求之艺,文之以礼乐,亦可以为成人矣。"
> 曰:"今之成人者何必然?见利思义,见危授命,久要不忘平生之言,亦可以为成人矣。"

这一章的主题是"成人"。要理解"成人",需先知道什么是"人",才能进一步探讨如何"成"。这是哲学的大命题。《论语》中,孔子对于"人"没有给出明确的解释,但经由子路之问,我们可以知道孔子已经在思考与探讨这个问题。

后世学者孟子、荀子在孔子的基础上,对"人"这个概念进行了更深入的分析。孟子从人与动物的差别处探讨"人之为人"的独特处。《孟子·离娄下》曰:"人之异于禽兽者几希,庶民去之,君子存之。"所谓"几希",就是"很少,很细微"。君子和一般人(庶民)的差别只是在一点点细微之处。到底是什么差别呢?孟子认为"人有四端之心",即"恻隐之心、羞恶之心、辞让之心、是非之心"。"存、养、扩、充"四端之心的过程就是一个人成人的过程。《荀子·非相篇》则认为:"人之所以为人,何已也?曰:以其有辨也。"荀子强调人有思维力和辨别力,认为人与动物不同的地方在于,人能够辨别上下、长幼、亲疏、贵贱、是非等等。孟子、荀子这些后世的儒家学者对于"人"的探讨,可以作为本章的注脚,帮助我们理解孔子和子路的这一段对话。

孔子对于"成人"的理解是从两个角度开始的:一是能力与才华的角度;二是道德与修养的角度。

首先,孔子认为,如果一个人具备"智、不欲、勇、艺"这四方面的德行和才能,再配以礼乐教化,这样就可以算是"成人"。

"智"是什么样的智呢?是"臧武仲之知"。臧武仲是鲁国大夫,其封邑在"防"。孔子的父亲在世时曾为其谋事,救过他的命。其人矮小多智,号称"圣人"。由于不见容于鲁国权臣,受到排挤,遂离鲁奔齐。到了齐国,臧武仲受到齐国国君庄公的器重,在齐国发挥了政治才干。他"重农商,奖耕织",让百姓休养生息,促进了齐国经济的发展。《战国策》载,当时"民无不吹竽、鼓瑟、击筑、弹琴……临淄之途,车毂(gǔ)击,人肩摩……家敦而富,志高而扬",由此可见,齐国当时民富国强的盛况。所以孔子认为,臧武仲有"智慧"。

"不欲"是什么样的不欲呢?是"公绰之不欲"。公绰,即孟公绰,鲁国大夫,三桓孟氏的族人。《史记·仲尼弟子列传第七》载:"孔子之所严事:于周则老子;于卫,则蘧伯玉;于齐,晏平仲;

于楚，老莱子；于郑，子产；于鲁，孟公绰。"所谓"严事"，就是敬重。司马迁列举了那个时代受到孔子敬重的六个政治人物，其中之一就是孟公绰。孔子认为孟公绰有"廉洁寡欲"之德。

《论语·宪问篇第十四》云："孟公绰，为赵魏老则优，不可以为滕薛大夫。"孟公绰做赵国、魏国这样的大国大夫会很优秀，但是他不能够胜任滕国、薛国这样的小国大夫。为什么呢？孟公绰大概是一个对自己要求比较高，节俭无欲之人，适合"守成"，难有"开拓"。赵、魏两国本已强大，以孟公绰这样的人来"守成"较为恰当，而像滕、薛这样的小国，夹在大诸侯国之间，没有开拓能力，不仅难以自保，更难以强大。这应该是孔子很客观的评价。但是，孔子还是很认可孟公绰"不欲"这样的优点。

"勇"是什么样的勇呢？是"卞庄子之勇"。卞庄子，鲁国卞邑的大夫，是鲁国著名的勇士。《荀子·大略》载："齐人欲伐鲁，忌卞庄子，不敢过卞。"可见，当时卞庄子的勇猛已经名震天下，齐国人想攻打鲁国，却忌惮他，不敢路过他的地盘。《韩诗外传》载："卞庄子好勇……节士不以辱生。遂奔敌，杀七十人而死。"卞庄子在战场上英勇杀敌，毫无惧色，最后战死沙场，其壮烈堪比子路。《史记·张仪列传第十》还记载有卞庄子刺老虎的故事。可见，卞庄子确实是一名勇士，孔子对他的勇也表示了认可。

"艺"是什么样的艺呢？是"冉求之艺"。冉求，孔子的学生，孔门十哲之一，以精通政事闻名，在政治、军事、经济等方面均有很不错的才能。孔子常说冉求"艺"，认为冉求的政事才能比较全面。

孔子举例说明，如果一个人能够集臧武仲、孟公绰、卞庄子、冉求四个人的优点于一身，就算是"成人"的第一步。换句话说，孔子心中的"成人"应该同时具备"智慧、寡欲、勇敢、多才"四个特点。

但是仅具备这四个特点还不够,"成人"还需要"文之以礼乐",也就是用礼乐来加以辅助和约束。形式上的礼乐之制,承载的实际上是仁义道德。言下之意,"智慧、寡欲、勇敢、多才"这些品质与才能如果是以仁义道德为基本出发点,那就可以"成人"了。由此可见,以孔子为代表的儒家的基本价值取向是基于礼乐的"仁义道德"。

接下来,孔子说"今之成人者何必然?"他认为即使没有"智、不欲、勇、艺"这四方面的能力与才华,若能够做到"见利思义、见危授命、久要不忘平生之言",也是可以"成人"的。

"见利思义",见到好处,要考虑是否合乎道义,合乎道德的标准。"见危授命",见到危难敢于献身。"授",是"给予,献出"的意思。后来子张说"见得思义""见危致命",意思也都差不多。

"久要不忘平生之言"中的"要",通"约",与《论语·里仁篇第四》中"不仁者不可以久处约"之"约"是同一个意思,均为"受到限制和束缚"之意。这句话的意思是说,长久地处于限制和束缚之中而不忘记当初的诺言,这叫守信,叫不忘初心。

"见利思义、见危授命、久要不忘平生之言"是三种普世的美德。也就是说,哪怕一个人不够聪明,不够寡欲,不够勇猛,不够有才华,如果能做到以上三种美德,也可以算是"成人"。

由此可见,孔子关注的重点是人内在的道德修养,是内在的"心"与"意",这种主次轻重之别是辨别儒家心性之学的重点,也是其精微奥妙之所在。

《论语·宪问篇第十四》记:

子路问事君。

子曰:"勿欺也,而犯之。"

"事君",就是侍奉君主。孔子说"勿欺",意思是"不要欺骗君主";"而犯之",意思是可以犯颜直谏他。这是很朴实的一种指导,却不太容易做到。

"伴君如伴虎。"说好听的假话,讨好奉承,往往比较容易取得君主的欢心,但是若只说好听的话,使君主闭目塞听,这等于是一种欺骗。所以孔子强调要"勿欺也"。然而,敢于说真话,虽然形同"冒犯"上级,有触怒之险,但是作为一个"忠臣",直言进谏是基本的素质。孔子在此,即是强调这一点。

关于"事君",孔子还有其他论述。

《论语·卫灵公篇第十五》记:

子曰:"事君,敬其事而后其食。"

如何"事君"?这是孔子及其弟子都要学习的为政功课。孔子认为我们首先要"敬其事",先认真做好本职工作;"后其食",而后再考虑工资俸禄的问题。这里所论述的是事君时应当分清的主次关系。孔子常说的"先难而后获""先事后得",都是相类似的观点,他强调先把事情做好,再考虑其他。

《论语·宪问篇第十四》记:

子路问君子。

子曰："修己以敬。"

曰："如斯而已乎？"

曰："修己以安人。"

曰："如斯而已乎？"

曰："修己以安百姓。修己以安百姓，尧、舜其犹病诸！"

这一章可以说是《论语》中关于君子问答中最精彩的一章，子路三问，孔子三答，层层递进，最后达于孔子思想的核心。

孔子认为君子之道在于"修己"。子路反复问："如斯而已乎？"大概是他觉得孔子所说的过于简单，有点难以置信。而在孔子看来，"修己"可以达到"敬""安人""安百姓"三个境界。

"敬"是做事情严肃认真、小心谨慎的态度。"修己以敬"，提升自己的内在修养，让自己做事情严谨认真。

"安人"之"人"，并不是"人民"之意，而是与"己"相对的概念。《论语》里这样"人""己"对举之处颇多。如"己欲立而立人，己欲达而达人"，"古之学者为己，今之学者为人"，这里的"人"均不是"人民"，而是"己"之外的"他人、别人"。修养自己，可以使身边的他人得以安定。之所以做得到，前提是有"敬"。由于做事严肃认真，小心谨慎，就必然不太会给别人带来伤害，就会为他人尽自己的责任，当然就可以惠及身边的人，让他人感到安定。

"安百姓"，使百姓安定。君子为政，办事情严肃认真，颁布政令、役使百姓小心谨慎，当然能够使百姓得以安定。百姓，是春秋以前对贵族的统称，平民一般没有姓。后来，"百姓"的语义逐渐变化，用来泛指平民百姓。

"修己",是从内在的"敬"出发,惠及到身边的"人",再惠及到天下的"百姓",这种由内而外的扩张,正是儒家"修身、齐家、治国、平天下"思想的雏形,由此可见,后来曾子作《大学》就是在阐述孔子的思想。这大概就是后世学者称曾子为"宗圣"的原因吧。曾子在《大学》里明确提出了"修身、齐家、治国、平天下"这种推己及人的主张,是和孔子的思想一脉相承的。

孔子认为"安人、安百姓"都是由"敬"推出去的,而"敬"则从"修己"而来。重点在"内"不在"外",这是一种彻内彻外的世界观,也是儒家"反求诸己"的另一种表达,此乃儒家心性之学的精微之处。

从"修己"到"敬",到"安人",到"安百姓",看起来好像很简单的样子,实则难以做到。所以孔子说"尧舜其犹病诸"。此处"病"是"忧虑、担心"之意。意思是,尧和舜都担心自己做不到。

孔子是在心性的精微处讲这句话,子路恐怕难以真正理解,所以才会反复问:"如斯而已乎?"而在孔子所收的弟子中能够理解孔子所说的,恐怕只有颜渊和曾子等少数弟子吧。

《论语·子路篇第十三》记:

子路问曰:"何如斯可谓之士矣?"

子曰:"切切偲偲,怡怡如也,可谓士矣。朋友切切偲偲,兄弟怡怡。"

同样的问题,子贡也问过。孔子、子张、子夏、曾子等人也多次表达过对于"士"的看法。这一章,孔子对子路讲"士"的内涵时,主要集中于"朋友"和"兄弟"两个方面,其要求不过六个字：切切、偲偲、怡怡。

所谓"切切",本义是形容声音很轻微,带有凄切之感,引申为"急切、深切、哀怨"之意。在这里是形容情意真诚恳切的样子。所谓"偲偲",是"相互切磋、相互督促"的意思。孔子认为,朋友之间的交往就是应该彼此真诚恳切,并且能够相互督促,相互成全。"怡怡",是"安适自得、和顺喜悦"的样子。孔子认为兄弟之间的相处应该保持这种状态。

很明显,这是孔子对脾气急躁、自视甚高的子路的特别指导。孔子希望子路与兄弟朋友相处时,不要自以为是,要谦逊待人,与朋友相互切磋,取长补短;他希望子路多一些和顺喜悦、安适自得的容貌,不要总是"行行如也",总是一副刚强外露的面孔。

《论语·宪问篇第十四》记:

子路曰:"桓公杀公子纠,召忽死之,管仲不死,曰未仁乎?"
子曰:"桓公九合诸侯不以兵车,管仲之力也。如其仁,如其仁!"

这个问题,子贡也曾问过。这说明,子贡、子路求学期间,有很多共同关注的话题,常常有相同的困惑。对于这个问题,孔子给两个学生所讲的答案是一样的。

在孔子看来,之所以可以给管仲"仁"的评价,是因为他协助齐桓公称霸天下的办法,用的是外交手段和经济手段,而不是动用武力。由于管仲的做法,社会获得了一段时间的和平安定,促进了社会经济的发展,保障了百姓的安居乐业。孔子肯定的是管仲在这个方面的贡献。

至于管仲没有和召忽那样以死殉主，反而投入"敌人"怀抱，这件事，孔子并不关心。因为从孔子的立场来讲，齐桓公与自己的兄弟争国，互相残杀，本来就无所谓正义，所以本质来说管仲的行为也无所谓"投敌"。孔子只是站在天下苍生的立场，看谁对百姓比较有利。而有利于百姓的，孔子承认其"仁"。

子路和子贡之所以有相同的疑惑，是因为他们没有理解孔子的立场。

《论语·先进篇第十一》记：

季路问事鬼神。
子曰："未能事人，焉能事鬼？"
曰："敢问死。"
曰："未知生，焉知死？"

古人最早对于鬼神的概念，和今人有所不同。

"鬼"字，最早见于殷商甲骨文，古字是人身头大的形象。古人认为"鬼，归也"，也就是人死为鬼，回到了他原来的地方。《礼记·祭义第二十四》云："众生必死，死必归土，此谓之'鬼'。"古人将生命的存在区分为两种状态——生而为人，死而为鬼。死之后的人就被称为"鬼"，也就是说，所有人类去世的祖先都是"鬼"。也因为如此，古人对"鬼"有一种敬畏之感。敬畏"鬼"，本质上就是敬畏逝去的祖先。后来这个字的本义逐渐异化，变成了指神秘阴暗、邪恶丑陋或令人恐怖的东西。子路问如何"事鬼"，显然这个"鬼"不是指那些神秘可怕的东西，而是指逝去的祖先。

"神"，始见于西周时期的金文，由表示祭台的"示"和表示雷电的"申"组合而成。对认知能力有限的古人来讲，雷鸣闪电都是上天发怒的产物。因此，古人认为"天"亦有情，有意志，把"天"神格化，于是有了"天神"之说。这种观念衍生出去，就有了"地神""山神""河神""灶神""庙神"等等，形成了古人万物皆有神的泛神论思想，并渐渐走入迷信的状态。

神和鬼是两个不同的概念。"神"完全是古人自己主观建构起来的语言文化概念，"鬼"是古人基于生命死后状态给予的一种描述。

子路对侍奉鬼神的事情感兴趣，所以有此问。

孔子根本不直接回答子路的问题，而是反问他："没有侍奉好人，怎么能够侍奉好鬼呢？"言下之意，人的事情都还没有办好，琢磨鬼的事儿干什么。因为不管是"鬼"还是"神"，都不是"人"，而孔子关心的重点是"人间事"，所以他不主张花太多时间去考虑鬼神之事。孔子主张的是"敬鬼神而远之"。

关于子路所问"生与死"的事情，孔子的态度也是一样的。"未知生，焉知死"，孔子认为活着的事情都还没有弄清楚，哪里有时间去研究死后的事情呢？并不是孔子不关心身后之事，而是孔子认为重点不在这里。孔子关注的重点是"人该怎么活？"

借由子路的提问，孔子"以人为本"的立场在几句回答里彰显无余。

六

《论语》中还记录了一些子路与孔子之间的争论，以及子路对孔子的做法有不同意见的事情。

《论语·子路篇第十三》记：

子路曰："卫君待子而为政，子将奚先？"

子曰："必也正名乎！"

子路曰："有是哉，子之迂也！奚其正？"

子曰："野哉由也！君子于其所不知，盖阙如也。名不正，则言不顺；言不顺，则事不成；事不成，则礼乐不兴；礼乐不兴，则刑罚不中；刑罚不中，则民无所措手足。故君子名之必可言也，言之必可行也。君子于其言，无所苟而已矣。"

这段对话，应该是发生在孔子周游列国之初。孔子到了卫国，受到卫灵公的礼遇，很多人以为他会得到卫灵公的重用。但卫国的政治形势错综复杂，各个政治集团都想拉拢孔子，要想把卫国治理好，不是一件容易的事情。所以子路问孔子，如果有机会在卫国为政，会先做什么事情。

孔子说如果自己来治理卫国，第一件要做的事情是"正名"。所谓"正名"，就是归正名分，使名实相符。为什么孔子会这样说呢？这是因为其所处的时代，社会制度被严重破坏，僭越违礼的行为层出不穷，不仅周天子名存实亡，很多诸侯国的国君也名不副实，大权旁落至大夫手中，甚至有些大夫的权力落入家臣手中，家臣大夫篡权，父子兄弟篡位，在当时都很常见。孔子是鲁国人，鲁国国君的权力长期被三家大夫架空，有名无实。孔子来到卫国后，发现卫国也存在类似的政治斗争。所以孔子认为，如果自己来"为政"，首先要解决的事情就是"正名"，从上至下，让每个人都各归其位，归正名分，使名实相符。

然而，子路却认为这是根本不可能做到的事情，认为孔子这种想法"迂也"，脱离实际。子路的看法当然是有道理的，在那样一个时代里，以孔子之力根本不可能做到"挽狂澜"于乱世。子路性格直率，想到什么就说什么，对孔子也不例外。他认为孔子的想法脱离实际，根本不可能做得到。进一步说，既然做不到，就没有必要强求，退一步与草木同朽就可以了，又何必"搬起石头砸天"呢？

然而，孔子并不这样想。孔子是一个"知其不可而为之"的理想主义者，所以立即驳斥子路："野哉！由也。"意思是，子路的想法太"野"了。此处"野"，并非粗野之意，而是指子路见识浅薄，只看到了表面现象，而看不透孔子"正名"的真正意义。孔子还教导子路"君子于其所不知，盖阙如也"。意思是，对于自己不懂的事情，不要发表意见。

那么，在孔子看来，"正名"到底有多重要呢？为什么孔子为政的首要之事是"正名"呢？

孔子认为："名不正，则言不顺；言不顺，则事不成；事不成，则礼乐不兴；礼乐不兴，则刑罚不中；刑罚不中，则民无所措手足。"这一段话，从"名"到"言""事""礼乐"，到"刑罚"，一路下来，最后到"民无所措手足"，五个环节，环环相扣。"民无所措手足"，百姓手足无措，无处安放，不知道该怎么办，必然带来社会的混乱。"民无所措手足"的原因是"刑罚不中"，意即刑罚不恰当，冤假错案、量刑不合理等等；"刑罚不中"的原因是"礼乐不兴"，意即文明教化失序，道德失范，制度被破坏，大家就胡作非为了；"礼乐不兴"的原因是"事不成"，意即事情做不好，政令难以施行；"事不成"的原因是"言不顺"，意即政不出正，讲话没有公信力，不能让人信服。这一切混乱的开端都是因为"名不正"。

孔子有着极具洞察力的眼光，从"民无所措手足"这一现象，鞭辟入里地指出其本质是"名不正"。因此，在孔子看来，要解决这样的社会现实问题，得从源头开始抓起。

"故君子名之必可言也，言之必可行也。"居上位的君子有其"名"分，就可以有话语权，其主张和政令才能够得到有效的施行。用现在的话来讲，做任何事情之前，都需要"授权"，这个"授权"的过程，就是获得名分的过程，就是"正名"的过程。"君子于其言，无所苟而已矣。"君子对于自己所讲的话，所发布的政令，绝不会草率马虎。

孔子讲这么长一段话来驳斥子路，一方面表达了自己参与卫国政治的前提条件，就是名分要正；另一方面，也彰显了孔子的价值理想及透彻的洞察力。

《论语·卫灵公篇第十五》记：

在陈绝粮，从者病莫能兴。
子路愠见曰："君子亦有穷乎？"
子曰："君子固穷，小人穷斯滥矣。"

孔子及其弟子周游列国期间，曾经被围困在陈国和蔡国之间。《孔子家语·在厄第二十》载："绝粮七日，外无所通，藜羹不充，从者皆病。孔子愈慷慨讲诵，弦歌不衰……"七天没有粮食吃，弟子们饿得起不来了，而孔子在这种困境之时却愈加志气昂扬，还要给弟子们讲诵弦歌。子路对遭遇这样的困境感到生气，对于孔子日常所宣扬的君子之道产生了质疑，所以质问孔子，"君子亦有穷乎？"

《孔子家语·在厄第二十》详细记载了子路质问孔子的话："昔

者闻诸夫子,'为善者天报之以福,为不善者天报之以祸',今夫子积德怀义,行之久矣,奚居之穷也?"自古以来,人们都爱说"善有善报,恶有恶报",而现实的真相则是"善人未必有善报,恶人未必有恶报",如果真是这样,那还要不要做善人君子呢?

这不仅是子路的疑问,也是许多人的疑问——到底要不要做好人、善人和君子?

孔子云:"君子固穷,小人穷斯滥矣。"在孔子看来,君子和小人面对困境的态度是不同的,这也是君子和小人的重要分野。君子在困境中可以固守自己的正道,而小人在困境中就会放任自己,失去理想和节操。

孔子在陈绝粮这一段经历,深刻而鲜明地诠释了"无入而不自得"的君子境界。

《论语·阳货篇第十七》记:

公山弗扰以费(bì)畔,召,子欲往。
子路不说,曰:"末之也已,何必公山氏之之也?"
子曰:"夫召我者而岂徒哉?如有用我者,吾其为东周乎!"

公山弗扰,也叫公山不狃,复姓公山,与阳虎同为季氏的家臣,一度受到季桓子的器重,出任季氏私邑费邑的长官,称费宰。不过,公山弗扰很快就和季桓子发生矛盾,后又联合阳虎发动叛乱,抓了季桓子。后来季桓子设计逃脱,阳虎和公山弗扰的叛乱以失败告终。但是,阳虎出逃之后,公山弗扰依旧以费宰的身份盘踞在费邑的领地。由于也想招揽人才,公山弗扰派人召孔子前往。面对公山弗扰伸出的"橄榄枝",孔子竟然有点动心,想要应召。

然而,"子路不说"。"说",通"悦"。子路不高兴,认为孔子这个想法是"末之也已"。"末"的本义是"树梢,末端",引申有"卑微、低级"之义。子路认为孔子去为公山弗扰这样的人做事,太卑微了,完全没有必要。

不过,孔子当时的想法和子路有点不同。孔子觉得"召我者",也就是公山弗扰,总要给自己一个职位,让自己做点事情。"岂徒哉"完整的表达应该是"岂徒召我哉?"孔子认为,假设自己有被任用的机会,其实本质上也是在为东周做事情,为国家做贡献。这个时期的孔子,或许是受了阳虎的游说,动了出仕的念头,遇到公山弗扰之召,有点动心。子路反对孔子应公山弗扰之召,说明子路看不上公山弗扰这路货色。不过,孔子想要应召的初心和一般人想要获取权力有所不同,他的初心是"为东周",其胸怀、志向之大,可见一斑。

不过,孔子最终没有应公山弗扰之召,大概跟子路的反对有关系。后来,孔子成为鲁国大司寇,在组织"隳三都"的过程中,大败公山弗扰,收复了费邑,致使公山弗扰出逃齐国。

《论语·阳货篇第十七》记:

佛(bì)肸(xī)召,子欲往。

子路曰:"昔者由也闻诸夫子曰:'亲于其身为不善者,君子不入也。'佛肸以中牟畔,子之往也,如之何?"

子曰:"然,有是言也。不曰坚乎,磨而不磷;不曰白乎,涅而不缁。吾岂匏瓜也哉?焉能系而不食?"

佛肸,为晋国大夫赵简子的家臣,为赵简子私邑中牟的长官,亦称中牟宰。《史记·孔子世家第十七》载："赵简子攻范、中行，伐中牟。佛肸畔，使人召孔子。孔子欲往。"佛肸起兵叛乱，想招徕孔子，孔子亦动心想要前往。孔子此时的心态与公山弗扰召他的时候是一样的。但是，佛肸和公山弗扰是一路货色，子路当然反对孔子应召。

"亲于其身，为不善者，君子不入也。"佛肸和公山弗扰都曾经受到重用，最后却犯上作乱，这种人无德，有德的君子是不会靠近的。这是孔子自己讲过的话。子路"以子之矛，攻子之盾"，质问孔子为什么会想应佛肸之召。

"不曰坚乎，磨而不磷；不曰白乎，涅而不缁。"真正的坚硬，打磨了之后也不会变薄；真正的洁白，污染了之后也不会变黑。这是孔子自我比喻的话，意思是只要自己意志坚定，洁身自好，就不会被环境所影响。

"吾岂匏瓜也哉？焉能系而不食？"这是个反问句式，表现出孔子急欲出仕做官的急迫心情。此时，孔子已经五十来岁，一直也没有机会实现自己的政治理想。孔子觉得，如果应了佛肸之召，佛肸总是要安排他一些差使，不可能把他当成一个挂起来看的葫芦。言下之意，就是一旦自己有机会做事，那他就是在"为东周"。

这一章与前一章结合起来看，可以理解当时孔子的心情，也可以理解孔子之所以想出仕的心理动机，还可以了解子路直率的性格及其对政治时局的认识。

《论语·雍也篇第六》记：

子见南子，子路不说。
夫子矢之曰："予所否者，天厌之！天厌之！"

这件事发生在孔子周游列国期间。

南子是卫国国君卫灵公的宠妃。她想让卫灵公废掉原有的太子蒯聩，立自己的儿子为太子。这件事引起了卫国各政治利益集团之间的相互争斗。孔子初到卫国，受到卫灵公的礼遇。国君夫人南子也想召见孔子。《史记·孔子世家第十七》载："灵公夫人有南子者，使人谓孔子曰：'四方之君子不辱欲与寡君为兄弟者，必见寡小君。寡小君愿见。'孔子辞谢，不得已而见之……孔子入门，北面稽首。"

子路对于孔子去拜见南子这件事，十分不满，故《论语》记"子路不说"。"说"，通"悦"，即高兴。子路性格直率刚强，什么都写在脸上。子路为什么不高兴孔子去见南子呢？道理也很简单，当时的南子已经开始在后宫内干政了，召见孔子是想拉拢孔子，达到充实自己政治势力的目的。

然而，对于孔子来说，应召拜见南子，只是出于礼貌。司马迁在《史记·孔子世家第十七》里记录了孔子的解释："吾乡为弗见，见之礼答焉。"对于子路的不高兴，孔子"矢之"。矢，通"誓"，即发誓。孔子对着天发誓说"予所否者，天厌之！天厌之！"即"我要是做得不对，就让天来厌弃我吧"。孔子连续说了两个"天厌之！天厌之！"其语气之强烈和悲愤，可想而知。

从这一章可以了解到，当时孔子和子路可能因为这件事情闹得很不愉快。孔子因为被子路误会而感到十分难过，说明孔子很在乎子路的看法，否则也不至于对天发誓，连连叫天。这个故事，被孔门弟子记录下来，一方面让后世了解到他们周游列国时曾经发生的那些故事，同时，也可以让后世对孔子与子路这种亦师亦友的关系和子路直言不讳的刚直性格有更深的体会。

七

《论语·宪问篇第十四》记：

子路宿于石门。
晨门曰："奚自？"
子路曰："自孔氏。"
曰："是知其不可而为之者与？"

石门是一个地名，具体情况已不可考。

子路在石门过夜。守城的人问他从哪里来，子路的回答很有意思，他不说从鲁国或从卫国来，而说自己"自孔氏"。这是此章值得关注的地方。可以推测，当时孔子已经很有名，知道他的人很多，否则子路不会这样说。子路说自己"自孔氏"，也代表一种身份的认同感。

守门人听到子路说"自孔氏"，反问了一句："就是那个知其不可而为之的人吗？"所谓"知其不可而为之"，就是明明知道做不到，还要去做。这是此章的重点。

"知其不可而为之"，对于普通人来讲，是一种迂腐和愚笨，甚至还可能带着嘲讽的味道。但是，对于孔子，乃至对于儒家来说，却是一种极其可贵的精神。这种精神颇有些英雄主义的悲壮色彩。孔子这种"知其不可而为之"的精神，彰显的是一种人文主义理想。这种理想，是人类发展的必然方向和唯一出路；这种理想，需要有人高高举起大旗，引领人们去追求。在礼崩乐坏的乱世里，总要有一个人间的"大清醒",不惧世俗洪流,为人类点亮一盏明灯,指明前进的方向。

孔子存在的意义,不在于他是不是能够在他那个时代实现理想,而在于他是那盏明亮的灯,是那面高扬的旗。这就是圣人之气象,就是为什么后人发出"天不生仲尼,万古如长夜"的赞叹之原因!

《论语·微子篇第十八》记:

> 长沮、桀溺耦而耕,孔子过之,使子路问津焉。
> 长沮曰:"夫执舆者为谁?"
> 子路曰:"为孔丘。"
> 曰:"是鲁孔丘与?"
> 曰:"是也。"
> 曰:"是知津矣。"
> 问于桀溺。
> 桀溺曰:"子为谁?"
> 曰:"为仲由。"
> 曰:"是鲁孔丘之徒与?"
> 对曰:"然。"
> 曰:"滔滔者天下皆是也,而谁以易之?且而与其从辟人之士也,岂若从辟世之士?"
> 耰而不辍。子路行以告。
> 夫子怃然曰:"鸟兽不可与同群,吾非斯人之徒与而谁与?天下有道,丘不与易也。"

这一段故事应该是发生在孔子周游列国时期。

长沮、桀溺，是两个在田里干活的人。长沮代表个子高，桀溺代表长得壮。后世学者一般认为这是躬耕田野的两个隐士。"耦而耕"，就是两个人相互配合着在耕地。

孔子一行要离开楚地，需要找过河的地方。看到田里面这两个人，孔子让子路向他们打听一下渡口在哪里。长沮、桀溺不回答渡口在哪里，看到拿着缰绳驾马车的孔子，反问"执舆者"是谁？又问子路是什么人？子路一一作答。

两个人听说是孔子一行，感叹道"滔滔者天下皆是也，而谁以易之？""滔滔者"，形容大水弥漫的样子。长沮、桀溺的意思是，天下无道已经很久了，就像被大水弥漫了一样，谁能够改变得了这个现状呢？很明显，这两个人对于那个混乱的时代感到悲观失望，认为已经没有拯救的希望了。

"且而与其从辟人之士也，岂若从辟世之士？""辟"，为"避"。这里提到了"避人之士"和"避世之士"。长沮、桀溺不愿意与人世同流，自喻为"避世之士"，而把孔子称为"避人之士"。他们的意思是：与其跟着孔子这样颠沛流离，不如跟着他们一起种田。

这是对待乱世两种完全不同的态度。以长沮、桀溺为代表的道家隐士，因不满于混乱无道的社会，选择退避山林，不问世事，用消极的、不作为的态度与社会对抗；而以孔子为代表的儒家，则是以"知其不可而为之"的悲壮精神，高举起人文主义的道德理想，行走在世间，如一盏黑暗中的明灯，为世人照亮前行的路。

子路没有问到渡口在哪里，反而被这两位隐士奚落一番。孔子听了后，怅然而叹："鸟兽不可与同群，吾非斯人之徒与而谁与？"意思是鸟与兽是完全不同的，自然无法同群。作为一个人，不与人在一起，跟谁在一起呢？孔子与这些道家隐士，果然是"道不同，不相为谋"。

孔子感慨说："天下有道，丘不与易也"。意思是"天下有道，就不用我孔丘去改变了"。言下之意，正是因为天下无道，才是自己应当奋斗的时候。就如孟子所说的"当今之世，舍我其谁"的浩然之气，彰显着以天下为己任的儒家精神。

《论语·微子篇第十八》记：

子路从而后，遇丈人，以杖荷蓧。
子路问曰："子见夫子乎？"
丈人曰："四体不勤，五谷不分，孰为夫子？"
植其杖而芸，子路拱而立。止子路宿，杀鸡为黍而食之，见其二子焉。
明日，子路行以告。
子曰："隐者也。"
使子路反见之，至则行矣。
子路曰："不仕无义。长幼之节不可废也，君臣之义如之何其废之？欲洁其身而乱大伦。君子之仕也，行其义也，道之不行已知之矣。"

这个故事也发生在孔子周游列国期间。

在离开楚国的路上，子路和孔子一行走散了。在路上遇到一个正拄着拐杖除草的老者。子路请问他有没有看到自己的老师。老者说："四体不勤，五谷不分，谁是你的老师呢？"所谓"四体不勤，五谷不分"，是一种夸张的形容和隐喻，暗指以孔子为代表的儒家知识分子，脱离劳动生产，过于理想化。很明显，这一位"丈人"与前文的"长沮、桀溺"一样，都属于"道不同，不相为谋"的人。

子路找不到路，只好拱手在旁边等待。晚上，老者留宿子路，并杀鸡招待他，还让自己的两个儿子出来拜见子路。可见，这位"丈人"款待子路还是很礼貌周到的。

第二天，子路追上了孔子，把这件事告诉了他。孔子意识到这是一位隐士，让子路返回来再拜见他，结果这位"丈人"已经走了。

"不仕无义"，意思是，不出仕是"无义"的。子路认为"长幼之节"尚且"不可废"，"君臣之义"又怎么能够废弃呢？依照子路的看法，读书人出仕做官是正道，通过入世的工作才能实现为社会服务的理想和志向。儒家把人与人之间的关系分为五种，分别为"君臣、父子、兄弟、夫妇、朋友"，称为五伦。子路认为归隐山林，是放弃君臣之义，表面上看起来是洁身自好，实际上乱了大伦。子路认为"君子之仕也，行其义也"，有道德理想的君子出仕做官，是为了实行君臣之义。如果大家都学道家隐士，只会躲藏起来，自顾自己所谓的清白，那么天下又由谁来拯救呢？子路能够有这番感悟和见解，算是深得孔子之意。

孔子一行在周游列国期间，一路上遇到过楚狂接舆、长沮、桀溺、丈人、晨门这样的隐士，他们退世隐居，不愿站出来匡扶社稷于危亡之中，这令子路也不由得要感叹"道之不行，已知之矣！"

由此可知，孔子时代的知识分子，在面对天下大乱时，出现了两种思想倾向：一种是倾向于退世隐居的道家，以《论语》中的隐士为代表；另一种则是愤然而起的儒家，以孔子及众弟子为代表。

八

《论语·述而篇第七》记：

子疾病，子路请祷。
子曰："有诸？"
子路对曰："有之。《诔》曰：'祷尔于上下神祇。'"
子曰："丘之祷久矣。"

孔子生了重病，子路向鬼神请求和祷告。

孔子病好之后，问子路有没有这回事。子路承认有这回事，并且引用《诔（lěi）》中的话来为自己解释。《诔》，是哀悼死者的悼念文章，通过叙述死者生前的事迹，来表达怀念和哀悼。《说文解字》解释："祷，告事求福也。"那么，子路向谁请求和祷告呢？《诔》上说"祷尔于上下神祇"。古称天神为神，地神为祇，所谓"上下神祇"，就是天地之神，也就是鬼神。

从子路的角度来说，看到自己的老师病重，希望其早日好转，所以按照《诔》中的说法，向天地鬼神祈求祷告。孔子说自己"祷久矣"，认为自己已经向天地鬼神祈求祷告很久了。很明显，孔子话中有话。

子路之祷与孔子之祷并不相同。子路之祷是把希望与力量寄托给了天地鬼神，这是一种向外的追求。孔子之祷，则是另一个层面的问题。孔子对于鬼神的态度是"敬而远之"。孔子拒绝与子路讨论鬼神与生死，但是孔子常常谈"恭""敬""畏"等话题，也重视祭祀之礼及其所承载的"仁"。可见，孔子所强调和倚重的，不是身外的"鬼神"，而是内心的"仁"，即后世王阳明讲的"良知"。

在孔子的价值体系中，以真诚虔敬之心对待人世间的每件事，就是对天地鬼神最好的祷告。中国人有一种朴素的价值观，就是俗话说的"人在做，天在看，举头三尺有神明"。其实，真正的神明是自己的良知。

子路之祷与孔子之祷最大的不同在于：子路向外寻求希望，而孔子则是"反求诸己"，向内寻求力量。

《论语·子罕篇第九》记：

子疾病，子路使门人为臣。

病间，曰："久矣哉，由之行诈也！无臣而为有臣，吾谁欺？欺天乎？且予与其死于臣之手也，无宁死于二三子之手乎！且予纵不得大葬，予死于道路乎？"

古代"疾"指小病，"病"指重病。此处"疾病"同用，指病得严重。

孔子病得很严重，子路大概是觉得要为老师准备后事了。孔子已不是大夫，并没有家臣。子路就让师兄弟们充当家臣，这显然有做面子工程的意思。

"病间"，孔子病好转，对这件事表达不满，认为子路这种做法是自欺欺人的行为。"无臣而为有臣，吾谁欺？欺天乎？"明明没有家臣却要假装有，这是欺骗谁呢？欺骗天吗？他觉得自己宁可死在弟子手中，也不愿意死在假扮的家臣手中。即便是死后不得大葬，难道自己会死在道路上吗？显然，孔子对子路的这一做法非常不以为意，不可否认，子路是出于一种庸俗的好心，但却辱没了孔子的"素业"。可见，子路想事情还是比较简单。

《论语·乡党篇第十》记：

色斯举矣，翔而后集。
曰："山梁雌雉，时哉时哉！"
子路共之，三嗅而作。

这一章略为费解，因为句子的开头缺少主语。结合前后文，可以看出，主语指的是下文所说的"雌雉"，即雌山鸡。"色"，本义是"脸色"，此处用来指代人。"举"，本义为"举起、抬起"，此处用以描写山鸡跳起来的动作。"斯"，即"则、就"之意。"翔"，是指山鸡受到惊吓之后张开翅膀飞走的样子。（野山鸡会飞，但是飞不高，也飞不远）

哪里的山鸡呢？孔子说"山梁雌雉"。清道光年的学者刘宝楠在《论语正义》中注："山梁，则山涧中桥，以通人行也。"也就是说，孔子及众弟子在周游列国行进的路上，走在某个山涧小桥上，遇到了一群山中的野鸡。野鸡见到有人来，惊慌地张着翅膀飞起来，然后又复归平静，重新聚拢在一起。这就是"色斯举矣，翔而后集"。

孔子看到这些在山涧中的野鸡，不由得感叹说"时哉时哉"，意思是"遇到好时候了，遇到好时候了"。很难猜测为什么孔子看到这些山鸡，会感叹他们遇到了好时候。或许，这些山鸡在山涧中遇到的是一群儒家的读书人，而不是一群猎人，所以能够不受猎杀之苦，故孔子叹其"时哉时哉"？总之，孔子没有明说，这一切只能靠后世读者去猜测了。

子路却没有说话，只是拱手去逗这些山鸡。子路一拱手，山鸡就飞走开，不一会儿又聚拢来，"三嗅而作"，子路连续逗了这些山鸡多次才罢休。由这里也可以看出，子路颇有童心未泯之态。

《论语·先进篇第十一》记：

子曰："由之瑟，奚为于丘之门？"
门人不敬子路。
子曰："由也，升堂矣，未入于室也。"

瑟，是古代的一种弦乐器。古人常说"琴瑟和鸣"，可见琴与瑟是两种不同的乐器。琴与瑟在形制上有很多区别：琴的外形一般为弧形，一头大一头小；瑟的外形一般为长方形；琴一般为7弦，瑟一般为50弦（现代瑟为25弦）；琴更显高雅，文人气重；瑟较显随意，娱乐性较强。古人常称"鼓瑟弹琴"。

这一章记录子路鼓瑟。子路性格粗犷急躁，对于文化艺术这些事情本来兴趣就不大，可以想象，其鼓瑟水平应该也不会太高。而孔子的音乐造诣却是非常高的。一个音乐水平一流的老师，却有一个音乐水平一般的弟子，难免感慨"由之瑟，奚为于丘之门？"用现在的话说，就是："子路这水平，怎么会是我的学生呢？"

这话大概被其他同学听去了，以为孔子嫌弃子路，也不尊敬子路了。孔子只好重新来评价子路说:"由也,升堂矣,未入于室也。"古代的标准房子一般由门、庭、阶、堂、室组成,最外面是大门,大门之后是庭,过庭后,登台阶;上完台阶后,进入房屋中间,此间称为堂,堂后面的房间称为室。堂用于接待宾客,供奉祖先;室用于住宿起居。堂前有阶,称为堂阶。"入门、过庭、登阶、升堂、入室",是古代进入府宅的基本步骤。

孔子用堂室做比喻。既然子路鼓瑟已"升堂",也就是说其已经完成了入门、过庭、登阶等多个步骤,说明子路的水平也没有那么差,只是还没有掌握到精微之处,故云"登堂而未入于室"。

《论语·先进篇第十一》记:

子路使子羔为费宰。
子曰:"贼夫人之子。"
子路曰:"有民人焉,有社稷焉,何必读书然后为学。"
子曰:"是故恶夫佞者。"

子羔,号高柴,孔子的学生,子路的师弟,出生于公元前521年,比孔子小30岁,比子路小21岁。子羔卒于公元前393年,享年128岁。《论语》中关于子羔的记载只有两章。

《论语·先进篇第十一》记:

柴也愚,参也鲁,师也辟,由也喭。

孔子曾经评价子羔比较愚笨,其实就是老实憨厚的意思。子羔身材矮小,据说其身高"不满五尺",为人忠厚正直,公正廉洁，有仁爱之心，是孔门弟子中从政当官最多次、最长久的弟子。据相关史料记载，子羔曾先后在鲁、卫两国四次为官，历任鲁国费宰、郕宰、武城宰和卫国的士师、狱吏。卫国发生内乱时，子羔逃了出去，并劝子路不要回宫，结果子路不听劝阻，果然回宫遇害。

根据史料可以推测，子羔与子路是关系比较亲近的同门师兄弟。所以，子路做官的时候，举荐子羔做费宰。但是孔子对这件事持有异议，认为子路此举是在害别人家的孩子，即"贼夫人之子"。为什么孔子不主张子羔做官呢？推测一下这个故事发生的时间应该可知。此事应该发生在子路为季氏做总管的时候，此时的子羔年纪尚小，孔子认为应该以读书为重。

子路自己年轻的时候，就喜欢长箭，对于读书也不感兴趣。子路认为有"民人"（即百姓），有"社稷"（即土地），完全可以在社会实践中"为学"，并不是只有读书才算"为学"。用现在的话来说，只要找得到工作就行了，何必读书？这是一种目光短浅的观点，所以被孔子严辞批评。

孔子觉得子路是强词夺理，说自己讨厌这种人，"是故恶夫佞者"。"佞"，即花言巧语，强词夺理。

《论语·阳货篇第十七》记：

子曰："由也，女闻六言六蔽矣乎？"

对曰："未也。"

"居！吾语女。好仁不好学，其蔽也愚；好知不好学，其蔽也荡；好信不好学，其蔽也贼；好直不好学，其蔽也绞；好勇不好学，其蔽也乱；好刚不好学，其蔽也狂。"

孔子问子路知不知道"六言六蔽",子路说不知道。孔子就说:"坐下来,我来告诉你。"这种叙述手法和《孝经》一模一样。《孝经》一开头,孔子问曾子知不知道"何为孝",曾子说不知道。孔子也说:"坐下来,我来告诉你。"这很有可能是古人一种模式化的叙述方式。

这一章的重点在于孔子怎么解释"六言六蔽"。

所谓"六言",就是六个字:仁、知、信、直、勇、刚。这实际上是儒家所倡导的六种积极品质。不过凡事均会有所限制,失去了一定的限制,就会出现弊端。爱好和追求"仁、知、信、直、勇、刚"等积极品质是没有问题的,但是均需要"好学"。如果没有"好学",反而会出现"愚、荡、贼、绞、乱、狂"六个方面的弊端。

理解这一章的关键是"好学"。孔子怎么理解"好学"二字?

综观《论语》,孔子所谓"好学",从来不是指"知识之好",而是"礼乐之好",是"修身之好"。颜渊为何是孔子心中的"好学"之人?因为只有颜渊才能做到"非礼勿视,非礼勿听,非礼勿言,非礼勿动";孔子也曾评价自己"好学",这当然也不是指热爱学习文化知识,而是指"好礼"。

因此,这一章,孔子把"仁、智、信、直、勇、刚"这六种积极品质,均纳入到"好学",即"好礼"的限制中,意思是,所有这些品质都要受到礼的约束和节制,否则就会流于一偏,出现弊端。

过分追求仁爱而没有礼的节制,可能会导致愚蠢;过分追求智慧而没有礼的节制,可能会导致放荡不羁;过分追求诚信而没有礼的节制,可能会导致伤害;过分追求正直而没有礼的节制,可能会导致纠缠不清；过分追求勇敢而没有礼的节制，可能会导致混乱；过分追求刚毅而没有礼的节制，可能会导致胆大狂妄。

孔子说"过犹不及"，从这里可以看出，儒家"中庸之道"的哲学观已呼之欲出。

子贡

一

子贡，复姓端木，名赐，字子贡。生于公元前520年，卒于公元前456年，享年64岁。子贡比孔子小31岁，是孔门弟子中十分重要的人物，孔门十哲之一。子贡为卫国人（今河南浚县），因口才极好、思维敏捷、善于雄辩、办事通达，曾挂鲁、卫两国相印。子贡还擅长经商，是"君子爱财，取之有道"的典范，被后世称为"儒商之祖"，并逐渐成了民间供奉的财神。子贡所遗留下来的诚信经商之道，亦被称为"端木遗风"，为后世商人所推崇。

《论语》中记录子贡言行的语录很多，总共有33条。在《史记·仲尼弟子列传第七》中，司马迁也花了大量笔墨来叙述子贡的故事。《史记·货殖列传第六十九》亦有关于子贡的记载："子贡既学于仲尼，退而仕于卫，废著鬻（yù）财于曹、鲁之间，七十子之徒，赐最为饶益……子贡结驷连骑，束帛之币以聘享诸侯，所至，国君无不分庭与之抗礼。夫使孔子名布扬于天下者，子贡先后之也。"通过司马迁的叙述，可以看出，子贡是孔门弟子中的首富，在当时非常有影响力，所到之处，"国君无不分庭与之抗礼"。司马迁甚至认为，儒家之所以最终能够成为"显学"，很大程度上是子贡推动的结果。

二

子贡是最爱提问的学生，他的提问中涉及的话题也很多。可以说，勤学好问的特点在子贡身上体现得淋漓尽致。

《论语·学而篇第一》记：

子贡曰："贫而无谄，富而无骄，何如？"
子曰："可也。未若贫而乐，富而好礼者也。"
子贡曰："《诗》云：'如切如磋，如琢如磨'，其斯之谓与？"
子曰："赐也，始可与言《诗》已矣，告诸往而知来者。"

子贡问："贫穷而不谄媚，富有而不骄傲，这样的人怎么样呢？"子贡为什么会问这样的问题呢？这大概跟子贡的个人经历有关，相信颜渊不会问这种问题。子贡少时家贫，但不愿接受命运的安排，司马迁说子贡"好废举，与时转货赀（zī）"。他能够揣摩预测市场变化，抓住市场机遇，最终成为"家累千金"的巨贾，所以孔子说"赐不受命，而货殖焉，亿则屡中"。

正因为子贡有过这种由贫而富的人生经历，他才会提出"贫而无谄，富而无骄，何如？"子贡的言下之意，就是请老师评价一下自己的表现如何。

孔子回答说"可也"，意思是"还行吧"，并没有用"善哉""美哉"这类赞叹词来表扬子贡，因为他觉得子贡还可以走向更高的境界。所以，孔子说"未若贫而乐，富而好礼者也"。

所谓"贫而乐"，是指"安贫还能乐道"，这恐怕只有孔子和颜渊才做得到。《论语·述而篇第七》载孔子："饭疏食饮水，曲肱而枕之，乐亦在其中矣。"《论语·雍也篇第六》载颜渊："一箪食，一瓢饮，在陋巷，人不堪其忧，回也不改其乐。"

在孔子看来，处于贫困而安于贫困，并且能够持守对理想的追求，这才是面对穷困的最高境界。一般人处于贫困之境，往往唉声叹气，怨天尤人，更甚者不能守节，变改初心。

"富而好礼者"，简单来说，就是富有了还能够讲规矩。孔子所处的时代，礼崩乐坏，诸侯之间相互征伐，大国欺压吞并小国；大夫之间相互离间，争夺权力；家臣僭越大夫，大夫僭越诸侯，诸侯僭越天子，子弑父、臣弑君的情况层出不穷，礼制失序，大家只凭所谓的"实力"说话，互相争霸，天下大乱。这些争权夺利的上层贵族阶层无不是"富人"，但是若不"好礼"，带来的后果却是很严重的。

子贡或许只是关心一下孔子如何评价自己的表现，而孔子的眼光却看向了全天下。孔子这一回答，一方面可以看作是对子贡的勉励，希望他再接再厉，更进一步；另一方面，更是他对所处时代的贵族阶层的期望。

那子贡有没有听懂老师的意思呢？子贡这么聪明，当然听懂了。所以子贡引用《诗经》里的句子"如砌如磋，如琢如磨"来表达自己的理解，认为老师是希望自己再接再厉。孔子非常高兴，表扬子贡"告诸往而知来者"，认为子贡真是聪明，讲过去就能够知道未来，有举一反三的能力。

《论语·宪问篇第十四》记：

> 子曰："贫而无怨难，富而无骄易。"

孔子对于贫富的认识是很深刻的。

现实社会中，常能见到身处贫困中的人们抱怨国家、抱怨家庭、抱怨父母、抱怨丈夫妻子、抱怨他人，总之，遭遇困顿不会"反求诸己""薄责于人"。尽管孔子并不支持这种做法，但是他承认这种状态也是人之常情，承认要做到"贫而无怨"这样的人生境界是很难的。因为在基础的生存需求未得到满足的情况下，确实很难跟他们谈人生理想和道德修养。孔子虽然注重道德修养的提升，但是他并非无视人的基本生存需求。他非常清楚"贫与贱，是人之所恶也"，并且提出治理国家的第一步是"富之"，而后才是"教之"。

相比于"贫而无怨"之难，"富而无骄"相对容易些。为什么呢？人在富足之后，在基本的物质生活得到保障之后，更容易对精神和道德产生追求。富有而不骄傲，是一种道德修养，可以经由理性的反省而获得，相比于"贫而无怨"更容易一些。

《论语·公冶长篇第五》记：

> 子贡问曰："赐也何如？"
> 子曰："女器也。"
> 曰："何器也？"
> 曰："瑚琏也。"

这样的问题，从来没有其他弟子问过。这实际上是子贡直截了当地请孔子评价自己，折射出了子贡复杂的心态。可以猜测，凭子贡通达的为人，高超的口才，再加上其乐善好施、尊师重道的德行，必定受到很多人称赞。比如鲁国的权贵叔孙武叔就曾在朝廷上宣称"子贡贤于仲尼"。在社会上听到种种赞美之词，或许让子贡自己都有点迷惑了，想找自己最敬重的老师确认一下，这也是在情理之中。

孔子对子贡这个问题，回答得很巧妙。按照通常的情况，孔子应该用"可也""善哉"等一类词来回答。但是，孔子却说子贡"器也"，而子贡竟然再问"何器也？"孔子对曰："瑚琏也。"这是一段十分精彩的师生对话。短短几句话，内涵非常丰富。

孔子为什么评价子贡是"瑚琏之器"？

什么是"器"？《周易·系辞上》载："见乃谓之象，形乃谓之器，制而用之谓之法，利用出入，民咸用之谓之神。"这段话的意思是：天地万物之中，看得见的称为"象"；有固定形状的物称为"器"；根据变化发展规律制定出条文、器物等来供人民使用称为"法"；相关的条文、器物等最终得以贯彻实行、运用，百姓依赖就可以称为"神"。

相传《易经·系辞上》为孔子所作，其中关于"器"的解释可以参考。在孔子看来，"器"为有形之物。孔子认为子贡还是一个有形之物——瑚琏。瑚琏，是古代祭祀时用来盛装祭品的器皿，夏朝称"瑚"，殷朝称"琏"，周朝称"瑚琏"。这种器皿精美漂亮，能登大雅之堂。孔子把子贡比喻为"瑚琏之器"，应该也算是一种赞扬，认为子贡是一个有才华，能够担当重任的人。

但是，孔子强调"君子不器"，说明君子不仅仅是如精美器物一般的存在，君子还应有更高的追求。"形而上者谓之道，形而下者谓之器。"君子的理想是要传道和行道，而由器入道，还需要下一些工夫。此章既可看成是孔子对子贡的评价，也可看作是孔子对子贡的期许，希望子贡更进一步，往"道"的方向迈进。

《论语·为政篇第二》记：

子贡问君子。
子曰："先行其言而后从之。"

子贡向孔子问怎么样做才是君子。"先行其言而后从之"，意思是说行动要在说话之前，而后别人才会跟从。君子是以德示范于人，君子怎么做，民众就会怎么做。孔子一贯主张"君子之德风，小人之德草，草上之风必偃"。孔子认为，君子不能光说好听的话却没有实际行动，一定要"敏于事而慎于言"，甚至是"先行其言"，这样才能取得民众的信任和拥戴。

《论语·公冶长篇第五》记：

子贡问曰："孔文子何以谓之文也？"
子曰："敏而好学，不耻下问，是以谓之文也。"

孔文子，名圉（yǔ），即仲叔圉，卫灵公、卫出公时期的卫国大夫，掌管礼仪外交事务，曾是卫灵公的贤大夫之一，与孔子同时代人，和孔子有过交往，还任用过孔子弟子子路做家臣。孔子认为，卫灵公无道却没有丧国，正是得益于仲叔圉、王孙贾等一帮贤大夫的辅佐。

孔文子聪明好学，又很谦虚。但是传闻孔文子也做过一些不大光彩的事情。《左传·哀公十一年》载："初，疾娶于宋子朝，其娣嬖（bì）。子朝出，孔文子使疾出其妻而妻之。疾使侍人诱其初妻之娣置于犁，而为之一宫，如二妻。文子怒，欲攻之。仲尼止之。遂夺其妻。"卫国国君的弟弟太叔疾娶了宋国子朝的女儿，其妹妹随嫁。后来子朝逃出了宋国。孔文子怂恿太叔疾休了子朝的女儿，然后把自己的女儿嫁给他。太叔疾却派人把前妻的妹妹引诱过来，安置在"犁"这个地方，还为她修了一座房子，作为自己的第二个妻子。孔文子十分生气，想要去攻打太叔疾。孔子劝阻了他。但是，孔文子还是把自己的女儿给夺了回来。后来孔文子又把自己的女儿嫁给了太叔疾的弟弟。

孔文子把女儿嫁来嫁去，很明显是在做政治操弄，这看起来是不符合礼的行为，为什么死后还被授以"文"的谥号呢？子贡对此有点想不明白。

西汉刘向《谥法解》中提到，周公旦和姜太公共同拟定了谥号的制法。"谥"，用来描述生前的行为；"号"用来描述生前的功绩。德行高的得大名，德行低的得小名。一个人在死后，被盖棺论定，别人以谥号来表达对他的评价。谥号分为"上谥""中谥""下谥"。"上谥"是美谥，常用"经天纬地曰文""仁义合道曰贤""博文多能曰宪"等表扬赞美类的词汇；"中谥"是平谥，常用"幼小短折曰冲""处死非义曰哀""中年早夭曰悼""在国逢艰曰愍"等表示同情的词汇；"下谥"是恶谥，常用"杀戮无辜曰厉""狂而无据曰荡""好乐怠政曰荒"等表示批评的词汇。

孔圉死后谥号为"文"，表示对他的赞美和肯定。子贡对于这件事表示不能理解。孔子告诉他，这是因为孔文子"敏而好学，不耻下问"。

子贡是一个乐意扬善而不愿隐恶的人，对于这些有争议的人物，往往要多追究一下。孔子则更希望子贡多看好的一面。

《论语·卫灵公篇第十五》记：

子贡问为仁。

子曰："工欲善其事，必先利其器。居是邦也，事其大夫之贤者，友其士之仁者。"

子贡问"为仁"，这个问题有些特别。在《论语》里，颜渊、子路、樊迟等学生都向孔子"问仁"，唯子贡向孔子问"为仁"。子贡是行动派，直接问孔子该怎么做。

孔子回答"工欲善其事，必先利其器"，这是一种比喻：百工想要做好事情先要准备上乘的工具。子贡有才干有能力，在社会上是具有影响力的人，他应该如何"为仁"呢？孔子认为"事其大夫之贤者，友其士之仁者"，意思就是要为贤大夫做事，结交仁德之士。可以猜想，子贡的社交面一定是很广的，三教九流无所不包，但是孔子提醒他若要"为仁"，则交友做事还是要有原则。

《论语·子路篇第十三》记：

子贡问曰："何如斯可谓之士矣？"

子曰："行己有耻，使于四方不辱君命，可谓士矣。"

曰："敢问其次。"

曰："宗族称孝焉，乡党称弟焉。"

曰："敢问其次。"

曰:"言必信,行必果,硁硁然小人哉!抑亦可以为次矣。"
曰:"今之从政者何如?"
子曰:"噫!斗筲之人,何足算也!"

春秋战国时期,周天子势力渐渐衰落,各诸侯之间吞并征伐,霸主频频易位。礼崩乐坏的时代,周朝几百年的政治制度和经济结构迅速土崩瓦解,社会发生着巨大的变革。在各路诸侯争相自保、扩张、称霸的时代洪流中,必然会催生新兴的社会阶层。一些人通过读书,依靠自己的智慧、谋略或一技之长而生存,脱离了直接的生产劳动,他们或为人出谋划策,或为知遇者出生入死,最终形成了一股新兴的社会力量。比如,春秋时期的孔子及众弟子,战国时期的孟子、荀子、张仪、苏秦等等。他们的工作常常是给别人做外交官、祭祀官、家宰、相国等,这些人被统称为"士"。

士人,在政治地位上,处于大夫和庶人之间。在经济上,不靠直接的农业生产来获得生存资料,而凭借为他人做事领取俸禄;在文化上,通过读书掌握了一定的知识和技能,通常擅长师、宗、卜、祝、史官之类的事务。士人阶层,可以说是中国古代早期的知识分子阶层。

前一章孔子提醒子贡"友其士之仁者",那到底什么样的人能够被称为"士"呢?这是子贡的又一个问题。

孔子认为"行己有耻,使于四方不辱君命,可谓士矣",孔子对士的基本要求就是自己的行为要懂得羞耻,出使他国要不辱使命。"行己有耻",是一种自我约束;"使于四方不辱君命",是忠于职守的职业态度。

大概子贡听得还不甚明白,请求孔子进一步解释。于是,孔子进一步解释说，真正的"士"，宗族亲戚一定赞其"孝弟"（即"孝悌"），家乡人一定赞其友爱。而且，这样的人"言必信，行必果"，说话真诚，值得信赖；行动果敢，有魄力。"硁硁然小人哉"，耿直率性，虽然不够成熟，但是也可以算是次等的士了。

总的说来，孔子心目当中的"士"，是以"守信、孝弟、有耻"等为基本道德标准的。

对于"当今从政者"，孔子基本看不上，认为这些都是"斗筲之人"，器量狭小，根本不值一提。

《论语·雍也篇》记：

子贡曰："如有博施于民而能济众，何如？可谓仁乎？"

子曰："何事于仁，必也圣乎！尧、舜其犹病诸！夫仁者，己欲立而立人，己欲达而达人。能近取譬，可谓仁之方也已。"

子贡问孔子："假如有一个人，他广博地施予百姓恩惠，又能够广泛地周济大众，可以算作仁了吗？"儒家的基本立场，是站在广大民众一边，是真正的民本主义思想，他们提倡"以民为本""民为邦本"等。如果真有一个"博施于民而能济众"的仁者站出来，必然会受到孔子欢迎。可惜，这是子贡的假设。

所以孔子回答说："这何止是仁，简直是圣啊！连尧舜都难以做到啊！"此处"病"，不是"疾病"之意，而是"难、不易"。比如《论语·宪问篇》云："修己以安百姓，尧舜其犹病诸？"这一句话中的"病"亦是"难、不易"的意思。

在子贡心里，"博施济众"或许没有那么难，但在孔子心里"博施济众"却是连古代圣王都难以做到的事情。那么，他们两个对

"博施济众"的理解是不是存在差别呢？

接下来，孔子说"夫仁者，己欲立而立人，己欲达而达人"。这是孔子为"仁者"画的像，后来被简化成"己立立人，己达达人"。

"欲"，想要；"立"，站住；"达"，通行；"而"，并且，表示并列关系。这句话的意思就是"自己想要站住，同时要让别人站住；自己想要通行，同时要让别人通行"，这是"推己及人"，兼顾"己与人"两方面的需要。也就是说，是把个人利益与集体利益，自身利益与他人利益兼顾平衡起来，并使之相辅相成。在孔子看来，能够把这两个方面兼顾好的人，可以称为"仁者"。

这种观念本质上彰显的是合一性。己立即立人，己达即达人，处理得好，本是一件事。为什么孔子认为这很难呢？因为人很容易将之做成两件事：一种是自己先立先达，而后别人才立才达，这是一种"先己后人"的自私思想，发展方向可能走向杨朱；另一种是别人先立先达，自己后立后达，这种不合乎自然天性的"无私"观念，其发展方向可能走向墨家。可见，孔子看出了"仁"的艰难之处。

一方面，孔子说"仁"之难；另一方面，孔子又说"为仁由己"，"我欲仁，斯仁至矣"，似乎"为仁"又十分简单。他主张"能近取譬"，从身边的人开始，从父母、兄长、朋友开始贯彻，推己及人，这就是"仁"的方法，即"可谓仁之方也已"。

这看起来似乎矛盾，实则可将其看作是孔子对"仁"辩证周全的看法。

《论语·颜渊篇第十二》记：

子贡问政。

子曰:"足食,足兵,民信之矣。"

子贡曰:"必不得已而去,于斯三者何先?"

曰:"去兵。"

子贡曰:"必不得已而去,于斯二者何先?"

曰:"去食。自古皆有死,民无信不立。"

子贡向孔子问政。

孔子给子贡提了三个方面的意见:足食、足兵、民信之。意思就是"使粮食充足、使兵力充足、使百姓真诚地信任你"。

这三者之间有没有轻重主次之分呢?子贡连续用两个"必不得已而去,于斯三(二)者何先"来发问,不断让孔子做选择题。孔子则认为,如果非要在三者之间做取舍,则先舍掉兵,再舍掉食,最后保留下来"信",因为"民无信不立"。

为什么孔子会这么强调"信"呢?道理也很简单。为政者如果得不到百姓的拥护、爱戴以及发自内心的信任,政令则难以施行,带来的后果必然是上下离心和社会秩序的混乱。和谐稳定的政治秩序,是国家安定繁荣、百姓安居乐业的基础。

《论语·颜渊篇第十二》记:

子贡问友。

子曰:"忠告而善道之,不可则止,毋自辱焉。"

这是孔子的交友观。

对待朋友,应该忠言相告,并且引导朋友向善。"道",同

"导"。如果做不到就罢了，不要自取其辱。`

关于交友的看法，《论语》中还记录了子夏和子张的一些观点。子夏对于交友的主张是"可者与之，其不可者拒之"；子张对于交友的主张则是"尊贤而容众，嘉善而矜不能"。

《论语·宪问篇第十四》记：

子贡方人。
子曰："赐也贤乎哉？夫我则不暇。"

"方人"，汉代经学大师郑玄认为是"言人之恶"，也就是批评别人的过错。子贡的性格恐怕就是喜欢议论批评别人，所以孔子才会提醒他"忠告而善道之，不可则止"。《史记·仲尼弟子列传第七》载子贡"喜扬人之美，不能匿人之过"。所以孔子很不客气地批评子贡："你就做得很好吗？如果是我，可没有这个时间（去议论别人）。"

这一章非常具有生活气息，是一个成熟且智慧的老师正在批评一个年轻的学生。子贡口才好，可是孔子一直对"巧言""佞言"保持高度的警惕，反而对"讷言"的学生很有好感。

《论语·先进篇第十一》记：

子贡问："师与商也孰贤？"
子曰："师也过，商也不及。"
曰："然则师愈与？"
子曰："过犹不及。"

师是子张，商是子夏，两人年龄相仿，都是孔子后期比较年轻的弟子。孔子死后，子张和子夏各立门派，分别形成了子张之学和子夏之学，在当时有很大影响。这两个学生其实都很优秀，各有特点，但性格差异比较大。

子夏不爱张扬，也不喜欢讲太多话，思想比较冷峻保守，大概平时为人处世显得比较骄傲，脸色也显得不那么随和，交朋友的态度是"可者与之，不可者拒之"，选择性很强。子张则热情张扬，爱发批评意见，交朋友的态度是"尊贤而容众，嘉善而矜不能"，没有选择，什么人都可以交往。孔子曾评价子张"师也辟"，意思说子张思想比较偏激。

子贡问老师怎么评价这两个同学。孔子说"过犹不及"，意思是两个人都不够完美，都偏向了一边，而儒家倡导的却是中庸之道。后来子张之儒最终走向墨家，而子夏之儒最终走向法家，孔子生前大概就已经看出了些端倪。

《论语·子路篇第十三》记：

子贡问曰："乡人皆好之，何如？"

子曰："未可也。"

"乡人皆恶之，何如？"

子曰："未可也。不如乡人之善者好之，其不善者恶之。"

"乡人皆好之""乡人皆恶之"，是两种极端的状态，两种都是绝对化的说法。孔子认为这两种态度都不可取。无论多么完美的人，也不可能让所有人都喜欢他；无论多么糟糕的人，也不可能所有人都讨厌他。最值得交往的朋友，是好人喜欢他，而坏人憎恶他。比如像包拯这样的清官,善良的百姓就喜欢他,而那些得势的恶霸就一定会很讨厌他。

这一章,反映了孔子识人之深刻与全面。

《论语·卫灵公篇第十五》记:

子曰:"众恶之,必察焉;众好之,必察焉。"

大家都讨厌的,要认真考察;大家都喜欢的,也一定要认真考察。此章与前一章的观点是一样的,强调全面完整地观察人事。

《论语·宪问篇第十四》记:

子贡曰:"管仲非仁者与?桓公杀公子纠,不能死,又相之。"

子曰:"管仲相桓公霸诸侯,一匡天下,民到于今受其赐。微管仲,吾其被发左衽矣。岂若匹夫匹妇之为谅也,自经于沟渎而莫之知也。"

管仲是齐国名相,辅佐齐桓公成就霸业。但是在辅佐齐桓公之前,管仲实际上辅佐的是齐桓公的对手公子纠。公子纠在与齐桓公的政治争斗中,最终因失败而被杀。与管仲同时辅佐公子纠的召忽自杀殉主,而管仲却在好友鲍叔牙的推荐下给齐桓公做了丞相。这在一般人眼里是一种背叛。子贡也认为管仲"非仁"。

然而,孔子对此却有不同的看法。孔子认为管仲以外交手段,九合诸侯,避免了战争,使社会稳定,老百姓受了益。孔子判断"仁与不仁",其基本立场是"人民",站在百姓的立场来评价历史人物。

《论语·卫灵公篇第十五》记：

子贡问曰："有一言而可以终身行之者乎？"
子曰："其恕乎！己所不欲，勿施于人。"

子贡问孔子有没有什么话是可以终身奉行的？孔子认为可以终身奉行的话就是"恕"。什么是"恕"呢？就是"己所不欲，勿施于人"。这一句话，孔子也给另一弟子仲弓讲过。仲弓向孔子问仁，孔子说："出门如见大宾，使民如承大祭。己所不欲，勿施于人。"

"恕"是什么意思呢？《说文解字》云："恕，仁也。"恕，就是仁。所谓恕道，也就可以说是仁道，至少接近于仁道。《礼记·中庸第三十一》云："忠恕违道不远。"

"恕"者，上"如"下"心"，本义为"如我之心"，引申指推己及人，以己之心度人，站在别人的角度思考问题。用现代心理学的术语来讲，"恕"接近于"共情"或"同理"之意。自己不喜欢的东西，也不会强加给别人，即"己所不欲，勿施于人"，这是仁德的表现。

在孔子看来，这是一个人可以终身奉行的话，是人的立身之本。

《论语·公冶长篇第五》记：

子贡曰："我不欲人之加诸我也，吾亦欲无加诸人。"
子曰："赐也，非尔所及也。"

"我不欲人之加诸我，吾亦欲无加诸人"，这听起来像是子贡的道德理想，也有"己所不欲，勿施于人"的意思。子贡或许觉得这并非难事，所以口吻显得颇为自信。然而，孔子却给他泼冷水，说"非尔所及"，他认为子贡做不到。

为什么孔子认为子贡做不到呢？

一个人要真的做到"己所不欲，勿施于人"，需要一颗极其廓然大公的心，凡还有个人私欲者，就不可能真正做到，这是圣人之境。子贡确实是精英式人物，但还未入圣境，这一点孔子看得非常明白。

《论语·子张篇第十九》记：

子贡曰："君子之过也，如日月之食焉。过也，人皆见之；更也，人皆仰之。"

君子犯错误，就像日食月食一样。犯了错，所有人都看得见，改正了错，所有人都仰望他。日食、月食，是一种正常的天文现象。子贡很会打比方，把君子比作太阳和月亮，光芒四射。君子偶尔也会犯错，也会有偏差，就像太阳和月亮也会有日食和月食的特殊情况。但是君子犯错和日食、月食一样，毫不掩饰，完全展现在人们的眼前；君子改了错，就如日食、月食过去了一样，光芒万丈的太阳和月亮又重见，人们依旧会景仰它们。

每个人都会犯错误，但是君子与小人面对错误的态度却是不一样的。小人掩饰错误，而君子承认并改正错误。

三

《论语》除了记录子贡好学善问之外，还记录了子贡与孔子及其他人物交往互动的故事。

《论语·八佾篇第三》记：

子贡欲去告朔之饩羊。

子曰："赐也！尔爱其羊，我爱其礼。"

告朔饩羊，是春秋时期的一种礼仪。周天子在腊月时要把第二年的历法布告天下诸侯，比如第二年有没有闰年，每个月哪一天是"朔"（初一），哪一天是"望"（十五），这件事情叫"告朔"。了解时令的变化对于农业国家来讲是非常重要的事情。所以，诸侯会将历法郑重地收藏在太庙中，每逢朔日（初一），国君便要杀一只羊来祭祀，祭祀完了再回去听政。到了春秋末期，诸侯遵守这种礼的意识越来越淡薄。即使在礼仪保存相对较好的鲁国，到告朔之日，鲁国国君既不亲自去祭祀，也不去听政事了，只是随意地杀一只羊了事。子贡觉得这种形式主义已经没有什么意义，还浪费了一只羊，就想把这项礼仪取消了。

孔子对子贡的想法表示反对。在孔子心里"告朔饩羊"之礼虽然已经变得形式化，但好歹这个礼还在，孔子舍不得彻底取消。所以，孔子颇为悲伤地说："赐啊，你爱的是羊，我爱的是礼啊。"其实，这种形式主义的"礼"，何尝又是孔子想看到的呢？孔子其实非常反对形式主义，然而面对每况愈下的礼崩时代，恐怕也只能

"退而求其次"了。

《论语·公冶长篇第五》记:

> 子贡曰:"夫子之文章,可得而闻也;夫子之言性与天道,不可得而闻也。"

先秦文献里讲"文章"与后世人所说"文章"并非同义。后世所说"文章"乃指有一定篇幅、独立成篇的文字。但在古代,"文"与"章"二字是分开讲的。

什么是文呢?有人解释为古代的文献,这是有一定道理的。孔子教学生主要以《诗》《书》《礼》《易》这四部书为基础,涉及古代的政治、文学、历史等。司马迁《史记·孔子世家第十七》载:"孔子以诗、书、礼、乐教,弟子盖三千焉。"

什么是章呢?"章",即"彰"也。孔子说自己"述而不作,信而好古",说自己做的事情是"祖述尧舜,宪章文武",认为自己的学问只不过是阐述古代圣王尧舜之道,彰明周文王周武王的制度而已。

子贡说,听到孔子讲古代文化,表彰古代的圣王之道,即"夫子之文章,可得而闻也"。但是关于"性与天道"这些更深的哲学概念,就没有听到孔子讲了。

确实,读遍《论语》,看不到孔子直接论述性与天道的语录,而对"性与天道"的探究,可看作是对孔子思想学问更深一步的哲学追溯。子贡能够意识到这个问题,确实也不简单。遗憾的是子贡是实践家,不是理论家,没能够对孔子的思想进行更加深入的阐述。最终把"性与天道"阐述清楚的人是战国思想家孟子,他说:

"诚者,天之道也;思诚者,人之道也。尽其心者,知其性也;知其性,则知天矣;存其心,养其性,所以事天矣。"

《论语·子罕篇第九》记:

子贡曰:"有美玉于斯,韫椟而藏诸?求善贾而沽诸?"
子曰:"沽之哉,沽之哉!我待贾者也。"

子贡问孔子,如果有一块宝玉,是拿一个漂亮盒子收藏起来呢?还是找一个识货的商人卖掉呢?孔子连忙说:"卖了,卖了。我正在等识货的人呢。"

这一段对话颇有意思,两个人不讲明话,全是暗语。这其实是一个比喻的说法,子贡用美玉来形容有才能的人,想了解一下孔子对于出仕做官的看法。怀才之人,遇到好的领导,就要出来展现。儒家是主张"出仕"入世的。所以孔子自己既出仕,也指导学生为政。子贡好学善问的特点在这儿也得到了很好的表现。

《论语·雍也篇第六》记:

季康子问:"仲由可使从政也与?"
子曰:"由也果,于从政乎何有?"
曰:"赐也可使从政也与?"
曰:"赐也达,于从政乎何有?"
曰:"求也可使从政也与?"
曰:"求也艺,于从政乎何有?"

孔子向季康子介绍几个弟子的才能,认为子路果敢刚毅,子贡通达聪明，冉求多才多能，都是可以从政的好人才。可见，孔子对子贡的通达聪明是给予高度肯定的，认为其是一个政事人才。

《论语·公冶长篇第五》记：

子谓子贡曰："女与回也孰愈？"

对曰："赐也何敢望回？回也闻一以知十，赐也闻一以知二。"

子曰："弗如也，吾与女弗如也！"

孔子问："你和颜回谁比较优秀？"子贡喜好比较，总想从老师这里知道自己"够不够好"的答案。所以这一次，孔子干脆拿他和颜回来比一比。

不过，子贡有自知之明，非常谦虚地说："我怎么敢跟颜回比呀！颜回听一知道十，我听一只知道二。""闻一知十"，形容理解力超强，善于举一反三。颜渊"闻一知十"，说明他极有悟性。子贡认为自己只能"闻一知二"，与颜渊比差得太远。

孔子听了子贡对颜渊的评价，也连连感叹"弗如也，吾与女弗如也"，意思是"我们俩都不如颜渊啊"。这一章，一方面表现出子贡有自知之明，另一方面也说明孔子和子贡对颜渊的评价都非常高，连孔子本人都觉得自己比不上颜渊。

《论语·阳货篇第十七》记：

子贡曰："君子亦有恶乎？"

子曰："有恶。恶称人之恶者，恶居下（流）而讪上者，恶勇而无礼者，恶果敢而窒者。"

曰："赐也亦有恶乎？"

"恶徼以为知者,恶不孙以为勇者,恶讦(jié)以为直者。"

这一段中师生两人相互发问,各自发表对"君子之恶"的看法,很有趣味。

子贡问孔子:"君子有什么厌恶的事吗?"

孔子认为"君子有四恶",也就是说,有四种人是君子所厌恶的。

第一种是"称人之恶者",就是到处宣扬别人缺点的人。孔子更倡导"隐恶扬善",所以对这种"称人之恶者"表示讨厌。第二种是"居下(流)而讪上者"(有版本无此"流"字,认为是衍文,此处存疑),就是身居下位而讥讽上位者的人。孔子倡导"事上也敬",有问题可以"谏言",不喜欢这种只会冷嘲热讽又不能解决实际问题的人。第三种是"勇而无礼者",因为"勇而无礼,则乱",缺少礼的约束与指导的勇只是匹夫之勇,容易鲁莽闯祸,这是孔子经常告诫子路的话。第四种是"果敢而窒者",指固执己见而不通达的人。"窒",就是阻塞不通的意思。尤其居上位者,听不进别人的意见,自以为是,顽固不化,这确实令人讨厌。

孔子回答完之后,又反问子贡讨厌什么样的人呢?

子贡提了"三恶"。第一种是"徼以为知者"。据西汉孔安国的解释:"徼,钞也。钞人之意,以为己有。"意思就是抄了别人的话,还认为是自己的智慧,这很有点像是在"窃夺别人的智慧专利",令人讨厌。第二种是"不孙以为勇者"。"孙"即"逊",谦逊的意思。把不谦虚当成勇敢,把"自以为是"当成胆量,也令人讨厌。第三种是"讦以为直者"。"讦",即揭发隐私的意思。把揭发别人的隐私看成是一种率直,也是很可恶的。

孔子提出"四恶",子贡提出"三恶",都非常朴实,日常生活中经常可见。由此可知,孔子、子贡都十分善于从细微处观察人事,并且总结得也很到位。

四

《论语·子罕篇第九》记:

太宰问于子贡曰:"夫子圣者与,何其多能也?"
子贡曰:"固天纵之将圣,又多能也。"
子闻之。
曰:"太宰知我乎?吾少也贱,故多能鄙事。君子多乎哉?不多也。"

太宰是周朝的官名,主要职责是掌管国家的典籍,辅佐君王,为百官之首,后世也称为宰相或丞相。春秋末期,这个官职的权势开始衰落。这一章,应该是子贡上朝的时候,朝廷上的官员和子贡的一段对话。

太宰问子贡:"你的老师是个圣人吗?他为什么会有那么多的才能呢?"子贡也非常骄傲地表彰自己的老师:"我的老师是上天要让他成为圣人,所以有很多才能。"

子贡这样介绍自己的老师,看起来似乎有点小小的"骄傲"之感。子贡秉持的是"天赋圣人"逻辑,也就是上天要让孔子当圣人,所以给了他很多才能。

孔子对子贡的逻辑并不认可，反问"太宰知我乎？""吾少也贱，故多能鄙事"。孔子说自己的出身卑微，所以会做很多具体的事情。孔子驾车、射箭技术都是一流。不过，在孔子看来，做一个君子未必需要这么多技能。君子的关键是"德"，而非"才"，这是儒家的基本观点。君子以道德为本，术器为末，本末不可倒置。

从这一章可以看出孔子更注重后天的培养和塑造的成才观。

《论语·卫灵公篇第十五》记：

子曰："赐也，女以予为多学而识之者与？"
对曰："然，非与？"
曰："非也，予一以贯之。"

孔子精通六艺，礼、乐、射、御、书、数皆擅长，政事、历史、文学、法律、军事、音乐无所不通，是个"全能"老师。很多人都认为孔子懂得多，拥有很多的知识，是个百科全书似的人物。但是，世人只看到了孔子学习的知识多，学问渊博，即"多学而识之"，却看不到孔子知识学问的本质，看不懂老师的道。子贡也看不懂，也只是简单地认为自己的老师学问渊博。

孔子反问子贡："你以为我的知识学问是靠大量的记忆和背诵得来的吗？"子贡说："难道不是吗？"古代读书人非常强调记忆和背诵，也就是所谓"博闻强记"的学习方法。孔子认为自己的学问并不是靠"博闻强记"而来，而是"一以贯之"的。

可惜，子贡这一次没有打破砂锅问到底，没有继续追问孔子"一以贯之"具体指的是什么？这是留给所有《论语》读者的问题。

《论语·宪问篇第十四》记：

子曰:"莫我知也夫!"

子贡曰:"何为其莫知子也?"

子曰:"不怨天,不尤人,下学而上达。知我者其天乎!"

这种说话的语气,很可能是孔子晚年的感叹之语。

《史记·孔子世家第十七》载:"鲁哀公十四年(公元前481年)春,狩大野。叔孙氏车子鉏商获兽,以为不祥。仲尼视之,曰:'麟也。'取之。曰:'河不出图,雒不出书,吾已矣夫!'"这段话是说,叔孙氏捕获到麒麟,孔子认为是很不好的征兆,他预感到自己寿命将尽,心中那份济世苍生、挽社稷于狂澜的伟大理想已经没有办法实现了。子贡仅认为孔子只是学问渊博,却没有看出其胸中洒洒,一切学问都是围绕匡扶社稷的理想而为。晚年,孔子接二连三地受到打击,儿子孔鲤、弟子颜渊、子路先后去世,其心情可想而知。子贡和他感情很深,却终究不能够完全理解孔子心灵最深处的那份情感。

孔子感叹"莫我知也夫",意思是"没有人了解自己"。子贡不理解老师的感慨,问孔子为什么?孔子没有正面回答,只是申明自己"不怨天,不尤人",不责怪也不抱怨,并且认为自己是"下学而上达",通过理解世故人情而通达宇宙人生的规律。

孔子虽然满怀落寞,却依然保持了一颗干净的心,知道天命如此。这样的内心世界很难言说。了解自己心意的,只有上天了。这也是孔子一贯的做法,遇到实在无法解决的问题和遗憾,则"还诸于天地"。

《论语·阳货篇第十七》记:

子曰:"予欲无言。"

子贡曰:"子如不言,则小子何述焉?"

子曰:"天何言哉?四时行焉,百物生焉,天何言哉?"

这应该是孔子晚年和子贡的对话。

孔子说自己已经不想说话了。子贡很奇怪,说:"老师要是不说话,那我们这些学生以后传述什么呢?"孔子指着天,对子贡说:"天说什么话了吗?四季自然运行,百物自然生长,天又说了什么话呢?"

这一章对话看似很好理解,其实充满了唯物主义的哲思。世界自有其发展变化的规律,这句话或许启发了战国思想家荀子,故荀子说:"天行有常,不为尧存,不为桀亡。"

五

《论语·颜渊篇第十二》记:

棘子成曰:"君子质而已矣,何以文为?"

子贡曰:"惜乎,夫子之说君子也!驷不及舌。文犹质也,质犹文也。虎豹之鞟(kuò)犹犬羊之鞟。"

棘子成是卫国大夫。子贡曾挂鲁、卫两国相印,故有机会和当时的权贵讨论问题。

棘子成认为君子只要有"质"就可以了,还要"文"来做什么呢?"文"即"纹",皮纹、纹彩,代指外在的装饰或形式,延伸可指礼仪礼节等外在言行表现;"质"即本质,是内在的内容。一般人都会认为"质"是内在的更本真的东西,而"文"则是外在浮华的装饰,可有可无。这也是棘子成的看法。

然而,儒家并不这样看。孔子曾经说过"质胜文则野,文胜质则史",意思是只注重真实的内容而没有外在的装饰,就会流于粗俗;只注重外在的装饰而缺少实质的内容,就会流于虚伪浮夸。孔子主张"文质彬彬,然后君子",也就是文与质要恰到好处,这才是中庸之道。

子贡受了孔子的教化,对于棘子成的看法并不认可,所以要驳斥他。子贡提醒棘子成"驷不及舌"。"驷"就是四匹马拉的车。"驷不及舌",意思就是四匹马拉的车也没有舌头快。言下之意就是说话要慎重,不要随便乱讲,说出来的话是收不回去的。接着,子贡继续议论说,"文犹质也,质犹文也",意思是文与质要相辅相成,不能只要一边。最后,子贡还打了个"虎豹之鞟犹犬羊之鞟"的比方,意思是如果没有外面的那些有花纹的毛,那么虎豹的皮和犬羊的皮就是一样的,又怎么区分是虎豹还是犬羊呢?子贡以此强调"文"的重要性。

这一章虽然出自子贡之口,但其核心观点显然出自孔子,强调的是儒家一贯主张的"中庸之道"。

《论语·子张篇第十九》记:

子贡曰:"纣之不善,不如是之甚也。是以君子恶居下流,天下之恶皆归焉。"

纣，即商纣王，商朝的最后一任君王，由于暴虐无道被周武王推翻。按照古代的谥法，"残义损善曰纣"，所以商纣王这个谥号是批判他的。

子贡认为商纣王之"不善"，没有传说中那么严重。之所以后世的人都传商纣王坏到了极致，是因为"君子居下流"，意思是他被推翻后身处下位，所以天下人就会把所有的恶都归到他的身上。西汉经学家孔安国在批注《论语》时说："纣为不善，以丧天下，后世憎甚之，皆以天下之恶归之于纣。"其实百姓就是如此简单，如果百姓爱之，也会把天下之善归之于他。历史是人民书写的，历史也是成功者书写的。子贡陈述这个事实，意在提醒当权者"为善"，小心被"归恶"。

《论语·子张篇第十九》记：

卫公孙朝问于子贡曰："仲尼焉学？"

子贡曰："文武之道未坠于地，在人。贤者识其大者，不贤者识其小者，莫不有文武之道焉，夫子焉不学？而亦何常师之有？"

卫国大夫公孙朝问子贡，孔子的学问是从哪里学来的呢？

子贡回答说："周文王和周武王的道还没有坠落在地上，依然还在人间。贤者能够掌握其核心内容，不贤者也能够掌握一些细枝末节。到处都有文武之道，我的老师在哪里不能学呢？何必非要有固定的老师呢？"

公孙朝称孔子为"仲尼"，子贡称孔子为"夫子"，这种称谓已经表明了关系的不同。公孙朝如此问，说明孔子去世之后，很多人对孔子并不了解。

唐代韩愈所写《师说》，也称"圣人无常师"。一般人的学问都有一定的师承，包括子贡本人，师出孔子，这是很明确的。而孔子不然。孔子并没有明确固定的老师，他曾经问礼于老子，向师襄学音乐，向苌弘问礼，但都是一时之师。孔子也从未提及自己的师承。

卫国大夫公孙朝问这样的问题并不奇怪。有趣的是子贡的回答。当被问及自己老师的师承的时候，子贡护师心切的样子一览无余，他立即就把自己的老师抬到很高的地位，说老师承袭的是文武之道。子贡当然没有瞎说，他对孔子的思想知之甚深，才会把话说得如此大义凛然，如此不容辩驳和置疑。

《论语·子张篇第十九》记：

叔孙武叔语大夫于朝曰："子贡贤于仲尼。"

子服景伯以告子贡。

子贡曰："譬之宫墙，赐之墙也及肩，窥见室家之好；夫子之墙数仞，不得其门而入，不见宗庙之美、百官之富。得其门者或寡矣，夫子之云不亦宜乎！"

叔孙武叔为鲁国大夫，这一章记录了他在朝廷上公然评价"子贡贤于仲尼"的事情。为什么叔孙武叔要这样说呢？孔子在鲁国做司寇时曾组织发起"隳三都"计划来削弱三家大夫的势力，直接影响到了叔孙氏的家族利益，导致叔孙氏很讨厌孔子。叔孙武叔心机叵测地挑拨孔子与子贡的师生关系，褒扬子贡而贬损孔子。

子贡知道这件事怎么可能不发言呢？子贡拿"宫墙"来比喻，"譬之宫墙，赐之墙也及肩，窥见室家之好"，认为自己的墙只有肩膀那么高，一抬头就可看到里面美好的东西；"夫子之墙数仞，不得其门而入，不见宗庙之美、百官之富"，意思是孔子的墙有数仞之高，一般人都找不到门进去，所以看不到里面的富丽堂皇。"得其门者或寡矣，夫子之云不亦宜乎！"能够找到进入孔子思想大门的人是很少的，叔孙武叔就不要乱讲这些不恰当的话了。

子贡虽然没有证入孔子的圣境，但是他看到了孔子的高度，崇拜孔子的境界，其发自肺腑的对老师的尊敬之情真是溢于言表，令人动容。

《论语·子张篇第十九》记：

叔孙武叔毁仲尼。

子贡曰："无以为也！仲尼不可毁也。他人之贤者，丘陵也，犹可逾也。仲尼，日月也，无得而逾焉。人虽欲自绝，其何伤于日月乎？多见其不知量也。"

叔孙武叔诋毁孔子，子贡为之辩驳。

子贡说："这是没有用的，孔子是诋毁不了的。一般人的贤德，就好比丘陵，尚且还可超越过去。而孔子，是日月，根本无法超越。一个人要自绝，难道他会伤害到日月吗？只是表明他自不量力而已。"

子贡把孔子比作日月，证明子贡看懂了孔子的境界与高度，随时维护着自己老师的形象。也可见当时有很多人并不了解和尊敬孔子。

《论语·子张篇第十九》记：

陈子禽谓子贡曰:"子为恭也,仲尼岂贤于子乎?"

子贡曰:"君子一言以为知,一言以为不知,言不可不慎也。夫子之不可及也,犹天之不可阶而升也。夫子之得邦家者,所谓立之斯立,道之斯行,绥之斯来,动之斯和。其生也荣,其死也哀,如之何其可及也?"

陈子禽即陈亢,《史记·仲尼弟子列传第七》载其为孔子的弟子,比孔子小40岁。在《论语》中出现过三次,其中两次是和子贡对话,另一次是和孔子的儿子伯鱼对话。或许陈子禽受到孔子亲炙的机会比较少,从他的问话来看,他对于孔子似乎并不了解,所以才多问。

陈子禽或许是对外界赞颂恭维子贡的话听多了,见子贡总赞扬自己的老师,认为这只是子贡的谦虚,所以说"子为恭也,仲尼岂贤于子乎?"

子贡却提醒陈子禽讲话要小心,"言不可不慎也",因为一句话就能显出智慧或者不智慧来。接着子贡为陈子禽解释说孔子高不可攀就像登天却找不到台阶升上去,即"夫子之不可及也,犹天之不可阶而升也"。如果让孔子这样的人来治理国家,则"立之斯立",百姓可以生存得很好;"道之斯行",百姓得到教化引导;"绥之斯来",远方来归顺的人得到安抚;"动之斯和",动员百姓做事可以得到响应。总之,以孔子之德才来治理国家,必定国泰民安。这样的人可以得到百姓的爱戴与拥护,他活着的时候大家都以他为荣,他死了大家都以此为哀。"其生也荣,其死也哀,如之何其可及也?"子贡说自己怎么可能赶得上孔子这样的人呢?

孔子死后,子贡传孔子之道,应该说是遇到了不少阻碍,有质疑、有诋毁，子贡总是据理力争、义正词严，不遗余力地维护师名。所以，司马迁在《史记·货殖列传第六十九》中说："夫使孔子名布扬于天下者，子贡先后之也。"

司马迁《史记·孔子世家第十七》载："孔子葬鲁城北泗上，弟子皆服三年。三年心丧毕，相诀而去，则哭，各复尽哀……唯子贡庐于冢上，凡六年，然后去。"

孔子死后，弟子们为孔子守墓三年。三年后，弟子们相泣而别，只有子贡复结庐于孔子墓旁，再为孔子守墓三年，共为孔子守墓六年。这一段故事，读来真是荡气回肠，感伤不已。孔子与子贡的师生情谊，也成为了后世尊师重道的典范。

颜渊

一

颜渊，曹姓，颜氏，名回，字子渊，鲁国人，生于公元前521年，比孔子小30岁，卒于公元前481年，享年40岁。颜渊是后世公认的孔门优秀生，位列孔门十哲之首，德行科第一名，是孔门弟子中的重要人物。

《史记·仲尼弟子列传第七》载："吾自有回，门人益亲。"孔子认为自从颜渊入了师门，其他弟子和自己都更亲近了，这说明颜渊德行高，有带头示范作用，受到了孔门其他弟子的尊重和效仿。

《论语·先进篇第十一》记：

子畏于匡，颜渊后。
子曰："吾以女为死矣！"
曰："子在，回何敢死！"

孔子一行在周游列国期间，曾经被误认为是鲁国季氏的家臣阳虎，被围困在匡城，差点被杀掉。在逃跑的过程中，颜渊落在了后面,当时情况应该是很危险的。后来颜渊终于追上了队伍,孔子见到颜渊就说:"我还以为你死了呢?"这种不假思索,脱口而出的话,可以想见当时孔子见到颜渊时又激动又嗔怪的复杂心情。

颜渊则恭敬地回答老师说:"老师还在,我怎么敢死?"这简简单单的话语里,透露出来的是如父子一般浓浓的情谊。然而,后来故事的发展,却是出人预料的,颜渊最终还是死在了孔子的前面。

据《史记·仲尼弟子列传第七》载:"回年二十九,发尽白,蚤死。"按照司马迁的说法,颜回29岁的时候头发就已经全白了,而且英年早逝。

颜渊死的时候,孔子非常伤心。

《论语·先进篇第十一》记:

颜渊死。

子曰:"噫!天丧予!天丧予!"

颜渊死的时候,年仅40岁,此时的孔子已经70岁。孔子一句"噫",表达了强烈的悲痛之情,同时也夹杂着惊讶和惋惜。"丧",指灭亡。"天丧予",意思是"老天灭亡我"。在孔子心里,颜渊早死,是老天要灭亡自己。这是为什么呢?

孔子觉得在孔门弟子中,真正能够领悟孔子之道的人,唯有颜渊。很可能孔子对颜渊寄予了厚望。因此,孔子对于颜渊之死悲痛欲绝,感觉要了自己的命,连连说:"这是老天灭亡我呀!这是老天要灭亡我呀!"那捶胸顿足、哭天抢地的悲痛之情跃然纸上。

《论语·先进篇第十一》记:

颜渊死，子哭之恸。

从者曰："子恸矣！"

曰："有恸乎？非夫人之为恸而谁为？"

儒家主张情绪要"发而皆中节"，子张也曾说过"临丧则哀"。可能因为孔子表现得过于伤心，身边的人觉得孔子有些失态，与礼不合，就提醒说："夫子您过于悲痛了！"孔子反问道："我过于悲痛吗？我不为这样的人悲痛，我还为谁悲痛呢？"

孔子是一个有血有肉、有丰富和深沉情感的人。他的悲伤是发自内心的真实情感。

《论语·先进篇第十一》记：

颜渊死，颜路请子之车以为之椁。

子曰："才不才，亦各言其子也。鲤也死，有棺而无椁，吾不徒行以为之椁。以吾从大夫之后，不可徒行也。"

颜渊家贫，英年早逝。颜渊的老父亲颜路（也是孔子的学生），请求用孔子的车来做颜渊的椁。古代丧葬有"棺椁"。所谓"棺"，就是装殓尸体的箱子，后世称为"棺材"。"椁"是用来保护"棺"的，即在棺的外面再套一个箱子，往往是身份和权势的象征，地位越高椁数越多。依照周朝的礼制"天子棺椁七重，诸侯五重，大夫三重，士再重"。

颜渊从未出仕，乃一介平民之身，依照礼制，只能是"有棺无椁"。颜渊父亲或许是觉得自己的儿子才华出众，死了之后想要抬高一下儿子的身份，显得体面一点。

儒家重视丧礼，孔子坚持依"礼"而行的基本原则，所以孔子拒绝了颜渊父亲的请求。孔子认为，不管是颜渊这样才华出众的弟子，还是如自己儿子孔鲤一样的庸俗之辈，待遇都是一样的。孔鲤死的时候，也是有棺而无椁，这是遵循礼制的要求。

尽管颜渊之死对孔子打击很大，令其悲痛欲绝，但是孔子在行事上依然保持着克制，并没有感情用事，还是主张依礼而行。

"吾不徒行以为之椁。以吾从大夫之后，不可徒行也。"颜渊去世时，孔子已经回鲁国，并恢复了大夫的身份。按照当时礼制的规定，大夫出门是需要车的，不能"徒行"，所以，孔子认为不能以自己的车作为颜渊的椁，这不合礼制。

《论语·先进篇第十一》记：

颜渊死，门人欲厚葬之。

子曰："不可。"

门人厚葬之。

子曰："回也视予犹父也，予不得视犹子也。非我也，夫二三子也！"

孔子拒绝了颜渊父亲"以车为椁"的请求，而孔子的弟子们却准备厚葬颜渊，也遭到了孔子的反对。但是，颜渊德行确实很高，获得了孔门弟子一致的尊重，所以，大家不顾孔子的反对，最终厚葬了颜渊。

孔子非常感慨。他叹息地说："颜回把我看成父亲，我却没有把他看作儿子啊。这不是我干的呀，是这些同学干的呀！"也就是说，颜渊的同学们集体出资，厚葬了颜渊，不但没有得到孔子的表扬，反而被孔子反对，甚至认为自己没有做到"为父"的责任，这看起来似乎有点不近人情，颇令人费解。

《晋书·列传第四十七》里记载着一个故事：卫将军谢安将造访吴兴太守陆纳家。陆纳是个廉洁俭朴的官员，仅准备了茶果招待。陆纳的侄儿陆俶担心叔叔招待上级官员礼数不周，悄悄准备了珍馐美食，等谢安到访时悉数拿出来招待。待谢安走后，陆纳杖责陆俶四十大板，责怪陆俶："汝不能光益叔父，奈何秽吾素业？"

陆俶依照一般世俗的礼数招待来访官员，对于其叔父陆纳来讲，非但没有讨得好，反而被叔父认为是侮辱了他的"素业"。孔门弟子们按照一般的善心为颜渊安排了厚葬，在孔子看来亦是污了颜渊的"素业"。

事实上，在孔门弟子中，能够有如此境界的人，唯有颜渊一人而已。所以，孔子与颜渊的心心相印，也是许多弟子所不能理解的。一般的弟子只能出于本能而庸常的情感来理解和判断这件事。

在《论语》中，颜渊是孔子不吝赞美之词的唯一弟子，多次得到孔子极高的评价，被认为是孔子最喜爱的弟子。

《论语·为政篇第二》记：

> 子曰："吾与回言终日，不违，如愚。退而省其私，亦足以发，回也不愚。"

颜渊应该是一个话不算多，但是心思细密，踏实认真，并且随时懂得反躬自省的人。平日里孔子和他讲话，一天到晚他也不会提什么意见，性格也不张扬，看起来老实愚钝的样子。但是孔子观察他私下的言行，发现颜渊是能够把自己讲的道理在生命中实践起来的人，这就叫"退而省其私，亦足以发"，孔子由此认识到"回也不愚"。

这是孔子对颜渊最含蓄的夸赞，也是很高级的一种夸赞。人的修养的最高境界是"大智若愚"，颜渊已经做到了。可以想象，在孔子给众弟子讲学时，颜渊一定不会像子路那样总是最先举手回答问题；也一定不会像宰我那样总要提出一些标新立异的观点以博得大家关注；也一定不会像子贡那样动不动就想得到老师表扬。颜渊只是静静地把老师的教诲听到自己的耳朵里，默默地记在自己的心里，踏踏实实地开展在自己的生命里。

孔子一向对"巧言""佞人"都保持着高度的警惕，认为这种能言会道的人，"鲜矣仁"。所以，对于颜渊这样不随便讲话的学生，孔子一定是非常喜欢的。

《论语·子罕篇第九》记：

子曰："语之而不惰者，其回也与！"

《论语·先进篇第十一》记：

子曰："回也非助我者也，于吾言无所不说。"

这两章都是孔子对颜渊为学表现的评价。

"语之而不惰者"，对于孔子的教诲，颜渊从不怠惰，并且"于吾言无所不说"，对于孔子的教诲全都欣然接受。由于颜渊不轻易提问题与孔子辩论探讨，所以孔子说"回也非助我者也"。尽管孔子对于和颜渊没有展开激情的讨论颇有些遗憾，不过，孔子对于颜渊的深思好学、"敏于事而慎于言"、积极付诸生命实践的态度却大加赞赏。

《论语·雍也篇第六》记：

子曰："回也，其心三月不违仁，其余则日月至焉而已矣。"

"仁"，是孔子思想中的核心概念。

《论语·子罕篇第九》载："子罕言利与仁。"关于仁，孔子一般很少主动谈，多数都是弟子们问。孔子自己也不敢称仁，曰"若圣与仁，则吾岂敢？"季康子和鲁哀公都问过孔子其弟子"仁不仁"的问题，孔子均只说他们具体的才能，一般不用"仁或不仁"来评价自己的弟子。

但是，颜渊是个例外。

孔子说颜渊可以"三月不违仁"。三月，指的是很长时间，意思就是颜渊是一个可持续保持"仁"的境界和状态的人。"其余则日月至焉而已矣"，一般的人只能是偶尔为之。

毛主席说过："一个人做点好事并不难，难的是一辈子做好事，不做坏事，一贯地有益于广大群众，一贯地有益于青年，一贯地有益于革命，艰苦奋斗几十年如一日，这才是最难最难的啊！"毛主席这段话可以看作是对孔子赞叹颜渊"三月不违仁"的很好诠释。

《论语·先进篇第十一》记：

子曰："回也其庶乎，屡空。赐不受命而货殖焉，亿则屡中。"

颜渊和子贡都是孔子的得意门生，与孔子的关系都很密切。这一章把颜渊与子贡放在一起说。

孔子说颜渊"庶乎,屡空"。"庶乎",意思是"差不多、还不错"。什么东西还不错呢?结合整部《论语》来看,孔子认为颜渊的德行修养是很不错的,但是"屡空",即太穷困了。事实上,颜渊确实是孔门中最穷困的弟子之一。

《论语·雍也篇第六》记:

子曰:"贤哉回也!一箪食,一瓢饮,在陋巷,人不堪其忧,回也不改其乐。贤哉,回也!"

虽然颜渊很穷,穷到"一箪食,一瓢饮,在陋巷,人不堪其忧"的程度,但依然"不改其乐"。很多人都不能理解,颜渊的生活都已经这么穷困了,为什么还会有快乐呢?颜渊的快乐到底从何而来呢?这是北宋周敦颐要他的弟子程颢、程颐回答的问题——寻孔颜乐处,并由此成了宋明理学发展史上的一段佳话。后世学者对此也各有不同的回答。

"寻孔颜乐处"一直是儒家学者老生常谈的话题。人到底要怎样才能获得真正的快乐呢?凡是陷于现实的人生,而不能超越现实者,一定有种种不能解决的麻烦与痛苦。颜渊是超越了现实生活的人,如入自然无为之境,这叫"安贫而乐道",叫"素贫贱行乎贫贱",故能"无入而不自得焉"。如元词《永遇乐·忙里偷闲》所言:"随缘度日,和光同尘,惹甚闲愁闲闷。富贵由天,荣华是命,休更劳方寸;心中无事,眼前清净,俱是快活时景。"

颜渊就是这样"乐天知命"之人,但是子贡则不同。子贡"不受命",不接受命运的安排,不能安于贫穷,所以"货殖焉",去做生意,"亿则屡中",结果料事如神,每次都能赚钱。可见,子贡亦是相当有决断力的人才。

《论语·述而篇第七》记:

子谓颜渊曰:"用之则行,舍之则藏,惟我与尔有是夫!"
子路曰:"子行三军,则谁与?"
子曰:"暴虎冯河,死而无悔者,吾不与也。必也临事而惧,好谋而成者也。"

有一天孔子对着颜渊感慨了一下:"用之则行,舍之则藏,只有我和你啊!"孔子的意思是,全天下能够这么收放自如的人,恐怕只有自己和颜渊两人,这一下就把颜渊的境界拉到与自己同一个水平。"用之则行,舍之则藏",是孔子的处世态度。如果能为当世所用,那就积极努力地去行道,造福天下百姓;如果不能为当世所用,那就安贫乐道,过清苦的日子。这也是孔子一直主张的"无可无不可""不怨天,不尤人"的处世态度。这种平和的心态,一般人少有,所以孔子才会说:"惟我与尔有是夫!"

《论语·雍也篇第六》记:

哀公问:"弟子孰为好学?"
孔子对曰:"有颜回者好学,不迁怒,不贰过,不幸短命死矣。今也则亡,未闻好学者也。"

《论语·先进篇第十一》记:

季康子问："弟子孰为好学？"

孔子对曰："有颜回者好学，不幸短命死矣，今也则亡。"

鲁哀公和季康子都是春秋末期鲁国政坛上的重要人物，两个人都曾向孔子打听"弟子中谁最好学？"孔子两次都回答"有颜回者好学，不幸短命死矣"，说明这些对话发生在孔子晚年，颜渊去世之后。孔子认为在自己的弟子中只有颜渊好学，其他弟子都算不上"好学"。显然，在孔子的思想里，"好学"并不只是指知识的学习，更兼有道德修养上的觉悟。

具体来说，孔子认为"不迁怒，不贰过"，这可以看作颜渊"好学"之表现。所谓"不迁怒"，不就是"躬自厚而薄责于人""君子反求诸己"的意思吗？凡事从自己身上找原因，不迁怒他人，不逃避责任，敢于承担，成为可以主宰自我的人。所谓"不贰过"，意思就是不会犯两次同样的过错。这句话说明哪怕如颜渊之境界的人，也难免有"过"，但是颜渊能够做到"不贰过"，说明他是一个有过能改并能够自我约束的人。

孔子用"不迁怒，不贰过"来给颜渊之"好学"做注脚。《论语·子罕篇第九》记：

子谓颜渊，曰："惜乎！吾见其进也，未见其止也。"

孔子感叹颜渊死得太可惜了，评价颜渊说，"我只看到颜渊一直在进步，没有见他停止过"，意思是颜渊对自己道德修养的要求从来没有懈怠和放松过，值得敬佩。

二

《论语·公冶长篇第五》记:

颜渊、季路侍,子曰:"盍各言尔志?"
子路曰:"愿车马、衣轻裘,与朋友共,敝之而无憾。"
颜渊曰:"愿无伐善,无施劳。"
子路曰:"愿闻子之志。"
子曰:"老者安之,朋友信之,少者怀之。"

子路、颜渊和孔子,师徒三人各自谈自己的理想与志向。

子路率先发言,说自己的志向是"愿车马、衣轻裘,与朋友共,敝之而无憾"。子路果然是一个豪爽仗义之人,愿意把自己的车马、衣裘与朋友分享,用坏了也无所谓。

颜渊则不然,其志向是"无伐善,无施劳",意思是"不夸耀自己的长处,不炫耀自己的功劳"。这是一种向内的自我要求,是一种把"我"化掉、"我将无我"的境界。颜渊去世得早,他虽然没有说自己具体要做什么,也没有史料证明他做过什么现实的事功,但是,相信颜渊如果有机会,必定也会如孔子一样去匡扶世道人心,并且也必有一种"功成不必在我,功成必定有我"的气量。

为什么孔子如此欣赏他呢?颜渊所具备的风范和气魄是超越世俗的,是一种"大我"气魄,而不是在"小我"的现实境界中。这就是一般人看不懂的颜渊,而孔子能够懂的原因,所以连孔子都要对着子贡感叹说:"弗如也,吾与汝弗如也。"

孔子欣赏颜渊，理解颜渊的境界。反过来，能够读懂孔子的境界，并且能与孔子心领神会的人，孔门弟子中也只有颜渊一人。《论语》中，孔子感叹"莫我知也夫"，没有人能够理解他，大概跟颜渊去世有关。

《论语·子罕篇第九》记：

颜渊喟然叹曰："仰之弥高，钻之弥坚。瞻之在前，忽焉在后。夫子循循然善诱人，博我以文，约我以礼，欲罢不能。既竭吾才，如有所立卓尔，虽欲从之，末由也已。"

《论语》里颜渊直接讲的话并不多，大多都是孔子对颜渊的评价。这一章是难得的颜渊直接发言。

"喟然而叹"，是一种深有感慨而发出的叹息，意味深长。撰写《论语》的人，用词真是生动。

"仰之弥高，钻之弥坚"，意思是"看起来愈高，钻起来愈坚"，这是形容孔子的思想学问表面上看起来平实朴素，但是如果仔细琢磨，认真钻研，会发现其高不可攀，坚不可摧。"瞻之在前，忽焉在后"，意思是"看到在前面，忽然又在后面"，这是形容孔子的思想学问宽广宏伟，前后左右无所不及。

总而言之，颜渊盛赞孔子思想学问的精义入神。能够发出这样的赞叹，说明颜渊已得孔子思想之堂奥，深得孔子思想之精髓，认识到了孔子思想"彻上彻下"的完整性。孔门弟子中能够在这个高度上认识孔子的，唯此一人！

子贡、有子等人都用了许多华美的语言来颂扬孔子，但是他们都集中在"温良恭俭让"的修养和"出类拔萃"的才华方面，在领悟孔子之道方面终究差了那么一点点。这或许就是颜渊之所以能被称为"复圣"的原因吧。

"夫子循循然善诱人,博我以文,约我以礼,欲罢不能。"颜渊说:"老师对我循循善诱,用广博的知识来丰富我,用礼的要求来约束我,我想停止进步都不行啊。"这句话就像是在回应孔子赞叹颜渊"吾见其进也,未见其止也"。

由此可见,孔子教导学生有"循循善诱"和"博文约礼"两种方法。

"既竭吾才,如有所立卓尔,虽欲从之,末由也已。"意思是"我已经用尽全部的能力,老师的道却像是一座卓立在面前的大山,想要跟随着上去,却无从下手"。这一句话,一方面表达了颜渊对老师的钦佩与恭敬,另一方面也表现了自己的谦虚。同时,也从一个侧面反映了孔子之道难以被当时的人接受的原因。实际上,孔子之道才是"至简之道"。道家说"大道至简"是没有错的,但是道家没有指出人间道具体在哪里,而孔子明明白白指了出来,遗憾的是世间人往往不明白。不能不说,颜渊所言,一方面在说自己,一方面也有深刻的隐喻。

这一段颜渊的"喟然而叹",可以说是对孔子思想和精神面貌最高超最淋漓尽致的表达。

《论语·颜渊篇第十二》记:

颜渊问仁。

子曰:"克己复礼为仁。一日克己复礼,天下归仁焉。为仁由己,而由人乎哉?"

颜渊曰:"请问其目?"

> 子曰:"非礼勿视,非礼勿听,非礼勿言,非礼勿动。"
> 颜渊曰:"回虽不敏,请事斯语矣。"

很多弟子都曾向孔子问仁。孔子各有所答。然而,后世普遍认为孔子对颜渊所答最为精彩,值得解读的内涵也最为丰富。

孔子认为"克己复礼为仁"。这可能是孔子对于"仁"最深刻、最本质的理解。什么是"克己复礼"?为什么"克己复礼"就可以"为仁"?这是需要进一步思考的问题。

"克己",意思是"克制和约束自己",克制自己的什么呢?这里孔子没有明说,但是孔子相信颜渊是懂的。孔子所言"克己",实际上指的是克制和约束自己的私欲。人,首先是作为一个动物存在的,动物天然就有很多欲望,如食欲、色欲、贪欲……人的欲望比普通动物更多,如权欲、占有欲……一个人如果只是顺着天然的欲望行事,那就无法与动物进行真正的区分,人类社会也无法成其为人类社会,而只是一个动物世界。在以孔孟为代表的儒家知识分子看来,人之所以为人,是因为人有一种"克己"的能力,能够自我节制和自我约束。通过自我节制和自我约束,人类能够获得更理性的生活秩序。"礼",是人类社会才有的东西,是人在自我约束与自我克制时外化形成的一种制度、规章、契约、礼仪等等。人只有经过这种理性的自我约束和自我克制,才能称为人。"克己"本身就是"复礼",一旦能够自我约束,就有了礼的确认,这个过程就是"为仁"。孔子所说的这句话,实际上已经触及到了人的本质,而探讨人的本质是哲学的基本话题之一。

孔子认为"一日克己复礼,天下归仁焉"。根据现代学者杨伯峻的解释,"一日"并非一天,而是"一旦",表示时间短。这和孔子所说的"我欲仁,斯仁至矣"有异曲同工之妙,有一种"放下屠刀,立地成佛"的神奇效果。

为什么孔子会这么信心十足地说"一日克己复礼,天下归仁"呢?因为,在孔子的思想体系中,"仁"不是外在的,"为仁由己,而由人乎哉?"也就是说,"为仁"是人的道德自我意识,是道德的自我要求,是不假外求的。只要内心萌动,一切都有可能。这是儒家十分重要的思想。战国思想家孟子说"万物皆备于我",明代思想家王阳明说"万化根源总在心",都是一脉相承的思想。

果然是"善待问者,如撞钟,叩之以小者则小鸣,叩之以大者则大鸣",因材施教。孔子和颜渊论仁,不同于和樊迟、子路论仁。孔子对樊迟、子路指点出的只是仁的其中一个面向,而对颜渊所指出的则是仁的本质。由这一章,可见颜渊与其他同学之间的差别。难怪子贡这么聪明的人都不得不承认"回也闻一以知十",不得不服气。

孔子讲给颜渊"为仁"的本质,颜渊还要继续"请问其目?"就是请问具体的内容。孔子回答了"克己复礼"的四个原则:"非礼勿视,非礼勿听,非礼勿言,非礼勿动。"这是孔子对"为仁"提出的四项基本原则,看起来很简单,做起来很不容易。不过,颜渊最后还是说"请事斯语矣",表示自己愿意按照老师的教导去做。

"非礼勿动",如果颜渊地下有知,对同学们违反礼制厚葬自己的做法应该也不会同意。

《论语·卫灵公篇第十五》记:

颜渊问为邦。

子曰:"行夏之时,乘殷之辂,服周之冕,乐则《韶》《舞》;

放郑声，远佞人。郑声淫，佞人殆。"

《论语》中问"为政"的人很多，问"为邦"的人唯有颜渊。这一字之差恐怕也别有深意。为邦和为政，看起来做的事情是一样的，但是格局上还是有差别的。"为政"是具体怎么做，"为邦"更显领导者的宏伟，"为邦"者必"为政"，"为政"者未必"为邦"。孔子为颜渊开出了四个"为邦"要法："行夏之时，乘殷之辂，服周之冕，乐则《韶》《舞》"，全是夏商周三代的做法。

"行夏之时"，就是按照夏朝的历法。为什么要按照夏朝的历法呢？夏朝把一年分为四季，每季分为孟仲季三个月。对于农业社会来讲，夏历被认为是最标准的，春生、夏长、秋收、冬藏，非常合理，利于农业耕作。孔子认为"为邦"者首先要带领百姓不违农时，才能发展农业，保障民生。

"乘殷之辂"，意思是"乘坐殷朝的车子"。为什么要乘坐殷朝的车子呢？据相关史料记载，距今大约3800年至3900年的第六代商部落的人驯服了牛，发明了牛车，并用牛车与周边部落开展贸易，被认为是中国最早开始商贸活动的始祖。我国古代遗址考古发现的最早的车子是殷墟出土的马车，其结构复杂、形制规范、装饰华美，表现出十分成熟的制作工艺。总之，中国车的发展历史自殷商始起。孔子用"殷之辂"来代表科技发展能力。

"服周之冕"，意思是穿戴周朝的礼帽。周朝的礼仪制度在夏商两代的基础上有所发展，被孔子认为是最完备的，言外之意，就是要用周朝的制度来管理国家。

"乐则《韶》《舞》"，用音乐来启迪教化人心。《韶》乐是歌颂舜的音乐；"舞"同"武"，《武》乐是歌颂武王的音乐。这两首音乐都是宫廷雅乐。孔子认为可以通过这些歌颂古代圣王的音乐来调节人心，统一情感。

"放郑声，远佞人。郑声淫，佞人殆。"孔子认为要废除郑国的靡靡之音，疏远那些巧言令色之人。孔子很讨厌郑国的音乐，曾说："恶紫之夺朱也，恶郑声之乱雅乐也，恶利口之覆邦家者。"估计郑国的音乐类似于今天粗制滥造的流行音乐，格调庸俗低下，正气不足，所以令孔子讨厌。

子张

一

子张，复姓颛孙，名师，字子张，一说为陈国人，一说为鲁国人。他出生于公元前503年，比孔子小48岁。子张与子夏、子游、曾子年龄相仿，是孔子晚年收入门下的弟子，位列"孔门十哲"，是孔门七十二贤人之一。

子张重视德行修养，勤学好问，性情勇武，喜交朋友，是后期孔门弟子忠信勇武的楷模。他生活中不拘小节，不讲究礼仪着装，为人随和从俗，与子夏性格形成反差，初具墨家的行事风格。因此，后世有学者认为子张之儒开创了墨家学派。

《论语·先进篇第十一》记：

柴也愚，参也鲁，师也辟，由也喭。

孔子评价高柴（子羔）愚笨，曾参（曾子）迟钝，颛孙师（子张）偏激，仲由（子路）鲁莽。

《论语·先进篇第十一》记：

子贡问："师与商也孰贤？"
子曰："师也过，商也不及。"
曰："然则师愈与？"
子曰："过犹不及。"

在子张年轻的时候，孔子就已经发现其性格比较偏激张扬，而子夏为人则过于冷峻。孔子认为两种都不恰当，强调性格与为人都应该恰到好处，走"中庸之道"。

二

子张好问，仅次于子贡。在《论语》里，子张的每次出现几乎都伴随着他的种种提问。

《论语·为政篇第二》记：

子张学干禄。
子曰："多闻阙疑，慎言其余，则寡尤；多见阙殆，慎行其余，则寡悔。言寡尤，行寡悔，禄在其中矣。"

"干禄"，即求仕进，从政谋求官职的意思。"干"，有"从事、担任"之意；"禄"，指俸禄。如《诗经·大雅·旱麓》所言："岂弟君子，干禄岂弟。"

这一章，子张问孔子如何从政求仕进。孔子给子张指出要"多闻多见"。"阙"，本义为"止息、终了"，引申为"减少、消除"；"疑"，即疑惑；"殆"，指危险。孔子认为，为政者应该"多闻、多见"，这样可以减少疑惑和危险。

孔子还指出要"慎言慎行"，说话做事谨慎小心。对于那些没听到和没看到的事情，不要随便发言，更不要轻率采取行动，这样可以减少错误和悔恨，即"寡尤""寡悔"。

作为一个为政者，"多闻多见"是最基本的工作方法。听什么呢？听民情民意，做调查研究；看什么呢？看民间疾苦，了解百姓的需求，这是一种实事求是的精神。"慎言慎行"，是为政者的基本底线，不能开黄腔随便乱讲，更不能随意发号施令，瞎指挥。

"言寡尤，行寡悔，禄在其中矣"，如果说话做事谨慎小心，减少错误和悔恨，就必然能够胜任职位，那么俸禄就在这里了。孔子对子张的这番关于"干禄"的指导，适用于任何一个时代的从政者。

《论语·为政篇第二》记：

子张问："十世可知也？"

子曰："殷因于夏礼，所损益，可知也；周因于殷礼，所损益，可知也。其或继周者，虽百世，可知也。"

"世"，本义为三十年。三十年为一世，引申指一代。"十世"即三百年，十代。子张问孔子能不能知道三百年以后的事情？

孔子举夏商周之礼为例，认为商朝的礼继承夏朝，在夏礼的基础上有所减少有所增加；周朝的礼则继承商朝，在商礼的基础上有所减少有所增加。不同朝代的礼代表着不同朝代的文化制度。朝代制度一直在继承中变革,在传承中创新,这是规律。依照这个规律,周礼必然也会被传承下去,并在传承中有所变革。所以,孔子认为即使一千年以后的事,也可依此推测而知。

夏商两朝,间隔约五百年;商周两朝,间隔约五百年;周朝初年至孔子时代约五百年。孔子从过去一千多年的历史中总结规律,具有了洞穿千年的历史眼光。

只可惜,此章孔子没有进一步阐明夏商周三代之礼是如何损益的?什么样的内容被后世保留下来了?子张没有进一步问,故孔子也就没有继续讲了。

《论语·阳货篇第十七》记:

子张问仁于孔子。

孔子曰:"能行五者于天下,为仁矣。"

请问之。

曰:"恭、宽、信、敏、惠。恭则不侮,宽则得众,信则人任焉,敏则有功,惠则足以使人。"

子张向孔子问仁。

孔子说能够实践"恭、宽、信、敏、惠"这五个方面就可以说是"为仁"了。

"庄重、宽厚、真诚、勤勉、慈惠"是儒家所倡导的道德修养,当然也是践行"仁"的基本方法。

"恭",有恭敬庄重、谦逊有礼的意思。《诗经·大雅·皇矣》曰:"密人不恭,敢距大邦。"意思是密国人不恭敬,竟敢与大国对抗。《尔雅》曰:"恭,敬也。"用"敬"来解释"恭"固然是可以的,但是二者之间又有些不同。孔子也分开讲"恭"与"敬"。比如孔子对樊迟说,"居处恭,执事敬",可见"恭"与"敬"虽然具有相同的指向性,但是又有细微的差别。"恭"强调外在行为上的庄重和谦逊;"敬"则更强调内在的严肃和认真。孔子认为"恭则不侮",行为上做到庄重和谦逊,就会避免蒙受侮辱。这是告诫一个人不能得意忘形,自以为是。

"宽",原本是指"屋子宽大",后来引申指"距离宽、面积大",若引申至人的德行,则有"心胸宽阔,度量大,宽厚、宽容"等意思。《尚书·仲虺(huī)之诰》曰:"克宽克仁,彰信兆民。"意思是君王能够宽厚仁爱,对亿万百姓真诚守信。百姓当然拥护这样的君王。所以孔子说"宽则得众"。

"信",本义指人的言论的真实性,引申为"真诚"。《说文解字》曰:"信,诚也。"《孟子》曰:"有诸己之谓信。"可见,《论语》里所讲之"信",不全是今天所谓的"信用",更强调内在本有的"真诚"。所谓"守信",本意是要守住真诚的心,不搞虚情假意。"信则人任焉",君王诚心对待百姓,百姓才会使其承担重任,才会赋予权力给他。先有"信"才会有"任",此之谓"信任"。

"敏",本义是做事动作快捷,后引申指勤勉、聪慧,反应灵敏。《诗经·齐风·甫田》曰:"曾孙不怒,农夫克敏。"意思是周王不发怒,农民就可勤勉地劳作。《论语》中,孔子也多次提到"敏",如"敏于事而慎于言","讷于言而敏于行",意思就是做事情要勤勉,行动要快捷,说话要谨慎。做事勤勉,行动快捷,就能够取得成效和功业,此之谓"敏则有功。"

"惠",本义指仁爱在行动上的表现,给别人以好处,引申指

"恩惠"。《诗经·邶风·北风》曰:"惠而好我,携手同归。"意思是你给我恩惠,喜爱我,我要与你一起走。《韩非子》曰:"君必惠民而已矣。"意思是国君一定要给予百姓恩惠。可见,孔子所说"惠则足以使民",指的是君王要给予百姓恩惠,这样百姓才愿意配合君王的命令与安排。

"恭、宽、信、敏、惠"是孔子为子张指出的为仁路径,其实也是为政之法。

《论语·公冶长篇第五》记:

子张问曰:"令尹子文三仕为令尹,无喜色,三已之,无愠色。旧令尹之政,必以告新令尹。何如?"

子曰:"忠矣。"

曰:"仁矣乎?"

曰:"未知,焉得仁?"

"崔子弑齐君,陈文子有马十乘,弃而违之。至于他邦,则曰:'犹吾大夫崔子也。'违之。之一邦,则又曰:'犹吾大夫崔子也。'违之,何如?"

子曰:"清矣。"

曰:"仁矣乎?"

曰:"未知,焉得仁?"

令尹子文是楚国的一位贤臣,三次把自己令尹的位置让出去,每次与新令尹交接工作都非常认真。崔子和陈文子都是齐国的大夫,由于崔子弑齐君,陈文子不愿与犯上作乱之人为伍,便放弃了自己在齐国的优厚待遇去了别的国家。

子张问孔子对这两个人的看法如何，问"仁矣乎？"孔子则评价令尹子文"忠"，陈文子"清"。所谓"忠"，指的是尽心竭力，忠于职守；所谓"清"，指的是洁身自好，不与世俗同流合污。两者都值得赞叹，但两者都只是"仁"的表现，并不等于"仁"的全部。孔子认为两个人均"未知"（即未智），因为在孔子"仁"的概念中，仁者必有智，既然两个人都"未知"，所以还够不上称为"仁"。

《论语·先进篇第十一》记：

> 子张问善人之道。
> 子曰："不践迹，亦不入于室。"

孔子多次提到过"善人"这一概念。"君子""小人""贤人""圣人""仁者""善人""有恒者"等，这些是《论语》里常见的用于指代德行修养境界不同者的名词。

什么是"善人"？根据南宋学者朱熹所注："善人，质美而未学者也。"

孔子"信而好古"，强调向古圣先贤学习，仿效尧舜禹汤、文武周公的做法，关怀天下苍生，体察民间疾苦，为百姓谋利益办实事，这叫"践迹"。如果不能仿效古圣先王的做法，沿着他们的脚印前行，只能说明还没有掌握到精髓。所谓"不入于室"，就是没有进入房宅的最里面，形容没有掌握到核心，还没有学到家。

《论语·颜渊篇第十二》记：

> 子张问明。

子曰:"浸润之谮(zèn),肤受之愬,不行焉,可谓明也已矣;浸润之谮、肤受之愬,不行焉,可谓远也已矣。"

这一章讲了"明"与"远"两个层次。

"明",日月相会,代表光明,本义是"明亮清晰、清楚明白"。如《尚书·洪范》有"视曰明",强调清楚明白地"看"。《礼记·中庸第三十一》有"诚则形,形则著,著则明,明则动",强调真诚表现出来会愈加明白。由此可见,"明"就是清楚明白,可引申为"明智"。子张问孔子,什么才叫真正的明智?

孔子指出了两点。一是谮,即诬陷、谗言;二是愬,即诽谤、诬告。"谮"与"愬",分别指流言蜚语和诬陷诽谤。孔子指出,流流蜚语或诬陷诽谤的传播方式是很隐蔽的,不容易被察觉。

"浸润",是渗透式的,润物细无声式的,悄无声息的状态;"肤受",就像皮肤感受到的一样,非常真切的感觉。"浸润之谮,肤受之愬",实际上指的是那种难以分辨的流言蜚语,听起来很真切,似是而非、难以辨别。遇到这种情况,一般人都会不由自主地从众,跟着这些似是而非的流言走。但是一个明智的人,应该有自己独立的判断,而不会人云亦云,随意从众,此之谓"不行"。

孔子认为,如果一个人不盲目跟从于大众,能够从世俗的泥沼中脱离出来,不仅仅是"明",甚至可以说是"远",即有远见,看问题透彻而深刻。

《论语·颜渊篇第十二》记:

子张问崇德、辨惑。

子曰:"主忠信,徙义,崇德也。爱之欲其生,恶之欲其死;

既欲其生又欲其死，是惑也。'诚不以富，亦祇以异。'"

子张问如何"崇德、辨惑"，即怎么做才算是崇尚道德？怎么做才能辨别疑惑？孔子另一个学生樊迟也有过相同的问题。不过，孔子给两个弟子的答案并不完全一样。

孔子对子张说"崇德"需要"主忠信，徙义"。

"主"，最早写为"炷"，意思是灯中有火柱的样子，引申指"最主要、最基本、最突出、最关键"。这句话的意思是说，崇德的关键是"忠信"。忠是尽心竭力，信是真诚守信。

"徙义"之"徙"，即"迁移、移动"，引申有"改变、变化"等意思；"义"，即"義"，本义是像羊一样美善，并从"我"做起。《论语》里，孔子曾经说过自己的忧虑是"闻义不能徙"。所以，"徙义"应理解为"见义则徙"，即见到美善之事要从自身做起。

总的说来，做事尽心竭力，为人真诚守信，美善之事从自己做起，这就是对道德的崇尚，即"崇德"。

"惑"，本义为分辨不清。"辨惑"，就是要把原本分辨不清的事情分辨清楚。

"爱之欲其生，恶之欲其死。"本义是：喜欢它就想让它生，讨厌它就想让它死。"既欲其生又欲其死"，这是多么极端纠结的情感！这种没有原则没有标准的爱恶，全凭个人感情和喜好，是非善恶分辨不清，当然是"惑"。那该怎么办呢？

孔子引用《诗经·小雅·我行其野》里的"诚不以富，亦祇以异"来进行说明。这是一首弃妇诗，以女子的视角描述了男子喜新厌旧的丑恶嘴脸。诗末尾的"诚不以富，亦祇以异"的意思是"不是她家比我富有，只是你变心的缘故"。

孔子用《诗经》来做比喻,想表达的意思是:不是事情本身令人迷惑,而是一个人内心不纯正,私欲杂念过多,迷惑自然就会多。言下之意,就是要"正心、诚意",保持纯正之心,才能心地无私、办事清明,才能"辨惑"。

三

《论语·颜渊篇第十二》记:

子张问政。
子曰:"居之无倦,行之以忠。"

子张向孔子问政。孔子指出两点:一则"无倦";二则"以忠"。

"无倦",即勤勤恳恳,不知疲惫,任劳任怨,不厌烦懈怠;"以忠",就是尽心竭力,忠于职守,尽职尽责,敬业爱岗。处在某个岗位,完成某项工作,如果能用这样的态度来对待,没有做不好的。

《论语·颜渊篇第十二》记:

子张问:"士何如斯可谓之达矣?"
子曰:"何哉尔所谓达者?"
子张对曰:"在邦必闻,在家必闻。"
子曰:"是闻也,非达也。夫达也者,质直而好义,察言而观色,虑以下人。在邦必达,在家必达。夫闻也者,色取仁而行违，居之不疑。在邦必闻，在家必闻。"

"达"，本义是"通达无阻"。子张和孔子讨论"士"要怎么做才能通达无阻。

子张认为"士"之通达无阻表现在"在邦必闻，在家必闻"，意思就是名声很大，诸侯大夫都知道他，这样就可以通达无阻。孔子则认为这只能算是有名气而已，不能算是"达"。孔子认为"达"与"闻"是两件事。

在孔子眼里，"达"应该表现在三个方面：一是"质直而好义"，即淳朴正直、公正无私，爱好美善之事，乐于助人；二是"察言而观色"，认真听别人讲的话，仔细看别人的脸色，能够理解别人的思想情感；三是"虑以下人"，即放低姿态，谦虚地与人交往。能够做到以上这三点的人在诸侯大夫之间一定通达无阻。由此可见，孔子所谓"达"，并不见得是事业成就之大小和社会地位之高低，而是凭个人道德修养而"达"。

"色取仁而行违"，表面行仁，实际违礼，表里不一，言行不一；"居之不疑"，自认为自己做得很好，完全不懂得自我反省。这样的人，即便是诸侯大夫都知道他，所闻也只是虚名而已，不能算是"达"。

从这里可以看出，孔子强调的"达"是一种道德的自我修养，而不仅仅是名气大。孔子认为有名而无德、德不配位，更不是什么好事情。

《论语·宪问篇第十四》记：

子张曰："《书》云，'高宗谅阴，三年不言。'何谓也？"

子曰:"何必高宗,古之人皆然。君薨,百官总己以听于冢宰三年。"

《尚书·无逸》云:"乃或亮阴,三年不言。"商朝的高宗武丁是一个明君,开创了商朝的盛世,其父亲死之后,武丁居丧三年,三年不说话。"谅阴"就是天子居丧所住的房屋。子张对这件事情不能理解。

孔子则认为高宗武丁的做法很正常,古人都是这样的。君王死了之后,百官各自履行自己的职责,三年听命于宰相。"冢宰",即宰相、大总管。"三年不言",三年不开口说话,这听起来有点不符合人之常情,很有可能这是一种指代,指三年不过问朝廷政事。

这是孔子主张三年之丧的又一证据,而子张对三年之丧却存有疑问。

《论语·卫灵公篇第十五》记:

子张问行。

子曰:"言忠信,行笃敬,虽蛮貊之邦行矣;言不忠信,行不笃敬,虽州里行乎哉?立则见其参于前也;在舆则见其倚于衡也,夫然后行。"

子张书诸绅。

孔子向子张提出"行"的基本准则是"忠信"和"笃敬",即说话做事要尽心竭力、真诚守信、严肃认真。如果能够做到"忠信"和"笃敬",就算是在"蛮貊之邦"也行得通(蛮貊,是古代南方和北方落后民族的称谓);如果做不到"忠信"和"笃敬",就算在本乡本土也行不通（古代二千五百家为州，二十五家为里，后来泛指同乡本土）。

"立则见其参于前也"，站立的时候，把这个准则放在面前对照，"参"指检验、对照考查；"在舆则见其倚于衡也"，坐车的时候，把这个准则靠在车的横木上进行对比衡量。孔子的意思是要子张时时刻刻、随时随地用"言忠信、行笃敬"来自我提醒和自我要求。

子张受教，唯恐自己忘掉了，把"言忠信，行笃敬"这句话写在腰带上，作为座右铭，随时带在身上。"绅"，就是古代士人所穿衣服的腰带。

《论语·子张篇第十九》记：

子张曰："士见危致命，见得思义，祭思敬，丧思哀，其可已矣。"

《论语》中，孔子、曾子、子张对"士"各有自己的认识和看法。子张认为"士"的表现主要有四个方面，做到这四个方面"其可已矣"，也就可以了。

第一个方面是"见危致命"，见到危难敢于献身。"致"，是给予、献出的意思。

第二个方面是"见得思义"，见到可得的东西要考虑是否合乎道义，是否符合人间美善的标准。与孔子在对子路谈成人的时候说的"见利思义，见危授命"是相同的意思。由此可见，子张的这个思想来源于孔子。

第三个方面是"祭思敬"，祭祀的时候要严肃认真，不能草率马虎，随随便便。

第四个方面是"丧思哀"，父母去世要表示哀痛悲凄，而不是冷漠无情。

子张说得非常不错，这四点确实是一个人德行修养的重要表现，也是人们应该尊崇的基本准则和行为规范。子张之学来源于孔子之学，但是其对于外在行为与表现的过度强调，预示着孔子之学有可能从子张这里由内向外走，最终走出儒家的心性之学。

《论语·子张篇第十九》记：

子张曰："执德不弘，信道不笃，焉能为有？焉能为亡？"

"弘"，本义是"光大、推广"，引申为"弘扬"。笃，指"专心一意"，有"坚定"之意，引申为"笃厚、笃定"。子张认为一个人有德而不去弘扬光大，信道却不专心一意，本质上其信心是不坚定的。子张对这种人表示质疑，说："焉能为有？焉能为亡？"这种人就是虚伪的，里外不一的。孔子也说过，要"笃信好学，守死善道"，主张人们行道时要有坚定的信念。

《论语·子张篇第十九》记：

子夏之门人问交于子张。
子张曰："子夏云何？"
对曰："子夏曰：'可者与之，其不可者拒之。'"
子张曰："异乎吾所闻。君子尊贤而容众，嘉善而矜不能。我之大贤与，于人何所不容？我之不贤与，人将拒我，如之何其拒人也？"

"交",就是"交往,交朋友"。

子张与子夏对于交友的态度与主张是不同的。子夏主张"可者与之,其不可者拒之",可以交往就交往,不可以交往就不交往。

子张则"善与人交",来者不拒,不加区别。子张交朋友的原则是"尊贤容众,嘉善而矜不能",尊敬有贤能的人,包容普通人,称赞善人,可怜"不能之人"。子张把朋友分成了"贤人""众人""善人""不能之人"。不管是哪一种人,子张都给出了一个合理的态度。子张的这种态度是很值得赞叹的。

子张推己及人:"我之大贤与,于人何所不容?"子张用假设的方法为自己的观点进行说明:"如果我是一个大贤人,有什么人是我所包容不了的呢?"大贤者心胸宽广,能包容一切,所以与一切人交往都不是问题。"我之不贤与,人将拒我,如之何其拒人也?"意思是:"如果我是一个不贤的人,别人已经把我拒绝了,我还有什么资格去拒绝别人呢?"子张这种来者不拒的交友观,与子夏"可交可不交"的交友观,形成了鲜明的对比。

《论语·尧曰篇第二十》记:

子张问于孔子曰:"何如斯可以从政矣?"
子曰:"尊五美,屏四恶,斯可以从政矣。"
子张曰:"何谓五美?"
子曰:"君子惠而不费,劳而不怨,欲而不贪,泰而不骄,威而不猛。"
子张曰:"何谓惠而不费?"
子曰:"因民之所利而利之,斯不亦惠而不费乎?择可劳而劳之,又谁怨?欲仁而得仁,又焉贪?君子无众寡,无小大,无敢慢，斯不亦泰而不骄乎？君子正其衣冠，尊其瞻视，俨然人望而畏之，斯不亦威而不猛乎？"

子张曰："何谓四恶？"

子曰："不教而杀谓之虐；不戒视成谓之暴；慢令致期谓之贼；犹之与人也，出纳之吝谓之有司。"

这是《论语》整本书中，孔子与弟子对答最多的一章。子张就君子如何从政连发四问，而孔子提出了从政者要"尊五美，屏四恶"的观点。

所谓尊五美，就是尊崇五种美政，即"惠而不费，劳而不怨，欲而不贪，泰而不骄，威而不猛"。

"惠而不费"，让百姓得到恩惠而自己没有损失。怎样才能做到呢？孔子认为要做到"惠而不费"，为政者要"因民之所利而利之"，要做对百姓有好处的事。民富则国强，众安则道泰。"布政有均，足民于产，则国家丰矣"，这样做，对为政者是没有任何损失的。

"劳而不怨"，让百姓劳作而没有抱怨。怎样才能做到呢？要"择可劳而劳之"，选择不违农时的时间，让百姓去服劳役，比如修路、修墙等等，这样百姓就不会抱怨。

"欲而不贪"，有欲望但是不贪婪。怎样才能做到呢？要"欲仁而得仁"。如果为政者以追求仁作为理想，而不是以自己的私欲为追求，全心全意为人民服务，就是求仁得仁，还有什么可贪的呢？

"泰而不骄"，面对任何人都泰然处之，不骄傲自大。怎样才能做到呢？要"夫众寡，无小大，无敢慢"。无论人多还是人少，无论年纪大还是年纪小，无论地位高还是地位低，都一视同仁、认真负责、不敢怠慢。

"威而不猛"，有威严却并不显得凶猛。怎样才能做到呢？就要"正其衣冠，尊其瞻视，俨然人望而畏之"。要衣冠整齐、行为严肃端庄令人尊重，让人看了心生敬畏之心。

所谓"屏四恶"，就是摒除四种恶政，即"不教而杀谓之虐；不戒视成谓之暴；慢令致期谓之贼；犹之与人也，出纳之吝谓之有司"。

"不教而杀谓之虐"，事先不教育，一犯错误就惩罚杀戮，就叫"虐"，这种做法很残暴；"不戒视成谓之暴"，提前不做好准备，只一味要求完成任务，叫"暴"，这种做法很暴躁；"慢令致期谓之贼"，命令下达缓慢，又要求限期完成，叫"贼"，这种做法很邪恶；"犹之与人也，出纳之吝"，给百姓发放物资的时候，显得相当小气吝啬，这叫作"有司"。"有司"代指官吏。这应该是一种讽刺反语。百姓什么时候需要官府发放物资呢？一般都是出现灾害时。这种时候官府发放救济应该大方舍得，保障民生，如果对百姓吝啬小气，叫"有司"。

孔子耐心细致地给子张讲了需要崇尚的五项美政和必须摒弃的四种恶政，可以说是相当详备且具体。

子张在孔门求学期间，十分好问，尤其关心为政的问题。孔子去世后，子张将学到的学问发扬光大，成为孔子之后儒家最重要的一支。《韩非子·显学》载："世之显学，儒、墨也。……自孔子之死也，有子张之儒，有子思之儒……"可以推测，子张的学问曾经显赫一时，影响很大。

《礼记·檀弓上第三》记录了一些子张临终的相关信息："子张

病,召申详而语之曰:'君子曰终,小人曰死;吾今日其庶几乎'!"申详,子张的儿子。子张临终前,把自己的儿子叫到跟前,对儿子说:"君子离世称为终,小人离世称为死,我今天大概可以称为'君子'了吧。"子张一生立志为君子,临终之前亦有此希冀。

《礼记·檀弓下第四》载:"子张死,曾子有母之丧,齐衰而往哭之。或曰:'齐衰不以吊。'曾子曰:'我吊也与哉?'"子张死的时候,恰逢曾子母亲去世。曾子穿着丧服去吊唁,有人认为这不妥当。曾子反问"我是去吊唁吗?"言下之意,自己只是去看望朋友,何必拘于一些繁文缛节呢?可见,子张、曾子两位同学之间的感情是很好的。

子夏

一

子夏，即卜商，亦称卜子，姒（sì）姓，卜氏，名商，字子夏，生于公元前507年，比孔子小44岁，卒于公元前400年，享年107岁。子夏为春秋末期晋国人（今河南温县），名列"孔子十哲"，是孔门七十二贤人之一。

《论语·先进篇第十一》记：

德行：颜渊，闵子骞，冉伯牛，仲弓。言语：宰我，子贡。政事：冉有，季路。文学：子游，子夏。

孔子把子游和子夏并列为文学科优秀学生。子夏才思敏捷，以文学著称于世。

孔子去世后，子夏去了魏国讲学，给魏国国君魏文侯当老师。《史记·仲尼弟子列传第七》载："孔子既没，子夏居西河教授，为魏文侯师。其子死，哭之失明。"子夏曾做过魏国国君的老师，其讲学时间很长，弟子众多。《史记·儒林列传第六十一》载："如田子方、段干木、吴起、禽滑厘之属,皆受业于子夏之伦,为王者师。"

子夏的学生们大都是经方治事之才,在不同的地方各自都取得了卓越的成就。田子方为人刚毅果决,后出任齐国宰相,使齐国国富民强;段干木雄才大略,辅佐魏文侯称霸中原50年,开创了魏国最辉煌的时代;吴起是一位杰出的军事家,曾指挥魏国多次击败秦国,后因被猜疑排挤去魏适楚,辅佐楚王进行变法,使楚国出现"马饮于大河"的强盛局面;禽滑厘后来从子夏处转投墨子名下,成为墨家的首席弟子。

郭沫若在《十批判书》中,认为子夏思想已经初具"法家精神"。韩非子称孔子死后儒家分为八派,但是没有子夏一派,因为韩非子将子夏列为法家一系。

后世学者对于子夏是否转向法家存在一些争议,但是无论如何,子夏在孔子去世后的几十年间,其办学成就和社会影响无疑都是巨大的,是儒家弟子中不可多得的人物。

二

子夏的言论在《论语》中较多,有与孔子的直接对答,有子夏发表的个人观点,还有子夏与同学的对话。

《论语·为政篇第二》记:

子夏问孝。

子曰:"色难。有事,弟子服其劳;有酒食,先生馔,曾是以为孝乎?"

子夏向孔子问孝。孔子为子夏所做的指点是"色难"。"色",指的是"容色、脸色"。孔子的意思就是,为孝最难之处在于有好的容色。

根据孔子因材施教的特点,这话应该是专门针对子夏讲的。据资料记载,子夏性格阴郁勇武,大概平时不爱讲话,脸色凝重,性情急躁,对待父母行有敬而和悦之容不足。孔子指出"有事,弟子服其劳;有酒食,先生馔",家中有事,子女要一马当先地效劳;有好吃好喝,要让父母先享用。这是一般人表现出来的孝行。子夏一定也做到了这一点,但是孔子反问"曾是以为孝乎?"如果只是这样,就能够称为孝了吗?

孔子认为,只是帮父母做事,拿好吃的东西给父母,还不足以称孝。还需要进一步做到"色",要发自内心地、真诚地恭敬,以和悦的容色面对父母。这确实是很多人都没有做到的。《礼记·祭义第二十四》载:"孝子之有深爱者必有和气,有和气者必有愉色,有愉色者必有婉容。"这一段话可为孔子强调的"色难"做很好的注脚。

孝,是儒家非常关心的话题。这一章是子夏在《论语》中的第一问。

《论语·八佾篇第三》记:

子夏问曰:"'巧笑倩兮,美目盼兮,素以为绚兮'何谓也?"
子曰:"绘事后素。"
曰:"礼后乎?"
子曰:"起予者商也,始可与言《诗》已矣。"

《论语》中直接向孔子问《诗》的人,唯有子夏。通过子夏的问题,不难理解为什么孔子要把子夏列为文学科高才生。

《诗》,即《诗经》。孔子教学生主要选用了四本参考书,分别是《诗》《书》《礼》《易》。诗教是孔子教学的重要组成部分。孔子说"不学《诗》,无以言",肯定了学《诗》的重要性。

"巧笑倩兮,美目盼兮"出自《诗经·卫风·硕人》,全诗分为四个章节:

硕人其颀,衣锦褧衣。齐侯之子,卫侯之妻,东宫之妹,邢侯之姨,谭公维私。

手如柔荑,肤如凝脂,领如蝤蛴,齿如瓠犀,螓首蛾眉,巧笑倩兮,美目盼兮。

硕人敖敖,说于农郊。四牡有骄,朱幩镳镳,翟茀以朝。大夫夙退,无使君劳。

河水洋洋,北流活活。施罛濊濊,鳣鲔发发,葭菼揭揭。庶姜孽孽,庶士有朅。

此诗描绘了齐国女子庄姜出嫁卫庄公的盛况,刻画了庄姜高贵美丽、楚楚动人的形象。"巧笑倩兮,美目盼兮",就是描写庄姜那笑起来迷人的样子,一双眼睛婉转动人。"素以为绚兮"并不出自此诗,其意思是"以素为绚"。"素",指白色,代指简约;"绚",指彩色,代指繁复。像庄姜这样美好的女子,天生丽质,根本不需要穿色彩艳丽的衣服,也不需要浓妆艳抹,就已经美得令人炫目了。这句话的本意大致如此。《诗经》产生的时间过于久远,不仅现代人读起来佶屈聱牙,对于春秋时期的学者们来讲,读懂《诗》也已经很有些难度了。

诗歌是非常凝练的表达方式，其意义在于"表情、达意、明志"，所以，能够读懂和鉴赏诗歌并不是一件简单的事情。子夏或许是正好读到或听到了《诗经》里的这句话，想求其更深刻的道理，故有此问。

孔子回答"绘事后素"。此话怎么理解呢？所谓"绘事"，就是绘画之事。《周礼·冬官考工记第六》里记录了春秋战国时期各种手工业的制造工艺，关于绘画，说的是"绘画之事后素功"。据相关资料考证，先秦的绘画一般是绘在麻葛布、绢帛、墙壁等材质之上，这些材料的底子通常不是纯白色。所以，先秦在绘画的时候，通常是先上其他的颜料，最后才用白色。这就需要画好前面的色彩，后面的白色才能起画龙点睛的作用。子夏问的是《诗》，孔子联想到的却是绘画。孔子拿绘画之事与庄姜之美做参照，庄姜那样美好的女子，随便穿着一件白衣就令人眼前一亮，就像绘画时前面的底子打好了，后面的白色才得以显出效果。

总之一句话，无论是美女还是绘画，都要底子好。底子不好，穿什么色彩斑斓的衣服也没有用，绘画之初的色彩如果没有安排好，后面的白色就难以起作用。

子夏真是聪明，孔子讲完"绘事后素"，立即就受到了启发，紧接着就反问一句"礼后乎？"孔子讲绘画，子夏立即联想到了礼，并追问"礼是后起的吗？"

礼是对于人的道德行为的约束与规范，当然是后起的。这已经无需孔子回答了。礼的前提是仁，仁是礼的底色。如果缺少了仁作为底色，那礼又有什么用呢？正如孔子所说"礼云礼云，玉帛云乎哉"。孔子惊叹子夏思维的转换之快，非常高兴，赶紧表扬了一番：

"启发我的是商啊，以后可以和商讨论《诗》了。"

《论语·子路篇第十三》记：

> 子夏为莒父宰，问政。
> 子曰："无欲速，无见小利。欲速则不达，见小利则大事不成。"

子夏后来出仕，当莒父的总管，向孔子问政。这应该是孔子晚年的事情。

此处孔子强调做事情不要求快，更不要贪求小利，即"无欲速，无见小利"。儒家重德崇本，孔子更喜"循循善诱"，并不是很主张激进的改革。同时，孔子还特别强调"无见小利"，提醒子夏要见"大利"。

什么是"大利"呢？孔子心中的大利，是"以道事君"，为民造福。如果像冉求那样为季氏敛财，虽然表面上取得了一些事业上的"小利"，但是为民造福、以道事君这样的"大利"反而做不成了。因此，孔子认为"欲速则不达，见小利则大事不成"。

子夏关注当下成效，关注现实方面的成就，对于道德教化、礼乐之教的关注没有那么强烈。或许孔子已经看出了子夏的性格和思想偏向，所以要这样提醒他。

《论语·雍也篇第六》记：

> 子谓子夏曰："女为君子儒，无为小人儒。"

此章犹如前章的续集一般，也在指导子夏为政。孔子告诫子夏要为"君子儒"，不要为"小人儒"。那什么是"君子儒"？什么是

"小人儒"呢？

首先弄清楚孔子所说的"儒"是什么？《周礼·冢宰第一》载："四曰儒，以道得民。"郑玄注曰："儒，诸侯保氏有六艺的教民者。"贾公彦注曰："儒掌养国子以道德，故云以道得民，民亦谓学子也。"简单地说，儒在春秋时期是一种从巫、史、祝、卜分化出来的职业，主要工作是掌管"教化"，其职责是教化百姓。

所谓"君子儒"，是"以道得民"；所谓"小人儒"，就是"以术得民"。"以道得民"，就是提倡以仁为本，尊崇礼制，以道德教化来解决社会问题；"以术得民"，就是使用各种方法、权术，甚至刑罚来管理百姓。孔子告诫子夏要立志做"以道得民"的"君子儒"，而不是做"以术得民"的"小人儒"。

可是，后来子夏一派还是渐渐走向了法家，更加注重实用性，走向了实用功利的方向。这从子夏的学生热衷于政治改革，并且他们的改革大多能够在短期内快速获得一定成效可以看出来。然而，子夏学生所取得的成功最后都是昙花一现，可以说是完全在孔子的预料之中。

三

《论语》中保存最多的是子夏发表的个人观点，仔细梳理这些言论，可以更深入了解子夏之性格与为人。

《论语·学而篇第一》记：

> 子夏曰："贤贤易色；事父母，能竭其力；事君，能致其身；

与朋友交，言而有信。虽曰未学，吾必谓之学矣。"

这一章子夏谈了四个方面的内容。

其一是"贤贤易色"。"贤贤易色"到底指的是什么？学术界存在一些争议，但是大多数学者认为"贤贤"，指的是对待妻子的态度。子夏强调对待妻子要"重贤"而不要"重色"。娶妻当以贤德为主，而不是以美貌为主。

其二是"事父母，能竭其力"。对父母，竭心尽力，这是子夏对孝的认识。

其三是"事君，能致其身"。侍奉君主，忠心耿耿。

其四是"与朋友交，言而有信"。对待朋友要真诚守信。"言而有信"这个成语便出自子夏之口。

一个人如果能做到这样四个方面，"那这个人就算他说自己没学问，但是我却一定认为他有学问"。显然，子夏赞叹这种四个方面都做得到的人。这样的人是"知行合一"的，王阳明说"知是行之始，行是知之成"，知而未行不是真知，真正的"知"一定是要化为行动的，是在真实的生命中呈现出来的。这种人比起那些成天夸夸其谈的人更值得尊敬。可见，子夏是一个务实的人。

子夏的言论大多集中记录在《论语·子张篇第十九》中，以下关于子夏的言论均取自于该篇。

子夏曰："虽小道必有可观者焉，致远恐泥，是以君子不为也。"

子夏对大道和小道、君子和小人、道与术之间的关系，是有清晰认识的。所以，他才会说："即使是小道，也是有可取之处的。只是要走得远，恐怕会受到阻碍。所以君子不这么做。"比如樊迟学稼、学圃，虽然有可观之处，但是要做"大事"，可能就会受到阻碍了。看起来，子夏还是受了孔子"见小利而大事不成"的启发。君子所为，志在苍生，胸怀天下，匡扶社稷，想的都是国家社会的大事情。

子夏曰："日知其所亡，月无忘其所能，可谓好学也已矣。"

什么叫好学？在《论语》中明确对"好学"二字进行说明的，总共出现两次。一次是孔子所说，一次则是子夏所说。

子夏认为"好学"就是"每天知道一些过去所不知道的知识，每月不要忘记那些已经掌握的东西"。

孔子认为的"好学"则是《论语·学而篇第一》所言："君子食无求饱，居无求安，敏于事而慎于言，就有道而正焉。"君子饮食不求饱足，居住不求舒适，行动做事敏捷，说话小心谨慎，跟随有道之人以纠正自己，这是孔子眼中的"好学"。

师徒二人对"好学"二字的解释可以说是大相径庭。他们之间的差别在哪里呢？很明显，子夏所好之学，是知识之学，主要体现在知识的学习积累上，故提出"日知其所亡，月无忘其所能"。而孔子所好之学，是道德之学，主要体现在一个人的德行修养上，强调对物质生活的超越，对道德理想的追求。可见，子夏身上的"实用主义"倾向确实是很明显的。

子夏曰："博学而笃志，切问而近思，仁在其中矣。"

子夏谈"仁",和孔子谈"仁"不同。孔子多半会谈"仁"的不同表现,而子夏则认为"仁在其中"。"仁"不是表现出来,"仁"就在表现之中。

子夏重视广泛学习,博览群书,不断地增长知识,并且主张要恳切地提问,结合现实问题进行思考,"仁"便在这些事情当中了。

事实上,子夏的观点和主张很容易为大众所接受,并且也比较容易做到,这种实用主义更容易大众化。

子夏曰:"百工居肆以成其事,君子学以致其道。"

"百工居肆",指各行各业的工匠待在自己的工作坊里,这样才能"成其事",才能完成他们的工作;而君子则要通过"学",才能"致其道",才能走上君子之道。

这一章很像子夏给学生的告诫。子夏的理想依然是"成为君子",这与孔子的思想是一致的。子夏强调"学以致道",通过大量的知识学习,最后成为君子。

子夏曰:"小人之过也必文。"

"文",即掩饰。子夏认为小人犯了错误一定会加以掩饰。为什么要掩饰呢?怕担责任,怕被惩罚,总之不敢承认,有很多的顾虑。小人在此未必是道德意义上的小人,更多是指百姓、民众,或者处世不成熟的人。一个不成熟的人,承担不起责任的人,在犯错时会条件反射地进行掩饰。

那么"君子之过"又怎么样呢?这里子夏没有说。但是子贡曾说过"君子之过也,如日月之食焉。过也,人皆见之;更也,人皆仰之"。也就是说,君子有"过",也是明明白白的,他会大方承认和改正,如日月一般被人们看得清清楚楚。

子夏曰:"君子有三变:望之俨然,即之也温,听其言也厉。"

在子夏心里,君子是这样的:远远看觉得很庄重,靠近他感觉很温和;听他讲话则感觉很严厉。这很可能是子夏对孔子的印象,和《论语·述而篇第七》所描述的孔子"温而厉,威而不猛,恭而安"的形象基本一致。

君子的形象不是拘泥刻板的,不是一成不变的,更不是僵化的,而是活泼的,充满生活气息的。他既庄重又亲切,既严厉又温和,既谦恭又泰然。先秦时期讲"君子",既可以指道德上的君子,又常常指居于统治地位的"君子"。从此处看,子夏这句话给自己的学生魏文侯讲最为合适。魏文侯为魏国国君,作为一国之君,如果能够做到以上几点,那无疑便是一个不错的国君了。

子夏曰:"君子信而后劳其民,未信,则以为厉己也;信而后谏,未信,则以为谤己也。"

此章,子夏强调"信"的好处,这是儒家道德修养中的重要内容。

"信",本义为言语真实,引申指真诚不欺、诚实可靠、讲信用。"信"需要"守"。身居高位的君子如果能做到"信",管理和役使民众就比较容易。如果居上位的领导者不"信",民众会认为是在虐待自己;反过来,如果居下位的民众或大臣"信",那么去劝谏上层领导者也就比较容易,否则就会觉得自己被诽谤。总而言之,无论对于居上位的君,还是居下位的臣,君与臣之间的交往都要遵循一个基本原则,那就是"信",即真诚可靠。

孔子也强调"信",但是和子夏强调君臣共同守"信"有所不同,孔子更强调君之"信",因为他认为"君子之德风,小人之德草,草上之风必偃"。所以,孔子会更强调上层领导者守"信"带来的效果。

子夏曰:"大德不逾闲,小德出入可也。"

子夏把德区分为"大德"与"小德",这和孔子的观念是有出入的。孔子从未对德进行过大小之分。

子夏认为,一个人只要在大的道德节操上,或者说在大原则上守住底线就可以了,小节方面有些出入也未尝不可,也就是不拘泥于小节的意思,俗话说"成大事者,不拘小节"。从实用角度来看,子夏的这种权宜之计,非常具有社会适应性。

然而,正如《传习录》中,王阳明告诫弟子说:"后儒只在分两上较量,所以流入功利。若除却了比较分两的心,各人尽着自己力量精神,只在此心纯天理上用功,即人人自有,个个圆成,便能大以成大,小以成小,不假外慕,无不具足。"儒家强调"德",是从"成色"上说,非从"斤两"上计较。所以,当子夏开始有大小德之分,就可以看出子夏思想与孔子思想的分野了。从子夏的言论中可以看出，子夏最终走入实用主义，并带领他的弟子走出儒家，似乎是一个必然。

子夏曰："仕而优则学，学而优则仕。"

这是子夏在论"学"与"仕"的关系，对后世影响深远。"优"，不是现代人所说的"优秀"，而是"充足、富足、有余力"的意思。后世人把"学而优则仕"，理解为学习优秀之后就要去做官，这并不是子夏的原意。

"仕"，指做官。子夏的意思是，做官之时，还有余力有精力就要加强学习，提高知识修养；反过来，学习之时若有余力，则可以出仕做官，这是学以致用。从字面上来看，这句话明白简易，是很容易理解的，并且确实也有道理，具有现实的指导性。但这代表的是子夏的个人观点，恐怕与孔子的观点并不一致。

子夏把做官与学习当成了两件事，这就说明子夏之"学"与孔子之"学"已经不是一个"学"了。孔子之"学"，是道德之学，是生命的道德实践，是时刻傍身的，不可能说是做官之余有时间再来学。子夏之"学"，是知识之学，在生命之外，所以才可以分出先后来。子夏之学实际上应该是孔子所谓的"行有余力，则以学文"的"文"，即知识之学。从这一章，可再一次看出子夏学问离孔子学问已渐行渐远。

四

《论语》中,除了收录子夏与孔子的问答和其发表的个人观点之外,还有一些其与同门之间的对话。

《论语·子张篇第十九》记:

子游曰:"子夏之门人小子,当洒扫应对进退则可矣。抑末也,本之则无,如之何?"

子夏闻之,曰:"噫,言游过矣!君子之道,孰先传焉?孰后倦焉?譬诸草木,区以别矣。君子之道焉可诬也?有始有卒者,其惟圣人乎!"

孔子去世之后,子夏和子游各自都有自己的学生,二人对学生的培养方式各不相同。

子夏培养学生,总是让学生学习"洒扫、应对、进退",也就是在家务劳动、迎送客人、待人接物的礼节方面用功。子游认为子夏的教学方式"抑末也,本之则无"。此处"抑",并不是"抑制",而是表示转折,有"可是、但是"的意思。子游并不是反对子夏教学生做这些,而是认为子夏舍本逐末,没有"务本",没有教给学生最根本的东西。可见,子游对于子夏的教学方法有一些质疑。

子夏对于子游的看法,也有自己的解释,他认为子游没有看懂自己,故说"言游过矣"。子夏说:"君子之道,孰先传焉?孰后倦焉?"君子传道,哪些内容先传呢?哪些内容,后面会懈怠呢?学习的内容，就像草木一样是有区别的。看起来，子夏似乎更主张学习的先后次第，要像草木一样有分类、有区别。

《论语·颜渊篇第十二》记：

司马牛忧曰："人皆有兄弟，我独亡。"

子夏曰："商闻之矣：死生有命，富贵在天。君子敬而无失，与人恭而有礼，四海之内皆兄弟也。君子何患乎无兄弟也？"

司马牛忧心忡忡地说："别人都有兄弟，我却没有。"

子夏用"死生有命，富贵在天"来开导司马牛。这句话可能是子夏听孔子说过。孔子在周游列国期间，生命多次危在旦夕，但是孔子每次都能用"天"来为自己打气。比如"天之未丧斯文也，匡人其如予何？"所以，孔子也有可能说过"死生有命，富贵在天"这样的话。

"君子敬而无失，与人恭而有礼，四海之内皆兄弟也。"这句话听起来很温暖，是子夏对司马牛的勉励。子夏认为一个君子能够做到恭敬，不失礼，全天下人都会来归附他，何必担心没有兄弟呢？所以，人贵在修德，"德不孤，必有邻"。

《论语·颜渊篇第十二》记：

樊迟问仁。

子曰："爱人。"

问知。子曰："知人。"

樊迟未达。

子曰："举直错诸枉，能使枉者直。"

樊迟退，见子夏。

曰："乡也吾见于夫子而问知，子曰：'举直错诸枉，能使枉者直'，何谓也？"

子夏曰："富哉言乎！舜有天下，选于众，举皋陶，不仁者远矣。汤有天下，选于众，举伊尹，不仁者远矣。"

樊迟向孔子"问仁"，孔子回答"爱人"；"问知"，孔子告诉他"举直错诸枉，能使枉者直。"樊迟没有听懂孔子的话，出来找子夏。子夏一听就懂，立即给樊迟进行了举例说明。

子夏认为孔子所说的"举直错诸枉，能使枉者直"这句话内涵非常丰富，并且列举了古代舜和汤二位圣王善于选贤与能的例子来进行说明。舜因为选用了刚正严明的皋陶，使得"不仁者远矣"；汤因为选用了勤政爱民的伊尹，使得"不仁者远矣"。

总而言之，孔子所表达的意思就是居上位者要有智慧，才能选拔出德才兼备的干部来管理好国家。

《论语·子张篇第十九》记：

子夏之门人问交于子张。

子张曰："子夏云何？"

对曰："子夏曰：'可者与之，其不可者拒之。'"

子张曰："异乎吾所闻。君子尊贤而容众，嘉善而矜不能。我之大贤与，于人何所不容？我之不贤与，人将拒我，如之何其拒人也？"

"交"，就是"交往、交朋友"。子夏的弟子向子张问怎样与人打交道。

子张反问："子夏怎么说的？"子夏的弟子说："可以交往的就交往，不可以交往的就不交往。"那么，哪些人是可以交往的？哪些人又是不可以交往的呢？这怎么来进行评估呢？子夏弟子在这里并没有讲清楚。子夏性格比较阴郁，大概其平时的脸色也不是很和悦，恐怕也不喜欢太多的人际交往，所以对于"与人交"这件事没有显出很积极的态度。对于不喜欢交际的人来说，秉持子夏这种态度来处理社交问题也是不错的。

子张则不同，他说自己所了解到的交友原则跟子夏不一样。一个君子应该具有"尊贤而容众，嘉善而矜不能"的品质，意思就是尊敬有贤能的人，包容普通人，称赞善人，可怜不能之人。子张把朋友分成了"贤人""众人""善人""不能之人"。不管是哪一种人，子张都给出了一个合理的态度。子张这种交友的态度是很值得赞叹的。孔子收学生"有教无类"，子张与人交往则是"有交无类"了。

子游

一

子游，姓言，名偃，字子游。他与曾子、子夏、子张等同为孔子晚期弟子。司马迁《史记·仲尼弟子列传第七》载："言偃，吴人，字子游。少孔子四十五岁。"子游生于公元前506年，比孔子小45岁，卒于公元前443年，终年63岁。作为孔门中精通礼乐的弟子，子游为儒家思想的传承与发展做出过积极贡献。

子游参与了《论语》的编撰工作。东汉经学家郑玄明确指出："《论语》，仲弓、子游、子夏所撰定。"除此之外，郭沫若等学者经过考证后认为，《礼记》中的《礼运》一篇也是子游所著。另外还有《性自命出》等重要文章，也被认为是子游的作品。在《礼记》《孔子家语》《孔丛子》诸书中，多见子游与孔子谈论礼乐之事。由此可以推测，子游不仅得到了孔子在礼乐方面的真传，也确实深谙礼乐精义，具备传承孔门思想的学术基础。

孔子曾有"吾门有偃，吾道其南"的期望。子游为吴国人，青年时求学于孔子，在鲁国定居多年。晚年时，渡江南下，回到故乡传道，被后世称为"南方夫子"。吴地远处南方，中原文化渗透不力，至春秋战国时期，依然"断发文身""好勇尚武"。子游以暮年之躯，在吴地设坛讲学，宣传教化，开启一代新风气。据《言氏家谱》载："贤祖载道以俱南，吴中弟子从之游者以千计。"由此可见其在南方的影响力。

《论语》中与子游有关的记录仅有八条。

二

《论语·先进篇第十一》记：

德行：颜渊，闵子骞，冉伯牛，仲弓。言语：宰我，子贡。政事：冉有，季路。文学：子游，子夏。

子游比子夏小1岁，两人年龄相仿，同列文学科优秀生榜单。两人在听孔子讲学时，各有侧重，各有领悟，在学问上形成两种不同的风格，最终走出了两条不同的路径。后世称为子游之儒和子夏之儒。

《论语·子张篇第十九》记：

子游曰："子夏之门人小子，当洒扫应对进退则可矣。抑末也，本之则无，如之何？"

子夏闻之，曰："噫，言游过矣！君子之道，孰先传焉？孰后倦焉？譬诸草木，区以别矣。君子之道焉可诬也？有始有卒者，其惟圣人乎！"

孔子去世之后,子夏和子游各自收徒讲学。

子游认为子夏培养学生,每天让他们学习"洒扫、应对、进退"这些具体的事情。"抑末也",意思是,这些日常礼仪是细枝末节的小事,只是学问的具体表现,如果教学不抓住本质,等于是"舍本逐末"。可见,子游对子夏教育学生的方法持怀疑态度。

子夏则认为教学应有先后次序,要循序渐进而为;知识就像草木一样,是有区别的。如果不经过循序渐进、扎扎实实的学习过程,学问是没有根基的,又怎么能够体会到圣人之道呢?

由此可见,子游和子夏学问路径不同,颇似后世朱熹与王阳明的学问分野。子夏倾向于循序渐进地学习,由行而知,可以说是"渐教"的发端。而子游则主张崇本息末,重点在本不在末。其实,无论是子夏的看法,还是子游的看法,孔子都不会反对。因为孔子主张的是"中庸之道"。

三

《论语·为政篇第二》记:

子游问孝。

子曰:"今之孝者,是谓能养。至于犬马皆能有养;不敬,何以别乎?"

孔门弟子中子游、子夏、孟武伯、孟懿子四人都曾向孔子问孝,孔子的回答各不相同。孔子对子游说:"现在许多人以为孝顺就是在生活上赡养父母。但是，狗和马不都是人在养着吗？如果内心对父母没有尊敬，养父母跟养狗马有什么区别呢？"

孔子对于现实生活的观察是很细微的。很多人认为父母有饭吃、有房住、有衣穿，在物质上给予了保障，就算是孝顺了。但这是不够的，孔子认为，"孝"除了生活上的供养之外，还要有发自内心深处的真诚之"敬"。

《说文解字》释："敬，肃也。"《释名》曰："敬，警也。恒自肃警也。"由此看出，所谓"敬"，强调的是内在的严肃认真、用心对待。

这是一个态度问题。孔子向子游指出，孝的内涵是"敬"。如果缺少了内心的"敬"，只是保障了父母的物质生活，这与在物质上豢养犬马没有本质区别。古人云："事亲以敬，美过三牲。"孔子强调发自内心的真诚情感，发乎于心，用乎于情，其孝养亲，才是有灵魂的。这才是孔子真正的主张。

正如《论语·八佾篇第三》所记：

子曰："人而不仁，如礼何？人而不仁，如乐何？"

一个人内心若没有仁，礼和乐还有什么意义呢？只是形式主义罢了。借用子游问孝，可以知道孔子认为礼乐之本在于仁。对于"孝"亲来讲，其本为"敬"。"敬"当然是"仁"的一种表现。

或许是子游对待父母还不够用心，所以孔子要点拨他一下；或许是孔子借子游之问来教化其他弟子。通过子游问孝，可以看出孔子对内在之"仁"的强调与关注。

四

《论语·雍也篇第六》记:

子游为武城宰。

子曰:"女得人焉尔乎?"

曰:"有澹台灭明者,行不由径,非公事,未尝至于偃之室也。"

武城,位于山东费县西南面。武城宰,就是管理武城的长官。子游去武城做官,回到孔子这里来报告自己的为政情况。

孔子问他去做武城宰之后,有没有得到什么人才?子游回答说有一个叫澹台灭明的人非常不错,因为这个人"行不由径""非公事,未尝至于偃之室也",意思就是澹台灭明走路从来不走小路,没有公事从来不会到子游的办公室来。子游通过这些细节来观察识别人才,对澹台灭明给予了很高评价,并且还向孔子推荐了他。

为什么"行不由径""非公事,未尝至于偃之室"是值得称赞的呢?

可以从两方面来说:一方面是子游在夸赞澹台灭明光明磊落的人品。古代"路"与"径"并不相同。"路"是"道",是大路、主干道、正道,不仅人可以走,还可以通车。"径",指的是步道、小道、不直之道,也就是小路。"行不由径",形容做事公私分明、光明磊落,所以值得称赞。另一方面是子游夸赞澹台灭明的坦荡作风。官场上,上下级之间借着工作之名"走动"拉私人关系,是很常见的事。"非公事,未尝至于偃之室",意味着澹台灭明为人刚正、边界分明、不拉帮结派，不在私下搞小动作。无论是"行不由径"，还是"非公事，未尝至于偃之室"，都显示了澹台灭明的君子之风。

子游考察人才的方式，与孔子如出一辙。孔子曾说，"听其言而观其行"，强调不仅要听一个人说了什么，更要观察一个人是怎么做的。

《论语·阳货篇第十七》记：

子之武城，闻弦歌之声。

夫子莞尔而笑，曰："割鸡焉用牛刀？"

子游对曰："昔者偃也闻诸夫子曰：'君子学道则爱人，小人学道则易使也。'"

子曰："二三子，偃之言是也！前言戏之耳。"

"弦歌"，本义是指弹琴唱歌。这代表古代的音乐教育，进一步说，代表孔子所强调的乐教。礼乐之教、礼乐之制，是儒家所倡导的。孔子本人音乐造诣很高，子游深得孔子在音乐方面的真传，并且能够领悟乐教的本质。

礼的意义表现为恭敬与节制，而乐的意义表现为仁爱与中和。子游《性自命出》云："笑，礼之浅泽也；乐，礼之深泽也。凡声，其出于情也信，然后其入拨人之心也厚。闻笑声，则鲜如也斯喜；闻歌谣，则陶如也斯奋；听琴瑟之声，则悸如也斯叹。"音乐之声对于陶冶性情、化育人心、移风易俗、调动真情实感等有着重要作用。

孔子到子游做官的地方，听到弦歌之声，不禁笑了起来。"莞尔"是一种带有愉快感的美好微笑，一般用来形容女子笑得很美丽的样子。显然，孔子听到武城有弦歌之声，心里很愉快。那应该是看到自己学生展现了风采时才会有的欣慰笑容。

孔子闻武城弦歌之声，其实是看到了子游在武城实践礼乐之教的治道思想，以此来化育武城百姓，这是年轻的子游在政治上所耕耘的试验田。在礼崩乐坏的时代里，子游愿意身体力行，在自己所能触及的小小范围内做政治实践，可以猜想，孔子当时的心情应该是复杂的。

或许是对自己学生勇于实行理想政治之道的欣喜，所以孔子"莞尔而笑"；又或许孔子想知道这个年轻弟子是否真的了解乐教的内涵和本质，故意发出"割鸡焉用牛刀"之问。

面对老师的"明知故问"，子游却从容正色而对："我记得老师曾给对我说过：'君子学道则爱人，小人学道则易使也。'"这个回答太漂亮了！这是用孔子的话来回答孔子的问题。音乐既然有陶冶性情、净化心灵、化育人心的作用，既然能够使人们理性平和、真诚和睦，使人生大道得以通行，难道还有高低贵贱之分吗？既然是"道"，自然对所有人都有用处。对于居上位的君子，学道可以让他们更懂得悲悯与爱护百姓；对于居下位的小人（即百姓），学道可以让他们更懂得配合上级的政令，以利于政治管理。

可见，子游深得礼乐思想的精义。从《礼记》《孔子家语》等文献记载来看，子游与孔子探讨礼乐最多，是孔门弟子中最深于礼乐者。在武城之地实施礼乐教化，不只是形式上的表现，更是固本培元的做法。

子游的回答深得孔子之心，于是孔子连忙对其他弟子说："同学们，言偃讲的话很有道理。刚才我是和他开玩笑的呢。"

这一段对话非常精彩，师生之间的亲切互动之貌跃然纸上。武城的"弦歌之治"，可以说是子游人生履历上浓墨重彩的一笔。

五

据上海博物馆收藏的战国楚竹书《子道饿》记载，子游在孔子去世之后，继续留在鲁国很长时间。后世甚至有学者认为，子游是继颜渊死后，后期弟子中深得孔子堂奥之人。子思之学很可能受到过子游的影响。孔子在世时，曾劝年幼的子思要学诗学礼，而孔门弟子中精通诗礼者莫过于子游。

《论语·子张篇第十九》记：

> 子游曰："丧致乎哀而止。"

子游认为居丧符合礼的节制，表达悲哀之情不可过度。这与孔子"临丧不哀""哀而不伤"是一致的。居丧的关键不是要哭得死去活来，而是心中要有对逝者真诚的哀戚之感。但是，如果悲哀过度，无节制，也是失礼，亦是不仁。子思在《礼记·中庸第三十一》中所述的"发而皆中节"，与子游的观点如出一辙。这种思想上的传承似乎不言自明。

《论语·子张篇第十九》记：

> 子游曰："吾友张也为难能也，然而未仁。"

子游称子张为"吾友",可见两人关系应该很不错。子游认为子张的德行已经非常难能可贵了,但还没有达到"仁"的境界。

这种表述风格和评判标准,非常接近孔子。孟武伯曾经问孔子,子路、冉求、公西华这几位优秀学生"仁乎"?孔子把每个同学的长处都说了一遍,但是关于他们"仁还是不仁",孔子说"不知道"。子路、冉求、公西华虽各有所长,但是还达不到"仁"的境界。

曾子

一

曾子，姒姓，曾氏，名参，字子舆，是孔门中年龄最小的弟子之一，出生于公元前505年，比孔子小46岁，卒于公元前435年，享年70岁。曾子之父曾点，也是孔子的学生。一门两父子均位居"孔门七十二贤人"之列。曾子以孝闻名，是《二十四孝》中的上榜人物。

孔子于公元前478年去世，其孙子孔伋（即子思）年仅5岁。孔子将孙子托付给时年27岁的曾子。曾子继承孔子之道，聚徒讲学，成就很高。孔子之孙子思经过曾子教诲，亦成一代大儒，又将学问传至孟子，形成后世所谓的"思孟学派"。可以说，曾子是孔子之学承上启下的重要人物，后世尊其为"宗圣"，在孔门中的地位仅次于"复圣"颜渊。

曾子是孔门中的后起之秀，其学问以"孝、恕、忠、信"为核心，阐述了儒家"修身、齐家、治国、平天下"的政治理想，倡导"诚意、正心、格物、致知"的修养观，对后世影响巨大。

《论语》中，曾子与孔子的直接对话并不是很多，但从曾子的语录及曾子所著《大学》《孝经》来看，曾子是孔子晚年亲炙较多的门人，对于孔子的思想与言行有较深入的了解，在孔子死后参与了《论语》的编撰，并且依据孔子的思想撰写了《大学》《孝经》等著作，《大戴礼记》中有《曾子十篇》存世。

二

《论语·先进篇第十一》记：

> 柴也愚，参也鲁，师也辟，由也喭。

孔子评价了四个学生的特点：高柴（子羔）愚笨，曾参（曾子）鲁钝，颛孙师（子张）偏激，仲由（子路）鲁莽。"鲁"，有"笨拙、资质差、反应慢"的意思。或许在孔子眼里，曾参就是这样一个资质平平的学生。不过，纵观曾子的人生，可以想见，曾子虽算不上聪明伶俐，但其性格与为人忠厚老实，做事严谨认真，是个可靠的人。

《论语·学而篇第一》记：

> 曾子曰："吾日三省吾身：为人谋而不忠乎？与朋友交而不信乎？传不习乎？"

曾子是一个终生小心谨慎践行师道的人，随时随地都在做自我反省，生怕自己做得不够好，对自己的要求非常严格，是"严于律己"的典范人物。在孔门弟子中，能够做到"一日三省"的人，恐怕只有曾子了。那曾子都反省些什么呢？

曾子一般反省三件事情：第一，替别人做事有没有尽心尽力？第二，与朋友交往是不是真诚守信？第三，所传之道自己有没有亲身实践？

《论语·泰伯篇第八》记：

曾子曰："可以托六尺之孤，可以寄百里之命，临大节而不可夺也。君子人与？君子人也。"

古代成年男子一般身高七尺或八尺，孔子身高九尺六寸，个子很高。"六尺"，指未成年人。"六尺之孤"就是还未成年的孤儿。

据西汉韩婴所著《韩诗外传》载："古者天子为诸侯受封，谓之采地。百里诸侯以三十里，七十里诸侯以二十里，五十里诸侯以十里。"由此可知，"百里"，代指诸侯。想象一下，一个百里诸候若是死了，未成年的孩子和偌大的家业，会托付给什么样的人呢？必然是可靠的人，必然是在任何艰难处境，甚至生死存亡的关头，都能够信守诺言、不忘初心的人，这就叫"临大节而不可夺也"。刘备白帝城托孤，把自己的儿子和事业都托付给了诸葛亮，这是因为诸葛亮是可靠的君子。

在曾子的眼里，什么样的人能称为"君子"呢？只有那种可以把孩子和江山事业都托付给他，在任何处境下都不会失去节操的人，才能称为"君子"。

那么，曾子本人是君子吗？当然是。孔子临终前把年仅 5 岁的孙子托付给他，把自己的志业理想托付给他。最后曾子作《大学》，传道子思，子思传道孟子，孔子之道得以不绝于世，曾子是有大功劳的。

《论语·泰伯篇第八》记：

曾子曰："士不可以不弘毅，任重而道远。仁以为己任，不亦重乎？死而后已，不亦远乎？"

士，是春秋战国时期渐渐形成的一个阶层，其基本特点是脱离直接的生产劳动，以自己的知识、智慧、谋略为社会提供服务，参与社会管理。孔子及其弟子都属于士阶层，他们有知识、有文化和相对较高的思想道德修养，也可以称为读书人、知识分子。

孔子和子贡的谈话中，认为"士"不仅应该具备"行己有耻"的道德修养，并且还应该具备"使于四方，不辱君命"的工作能力，这两点子贡和孔子都做到了。此章，曾子认为"士"还应该有一种精神品质，那就是"弘毅"，即宽阔的胸怀，坚韧的毅力，因为"士"责任重大，路途遥远。

"士"有什么重任呢？曾子认为"士"是以"仁"为自己的重任的。这话说得特别深刻，需要仔细揣摩体会。"仁"是道德的总和，仁、义、礼、智、信、恭、宽、信、敏、惠、孝、敬……无不是"仁"的范畴。一个君子要终身行仁，要在人生的全方面做到"仁"，这是极其困难的事情。但是，曾子认为，这正是"士"应该去弘扬的，"仁"需要"士"去弘扬、去示现，所以责任重大，此之谓"仁以为己任，不亦重乎？"并且，一旦这个责任扛上肩，就是贯穿终生，一直到死才能停止，这条求仁行仁的道路是非常遥远的，此之谓"死而后已，不亦远乎？"

曾子这一句话的伟大贡献在于，他把行仁求仁的责任主动担负过来，认为这是士人应尽的责任和义务。这句话掷地有声，字字有力量，尽显曾子内心的博大与坚毅，颇有孔子"朝闻道，夕死可矣"的悲壮精神，颇有孟子"当今之世，舍我其谁"的壮烈情怀。曾子语录所显示出的，是一种厚重的儒家情怀和责任在肩的使命感。

《论语·里仁篇第四》记：

子曰："参乎！吾道一以贯之。"
曾子曰："唯。"
子出。
门人问曰："何谓也？"
曾子曰："夫子之道，忠恕而已矣。"

"一以贯之"，孔子也给子贡讲过。子贡觉得孔子懂的东西很多，学问渊博。孔子给子贡讲，自己的学问是"一以贯之"的，是由一个中心贯穿起来的。当时，子贡没有问孔子"一以贯之"到底是什么？

这一章，孔子点了曾子的名，告诉他自己的学问是由一个中心贯穿起来，从始至终没有变。曾子回答说"唯"，意思是"是的"，好像曾子明白了孔子的"一以贯之"之道是什么。于是，孔子没有继续再讲。《论语》中，孔子两次提到"一以贯之"，均没有直接把话挑明，留给了弟子们和后世学者无尽的猜测。

等孔子走后，其他同学就来问曾子到底是什么意思？

曾子说："夫子之道，忠恕而已矣。"这口气充满着肯定和自信。在曾子的心里，他认为自己已经理解了孔子的思想。曾子把孔子的"一以贯之"之道理解为"忠恕"，对不对呢？

通读《论语》全文可见，曾子提炼出"忠恕"二字，必然没有脱离孔子思想的范畴。孔子确实强调"忠恕"。比如，孔子说"言思忠"，教导子张要"主忠信""言忠信""行之以忠"，教导樊迟要"与人忠"，提醒鲁国大夫季康子"孝慈，则忠"。

那么，"忠"是什么意思呢？《说文解字》释："尽心曰忠。""忠"，本义为"尽心竭力"。何为"恕"呢？孔子在给子贡讲话的时候，明白解释为"己所不欲，勿施于人。"

子张、樊迟、季康子都是在孔子晚年时期经常来求问的人，曾子或许听得多了，所以认定这是孔子特别强调的中心思想。因此，曾子把"忠恕之道"理解为孔子的"一以贯之"之道，这是有道理的。

但是，"忠恕之道"是不是孔子"一以贯之"之道的全部内容，还须进一步探讨。

《论语·宪问篇第十四》记：

子曰："不在其位，不谋其政。"
曾子曰："君子思不出其位。"

"不在其位，不谋其政"，不能消极地理解为事不关己，高高挂起，或闲事莫管之类的意思。这需要结合孔子所处的时代背景来理解。春秋末期，大夫专权，家臣僭越的情况比比皆是，这些都是违礼之举。孔子说这句话，是提醒那些当朝的贵族官员，各自履行好自己的职责，守好自己的本分，不要总是犯上作乱，破坏等级秩序和社会稳定。

曾子进一步明确"君子思不出其位",君子考虑问题一定要结合自己的"位"来进行,大夫履行好大夫的职责,国君履行好国君的职责,每个人都各司其职。

《论语·泰伯篇第八》记:

曾子有疾,召门弟子。

曰:"启予足,启予手。《诗》云:'战战兢兢,如临深渊,如履薄冰。'而今而后,吾知免夫,小子!"

曾子得了重病,把自己的弟子召来,做临终训话。

《说文解字》注:"启,开也。"汉末经学家郑玄认为应该是打开曾子所盖的被子,露出手和脚。为什么曾子要让学生看看自己的手和脚呢?这可能和曾子所接受的孝道观念有关。

《孝经》里记录孔子对曾参讲孝,孔子说:"身体发肤,受之父母,不敢毁伤,孝之始也。"曾子活到70岁,手脚健在,毫发无损,这算是一种孝道表现。不论任何时代,不论任何原因,如果一个人的身体受到伤害,都会令父母伤心。战国思想家孟子认为"君子不立于危墙之下",把自己保护好,照顾好,在儒家看来,是最基本的孝道。

曾子引用《诗经·小雅·小旻》中的句子来表达自己小心谨慎的一生:"战战兢兢,如临深渊,如履薄冰。"人生就像是站在深渊的边上,就像是走在薄薄的冰上,要始终保持高度的戒慎恐惧才不会跌落。"而今而后,吾知免夫,小子!"这真的是临终告别之语。马上就要死了,以后可以永久地免于"不孝"了,算是圆满了。

曾子老实忠厚,终生小心翼翼地践行着孔子"行仁、尽忠"的教导。

三

《论语·颜渊篇第十二》记:

曾子曰:"君子以文会友,以友辅仁。"

关于"友"的论述,在《论语》里有多处。甲骨文中的"友"字,是两只手相并的样子,貌似两手相握,表示"友好"。《说文解字》注:"同志为友。"言下之意,有共同的志向、理想和追求的人是"友"。

此章,曾子认为君子结交朋友的方式是"文"。大家读过相同的书,有相同的价值观和相近的知识结构,才能彼此亲近,走到一起,才有成为朋友的可能。

曾子认为结交友人可以"辅仁",可以理解为朋友之间相互帮助,以促进道德修养的持续进步。每个人都是别人的镜子,正如孔子所说"择其善者而从之,其不善者而改之""见贤思齐,见不贤而内自省"。

《论语·学而篇第一》记:

曾子曰:"慎终追远,民德归厚矣。"

何为"终"？《左传·文公十五年》载："丧，亲之终也。虽不能始，善终可也。"父母去世，就是"亲之终"。此处曾子所说的"终"应该指的是父母去世，即"亲之终"。"慎"，本义"忧虑"，又同"引"，即用大绳子引棺就殡。"慎终"，是强调人们在父母亲离世的时候要有哀凄之感。父母离世，内心悲痛哀凄，是人自然而然的真实情感，并不是虚情假意。

何为"远"？"远"指代遥远过去的祖先。"追远"，指代祭祀，即通过祭祀活动来追思逝去的祖先。

可见，"慎终追远"讲的是丧与祭两件事。南宋思想家朱熹在《论语集注》中释："慎终者，丧尽其礼。追远者，祭尽其诚。"孔子自己也讲"死，丧之以礼，祭之以礼"。

在曾子看来，"慎终"和"追远"这两件事，都是"礼"，礼的作用是教化民众，使"民德归厚"，即百姓朴实厚道，民风淳朴。

《论语·子张篇第十九》记：

曾子曰："堂堂乎张也，难与并为仁矣。"

曾子说自己的同学子张仪表堂堂，很有气派，但是别人很难与他一起为"仁"。言下之意，子张巧言善辞，但是真诚不足，所以难有真朋友，难以促进自己进德修业，走向"仁"的境界，因为君子是"以友辅仁"的。

《论语·泰伯篇第八》记：

曾子有疾，孟敬子问之。

曾子言曰："鸟之将死，其鸣也哀；人之将死，其言也善。君子所贵乎道者三：动容貌，斯远暴慢矣；正颜色，斯近信矣；出辞气，斯远鄙倍矣。笾豆之事，则有司存。"

这一章记录鲁国大夫孟敬子去看望生病的曾子。曾子生病，鲁国大夫能够亲自探望，说明当时曾子在鲁国是相当受尊敬的。

曾子语重心长地对孟敬子说："鸟之将死，其言也哀；人之将死，其言也善。"曾子对孟敬子指出了最重要的三件事，即"君子所贵乎道者三"：一是容貌要庄重严肃，这样别人就不会粗暴急慢；二是面容要端庄色正，这样别人就容易信服；三是讲话要注意语气，这样别人就不会粗野。曾子提醒孟敬子，那些祭祀礼仪方面的事情，有专门的官吏负责，不用去操心。

这一章可看作是一个长者临终时对弟子苦口婆心的教导，一个德高望重、慈眉善目的曾子跃然纸上。

《论语·泰伯篇第八》记：

曾子曰："以能问于不能；以多问于寡；有若无，实若虚，犯而不校。昔者吾友尝从事于斯矣。"

"以能问于不能，以多问于寡"，这是不耻下问的谦虚态度。为什么会出现有才能的人问没有才能的人，懂得多的人问懂得少的人？因为，在孔子看来"三人行，必有我师"，每个人都不可能是全才，总会有很多不懂的事情。

"有若无，实若虚"，是平时为人的表现，虚心谦逊，就像颜渊一样，从来不与老师争辩，也不急于表现，而是老老实实在生命中去践行。"犯而不校"，别人冒犯自己也不计较。孔子说的"人不知而不愠",也是同样的意思,这是一种坦荡大度的胸怀。"昔者吾友尝从事于斯矣",曾子说自己有个朋友可以做到这几点,估计指的是颜渊吧。

《论语·子张篇第十九》记:

曾子曰:"吾闻诸夫子:人未有自致者也,必也亲丧乎!"

曾子说自己从老师那里听到一句话,"人未有自致者也",意思是"人不会自动到达极致",如果到达极致,那一定是"丧亲"。什么东西到达极致?文句中没有明说。结合前后文,可以推测为悲痛的情绪。

在孔子看来,没有什么事情比失去父母更令人悲伤了,这是人的本性,是发自于内在的真诚。曾子一向关注孝亲方面的事情,所以听到孔子谈论这方面的观点,记忆一定很深刻。

《论语·子张篇第十九》记:

孟氏使阳肤为士师,问于曾子。
曾子曰:"上失其道,民散久矣。如得其情,则哀矜而勿喜!"

阳肤是曾子的学生。"士师",是周朝掌管禁令、狱讼、刑罚的官员,属于司寇的属官。孟氏要任用曾子的学生阳肤为"士师",阳肤向曾子请教这工作该怎么做。

曾子说因为统治者无道,民心早已离散了,即"上失其道,民散久矣"。因此,曾子告诫阳肤"如得其情,则哀矜而勿喜",意思是如果审案审到了真相,要感到悲伤而不是高兴。比如,如果审出一个百姓偷了别人家的粮食,不应该感到高兴,以为自己审出了案件的真相。这是因为上失其道,下必盗焉。百姓犯罪的根源在于统治者的无道。

这种明察秋毫的判断能力,颇有孔子之风。

有子·宰我

一、有子

有子，有氏，名若，字子有，也称"有子、有若、子若"，出生于公元前508年，比孔子小43岁，是孔子晚年所收弟子。《礼记·檀弓下第四》载："有若之丧，悼公吊焉，子游摈由左。"有子死的时候，鲁悼公亲去吊唁，由孔子的另一个学生子游站在悼公的左边行礼。由此可推断有子去世是在鲁悼公时期，此时中国历史已进入战国初年。并且，也可以推测有子在当时是有一定社会影响力的，否则也不至于鲁悼公亲自去吊唁。

《荀子·解蔽》载："有子恶卧而淬掌，可谓能自忍矣，未及好也。"意思是，有子勤奋好学到了自虐的地步，为了防止读书打瞌睡，用火烧自己的手掌，对痛苦的忍耐力可以说是极强的。

据《史记·仲尼弟子列传第七》载："孔子即殁，弟子思慕。有若状如孔子，弟子相与并立为师，师之如夫子时也。"据说有子相貌颇似孔子。孔子去世后，弟子们思念老师，推荐有子为师，以师礼事之，遭到曾子的反对。后来由于有子不能回答大家的问题，又被赶下台。有子能够一度被举为师，说明其一定有过人之处。从

《论语》里并不很多的有子语录来看,其思想确有独到之处。

《论语·学而篇第一》记:

> 有子曰:"其为人也孝弟,而好犯上者,鲜矣;不好犯上而好作乱者,未之有也。君子务本,本立而道生。孝弟也者,其为仁之本与!"

这一段话,出现在《论语》开篇第二章,在很显眼的位置,其所要表达的观点是"君子务本"。这话大概是孔子去世之后,有子对居上位的国君大夫所说的话,比如这句话对鲁悼公讲就非常合适。有子认为居上位的为政者应该把握住事情的根本,"本立而道生",只有抓住事情的关键和根本,政治才能上轨道。

那么有子所说的"本"到底是什么呢?"孝弟也者,其为仁之本。"孝,即孝顺父母;弟(即悌),即恭敬兄长。此处专门把"孝悌"提出来,重要的不是强调亲情与爱,更强调长幼之间的序。春秋战国时的社会基本现象是"君不君、臣不臣、父不父、子不子"的混乱无序状态。遵守长幼尊卑的次序,让每个人各归其位,扮演好自己的身份和角色,这就是孔子所倡导的"君君、臣臣、父父、子子"的有序状态。有子认为"仁"的根本就在于"孝悌"二字,从孝悌出发,推出去可达于君臣。

有子用层层递进的方法来表达他的逻辑推理:一个人如果在家孝顺父母,恭敬兄长,这就是有孝悌之德。有孝悌之德的人还会以下犯上吗?这是很少见的。有子进一步推论说,不以下犯上的人,又怎么可能犯上作乱呢?

有子以孝悌为根本出发点,从亲情推出去,达于君臣,达于社会。这种思想,显然符合孔子"推己及人"的思维逻辑。孔子曾经说过"仁者,人也,亲亲为大",肯认血缘关系是仁爱的出发点,具有天然性,并且同意从孝亲开始培育人的仁爱之心,推己而及人,向外推衍,达于君臣及社会,从而促进社会的有序。

可以说,有子是一个深得孔子思想堂奥的弟子。

《论语·学而篇第一》记:

有子曰:"礼之用,和为贵。先王之道,斯为美,小大由之,有所不行。知和而和,不以礼节之,亦不可行也。"

"以和为贵"的思想,影响了后世两千多年。

这一章,有子讨论的是儒家思想的核心观念之一——礼。礼,是指社会行为的规范、制度、要求、礼仪等,其功能是保证社会的正常秩序。在有子看来,礼的作用是"和",所以他说"礼之用,和为贵"。

那么,"和"又是什么呢?和,原写作"龢",就是一排竹管合拼而成的乐器,一起吹奏,声音悦耳动听。和,本义是乐器调和、和谐。乐器大小长短各不相同,但是可以通过一定规则把这些大小长短各不相同的乐器发出的声音组织协调起来,共同演奏出和谐的音乐。有子认为古代圣王之道,是"以和为美"。

有子还指出"礼"与"和"二者之间相辅相成的关系。礼的目的不是为了礼本身,是为了"和";和不是随意的和,是在礼的节制和约束下获得的"和"。

由此可见,有子对于孔子所倡导的"过犹不及",儒家所倡导的"中庸之道"是有深刻把握的。

《论语·学而篇第一》记：

有子曰："信近于义，言可复也。恭近于礼，远耻辱也。因不失其亲，亦可宗也。"

有子谈论的话题深度很具有儒家伦理学学者的风范。

在儒家思想构建过程中，形成了一个道德谱系：仁、义、礼、智、信、恭、宽、信、敏、惠……这些词语之间有一种由内而外、由上至下、由抽象到具体的次第关系。一般认为"仁"涵摄了后面的全部内容，"仁"是所有道德的总和。"仁"就像一束可以收放的光，放出去光芒四射，各有不同的方向，可称为"义、礼、智、信……"收回来就是一束光，称之为"仁"。所以，"仁"是总的说，其余的则是分开说，是"仁"的不同面向。

很明显，这一章有子所谈的"信、义、恭、礼"都是儒家道德谱系中所涉及的内容。他们之间是什么关系呢？

有子认为"信近于义，恭近于礼"。近，即"靠近、接近"。有子没有说"信即为义，恭即为礼"，可见他并没有混淆这些概念。这句话很像有子指点别人如何"行义""有礼"，"仁、义、礼"的概念比较抽象，不易为人所把握，所以有子就用具体化的方法来表达。

因为"信与恭"相对来说是比较容易理解。信，表示"真诚、诚实、守信"，如果能够做到这一点，就接近于义了；恭，表示态度"严肃端庄"，如果能够做到这一点，就接近于礼了。进一步说，如果因为做到了"信"与"恭"这两点，则身边的亲人都是可以依靠的，更不至于出现众叛亲离、子弑君、臣弑父的悲剧。

《论语·颜渊篇第十二》记：

哀公问于有若曰："年饥，用不足，如之何？"

有若对曰："盍彻乎？"

曰："二，吾犹不足，如之何其彻也？"

对曰："百姓足，君孰与不足？百姓不足，君孰与足？"

这一章是鲁哀公向有子询问如何解决财政不足的问题。

鲁国国君能够向有子问这样的问题，可以推测，在孔子去世后，有子在鲁国具有一定的声望。古代的农业社会，靠天吃饭，经常有饥荒，鲁哀公问有子，如果遇到饥荒，财政不充足，该怎么办？有子建议哀公实行"彻"法，即一种轻徭薄赋的征税法。哀公疑惑不解，本来就不够用了，还要减赋税，岂不是更不够了吗？

有子反问："百姓足，君孰与不足？百姓不足，君孰与足？"有子看到了社会的本质。国家安定的基础和前提是人民的安居乐业。百姓闹饥荒带来社会的动乱，最后有可能推翻统治者之统治，这是历史上不断上演的故事。只有百姓安居乐业了，国君的位置才能坐得下去。以民为本，"藏富于民"，这是儒家一贯的主张。

二、宰我

宰予，姬姓，宰氏，名予，字子我，亦称宰我。生于公元前522年，比孔子小29岁，卒于公元前458年，享年64岁。

《论语·先进篇第十一》记：

德行：颜渊，闵子骞，冉伯牛，仲弓。言语：宰我，子贡。政事：冉有，季路。文学：子游，子夏。

宰予为孔门十哲之一，在《论语》中与子贡并列言语科。

宰予口才很好，能言善辩，曾跟随孔子周游列国，是在孔子身边时间较长的弟子之一。但是，《论语》中关于宰予的记录并不多，还常常显得与孔子弟子不相类。

《论语·公冶长篇第五》记：

宰予昼寝。

子曰："朽木不可雕也，粪土之墙不可杇也，于予与何诛？"

子曰："始吾于人也，听其言而信其行；今吾于人也，听其言而观其行。于予与改是。"

这一章记录了宰予大白天睡觉之事。

孔子对宰予这种行为极其反感，批评得很严厉。孔子说："腐烂的木头是不能用来雕刻的，脏乱不堪的墙是不能涂抹的。我对于宰予这样的人还有什么好责备的呢？"可见，孔子已经生气到"无语"的地步。

在《论语》中，孔子骂过几次学生：一次是骂冉求"非吾徒也"，因为他为季氏敛财，有违孔子的立场，孔子生气得恨不能把他逐出师门；另一次是骂樊迟是个"小人"，认为他缺少"求道"的志向，有走向农家的思想倾向；还有一次就是骂宰予。值得注意的是，孔子骂宰予的骂法是不一样的。"朽木不可雕"与"粪土之墙不可杇"，这意味着是个本质问题。在孔子心里，宰予不是和冉求类似的性格懦弱的问题，也不是樊迟思想倾向的问题，而是一个人的本质问题。这就有点严重了。

孔子说自己本来是"听其言而信其行"，听到别人说就相信他会做；但是从宰予身上，孔子意识到"听其言而观其行"，就是不仅要听他怎么说，还要看他怎么做。言下之意，宰予是一个"言而不行"之人，说一套做另一套。这就有违孔子所强调的"信"的要求了。

《论语·八佾篇第三》记：

哀公问社于宰我。

宰我对曰："夏后氏以松，殷人以柏，周人以栗，曰使民战栗。"

子闻之。

曰："成事不说，遂事不谏，既往不咎。"

鲁哀公向宰我问"社"。

"社"，也称为社神，就是土地神。古代把土地神和祭祀土地神的庙统称为"社"。中华文明是农耕文明，对土地有着天然的崇拜，因为赖以生存的物资都是土地赐予的。汉代《白虎通》释"社稷"云："土地广博，不可遍敬；五谷众多，不可一一祭也。故封土立社，示有土也；稷，五谷之长，故立稷而祭之也。"从上古开始，中国就有祭祀土地神（社神）的传统，历朝历代在建国之初都会立"社"，并且要选取适当的木材来做社神牌位，以供人们祭祀之用。

夏、商、周三代分别用什么木头来做社神牌位呢？这是鲁哀公向孔子弟子宰我所提的问题。宰我回答说：夏朝用的是松木，商朝用的柏木，周朝用的是栗木。不过，宰我在回答完哀公的问题之后，加了一句"曰使民战栗"。按照宰我的见解，周朝之所以用栗木来做社神，其用意是要让百姓感到害怕。宰我口才好，脑子聪明，敢于挑战传统和常规，所以，他对周朝用栗木做社神牌位做出这样的解释，不足为怪。

　　问题在于，鲁哀公为什么要问这样的问题，难道他真的不知道用的是什么木材吗？这倒是值得推敲一下。

　　按照古代的礼制，每年春秋两季，都要举行祭祀活动，祈求风调雨顺，五谷丰登。照常理讲，鲁哀公应该经历了很多祭祀活动，不太可能不知道社神牌位用什么木材。即使不知道，如果仅仅是一个知识性的提问，惜字如金的《论语》也不必收录。

　　很可能，鲁哀公和宰我两个人心照不宣地说着别的事儿。周朝用"栗木"，宰我解释为"使民战栗"。这话更像是宰我给鲁哀公提的建议。鲁哀公虽贵为一国之君，但是朝政大权一直被三桓把持，在朝廷里的影响力很弱，三桓根本没有把他放在眼里。这样的国君当得也挺憋屈。从鲁昭公到鲁定公，再到鲁哀公，这三代国君的心里每时每刻都在想着如何摆脱三桓的控制。鲁哀公也要思考自己要怎么才能独立强大起来，所以用这种含蓄隐晦的方式问宰我。宰我的处理办法非常简单，就是"让他们害怕"，言下之意是让鲁哀公以暴制暴、与三桓正面抗衡，夺回自己的权力。

　　这个主意好不好呢？可不可行呢？孔子不以为然。孔子的观点是"成事不说，遂事不谏，既往不咎"。

　　所谓"成事"，就是已经发生的事情就不要再提了。鲁国在春秋后期，就已经形成了大夫专权的局面，是一个长期的历史遗留问题；所谓"遂事不谏"，就是那些已经干过的事儿也别提了。孔子亲身经历了鲁昭公和鲁定公两任国君企图铲除大夫势力的尝试，两次都以失败告终；所谓"既往不咎"，指的是已经过去的事就不要再追究了。

依照孔子看来，鲁国一百多年就是这样一个政治局面，鲁哀公是没有能力改变的，就不要再去煽风点火，挑起事端了。政治斗争不能光凭激愤，还得有谋略，懂得审时度势，依照鲁国当时的情况，还是先让这个国家按照现行秩序走着再说吧。因为一旦把握不好，说不定会引起更加残酷的政治争斗，鲁哀公也会像鲁昭公那样引来杀身之祸。

后来的事情果然如孔子所料，公元前468年（孔子去世后11年），季孙肥去世，鲁哀公故意简化了葬礼，并且将鲁国公室与三桓的矛盾公开化，直接与孟武伯叫板，想驱逐三桓。但是三桓势力强大，鲁哀公最终被赶出鲁国，不得善终。

这一章充分地说明了孔子长远的政治眼光。宰我虽然聪明有口才，看问题却比较简单，缺少审时度势、深谋远虑的战略智慧。

《论语·雍也篇第六》记：

宰我问曰："仁者，虽告之曰：'井有仁焉。'其从之也？"

子曰："何为其然也？君子可逝也，不可陷也；可欺也，不可罔也。"

宰我问："如果告诉一个仁者，井里面有仁，他会跳到井里去吗？"或许宰我经常听到同学们向老师问仁，孔子给予了各种回答，并且强调君子"求仁"。所以宰我问"井有仁焉"，君子会怎么办呢？这种问题居心非善，很令人讨厌。

孔子并不正面回答他，而是反问"为什么要这样做呢？"如果井里掉下去人，君子可以去救他，但是自己不会掉进去。君子可以被欺骗，但是不可能被愚弄。为什么孔子会这么说呢？

因为孔子所主张的"仁"，并不是愚蠢的，而是有智慧的。仁与智相得益彰，仁者求仁，也是有智慧的。

《论语·阳货篇第十七》记：

宰我问："三年之丧，期已久矣！君子三年不为礼，礼必坏；三年不为乐，乐必崩。旧谷既没，新谷既升，钻燧改火，期可已矣。"

子曰："食夫稻，衣夫锦，于女安乎？"

曰："安！"

"女安则为之！夫君子之居丧，食旨不甘，闻乐不乐，居处不安，故不为也。今女安，则为之！"

宰我出。

子曰："予之不仁也！子生三年，然后免于父母之怀。夫三年之丧，天下之通丧也，予也有三年之爱于其父母乎！"

"三年之丧"，是周朝的礼制，流传久远。居丧，也叫丁忧，是为了表达对死者的哀悼之情而设置。《礼记·杂记下第二十一》载："少连、大连善居丧，三日不怠，三月不懈，期悲哀，三年忧。"居丧时间要求三年，并对居丧者的居住、饮食、言容、服饰等提出了很多要求。

比如，"居恶室，寝有席"，就是居住的地方艰苦简陋；饮食则要求"疏食水饮，不食菜果"；言语方面要求"非丧事不言""言而不语，对而不问"；在娱乐方面则是"居丧不言乐"；在服饰方面则要求专门的居丧服，总之是吃穿住行都以艰苦为标准，以显对父母的哀思。

这种严格的丧礼制度到了春秋时期，很多人都已经不能坚持执行，大多数人守丧三月也就结束了。宰我对于这种繁琐冗长的守丧制度提出了质疑。

宰我认为服丧三年的时间过于长了。"君子三年不为礼，礼必坏；三年不为乐，乐必崩。"在宰我看来，如果君子三年都不习礼，礼就败坏了，三年不演奏音乐，音乐也荒废了。"旧谷既没，新谷既升，钻燧改火，期可已矣。"旧谷吃完，新谷登场，取火的燧木已经轮换一遍了。因此，宰我认为服丧一年就可以了。

宰我的意见有没有合理性呢？在今天的人看来，这必然是合理的。甚至孔子也未必能否认宰我意见的合理性。所以，孔子也不与宰我去争辩三年和一年哪一种更合理，而是反问宰我，"如果父母去世一年，就吃稻米，穿锦缎，你安不安心呢？"

孔子关心的不是三年还是一年的问题，关心的是心安与不安的问题。这才是孔子的重点。结果宰我竟然回答说："安！"

这段对话到此就聊死了。孔子只好说："你若安心就这样做吧。"君子居丧，之所以不吃美味佳肴，不听美妙的音乐，不住舒服的房子，是因为"食旨不甘，闻乐不乐，居处不安"，是因为美味佳肴也不觉得好吃，听到好听的音乐也不觉得快乐，住得舒适也感到不安心，"故不为也"。在孔子看来，如果一个人真诚地思念父母，对父母的离世感到哀凄，对衣食住行这些事情是毫无兴趣的，所以才不做。

而宰我却说自己心安，那孔子只好说："今女安，则为之！"

宰我走了。

孔子感到很痛心，说："予之不仁也！"宰我不仁啊！

"子生三年，然后免于父母之怀。夫三年之丧，天下之通丧也，予也有三年之爱于其父母乎！"一个孩子生下来三年，才能脱离父母的怀抱。三年之丧，是天下通行的丧礼。宰我难道没有从他父母那里得到过三年的怀抱之爱吗？

由这一章可以看出，孔子更看重"礼"的内容，而不是形式。这个故事可以作为"人而不仁，如礼何"的注脚。

冉耕·冉雍·冉求

冉氏三兄弟冉耕（伯牛）、冉雍（仲弓）、冉求（子有），鲁国人，姬姓，冉氏，是周文王第十子冉季载的后代。据《冉氏族谱》记载，周文王第十子冉季载传至冉离，世居"菏泽之阳"，又称"犁牛氏"。到了冉离这一代，冉氏家族已十分没落。冉离，即冉氏三兄弟的父亲。冉离先娶颜氏之女，生子冉耕、冉雍；颜氏死之后续娶公西氏之女，生子冉求。冉求母亲公西氏听说孔子设教阙里，"命三子往从学焉"。故冉氏三兄弟均为孔子的弟子。

《论语·先进篇第十一》记：

德行：颜渊，闵子骞，冉伯牛，仲弓。言语：宰我，子贡。政事：冉有，季路。文学：子游，子夏。

这一章孔子点名的十个优秀弟子，分列德行、言语、政事、文学四科。冉氏三兄弟均列"孔门十哲"榜单，被后世称为"冉门三贤"。在《论语》中，冉氏三兄弟均与孔子有问答，其中以冉求问答的数量为最多。

一、冉耕

《论语·雍也篇第六》记：

伯牛有疾。

子问之，自牖执其手。

曰："亡之，命矣夫！斯人也而有斯疾也！斯人也而有斯疾也！"

冉耕，亦称冉伯牛，孔门十哲"德行"科之一。《论语》中关于冉耕的记录仅此一条。冉伯牛生于公元前544年，子路出生于公元前542年，论年龄，伯牛才是孔门弟子中最长的一位，仅比孔子小7岁。后世一般认为子路是孔子大弟子，大概是因为伯牛去世得早，在孔门弟子中影响不大的原因吧。

这一章正是讲伯牛生病快要死了，孔子登门探望的一段故事。

孔子"自牖执其手"，"牖"指的是窗户。孔子隔着窗户拉着伯牛的手，心情悲痛地说："亡之，命矣夫！"意思是伯牛要死了，这真的是命啊！中国人一般都有"天佑善人""吉人天相"的观念。但是观念不等于事实。像伯牛这样善良忠厚之人也因生病要死了，真是没有道理可以讲，只能说是"死生有命"了。

据相关记载，伯牛是一个善良忠厚、天资聪慧之人。在孔子由中都宰升任鲁国司空时，孔子曾推荐伯牛接任中都宰一职。伯牛接任后，继续推行孔子的政治主张，政绩显著，深得民心。孔子和伯牛年龄相差不大，并且一度在工作上有接续，亦师亦友，相信两人在感情上是十分笃厚的。可以想象，当孔子眼看着自己的学生兼挚友即将离开人世时的那种悲伤之情，孔子连用两句"斯人也而有斯疾也！斯人也而有斯疾也！"痛心地感慨："这样的好人为什么会生这样的病呢？这样的好人为什么会生这样的病呢？"

那么，伯牛到底生了什么病呢？为什么孔子去探望伯牛时，不进屋，却要隔着窗户握手呢？后世学者根据文献推论，伯牛所染的病很有可能是古代经常爆发的一种传染病——麻风病。古代称这种病为"恶疾""疠风"或"癞大风"。据说东晋著名书法家王羲之、王献之，初唐著名诗人卢照邻均死于这种疾病。这种传染病会给病人带来极大的痛苦，发展到最后是满身疮痈，四肢溃烂，处理这种疾病患者的办法是隔离。这样就不难理解为什么孔子会隔着窗户探望病人，也可以理解为什么孔子会仰天长叹："斯人也而有斯疾也。"伯牛去世时年龄应该不会超过48岁，确实是英年早逝。

二、冉雍

冉雍，字仲弓，出生于公元前431年，比孔子小20岁，冉氏三兄弟中排行老二。孔子对冉雍评价很高。

《论语·雍也篇》记：

子曰："雍也，可使南面。"

古代君臣各有其位。君者或尊者坐北朝南，故"南面"代指君王或尊者。臣者则面向君子一方，即"坐南朝北"，朝着北面称臣。孔子认为冉雍"可使"于"南面",意思是冉雍有给君王做辅政大臣的能力。

孔子曾赞扬冉雍"贤哉",其贤"过人远也",才能超过了很多人。后世儒者荀子对冉雍也很推崇,《荀子·儒效》载:"通则一天下,穷则独立贵名,天不能死,地不能埋,桀、跖之世不能污,非大儒莫之能立,仲尼、子弓是也。"荀子把他与孔子相提并论,可见,仲弓确实是孔门中德行很高的一位弟子。

冉雍做过季氏私邑的长官,并且以其"居敬行简""贤才以举"的工作作风赢得了称赞。

《论语·子路篇第十》记：

仲弓为季氏宰,问政。
子曰："先有司,赦小过,举贤才。"
曰："焉知贤才而举之？"
曰："举尔所知。尔所不知,人其舍诸？"

仲弓,即冉雍,作为季氏的家臣,来向孔子问政。

孔子向仲弓指出了三个为政的原则。一是"先有司"。"司"为"主持、掌管"的意思。孔子认为为政者要先把自己主持掌管的事情做好,他强调为政者要以身作则、率先垂范。二是"赦小过"。"赦"为"免除、减轻刑罚"的意思。当别人犯了小错误,为政者不要锱铢必较,睚眦必报,这里强调为政者要有大胆量和大胸怀。三是"举贤才","举"为"推举"的意思。要推举有贤能的人,不能嫉贤妒能,这里强调为政者要善于用人。孔子认为为政者要做好以上三点。

仲弓对"先有司""赦小过"都没有什么疑问,但是关于"举贤才"却心存疑惑,继续和孔子讨论。仲弓问:"焉知贤才而举之?"怎么才能知道是贤才而把他选拔出来呢?这其实就是如何"知人"的问题。

樊迟曾经问孔子什么是"知",孔子回答"知人",就是要了解人、识别人,能够把正直的人放在管理者的位置,从而达到"举直错诸枉"的效果,这是一种智慧。

或许仲弓担心自己无法把有贤才的人全都选拔出来,所以有此问。不过,孔子安慰他"举尔所知",选拔自己知道的就行了,至于不知道的,自然会有其他人知道。是金子到哪里都会发光,没有必要纠结这件事。

《论语·雍也篇第六》记:

仲弓问子桑伯子。

子曰:"可也,简。"

仲弓曰:"居敬而行简,以临其民,不亦可乎?居简而行简,无乃大简乎?"

子曰:"雍之言然。"

子桑伯子,鲁国的隐士。《说苑·修文》记载:孔子有一天穿戴得整整齐齐去拜见子桑伯子,而子桑伯子却光着膀子,披头散发地会见他。孔子的弟子们很生气,问孔子为什么要拜见这种不讲礼貌的人。孔子则认为子桑伯子本质很好,就是过于不注重礼节,所以穿戴整齐地去拜见他,劝他懂点礼仪。而子桑伯子的弟子们也不高兴老师接见成天讲礼的孔子。子桑伯子认为自己之所以光着膀子接见孔子，就是提醒他不要过于注重礼仪。两个人互相都想给对方一点启示。

仲弓向孔子问子桑伯子是个什么样的人。孔子评价子桑伯子"可也，简"，意思是子桑伯子是很不错的，是个"简"的人。至于什么是"简"？怎么样"简"？孔子都没有细说，接着由仲弓来进一步讨论。

仲弓提出了两种"简"，一种是"居敬而行简"，还有一种是"居简而行简"。很明显，在这里"敬"与"简"是一对指向相反的词。孔子在指导樊迟的时候，就说到"居处恭，执事敬"，平日饮食起居要端庄稳重，做事情要严肃认真、小心谨慎。"敬"强调做事情时严肃认真，一丝不苟的态度。"简"与"敬"相对，自然就是指马马虎虎、随意而为的样子。

如果一件事能够做到"居敬而行简"，态度严肃认真、一丝不苟，但是具体执行的时候能够抓大放小、主次有别、守本息末，这样为政做官，不是很好吗？但是，如果一个人的日常态度就马马虎虎、敷衍了事，在工作执行中也这样，那就过于"简"了。

仲弓能够这样辩证地看问题，确实有自己独到的眼光。所以，最后孔子说"雍之言然"，完全赞同了仲弓的观点。

《论语·颜渊篇第十二》记：

仲弓问仁。

子曰："出门如见大宾，使民如承大祭。己所不欲，勿施于人。在邦无怨，在家无怨。"

仲弓曰："雍虽不敏，请事斯语矣。"

仲弓向孔子问仁。孔子的回答包含三个层次。

第一个层次:"出门如见大宾,使民如承大祭。"出门时犹如会见贵宾一般严肃庄重,在役使民众的时候要有祭祀鬼神时小心谨慎的态度。

第二个层次:"己所不欲,勿施于人。"自己不想要的东西,也不要强加给别人。这句话在《论语》中出现过两次,另一次是回答子贡之问——"有一言而可以终身行之者乎?"在孔子看来,"己所不欲,勿施于人"是一条可以终身奉行的基本准则。

第三个层次:"在邦无怨,在家无怨。"在古代,"邦""国""家"最初并不是完全相同的概念。周朝实行分封制,天子分封诸侯,诸侯分封大夫,并由此形成了"天子有天下,诸侯有国,大夫有家"的三级行政管理单位。"大曰邦,小曰国。"周朝初年,"邦""国"的概念开始混用,有时候用于指代整个天下,比如周朝人自称"周邦";有时用于指代诸侯国,比如"万邦",泛指所有的诸侯国。周朝的早期文献中"邦"比较多见。到了春秋末期,"邦"与"国"几乎完全混用,泛指诸侯国。不过,"国"与"家"在春秋末期依然各有所指,"国"的势力范围及行政级别肯定是高于"家"的。

"在邦无怨,在家无怨",这在春秋时期是难以做到的,因为诸侯与大夫之间存在着长期而深刻的利益斗争。一个人在这样错综复杂的政治斗争中要做到让诸侯和大夫们同时"无怨",是相当困难的,甚至连孔子自己都没有做到。孔子在鲁国任大司寇时主张"隳三都",以此来恢复鲁国公室的权力,让鲁国公室"无怨",却引起了季氏家族的不满。

孔子向仲弓指出来的为仁之道,第一层次是日常生活中的具体行为,第二层次是个人修养方面的内在要求,第三层次是现实政治上的终极目标。如果做得到这三点，可以算是"仁"了。

仲弓听完醍醐灌顶，颇感受益，所以当即下定决心，向老师保证说："雍虽不敏，请事斯语矣！"意思是"我虽然反应比较慢，但是我一定好好地践行老师讲的话"。

孔子另有一个学生颜渊，也曾经听了老师的教诲，当即表态"回虽不敏，请事斯语矣"。两个人在领悟道理之后表现出来的态度是一样的，难怪颜渊和仲弓能够并列为德行科的高才生。

《论语·雍也篇第六》记：

子谓仲弓曰："犁牛之子骍且角，虽欲勿用，山川其舍诸？"

"骍"，指的是红色皮毛的马。这种马很稀有，一般用于重大的祭祀活动。"骍且角"，指的不仅是红毛马，而且角长得很端正，仪态好。仲弓，即冉雍，又称"犁牛氏"。所以，"犁牛之子"指的就是仲弓。"虽欲勿用，山川其舍诸？"虽然不想用这么珍贵的马来祭祀，但山川神灵又怎么舍得呢？

这是一种比喻，很显然，孔子认为仲弓是个难得的人才，想让人们不欣赏他，不重用他都难。表明了孔子对仲弓德行与才能的高度认可。

三、冉求

冉求，字子有，《论语》中又称"冉有"。冉求出生于公元前522年，比孔子小29岁，在冉氏三兄弟中排行老三。冉有跟随孔子的时间很长,所以《论语》里关于冉求的记录比较多。

《论语·先进篇第十一》记:

子路问:"闻斯行诸?"

子曰:"有父兄在,如之何其闻斯行之?"

冉有问:"闻斯行诸?"

子曰:"闻斯行之。"

公西华曰:"由也问闻斯行诸,子曰'有父兄在';求也问闻斯行诸,子曰'闻斯行之'。赤也惑,敢问。"

子曰:"求也退,故进之;由也兼人,故退之。"

这是孔子因材施教的典型案例。

子路和冉有都问:"是不是听到一件事情就应该马上去做?"即"闻斯行诸?"孔子反对子路"闻斯行诸",而主张冉有"闻斯行诸"。这是因为子路性格急躁,孔子希望他遇到事情想一想父亲和兄弟,回去问问他们的意见再做决定;而冉求性格比较优柔寡断,孔子希望他能够果决一些,所以鼓励他"闻斯行诸"。

《论语·雍也篇第六》记:

季康子问:"仲由可使从政也与?"

子曰:"由也果,于从政乎何有?"

曰:"赐也可使从政也与?"

曰:"赐也达,于从政乎何有?"

曰:"求也可使从政也与?"

曰:"求也艺,于从政乎何有?"

鲁国当权大夫季康子要选拔人才，向孔子问子路、子贡和冉求三个人的能力适不适合从政？孔子当然要推荐自己的学生，所以他对每个学生的才华都进行了点评，认为子路勇敢，子贡通达，冉求有才艺，都适合从政。

《左传·哀公十一年》记载：公元前484年，齐国入侵鲁国，"季孙谓其宰冉求曰：'齐师在清，必鲁故也，若之何？'求曰：'一子守，二子从公，御诸竟……冉求帅左师，管周父御，樊迟为右。……季孙之甲七千，冉有以武城人三百为己徒卒，老幼守宫，次于雩门之外'"。38岁的冉求在力挽鲁国于存亡之间，立下了汗马功劳。

可见，冉求是一个思路清晰、临危不乱、骁勇善战、有组织管理能力的人才。正因为冉求在抗击齐国的战事中立下大功，冉求才有机会说服季康子把孔子迎接回国。

《论语·先进篇第十一》记：

子路、曾皙、冉有、公西华侍坐。

曰："以吾一日长乎尔，毋吾以也。居则曰'不吾知也'，如或知尔，则何以哉？"

子路率尔而对曰："千乘之国，摄乎大国之间，加之以师旅，因之以饥馑，由也为之，比及三年，可使有勇，且知方也。"

夫子哂之。

"求，尔何如？"

对曰："方六七十，如五六十，求也为之，比及三年，可使足民。如其礼乐，以俟君子。"

"赤！尔何如？"

对曰:"非曰能之,愿学焉。宗庙之事,如会同,端章甫,愿为小相焉。"

"点,尔何如?"

鼓瑟希,铿尔,舍瑟而作。

对曰:"异乎三子者之撰。"

子曰:"何伤乎?亦各言其志也。"

曰:"莫春者,春服既成,冠者五六人,童子六七人,浴乎沂,风乎舞雩,咏而归。"

夫子喟然叹曰:"吾与点也!"

三子者出,曾皙后。

曾皙曰:"夫三子者之言何如?"

子曰:"亦各言其志也已矣。"

曰:"夫子何哂由也?"

曰:"为国以礼,其言不让,是故哂之。"

"唯求则非邦也与?"

"安见方六七十、如五六十而非邦也者?"

"唯赤则非邦也与?"

"宗庙会同,非诸侯而何?赤也为之小,孰能为之大?"

这是一段非常著名的孔子及弟子们讨论理想的故事。这段故事发生的时间,推测应该是在孔子出仕之前或出仕之初。这个时候的冉求大概只有二十多岁。

整章对话的节奏和风格都显得比较有闲情逸致。一个老师带着几个同学,在风和日丽的某个下午,坐于凉亭之中。孔子邀请大家谈一谈自己的理想和志向。子路的志向是三年之内把一个大国带领得兵强马壮，不受敌国侵犯，显然是想当一个军事家；公西华的志向则是穿着礼服搞外交、做礼仪教化之类的工作；曾点的志向则是暮春三月时，带着大人小孩到河里去洗澡吹风。

年轻的冉求有什么样的志向呢？二十多岁的冉求很谦虚，对于自己的能力也有比较清楚的认识。冉求认为自己有能力把六七十里，或者更小一些的，五六十里地的宰邑治理好，三年时间可以让这个地方的百姓富足，此之谓"方六七十，如五六十，求也为之，比及三年，可使足民"。至于礼乐教化方面的事情，冉求觉得自己不行，还得请其他人来做，所以他说"如其礼乐，以俟君子"。

孔子对于冉求的志向不置可否，等到几位同学都走了之后，在曾皙的询问下，孔子才解释为什么没有当面对冉求的志向进行回应，这是因为"安见方六七十，如五六十而非邦也者？"这是孔子的一个反问："怎么见得六七十或五六十里的地方就不是一个国家呢？"

冉求把国家治理、经济发展与礼乐教化分成了两件事，这是孔子所不能同意的。依照儒家的观点，礼乐之制是一切政治、经济、文化发展的根本保障。"如其礼乐，以俟君子"，假使这样，冉求三年带领百姓致富也是不可能实现的。在孔子看来，不论是治理方圆百里的大国，还是方圆五六十里的小城，其治理的本质是一样的。管理国家的基本原则不应因国家大小不同而不同。

俗话说"三岁看大，七岁看老，十二岁定终身"。冉求在年轻时表现出来的气象，从儒家的理想和志向上来讲，终究是小气了些。这样的性格在后来冉求做官的过程中逐渐表现出来。

《论语·子路篇第十三》记：

子适卫，冉有仆。

子曰："庶矣哉！"

冉有曰："既庶矣，又何加焉？"

曰："富之。"

曰："既富矣，又何加焉？"

曰："教之。"

卫国是一个大国，孔子在鲁国做官失败后，与弟子们出游到了卫国，冉求也跟随左右。孔子看到卫国人口众多，不免感慨"卫国的人真多呀！"古代判断一个国家实力的重要指标之一是人口。人口越多，代表政治越稳定，经济越发达。当时的卫国国君是卫灵公，在位42年的时间里，卫国得到了很好的发展，尽管孔子说卫灵公无道，但是并没有说卫灵公无能。据历史记载，卫灵公执政前期，卫国一度也是诸侯国当中的佼佼者。

冉求是个聪明人，并且对治理国家的事儿感兴趣，听到孔子赞叹卫国的人口多，立即就问一句："人口多了，下一步要做什么呢？"孔子最喜欢这种善问的学生。孔子说"富之"，就是让百姓富裕起来。冉求继续追问："百姓富了之后，还要做什么呢？"孔子说"教之"，就是要进行教化。

孔子三句话不离自己的中心思想。在孔子的观念里，礼乐教化是最关键的一步。这就是孔子"富民"和"教民"的治国思想。"先富后教"，这和管子所说的"衣食足则知荣辱，仓廪实而知礼节"，是一样的道理。

《论语·季氏篇第十六》记：

季氏将伐颛臾，冉有、季路见于孔子。

曰："季氏将有事于颛臾。"

孔子曰："求，无乃尔是过与？夫颛臾，昔者先王以为东蒙主，且在邦域之中矣，是社稷之臣也。何以伐为？"

冉有曰："夫子欲之，吾二臣者皆不欲也。"

孔子曰："求，周任有言曰：'陈力就列，不能者止。'危而不持，颠而不扶，则将焉用彼相矣？且尔言过矣，虎兕出于柙，龟玉毁于椟中，是谁之过与？"

冉有曰："今夫颛臾固而近于费，今不取，后世必为子孙忧。"

孔子曰："求，君子疾夫舍曰欲之而必为之辞。丘也闻，有国有家者，不患寡而患不均，不患贫而患不安。盖均无贫，和无寡，安无倾。夫如是，故远人不服则修文德以来之，既来之，则安之。今由与求也相夫子，远人不服而不能来也，邦分崩离析而不能守也，而谋动干戈于邦内。吾恐季孙之忧不在颛臾，而在萧墙之内也。"

季氏打算攻打颛臾国，孔子认为冉求没有尽到劝谏的责任，责怪冉求"危而不持，颠而不扶，则将焉用彼相矣？"他还拿"虎兕出于柙，龟玉毁于椟中"来做比喻，认为老虎跑出笼子来害人，那个看守笼子的人要负有责任；用龟壳和玉石做的占卜工具在盒子里坏掉了，那个保管盒子的人要负责任；季康子要攻打颛臾国，辅佐他的人要负责任。孔子就这样把冉求批评了一通。冉求不服气，替季氏解释了一番，更被孔子认为站不住脚。因为孔子的批评和提醒，冉求便又力谏季康子，最终化解了一场无谓的攻伐战争。

《论语·八佾篇第三》记：

季氏旅于泰山。

子谓冉有曰:"女弗能救与?"

对曰:"不能。"

子曰:"呜呼!曾谓泰山不如林放乎?"

季氏家族总是干一些僭越违礼之事。

这一次,季康子要去祭祀泰山。按照周朝礼制的规定,只有天子才有资格祭祀泰山。所以,孔子就问在季康子身边工作的冉求:"女弗能救与?"意思是"你就不能劝一劝吗?"冉求说自己做不到,"是不为也,非不能也",不是自己不愿意做,而是没有能力。孔子哀叹道:"曾谓泰山不如林放乎?"难道如此聪明智慧的泰山之神会不知道季氏已经违礼了吗?林放都还有分辨礼的能力,难道泰山之神连一个普通人林放都不如吗?

《论语·雍也篇第六》记:

冉求曰:"非不说子之道,力不足也。"

子曰:"力不足者,中道而废,今女画。"

这一章冉求很直接地给老师声明,不是自己不喜欢老师的道,是真的没有能力,阻止不了季氏所做的这些违反礼制的事情。孔子也没有办法,只得感叹说"力不足者,中道而废,今女画"。孔子不认同冉求所说的"力不足"。什么才叫"力不足"呢?已经去做了,做到一半做不下去,"中道而废",这才叫"力不足"。孔子认为冉求是自我设限,画地为牢,总认为礼乐这些事情,是自己做不了的事，这和冉求年轻时说"如其礼乐，以俟君子"是一样的。所以，综观冉求的成就，可称其为一执事之能人，是一位"具臣"，但与颜渊、冉伯牛等比起来，其境界终究还是弱了一些。

《论语·先进篇第十一》记：

> 季氏富于周公，而求也为之聚敛而附益之。
> 子曰："非吾徒也，小子鸣鼓而攻之可也。"

冉求在政事上的表现，一方面显得很杰出，另一方面又达不到孔子的要求。季氏家族已经富得流油了，比鲁国国君还要有钱。冉求做季氏的家臣，帮助季氏进行田税制度改革。《左传·哀公十一年》载："季孙欲以田赋，使冉有访诸仲尼。仲尼曰：'丘不识也。'……而私于冉有曰：'君子之行也，度于礼；施取其厚，事举其中，敛从其薄。……'弗听。十二年春王正月，用田赋。"

孔子对于这件事情极其生气，发了很大的脾气，说冉求"非吾徒也"，大有要把冉求逐出师门的架势，并且鼓励同学们"鸣鼓而攻之可也"。这是《论语》记录的孔子发得最大的一次脾气。

孔子生冉求的气就像一个老父亲生自己儿子的气一样。这里面饱含着一种深沉的情感。为什么孔子如此生气，竟然扬言要把冉求逐出师门，竟然鼓励同学们敲锣打鼓去讨伐他呢？这是因为冉求帮助季康子做的事情，已经违反了儒家的基本立场。孔子是人民大众的代表，其为人处世的一切出发点，本质上是为了维护人民大众的利益。而冉求帮助季康子所做之事，公然地站在了统治阶级的利益上，其立场都搞错了，孔子发脾气就是可以理解的了。

《论语·子路篇第十三》记：

冉子退朝。

子曰:"何晏也?"

对曰:"有政。"

子曰:"其事也。如有政,虽不吾以,吾其与闻之。"

这一段犹如家中老父与儿子之间的亲切对话。可以推测,这段对话是孔子晚年的事情。孔子问冉求:"何晏也?"意思是,"怎么回来得这么晚呢?"冉求说"有政",就是有政事。而孔子却不以为然。

孔子纠正冉求的说法,认为冉求所处理的不是"政",而是"事"。孔子在这里把"政"和"事"进行了区分,这叫"正名分"。孔子特别强调"名不正,则言不顺;言不顺,则事不成"。

那么"政"和"事"有什么不同呢?

"政者,正也。"这是季康子问政时,孔子给他的回答。在孔子看来,能够称之为"政",一定要具有礼义的特征,具有"举直错诸枉,能使枉者直"的特点。如果失去了礼义之道的根基,没有坚定的人民大众的立场,所做的一切只能称为"事",谈不上是"政"。言外之意,孔子认为冉求每天只是在忙着做事,而不是在"为政"。

闵子骞·司马牛·樊迟

一、闵子骞

闵子骞,即闵损,后世称闵子,生卒年为公元前 536 年至公元前 487 年,享年 49 岁,比孔子小 15 岁,孔门七十二贤人之一。闵子以孝著称。在《论语》里,孔子对闵子骞的孝行称赞有加。

《论语·先进篇第十一》记:

子曰:"孝哉闵子骞!人不间于其父母昆弟之言。"

闵子骞出身贫寒,母亲去世得早,从小就跟着父亲劳动,生活过得十分清苦。《二十四孝》里记录着闵子骞的孝行故事:"周闵损,字子骞,早丧母。父娶后母,生二子,衣以棉絮;妒损,衣以芦花。父令损御车,体寒,失纼(zhèn)。父查知故,欲出后母。损曰:'母在一子寒,母去三子单。'母闻,悔改。"闵子骞的后母虐待自己,父亲要休掉她,被闵子骞阻拦。闵子骞对后母并不记恨,而是顾全大局,体现的是其仁德之心,后母因而悔改。闵子骞的孝行,尽人皆知,孔子赞叹他"孝哉"。

"间",本义指"缝隙",用在人与人之间的关系上可以引申指"离间、挑拨"。"人不间于其父母昆弟之言",对于闵子骞父母兄弟所讲的话,人们居然找不到什么可以挑拨离间的机会。这说明,闵子骞在家里对父母和兄弟的态度已经是无可挑剔,以至于人们在谈到他和他的父母兄弟的时候,实在说不出他还有什么做得不好的地方。其在孝行方面已经表现出和上古圣王舜一样的德行,所以孔子给予了极高的赞叹。

《论语·先进篇第十一》记:

闵子侍侧,訚訚如也;子路,行行如也;冉有、子贡,侃侃如也。

子乐。

"若由也,不得其死然。"

这一章记录了闵子、子路、冉有、子贡在孔子身边不同的神态表现。

闵子侍奉孔子的时候,"訚訚如也"。"訚訚"指的是"和悦而尽言"的样子。南宋思想家朱熹《四书集注》释:"訚訚,和悦而诤也。"换句话说,闵子骞待人,既可以做到和颜悦色很谦和的样子,同时又能坚持原则,公正严明。

据《论语》记录,闵子骞曾有机会出仕,但其志不在此。

《论语·雍也篇第六》记:

季氏使闵子骞为费宰。

闵子骞曰:"善为我辞焉。如有复我者,则吾必在汶上矣。"

季氏想任用闵子骞为自己的私邑费县的长官。

闵子骞说:"好好地帮我辞掉吧,如果再来找我,我就要跑到汶水的那一边去了。"意思就是,如果季氏再来找他去做官,他就要跑到齐国去了。一般人巴不得有机会出仕,连孔子都主张"沽之哉!沽之哉!"依照儒家的观点,孔门弟子是应该出仕的。

为什么闵子骞受了孔子的教导,竟然不愿意出仕呢?恐怕闵子骞非不愿为官,而是不愿意为季氏做官吧。季氏反复做违礼僭越之事,一会儿"八佾舞于庭",一会儿又要"旅于泰山",这些事情被孔子反复批评。冉有为季氏做官,帮季氏敛财,被孔子严厉批评,差点被逐出师门。

闵子骞是孔子早年所收弟子,对于自己老师的价值观和季氏家族的所作所为不可能不了解。所以,闵子骞拒绝做官的原因,和道家的隐士应该有所不同,他只是不愿意做被老师严厉批评的季氏家族的官。

孔子说"道不同,不相为谋"。闵子骞正是践行了这句话。

《论语·先进篇第十一》记:

鲁人为长府。

闵子骞曰:"仍旧贯,如之何?何必改作?"

子曰:"夫人不言,言必有中。"

"长",亦可写作"藏"。长府,即"藏府",就是藏财货、武器的府库。

鲁国人打算重新修缮长府。闵子骞认为"仍旧贯",保持原来的样子就可以了,何必要去"改作"呢?"改"就是修改,"作"就是创新。言下之意,就是没有必要劳民伤财地重新进行装修。

闵子骞看时事的眼光是很独到的,一针见血地指出了问题的本质。现在很多单位也有这种情况,花大价钱大力气做一些形象工程,却抓不住管理的根本。孔子听到闵子骞的话,对其表示赞赏,认为闵子骞轻易不发言,只要发言就能抓住重点,直击要害,即"夫人不言,言必有中"。

二、司马牛

司马牛,也叫司马耕,子姓,向氏,字子牛,亦可称向子牛,宋桓公的后代,宋国司马桓魋的亲弟弟。《左传·哀公十四年》载,公元前481年,司马牛反对其兄桓魋作乱专权,把自己的封邑交给宋景,离开宋国到了齐国。桓魋在宋国政治斗争中失败,也逃亡到齐国,并在齐国做了次卿。司马牛因反对其兄犯上作乱的做法,誓不与其兄共同事君,于是离开齐国去到吴国。晋国的赵简子和齐国的陈成子都曾叫他去,司马牛最终没有在任何国家出仕,死在流亡的路上。

或许是因为司马牛经历了自身的家族兴衰和兄弟离散,所以,司马牛是《论语》里愁绪最多的一个弟子。

《论语·颜渊篇第十二》记:

司马牛忧曰:"人皆有兄弟,我独亡。"

子夏曰:"商闻之矣:'死生有命,富贵在天。'君子敬而无失,与人恭而有礼,四海之内皆兄弟也。君子何患乎无兄弟也?"

司马牛很忧愁,感叹"别人都有兄弟,我却没有"。短短几个字,抑郁之情溢于言表。从事实上来说,司马牛是有兄弟的,根据《左传》的记载,司马牛至少有兄弟四人:向巢、桓魋、子颀、子车。但因为其兄弟参与宋国的政治权力争斗,最后家道衰落,兄弟离散。司马牛愁绪满满,不是因为自己没有兄弟,而是兄弟们都离散了。

作为司马牛的同学,子夏当然要安慰一下。子夏引用"死生有命,富贵在天"来宽慰他,言下之意就是让司马牛不要这么忧愁,一切都是缘分注定的,并进一步指出"君子敬而无失,与人恭而有礼"。"敬而无失","恭而有礼",意思是只要做事情严肃认真不出差错,待人真诚恭敬符合礼的规定,天下的人都愿意和这样的人交朋友,"四海之内皆兄弟也"。这是子夏赞美和宽慰同学司马牛的话,也可以看作是儒家的一种价值观。

《论语·颜渊篇第十二》记:

司马牛问君子。
子曰:"君子不忧不惧。"
曰:"不忧不惧,斯谓之君子已乎?"
子曰:"内省不疚,夫何忧何惧?"

司马牛问孔子什么是君子。

孔子回答"君子不忧不惧"。"不忧不惧",就是不忧愁不恐惧,这听起来是多么简单的事儿!初看孔子的回答,大概都会这样想。事实上，司马牛也是这样想的。做一个君子只要"不忧不惧"，真的可以这样简单吗？

孔子回答："内省不疚，夫何忧何惧？"一个人自我反思的时候，发现自己"不疚"，那就没有什么忧惧可言了。什么是"疚"？指的是犯了错误，或对不起他人而感受到的一种惭愧、悔恨或痛苦的情绪。所谓"不疚"，当然是一种内心光明、坦荡的状态。王阳明临终前说"此心光明，亦复何言？"这是多么坦荡的心境！但是，又有几人能够做到呢？

这一章既可看作是孔子对君子人格的描述，也可看作是孔子对忧心忡忡的司马牛的鼓励和宽慰。司马牛因为看不惯自己兄长犯上作乱的行为，放弃自己的封邑，流亡于列国之间，这种不同流合污的行为，亦可称得上是君子所为。但是成天忧心忡忡，感叹自己的孤独境遇，亦是不可取的。"求仁得仁，又何怨？"所以孔子让他反省一下自己有没有干什么对不起人的事情，如果没有，又有什么可忧愁和恐惧的呢？没有"忧惧"之心，不就是君子了吗？在孔子和儒家的价值观念中，"君子"是"坦荡荡"的，"小人"才"常戚戚"。

《论语·颜渊篇第十二》记：

司马牛问仁。
子曰："仁者，其言也讱。"
曰："其言也讱，斯谓之仁已乎？"
子曰："为之难，言之得无讱乎？"

司马牛向孔子问什么是仁。

孔子回答"仁者"说话"讱"。"讱"，本义是"迟钝"，引申可以指"谨慎"。也就是说，孔子认为，一个人讲话迟钝一点，谨慎一点，不是笨，而是"仁"。这个观点符合孔子一贯的主张。孔子对于那些善于"巧言"的人，都持有一种警惕态度。他常给弟子们说"巧言令色，鲜矣仁"，更是反复强调"刚毅木讷"。对于子贡、宰我这样口才好的学生，则是经常嫌他们话太多。

《史记·仲尼弟子列传第七》载："牛多言而躁。"大概是因为司马牛话多，并且性情急躁，所以孔子要这样点化他。然而，司马牛并未真正领会孔子的真意，反问孔子："讲话迟钝一点，谨慎一点就叫仁了吗？"言下之意，这也太简单了吧。然而，孔子却说"为之难"，这件事情很难的。很多人喜欢随意承诺，讲大话，扬言自己要如何如何，结果什么都做不到。孔子说"其言也讱"，即说话"迟钝一点、谨慎一点"，强调的是在行动上下功夫。这也是孔子一贯主张的"敏于行，而讷于言"。

三、樊迟

樊迟，也叫樊须，字子迟。《史记·仲尼弟子列传第七》对樊迟的介绍只有一句："少孔子三十六岁。"樊迟在《论语》里一共出现六次，每一次的出现都是提问，给人一种老实巴交，什么也不懂的感觉，像是一个帮助孔子表达思想的工具人。

樊迟第一次出现在《论语》中，是在《学而篇》里，跟着孟懿子一块儿出场。

《论语·为政篇第二》记：

孟懿子问孝，子曰："无违。"

樊迟御，子告之曰："孟孙问孝于我，我对曰'无违'。"

樊迟曰："何谓也？"

子曰："生，事之以礼；死，葬之以礼，祭之以礼。"

孟懿子向孔子问孝。孔子告诉孟懿子，孝就是"无违"，就是不要违礼。至于什么是"无违"呢？孟懿子没问，孔子也没有说。反正孔子和孟懿子的谈话就到此为止。

反倒是樊迟补问了一句："何谓也？"这才让孔子把"无违"解释清楚了。孔子所说的"无违"指的是"父母活着的时候，依照礼的要求侍奉他，死了之后依照礼的规定安葬和祭祀他"，这就是"生，事之以礼；死，葬之以礼，祭之以礼"。

《论语·雍也篇第六》记：

樊迟问知。

子曰："务民之义，敬鬼神而远之，可谓知矣。"

问仁。

曰："仁者，先难而后获，可谓仁矣。"

这一章里，樊迟问了两个大问题。一是"知"；二是"仁"。

智和仁，是孔子思想中的核心概念。关于这两个问题，孔子说过不少。除了单独说明"知者"与"仁者"之外，还有好几处把"知者"与"仁者"进行对比讨论。如《雍也篇》："知者乐水，仁者乐山。知者动，仁者静。知者乐，仁者寿。"《子罕篇》："仁者不忧，智者不惑，勇者不惧。"

"知"，同"智"。孔子对樊迟说"务民之义，敬鬼神而远之"，这就是"智"了。所谓"务民之义"，"务"，即"从事、谋"的意思，就是知道怎么妥善治理百姓。所谓"敬鬼神而远之"，怎么理解呢？古人把已经死去的人称为鬼，代表着祖先；赋予天地山川以神灵。为了表示对逝去先人与自然万物的感恩与敬畏，古人要祭祀鬼神。孔子强调祭祀鬼神关键是"敬"，要严肃认真，不能马马虎虎。当时很多人在祭祀的时候非常不庄重不严肃，孔子曾严厉地指出要"祭神如神在"。"远"，指"距离远"。对于祭祀鬼神要严肃庄重，又不要沉迷其中。假如其他事情都不做了，天天搞祭祀，这也是一种毛病。

这显然是孔子为樊迟指出的"中庸之道"。如果能够做到一心为民，思百姓之所思，想百姓之所想，同时对于祭祀鬼神这样的事情保持中庸之道，这就可以说是"智"了。如果一个人能做到孔子所说的这两点，至少也是一个治世之能臣。

"仁"是什么呢？孔子给樊迟的答案是"先难而后获"。也就是先付出然后再收获。换句话说，就是"只问耕耘，不问收获"。做好自己该做的，不要管结果是什么。如果能做到这一点，可以谓之"仁"。

孔子因材施教，因时点化，这算是给樊迟的特别指点。

《论语·颜渊篇第十二》记：

樊迟问仁。子曰："爱人。"
问知。
子曰："知人。"

樊迟未达。

子曰:"举直错诸枉,能使枉者直。"

樊迟退,见子夏。

曰:"乡也吾见于夫子而问知,子曰:'举直错诸枉,能使枉者直',何谓也?"

子夏曰:"富哉言乎!舜有天下,选于众,举皋陶,不仁者远矣。汤有天下,选于众,举伊尹,不仁者远矣。"

这是樊迟第二次问"知"与"仁"。

孔子说"仁"就是"爱人",即"仁者,爱人"。一个仁者,他懂得友爱别人。孔子又解释"知"(通"智"),就是"知人",就是能够理解、赏识他人。这些道理听起来简单朴实,然而樊迟"未达",知其然不知其所以然,似乎还是没有搞懂。于是,孔子进一步解释:"举直错诸枉,能使枉者直。"这下,樊迟更懵了。

因此,樊迟只好去找子夏请教。子夏依照自己的理解给樊迟解释了一番。

子夏首先是盛赞孔子所说的"举直错诸枉,能使枉者直",认为这句话说得太好了,内涵极其丰富,即"富哉言乎!"然后,子夏举例来说明这句话的意思。

舜是怎么治理天下的呢?他选出了皋陶这样正直的官员,所以"不仁者"就疏远了。汤是怎么治理天下的呢?他选出了伊尹这样正直的官员,所以"不仁者"也疏远了。因为,"不仁者"在"仁者"身边是没有机会的。

子夏聪明,完全理解了孔子的意思。这个观点,孔子也曾经对鲁哀公讲过,提醒鲁哀公要选拔贤良正直的人才,老百姓才会心悦诚服。

孔子想对樊迟表达的观点就是：仁者一定会爱护其他人，而不是自私自利，只顾自己；智者一定懂得赏识别人，选拔贤良之才放在恰当的岗位上，可使之起到引领示范的作用。

不知道樊迟听完子夏的解释之后，懂还是没懂呢？

《论语·子路篇第十三》记：

樊迟问仁。

子曰："居处恭，执事敬，与人忠。虽之夷狄，不可弃也。"

这是樊迟第三次问仁。孔子给了三个为仁的基本原则。

首先是"居处恭"。"居"是"平时、日常"的意思，这里是指平日在家里的生活起居。"恭"强调行为上的端庄稳重。孔子认为，一个人平时在家里的生活起居应该保持的态度是"恭"。

其次是"执事敬"。"执事"，就是办事情。"敬"强调态度上的严肃认真。孔子认为，一个人办事情的时候应该保持严肃认真的态度。

最后是"与人忠"。"与人"，就是对待他人。"忠"强调尽心尽力，不马虎。孔子认为，一个人在对待他人时应该保持的态度是"忠"。

孔子所说的这三条为人处世的基本原则，即使是在文明未开的夷狄之地，也是不可废弃的，即"虽之夷狄，不可弃也"。

《论语·子路篇第十三》记：

樊迟请学稼。

子曰:"吾不如老农。"

请学为圃。

曰:"吾不如老圃。"

樊迟出。

子曰:"小人哉樊须也!上好礼,则民莫敢不敬;上好义,则民莫敢不服;上好信,则民莫敢不用情。夫如是,则四方之民襁负其子而至矣,焉用稼?"

在孔门弟子中,唯一一个向孔子请求学种庄稼的恐怕只有樊迟一人了。可见,樊迟既关心"仁""知""崇德""修慝""辨惑"这些道德修养方面的事,也关心种庄稼的事。孔子会不会做田间地头的农活儿呢?或许孔子是会的。料想樊迟跟自己的老师长期相处,不可能对老师掌握的技能不了解。

樊迟每次发问,孔子都一一解答,甚至答一遍又答一遍,反复解释,没有显出不耐烦的样子。而这一章,孔子的态度大不相同,他不想回答樊迟的问题。

首先,樊迟问怎么种庄稼,孔子说自己不如老农。又问怎么种菜,孔子说自己不如老圃。两个问题都没有找到答案,樊迟只好走了。孔子在樊迟走了之后,说"小人哉樊须也!"孔子说樊迟是个小人,显然是生气了。

孔子为什么生气呢?这有什么好生气的呢?

在礼崩乐坏的春秋末期,社会急剧动荡,学术思想风起云涌,各家各派的学说空前活跃。其中鼓励发展农业技术与生产的一派叫"农家"。《汉书·艺文志》载:"农家者流,盖出于农稷之官。播百谷,劝耕桑,以足衣食,故八政一曰食,二曰货。"先秦农家最具代表性的人物是与孟子同时代的许行，许行主张"贤者与民并耕而食，饔飧（yōng sūn）而治"，意思是贤能的人应当与百姓一起耕作，从而获取食物，一边耕地一边治理天下。农家反对不劳而获，追求一种现实上的绝对平等，要求为政者与老百姓共同劳动。这样的空想主义听起来十分美好，对很多人都很有吸引力。尤其是在战国时期，农家思想一度影响很大，连孟子的学生陈相等人都跑去拜许行为师，从儒家转向了农家。

儒家也强调平等，但与农家这种简单绝对化的平等是不同的。儒家所强调的是在等级制度基础之上，各司其职，各守本分的一种更宽泛概念上的平等。孔子对于樊迟之问不愿回答，并且还很生气，原因在于樊迟开始对农家思想感兴趣，这也就意味着和孔子价值观的冲撞。

孔子说樊迟是"小人"，和今天我们所说的道德上的"小人"不是一个概念。古代讲"小人"，道德意义没有今天这么强。小人，就是不成熟的、没有智慧的人，这种人缺少深邃的目光，只能看到事情的表面，看不到事情的本质。孔子讲樊迟是个小人，是指这个意思。

孔子并不是反对从事农业生产，而是认为樊迟应该学习更加高明更加透彻的学问。在孔子的心里，能够解决一切问题的是仁、义、礼、智这样的道德法宝。所以孔子说："上好礼，则民莫敢不敬；上好义，则民莫敢不服；上好信，则民莫敢不用情。"上层管理者"好礼""好义""好信"，老百姓自然恭恭敬敬、心悦诚服、真心拥护。天下自然太平。如果能够做到这样，"则四方之民襁负其子而至矣"，四面八方的百姓都会背着自己的孩子来归附，"焉用稼？"有这么多百姓，还需要你樊迟去种庄稼吗？

孔子思想一以贯之，他反反复复强调的就是儒家的"礼义"，反复强调的就是管理者自身的修养和做法。

《论语·颜渊篇第十二》记：

樊迟从游于舞雩之下，曰："敢问崇德、修慝（tè）、辨惑。"

子曰："善哉问！先事后得，非崇德与？攻其恶，无攻人之恶，非修慝与？一朝之忿，忘其身，以及其亲，非惑与？"

舞雩之下，就是舞雩台，位于曲阜城南沂河的北边，是一座高大的土台，是鲁国祭天求雨的地方。"雩"是古代求雨的一种祭礼。樊迟跟着孔子来到这个地方，问了三个问题："什么是崇德？什么是修慝？什么是辨惑？"

孔子说："善哉问！"表扬樊迟的问题问得好。接下来，孔子很耐心地，用一组反问句，一一做了回答。

"崇德"，就是"先事后得"，意思就是先劳动后收获。与前文所说"先难而后获"异曲同工，都指的是要先用心把事做好，不要先考虑利益得失的问题。

"修慝"，就是"攻其恶，无攻人之恶"，即对自己的缺点要"攻"，对于别人的缺点要"无攻"。换句话说，就是严于律己，宽以待人。

"辨惑"，就是"一朝之忿，忘其身，以及其亲"，不要因为一时的愤怒，忘记了爱惜自己的生命和孝顺自己的父母。《孝经》云："身体发肤，受之父母，不敢毁伤。"爱惜自己生命，把自己照顾好，本身就是孝顺父母的表现。

孔子回答这三个问题，其实都是关于个人的修养问题，既实用，又具体。不仅要认真做事，不计得失；而且要严于律己，宽以待人；除此之外，还不能意气用事，逞一时之能，要充分考虑到自己的身体健康与生命安全，不要冲动行事。这些就是"崇德、修慝、辨惑"的内涵。

公冶长·南容·子贱·漆雕开·公西华·原思·孺悲

一、公冶长

公冶长,复姓公冶,名长,字子芝,鲁国人,是孔子的女婿。生于公元前519年,比孔子小32岁,卒于公元前470年,享年49岁。公冶长自幼家贫,勤俭节约,但聪明好学,性格高洁,受到孔子的赞赏。

《论语·公冶长篇第五》记:

子谓公冶长:"可妻也,虽在缧绁(léi xiè)之中,非其罪也!"以其子妻之。

公冶长年轻的时候无辜获罪,曾经身陷囹圄。

清代孙星衍所著《孔子集语》中记录了这么一个故事:传说公冶长能够听懂鸟语。有一天,公冶长从卫国返回鲁国的路上,听到鸟儿在相互招呼着去小溪边吃死人肉,紧接着就看到路上有个老婆婆在哭。公冶长上前一问,得知老婆婆的儿子前几天出门一直未归,不知道是死是活。公冶长告诉老婆婆自己刚才听到鸟儿相互招呼去溪边吃死人肉,让她去看看。结果老婆婆去溪边一看,果然是自己的儿子,已经死了。当地官府认定老婆婆的儿子是公冶长所杀,就把他抓捕入狱。公冶长解释说自己听得懂鸟语,所以才知道老婆婆的儿子在小溪边,官吏们都不相信。有一天,公冶长在狱里听到麻雀们叽叽喳喳通报说河边有粮车翻了,招呼着去吃。他把这件事告诉狱吏,狱吏派人去查看,果然如此,最后被释放。这就是孔子所说的"缧绁之中"事件的始末。

公冶长在《论语》中仅出现这一次。孔子认为公冶长虽然被捕入狱,实际上没有犯罪,是一个"可妻"之人。"可妻",意思是,可以把女儿嫁给他做妻子。这说明,公冶长是个值得托付的可靠之人。后来,孔子把自己的女儿嫁给了公冶长,使之成了自己的女婿。可见,孔子的择婿标准是德行修养,而不是名利富贵。

二、南容

南容,即南宫适,孔子的学生。
《论语·公冶长篇第五》记:

子谓南容:"邦有道不废;邦无道免于刑戮。"
以其兄之子妻之。

孔子认为南容有一种进退有度的能力。"邦有道，不废"，国家有道时，南容不会浪费自己的才能，可以为国家做贡献；"邦无道，免于刑戮"，国家无道时，南容也可以明哲保身，不会招来杀身之祸。因此，孔子把自己哥哥的女儿许配给他做妻子。

《论语·先进篇第十一》记：

南容三复白圭，孔子以其兄之子妻之。

"白圭"，出自《诗经·大雅·抑》："白圭之玷，可磨也；斯言之玷，不可为之。"意思是白玉上的斑点，是可以磨掉的；但是如果人说错了话，就不可挽回了。南容一天多次吟诵这首诗，用诗来提醒自己要谨言慎行，很有曾子"一日三省"的作风。

孔子一贯欣赏不乱说话的人，认为这是个好品质。基于这样的优点，孔子把自己哥哥的女儿嫁给了他，使之成为自己的侄女婿。

《论语·宪问篇第十四》记：

南宫适问于孔子曰："羿善射，奡荡舟，俱不得其死然；禹、稷躬稼而有天下。"

夫子不答。南宫适出。

子曰："君子哉若人！尚德哉若人！"

"羿"，传说是夏朝有穷国的国君。夏朝第一任首领夏启死之后，其儿子太康即位。但太康是一个昏君，成天只想着打猎，不理朝政。有穷国国君羿善于射箭，颇有勇武之才，但野心勃勃，想篡夺太康之位。他把太康赶到洛水之南，拥立太康的弟弟仲康即位，实则自己大权在握。羿在"挟天子以令诸侯"的过程中,广结党羽,扩大自己的势力。仲康死之后,仲康之子相继位。经过多年的准备,羿的羽翼已经丰满,将新继位的相放逐,最终篡了夏朝的政权,成为夏朝的君主,史称"后羿代夏"。羿夺得君主之位后,成天沉迷于打猎射箭,把朝政交给国相寒浞(zhuó)。寒浞则瞒着羿结党营私,最终把羿杀掉,自立为君,史称"寒浞代夏"。《左传》记载,后羿被寒浞放在油锅里烹杀,死得极其悲惨。这就是羿的结局。

"奡",寒浞的儿子,是个大力士,传说可以托着船在陆地上走。他助父杀羿篡权,最终被少康诛杀。总之,羿和奡两个人都各有才能,但是最后都不得善终,死得悲惨。反观夏禹和后稷两位先贤,受命整治山川、治理河道、教民耕种,他们安守本分、勤勉工作,最后却能够得到天下。

南宫适把羿、奡和禹、稷放在一起对比发问。孔子听了南宫适的话没有发表意见。待其走后,孔子却盛赞南宫适"君子哉若人!尚德哉若人!"为什么孔子听了南宫适的问题要称赞他是君子,称赞他崇尚德行呢?

虽然孔子没有明说,但南宫适的发言,说明其明白崇尚武力并不能收服人心,只有以民为本,以德服人,才能安定天下。

三、子贱

子贱,即宓(mì)子贱,出生于公元前521年,名不齐,字子贱,鲁国人,孔子弟子。

《论语·公冶长篇第五》记:

子谓子贱:"君子哉若人!鲁无君子者,斯焉取斯?"

《吕氏春秋·审应览》载:"宓子贱治亶父(亦写作单父),恐鲁君之听谗人,而令己不得行其术也。将辞而行,请近吏二人于鲁君与之俱,至于亶父,邑吏皆朝。宓子贱令吏二人书。吏方将书,宓子贱从旁时掣摇其肘。吏书之不善,则宓子贱为之怒。吏甚患之,辞而请归……鲁君太息而叹曰:'宓子贱以此谏寡人之不肖也……微二人,寡人几过。'"

这个故事是说,宓子贱担任亶父的长官,担心鲁国国君来干扰自己的政令,采取了这种特别的进谏之法,很有智慧。宓子贱担任亶父宰时,每天弹琴抚乐、怡然自得、无为而治,把亶父治理得很好,史称"鸣琴而治"。孔子另一个学生巫马期也曾做过亶父宰,每天早出晚归、日理万机、勤勉不息,才把亶父治理好。所以巫马期曾向宓子贱请教到底是怎么做到的。宓子贱认为借众人的力量比凭借个人的力量更容易。

《孔子家语·子路初见第十九》载:"孔子兄子有孔篾者,与宓子贱偕仕。孔子往过孔篾,而问之曰:'自汝之仕,何得何亡?'对曰:'未有所得,而所亡者三……'孔子不悦,往过子贱,问如孔篾。对曰:'自来仕者无所亡,其有所得者三……'孔子喟然,谓子贱:'君子哉若人。若人犹言鲁无君子者,则子贱焉取此。"这段故事说的是:孔子哥哥的儿子孔篾和宓子贱一起外出做官,孔子路过孔篾之地,问他自出仕以来,有什么得失。孔篾认为自己一无所得,反倒是失去了三件东西:没有时间学习;俸禄低照管不好家人;没有时间与朋友交往。孔子对孔篾的回答很不高兴。他路过子贱处，又以同样的问题问子贱，子贱则认为自己一无所失，反倒是得到了三件东西：学以致用；有俸禄；有朋友。

孔子对子贱这种积极的自我认识感到很满意，称赞说"君子哉若人"，夸子贱是个君子，并进一步感慨说"鲁无君子者，斯焉取斯"，意思就是鲁国怎么没有君子呢，子贱不就是君子吗？谁来重用这样的人呢？

四、漆雕开

漆雕开，字子开，亦称子若，蔡国人。生于公元前540年，比孔子小11岁，卒于公元前489年，享年51岁，在孔门中以德行著称，好学《书》，为七十二贤人之一。

《论语·公冶长篇第五》记：

子使漆雕开仕，对曰："吾斯之未能信。"
子说。

《孔子家语·七十二弟子解第三十八》对此事有更为详细的记载："习《尚书》，不乐仕。孔子曰：'子之齿可以仕矣，时将过。'子若报其书曰：'吾斯之未能信。'孔子悦焉。"

孔子提醒漆雕开可以出仕了，再不出仕年龄就过了。漆雕开说"吾斯之未能信"，意思是自己对于出仕这件事没有信心，并且认为自己对于《尚书》里的很多东西还没有真正理解，所以不想出仕。可见，漆雕开是个学术人才，对研究学术有兴趣，对政事不感兴趣,所以婉言谢绝了。

虽然孔子鼓励弟子们出仕为官,为人民服务,但是对于漆雕开这种甘于学术的人才,也是很器重很欣赏的。因此,他拒绝孔子出仕的提议,并没有让孔子生气,反令孔子感到高兴。后来,漆雕开对孔子"性相近,习相远"的观点进行了发展,并最早提出了"天理""人欲"等概念,形成了"人有善有恶"的人性观,被后世称为"漆雕氏之儒"。

关于漆雕开之死有一个传说:周敬王三十一年(公元前489年),孔子及众弟子在周游列国期间,从楚国叶地返回蔡国的路上,遇到连续暴雨,借宿漆雕开家。漆雕开家境不富裕,来者众多,很快粮食不够吃。他为了给孔子及弟子们增加伙食,冒雨到湖里去采藕,不幸落水遇难。

五、公西华

子华,即公西华,又叫公西赤,生于公元前509年,比孔子小42岁,是孔门中较年轻的学生。

《论语·述而篇第七》记:

子曰:"若圣与仁,则吾岂敢?抑为之不厌,诲人不倦,则可谓云尔已矣。"

公西华曰:"正唯弟子不能学也。"

公西华年纪轻,可能听到过很多赞颂孔子的话,但孔子谦虚地表示"若圣与仁，则吾岂敢"，意思是圣与仁这种境界，自己是不敢当的。孔子说自己"为之不厌"，一生都在追求圣与仁的境界，从不懈怠。同时，又说自己"诲人不倦"，一直劝导教诲别人也朝着圣与仁的方向去努力，从来没有厌倦过。孔子以身作则，带领着弟子和后世的人，朝着圣与仁的方向去追求，从不停歇懈怠。孔子如此谦虚，不居圣，不居仁，成了后世的典范。

这种做法，本身就是圣人啊。公西华听到孔子这番谦虚的表达，更是对老师钦佩有加，认为这正是自己所做不到的。

《论语·先进篇第十一》记：

子路、曾皙、冉有、公西华侍坐。

子曰："以吾一日长乎尔，毋吾以也。居则曰'不吾知也'，如或知尔，则何以哉？"

……

"赤！尔何如？"

对曰："非曰能之，愿学焉。宗庙之事，如会同，端章甫，愿为小相焉。"

……

三子者出，曾皙后。

曾皙曰："夫三子者之言何如？"

……

子曰："亦各言其志也已矣。"

"唯赤则非邦也与？"

"宗庙会同，非诸侯而何？赤也为之小，孰能为之大？

子路、曾晳、冉求、公西华四个学生侍坐在孔子身边。

孔子让四个弟子各谈一谈自己的理想和志向。等子路、冉求谈完之后，轮到公西华。在几个大师兄的面前，年轻的公西华谦虚地说"非曰能之，愿学焉"，意思是"我不敢说我有什么能力，但是我愿意学习"。紧接着谈自己的志向，"宗庙之事，如会同"，也就是诸侯祭祀、会盟、朝见天子之类的事。"端章甫，愿为小相焉"，即穿着礼服，戴着礼帽，愿意做一个小小的宾礼司仪。

公西华懂礼仪，擅长外交，所以对做司仪、外交之类的事情感兴趣，认为自己只能做这样的小事情。不过，孔子则不以为然。孔子认为"宗庙会同"是诸侯国之间的大事情，假如这都算小事，那什么才能算大事呢？

《论语·公冶长篇第五》记：

孟武伯问："子路仁乎？"

子曰："不知也。"

又问，子曰："由也，千乘之国，可使治其赋也，不知其仁也。"

"求也何如？"

子曰："求也，千室之邑、百乘之家，可使为之宰也，不知其仁也。"

"赤也何如？"

子曰："赤也，束带立于朝，可使与宾客言也，不知其仁也。"

孟武伯问孔子弟子"仁乎"。

孔子轻易不说自己的学生"仁"。但是，孔子却把自己的学生子路、冉求、公西华的才能一一做了介绍。在介绍公西华的时候，孔子特别提到他有"束带立于朝，可使与宾客言"的外交才能。可见，孔子对于公西华的才能是予以肯定的。

《论语·雍也篇第六》记：

子华使于齐，冉子为其母请粟。

子曰："与之釜。"

请益。

曰："与之庾。"

冉子与之粟五秉。

子曰："赤之适齐也，乘肥马，衣轻裘。吾闻之也，君子周急不继富。"

公西华被派去出使齐国。冉求在国内，替他照顾家中的老母亲。

"为其母请粟"，冉求为公西华母亲请求要一些粮食。孔子最初建议"与之釜"，冉求觉得太少了；孔子就说"与之庾"。结果，冉求擅自做主给了"五秉"。"釜、庾、秉"，都是古代的计量单位。一釜等于六斗四升，一庾等于十六斗四升，一秉等于一百六十斗。

显然，冉求送给公西华母亲的粮食大大超出了孔子原本的建议，必然也超出了其母亲的实际需要。这件事被孔子批评。他认为公西华作为外交官出使齐国，乘坐的是肥马拉的车，穿的是轻暖的皮袍，意味着公西华的物质条件是很不错的。孔子认为"君子周急不继富"，在别人急需的时候周济别人，这是雪中送炭，没有必要对富人锦上添花。不过，冉求的做法确实具有一定的社会普遍性。

六、原思

原思,即原宪,字子思,生于公元前 515 年,比孔子小 36 岁,宋国人。原宪出身贫寒,个性刚直,一生安贫乐道,不与世俗合污,为孔门弟子七十二贤人之一。

《论语·雍也篇第六》记:

原思为之宰,与之粟九百,辞。

子曰:"毋,以与尔邻里乡党乎!"

原宪在孔子任鲁国大司寇时,做过孔子的家宰。孔子给他的俸禄是"粟九百",原宪推辞不要。孔子劝他不要推辞,吃不完可以分给乡里的亲戚朋友,即"以与尔邻里乡党乎"。

《庄子·让王第二十八》里记录了一段原宪与子贡的交往:"原宪居鲁,环堵之室,茨以生草;蓬户不完,桑以为枢而瓮牖,二室,褐以为塞,上漏下湿,匡坐而弦歌。子贡乘大马,中绀而表素,轩车不容巷,往见原宪。"原宪家里一贫如洗,住房又破又烂又潮湿,但是每天还可以开心地唱诵弦歌,很有颜渊、孔子的风范,更是后世庄子所标榜的人物。子贡乘着豪车来见这位同学,原宪却穿得破破烂烂,拄着个拐杖站在门口迎接他。庄子把子贡和原宪两个一贫一富的形象放在一起,对比十分鲜明。子贡看到原宪穷成这个样子,充满了同情,说:"嘻!先生何病?"原宪应之曰:"宪闻之,无财谓之贫,学而不能行谓之病。今宪贫也,非病也。"《庄子》笔下,原宪一贫如洗,却是一个视钱财为粪土之人,反而把富有的子贡搞得很惭愧。

《论语·宪问篇第十四》记：

宪问耻。

子曰："邦有道，谷；邦无道，谷，耻也。"

"克、伐、怨、欲不行焉，可以为仁矣？"

子曰："可以为难矣，仁则吾不知也。"

原宪问孔子什么是"耻"。

孔子认为国家有道领取俸禄是应当的，若国家无道，领取俸禄，就是羞耻。"谷"，就是粮食。古人做官的俸禄，主要是发粮食，也称"谷禄"。政治清明的时候领取俸禄，心安理得。但是，如果国家混乱又无所作为，占据岗位又无所贡献，这样拿俸禄就是令人羞耻的事情。

原宪又问，如果没有"克、伐、怨、欲"四种毛病，算不算"为仁"呢？什么叫"克、伐、怨、欲"呢？就是"好胜、自夸、抱怨、贪婪"四个毛病。孔子认为如果一个人能够没有这四个毛病，确实难能可贵，但是"为仁"与否，"吾不知也"。

孔子遇到有人问是否"为仁"时，通常都回答"我不知道"。这一章也不例外。

原宪在《论语》中出场仅两次。《孔子家语·七十二弟子解第三十八》载："孔子卒后，原宪退隐，居于卫。"孔子死后，原宪隐居于卫国的草泽之中，过着极为清苦的生活，一生安贫乐道，不愿与世俗同流合污。

七、孺悲

《论语·阳货篇第十七》记：

孺悲欲见孔子，孔子辞以疾。将命者出户，取瑟而歌，使之闻之。

孺悲是鲁国人，根据《礼记·杂记下第二十一》所载："恤由之丧，哀公使孺悲之孔子学士丧礼，《士丧礼》于是乎书。"鲁哀公怜悯体恤子路之死，要为子路举行丧礼，派孺悲到孔子那里去学"士丧礼"。由此可推知，孺悲可能是鲁哀公时期掌管礼仪的官员，向孔子学"士丧礼"，还把"士丧礼"记录了下来。

按照古代的礼仪，拜见主人之前要安排一个使者事先上门预约，若突然造访，则是"不速之客"。这种负责传命的使者称为"将命者"。孺悲想拜见孔子，派人来到孔子府中通报，孔子以生病为借口推辞不见，但是他一"出户"，孔子就"取瑟而歌，使之闻之"。

把瑟取下来，和瑟而歌，说明身体无恙，并且还故意要让使者听到。为什么孔子不愿意见孺悲呢？《论语》中没有进一步说明。

下篇

其他人物

孟庄子・孟懿子・孟武伯・孟敬子

作为三桓之一的孟氏，在《论语》里共出现四个人物，分别是孟庄子、孟懿子、孟武伯、孟敬子。

鲁桓公死后，嫡长子鲁庄公继承君位，嫡次子季友、庶长子庆父、庶次子叔牙任卿大夫，史称"三桓"。鲁桓公的庶长子庆父为孟氏，也称孟孙氏，"孙"字代表尊称，也就是"亚圣"孟轲的先祖。庆父之后经历三代近百年的时间，到了孟献子时期。孟献子是孟氏家族振兴的第一人。孟献子辅佐季文子，颇有建树，多次代表鲁国与诸侯会盟，贯彻依附晋国保全鲁国的外交策略，对晋国极尽讨好谄媚之态，客观上保护了鲁国的安全。

孟献子死后的十二年，孟氏经孟庄子、孟孝伯，到孟僖子。

孟僖子与孔子同时代，曾陪同鲁昭公出访楚国，因不能处理外交事务，在外交场合出了丑，深以为耻，后发奋学习周礼，临终时嘱咐两个儿子孟懿子与南宫敬叔向孔子学礼。《左传·昭公七年》载："及其将死也，召其大夫曰：'礼，人之干也。无礼，无以立。吾闻将有达者曰孔丘，圣人之后也……我若获没，必属说与何忌于夫子，使事之，而学礼焉，以定其位。'故孟懿子与南宫敬叔师事仲尼。"

一、孟庄子

孟庄子,也称孟孙速,仲孙速,是孟献子的儿子。孟献子生孟孝伯,孟孝伯生孟僖子,孟僖子生孟懿子,孟懿子生孟武伯。

《论语·子张篇第十九》记:

曾子曰:"吾闻诸夫子,孟庄子之孝也,其他可能也;其不改父之臣与父之政,是难能也。"

曾子说自己听老师说过,孟庄子的孝行大多数人都能做到,但是有一个孝行特别难能可贵,那就是"不改父之臣与父之政"。

孟庄子之父孟献子,秉持的是季文子治国理政的精神,采用外交政策来保全鲁国的生存地位,并主张节用和发展生产,时称贤大夫。总体来说,季文子、孟献子执掌的时代,鲁国政治较为清明。孟庄子继承了大夫之位,没有罢黜父亲任用的老臣,没有更改父亲的政策,被孔子认为这是一种孝行,难能可贵。

《论语·里仁篇第四》记:

子曰:"三年无改于父之道,可谓孝矣。"

《论语·学而篇第一》记:

子曰:"父在,观其志;父没,观其行;三年无改于父之道,可谓孝矣。"

"父在，观其志；父没，观其行。""观"，古代写作"觀"，左"藋"右"目"，本义是指有目的地仔细察看。《说文解字》释："观，谛视也"。

孔子认为君子应该认真观察审视父亲的志向和行为，孟庄子做到了这一点。《论语》中，孔子三次提到孟庄子的孝行，即"三年无改于父之道"。

二、孟懿子

孟懿子，名何忌，也称孟孙何忌、仲孙何忌，孟僖子之子。在鲁国三桓与公室的政治斗争中，孟懿子曾支持季平子，斩杀郈昭伯，逼走鲁昭公。鲁定公时期，孔子任大司寇兼摄相事，"隳三都"以削弱三桓力量。三桓最初想借孔子之力削弱各自内部权势日益增大的家臣，支持"隳三都"。后期三桓反悔，经过权衡后转而抵制孔子，致使孔子"隳三都"计划半途而废。

这样一来，孔子和孟懿子的关系就显得很特殊，一方面孟懿子受父亲孟僖子的要求拜孔子为老师，和孔子有师生关系，另一方面孟懿子又是朝廷当权派之一，和孔子有臣属关系。

在《论语》中，孟懿子仅出现一次。

《论语·为政篇第二》记：

孟懿子问孝。

子曰："无违。"

樊迟御，子告之曰："孟孙问孝于我，我对曰'无违'。"

樊迟曰:"何谓也?"

子曰:"生,事之以礼;死,葬之以礼,祭之以礼。"

孟懿子向孔子问孝。孔子告诉他"孝就是无违"。很明显,这句话没有说完。但孟懿子听了孔子的话,并没有继续往下追问。

按照古代"小叩则小鸣,大叩则大鸣"的教学方法,学生不问,老师也就不说了。所以,孔子就没有继续给孟懿子解释到底"无违"是什么。

樊迟驾车,孔子坐在车上,把当天自己与孟懿子的对话讲给樊迟听。樊迟听完之后,反问了一句"何谓也?"

孔子抓住机会解释说:"生,事之以礼;死,葬之以礼,祭之以礼"。即"父母活着的时候,要依照礼来侍奉他们;父母去世之后,要依照礼来埋葬他们,祭祀他们"。如果做得到这一点,这就叫"无违",也就是不违礼。"不违礼"就是孝。

孔子因材施教,对每个学生的指点各不相同。他对孟懿子如此讲孝,一定事出有因。当时季平子、孟僖子这些卿大夫死后,葬礼十分隆重,享受的是国君的葬礼规格,祭祀的时候享用的是天子的祭礼规格。《论语》里虽然没有直接记录孟氏的违礼僭越之举,但从大量的关于季氏所做的违礼僭越之事可以窥见一斑。孟氏家族长期与季氏家族勾结,把持朝政,必然是做了不少"违礼"之事。

孔子为什么会把这种违礼的行为与孝联系在一起呢?《孝经》云:"身体发肤,受之父母,不敢毁伤,孝之始也。立身行道,扬名于后世,以显父母,孝之终也。"依礼而行,立身行道,显父母之德,才是真孝。这是孔子对孝的理解。显然,在孔子眼里,恐怕孟懿子做得是不够好的,所以孔子才会这样点化他。

"何谓也？"这句话本应该由孟懿子来问。或许孟懿子心知肚明，不想再谈这个话题吧。可以推测，孔子虽然是孟懿子的老师，但是两人的交流应该不是很通畅的。

三、孟武伯

孟武伯，是孟懿子的儿子。孟懿子死后，其子孟武伯继位，就是孟子的五世祖。在《论语》中关于孟武伯的记录有两章。

《论语·为政篇第二》记：

孟武伯问孝。
子曰："父母唯其疾之忧。"

孟懿子和孟武伯这对父子向孔子提了同样的问题，但孔子的回答却不相同。

孔子对孟武伯说"父母唯其疾之忧"，意思就是"唯一需要担心的是父母的疾病"。孟武伯问孝的时候，年龄应该比较小。这样一个出身贵族的公子，难免以自我为中心，对父母不够关心，所以孔子提醒他要关心父母的身体，担心父母的疾病。事实上，在那个礼崩乐坏的时代里，很多儿子对父母的身体健康并不关心，关心得更多的是权势、财富，甚至出现了"弑父、弑母、弑兄"的家庭惨剧。

《论语·公冶长篇第五》记：

孟武伯问:"子路仁乎?"

子曰:"不知也。"

又问。

子曰:"由也,千乘之国,可使治其赋也,不知其仁也。"

"求也何如?"

子曰:"求也,千室之邑、百乘之家,可使为之宰也,不知其仁也。"

"赤也何如?"

子曰:"赤也,束带立于朝,可使与宾客言也,不知其仁也。"

孟武伯和季康子都生活在孔子的晚年时期,是当时把持鲁国朝政的重要人物。季康子为第一实权派,孟武伯排第二,他们都有人才需求,都希望招募到贤能之人。

孟武伯问孔子,子路、冉求、公西华三个人"仁乎?"

孔子"罕言利与仁"。孔子轻易是不会说谁"仁"的。孔子自己也不居仁,他说"若圣与仁,则吾岂敢?"可见,孔子对"仁"有着很高的要求,自己尚且不居仁,怎么可能轻易说自己的学生"仁"呢?所以,孔子说自己"不知道"。

但是,孔子把每个同学的优点都给孟武伯说了一遍:子路可以给诸侯国掌管军务,冉求可以给大夫之家做总管,公西华穿上礼服可以接待外宾。三个学生一个有军事才能,一个有管理才能,一个有外交才能。可见,孔子门下人才济济。

有一个"食言而肥"的成语,指的就是孟武伯。《左传·哀公二十五年》载:"公宴于五梧,武伯为祝,恶郭重,曰:'何肥也?'……公曰:'是食言多矣,能无肥乎,公与大夫始有恶,欲酒正乐？'"鲁哀公从越国返回鲁国，季康子、孟武伯到五梧去迎接。哀公就在五梧这个地方宴请他们，孟武伯祝酒，当面嫌恶鲁哀公宠幸的大臣郭重长得胖。鲁哀公讽刺说是吃自己的"话"吃多了，所以长得胖。以此暗示孟武伯是一个说话不算数，经常出尔反尔的人。

四、孟敬子

孟敬子，鲁国大夫仲孙捷，亦称孟孙捷，孟武伯的儿子，据说是孟子的曾祖父。

《论语·泰伯篇第八》记：

曾子有疾，孟敬子问之。

曾子言曰："鸟之将死，其鸣也哀；人之将死，其言也善。君子所贵乎道者三：动容貌，斯远暴慢矣；正颜色，斯近信矣；出辞气，斯远鄙倍矣。笾豆之事，则有司存。"

曾子生病，鲁国大夫孟敬子亲自探望，说明当时曾子在鲁国是相当受尊敬的。

曾子语重心长地对孟敬子说："鸟之将死，其言也哀；人之将死，其言也善。"这很像曾子的临终遗言，是对孟敬子的叮咛告诫，有一种强烈的恳切忠贞之感。

曾子对孟敬子指出了最重要的三件事，即"君子所贵乎道者三"：一是容貌要庄重严肃，这样别人就不会粗暴怠慢；二是面色要端庄色正，这样别人就容易信服；三是讲话要注意语气，这样别人就不会粗野。曾子提醒孟敬子,那些祭祀礼仪方面的事情,有专门的官吏负责,不用去操心。

这是老师对学生的谆谆教导,估计孟敬子这样的贵族公子在平时的言行举止方面差强人意,以至于曾子临死前还要反复强调。

叶公·仪封人·王孙贾·恒魋·阳货·公山弗扰·佛肸

《论语》中除了孔子、孔子弟子、当时各国的主要政治人物之外，还有一些诸侯国的官员、小吏、家臣，通过对他们的了解，可以进一步认识孔子的人物性格和思想。

一、叶公

叶公，即沈诸梁，字子高，出生于公元前550年，与孔子是同龄人，春秋时期楚国的军事家、政治家，被楚昭王任命为叶地尹，负责治理当地民生，是中国历史上有文字记载以来，叶地第一任行政长官。晚年协助楚国平定了白公之乱，任楚国令尹（即宰相）。

叶公在政治上的才能十分出众，组织百姓开荒种地，从事生产，兴修水利，造福了一方百姓，被称为治世贤臣。叶地在楚国的边境上，与陈、蔡等国接壤，在叶公的治理下，叶地成为楚国的边防重镇。

孔子及弟子们曾在楚、陈、蔡等国之间来回辗转，与叶公相遇应是孔子周游列国的后期。在《论语》中有三处提到楚国叶公。

《论语·子路篇第十三》记：

叶公问政。

子曰："近者说，远者来。"

叶公向孔子问政。

孔子回答"近者说，远者来"，"说"，即"悦"，这表明孔子的政治主张是施行仁政，主张修"文德"，使本国百姓满意，使远方的人来归附。

《论语·子路篇第十三》记：

叶公语孔子曰："吾党有直躬者，其父攘羊，而子证之。"

孔子曰："吾党之直者异于是。父为子隐，子为父隐，直在其中矣。"

叶公说自己家乡有"直躬者"，如果父亲偷了羊，儿子会去作证。孔子则说自己家乡也有"直者"，如果父亲偷了羊，儿子会为父亲隐瞒；如果儿子偷了羊，父亲会为儿子隐瞒。这完全是两种相反的观点，可见，两个人的主张和立场完全不同。

"直"，本义是"不弯曲"。叶公所说的"其父攘羊，而子证之"之"直"，是一种大义灭亲的做法，一般人都能够理解，通常也表示赞赏。但是孔子认为"父为子隐，子为父隐"这种互相包庇的做法也是"直"，就让人有些费解了。

为什么孔子会认为"直"包含在"父为子隐,子为父隐"之中呢?这就需要进一步理解"直"的内涵,才能领会到孔子和叶公所谓"直"的含义。孔子和叶公所说的"直",是人心的不弯曲。所谓人心的不弯曲,就是发自内心的真诚,是那最真实最本真的情感。

叶公所说的大义灭亲式的"直",是一种外在法律上的直;孔子所说的相互包庇的"直",是发乎于内在的本能的情感,是一种内在情感上的直。

叶公强调法律公平,而孔子则强调人伦亲情。可以看出,叶公具有法家思想的倾向,与孔子所代表的儒家所关注的内容是不同的。孔子主张"近者说,远者来"的为政之道,叶公未置可否,恐怕也是缘于两个人思想政见的不同。

《论语·述而篇第七》记:

叶公问孔子于子路,子路不对。

子曰:"女奚不曰:其为人也,发愤忘食,乐以忘忧,不知老之将至云尔。"

叶公虽然和孔子政见有所不同,却也没有直接和孔子进行辩论,转而问孔子的学生子路,孔子是一个什么样的人。然而子路"不对",也就是没有说话。也不知道是子路不会说呢,还是不想说呢?

总之,孔子听到这件事,自嘲道:"你怎么不这样给他说呢:这个人啊,发起愤来忘记吃饭,高兴起来忘记忧愁,连自己老了都不知道啊!"这是孔子的自我解嘲,也是孔子自我形象的写照。

二、仪封人、王孙贾、恒魁

《论语·八佾篇第三》记：

仪封人请见，曰："君子之至于斯也，吾未尝不得见也。"
从者见之。
曰："二三子何患于丧乎？天下之无道也久矣，天将以夫子为木铎。"

封人，为官名。周朝及各诸侯国均设有此官职。《姓氏考略》注："《周官》封人之后，以官为氏。"也就是说，后世子孙以祖先的这个官名为自己的姓氏，称为"封人氏"。仪封人，在这里指的是仪地的守城小官。

仪封，后来成为一个地名。位于河南省兰考县南部，黄河故堤两侧。"春秋时代，为仪封人请见孔子处，曾修亭树碑，书封人请见亭，后原亭废。"孔子途经此地，仪地守城长官请求见孔子一面。这一章，两句话都来自仪封人，值得推敲。

第一句为见之前所说："君子之至于斯也，吾未尝不得见也。"意思是有君子到仪地，这个城的仪封人都要见一见。

春秋时期，诸侯国君、卿大夫及其子弟，以及各国官员，来往于各国之间也是常事，路过仪地，作为仪地长官的"封人"得以见到这些人，也是情理之中的事。孔子曾任鲁国大司寇兼摄相事，当然是鲁国的高层管理者之一，所以也是仪封人所说的"君子"。这也表明仪封人见多识广。

第二句是见面之后所说："二三子何患于丧乎？天下之无道也久矣，天将以夫子为木铎。"意思是，你们不要为孔子失去鲁国官位而忧愁担心了。天下无道已经很久，老天爷将要让夫子去教化天下。所谓"木铎"，就是古代用以宣布政教法令的一种铜铃，摇动时可以发出叮叮当当的声响。在学校，以此为上课铃，只要这个声音一响起，学生听到铃声就会回到教室，听老师讲课。可见，仪封人见了孔子之后，心悦诚服、十分敬佩，把孔子形容为天下人的"木铎"，意味着全天下的人都要听孔子的教化。

这个故事，应该是发生在孔子周游列国之初。孔门弟子通过仪封人之口来彰显孔子的地位及使命——德化天下。

孔子周游列国的路上，除了遇到仪封人这样有智慧和眼光的守城官吏，也在卫国遇到了卫国大夫王孙贾。

《论语·八佾篇第三》记：

王孙贾问曰："'与其媚于奥，宁媚于灶'，何谓也？"
子曰："不然，获罪于天，无所祷也。"

王孙贾是卫国将军、贤德，有军事才能，曾经陪卫灵公在与晋国的结盟上帮助卫国维护了尊严。他问孔子怎么理解"与其媚于奥，宁媚于灶"。

在古代，老百姓家里一般要祭祀奥神和灶神。奥神是堂屋中的正神，管理家中的一切事务；灶神是厨房的神，直接掌管家中的吃喝用度。王孙贾说"与其媚于奥，宁媚于灶"，言下之意就是"县官不如现管"。遇到问题，与其找身居高位的上层领导（奥神），不如找直接负责人（灶神）。

王孙贾为什么会问这种问题呢？这必然和卫国当时的政治形势有关。卫国的政治势力分为两派，一个是以卫灵公的宠臣弥子瑕为代表；另一个是以卫灵公的宠妃南子为代表。孔子初到卫国时，受到了卫灵公的礼遇。卫灵公夫人南子想拉拢孔子，于是有了著名的"子见南子"的故事。

南子召见孔子，孔子出于礼貌不好推辞，就接受了国君夫人的召见。但是，南子名声不好，所以这件事引起了大家的非议，就连弟子子路都非常不高兴。《史记·孔子世家第十七》载："居卫月余，灵公与夫人同车，宦者雍渠参乘，出，使孔子为次乘，招摇市过之。"孔子的车跟在卫灵公及其夫人南子的车后面，令人误会，以为孔子与南子走得很近。

王孙贾这段问话应该是在这样的背景下发生的。他用奥神来比喻地位虽高但没有实权的国君夫人，用灶神来比喻那些掌握实权的大夫。王孙贾用了一个"媚"字，是想试探孔子的政治态度。孔子不在奥神与灶神之间做取舍，而是直接跳出了王孙贾的机锋，说"不然"。这根本不是奥神与灶神的事儿，"获罪于天，无所祷也"，如果得罪了上天，找什么神也没有用。言下之意是自己只依照天理而行。而孔子的天理就是他心中那个完美的周礼，每个人都能各守其分，各安其道，这是礼，也是理。

在孔子周游列国的路上，孔子还遭遇了宋国司马桓魋，差点断送了性命。

《论语·述而篇第七》记：

子曰："天生德于予，桓魋其如予何？"

宋景公在位时，桓魋为司马，掌管宋国军事。根据《左传》记载，桓魋还有兄弟四人：向巢、子牛、子颀、子车，其中子牛就是孔子学生司马牛。《史记·孔子世家第十七》载："孔子去曹适宋，与弟子习礼大树下。宋司马桓魋欲杀孔子，拔其树。"

桓魋为什么想杀孔子呢？当时宋国国君宋景公知道孔子才能出众，并且门下有数十位文武兼备的弟子，意欲长久地把孔子及门人弟子留在宋国为己所用，准备出城去迎接孔子一行。桓魋担心孔子及其弟子一旦在宋国得势，必会影响到自己的权力地位，于是，对宋景公进谗言，说如果重用有才干有"野心"的孔子及弟子，无异于引狼入室，最终促使宋景公放弃了这一打算。为了斩草除根，桓魋带领人马去杀孔子。此时的孔子正在宋国边境的一棵大树下带着弟子们习礼，弟子们得知消息后，催促着孔子赶紧逃走。可是，孔子却义正词严地说："天生德于予，桓魋其如予何？"意思是，我的品德是老天所赋予的，桓魋能拿我怎么样？

面对威胁，孔子依然自信。弟子们在《论语》中没有讲述事情的来龙去脉，仅记下这一句，其意在对孔子"仁者无忧""勇者不惧"这种君子品格进行歌颂。

当然，孔子最终在弟子们的催促下离开了宋国。桓魋带着人赶到孔子带弟子习礼的大树下，得知孔子一众已经离开，愤怒地把那棵树砍倒了。

四、阳货、公山弗扰、佛肸

《论语》里记录了几章孔子未出仕之前与鲁国的家臣之间的故事。

《论语·阳货篇第十七》记：

> 阳货欲见孔子，孔子不见，归孔子豚。
> 孔子时其亡也而往拜之，遇诸涂。
> 谓孔子曰："来，予与尔言。"
> 曰："怀其宝而迷其邦，可谓仁乎？"
> 曰："不可。"
> "好从事而亟失时，可谓知乎？"
> 曰："不可！"
> "日月逝矣，岁不我与！"
> 孔子曰："诺，吾将仕矣。"

阳货，也叫阳虎，鲁国大夫季平子时的家臣。季氏几代人把持鲁国朝政，而阳货又掌管着季氏的家政，是当时鲁国有名的人物。季平子死后，阳货一度迈过季桓子，专权鲁国国政。季桓子对阳货专权感到十分头疼，最初支持孔子"隳三都"，也是想借此机会铲除阳货的势力。后来，阳货与公山拂扰密谋想要杀害季桓子，最终以失败告终，逃亡晋国。

阳货想扩张自己的势力，必然也要拉拢一些人才。他想使孔子去拜见自己，孔子不去，就派人给孔子送来一头猪。依照礼的规定，来而不往非礼也。孔子就趁着阳货不在家的时候去拜谢，却在路上碰面。于是就有了上面这段对话。

阳货此时在鲁国已经有相当大的势力，孔子还是一介布衣，无权无势，所以阳货对孔子讲话也很高傲。他说："来，我给你讲！"然后开始了对孔子的游说。

阳货这番游说相当有水平。他先问孔子："怀其宝而迷其邦，可谓仁乎？"意思是，身怀才能和本领却任凭国家混乱，这能算仁吗？接着又反问："好从事而亟失时，可谓智乎？"想成大事而不把握机遇，这能算智吗？言下之意，孔子怀才而不仕，是不仁不智之举，说得孔子哑口无言。末了，阳货还语重心长地对孔子说："日月逝矣，岁月我与。"这是提醒孔子，岁月不等人，抓紧时间出仕吧。

这段对话发生在孔子出仕之前，此时阳货的权势已凌驾于季桓子和鲁国国君之上。他深知孔子为人，了解孔子心思，三下五除二就说到了孔子的心坎上，还说得大义凛然、情真意切。不得不说，阳货确实是一个厉害人物，并非庸常无能之辈。只是这种乱臣贼子，孔子不想与之为伍，所以与他保持着距离。阳货的劝说是无可争辩的，所以孔子也只能表面上答应，"诺，吾将仕"，实际上最后孔子并未成行，只是和阳货周旋一下而已。

《史记·孔子世家第十七》载："阳虎尝暴匡人，匡人于是遂止孔子。孔子状类阳虎，拘焉五日。"据说阳货与孔子长得很像，以至于孔子晚年周游列国期间，匡国人把孔子错认作阳货，围困他五天，想把他杀了。

在鲁国季氏家族，僭越的家臣不仅有阳货，还有另一个公山弗扰。

《论语·阳货篇第十七》记：

公山弗扰以费畔,召,子欲往。

子路不说,曰:"末之也已,何必公山氏之之也?"

子曰:"夫召我者而岂徒哉?如有用我者,吾其为东周乎!"

费县是季氏的私邑,公山弗扰是费宰,其实就是季氏的家臣,他以费县为据点起来反叛,召孔子一起共事。孔子竟然想去。

子路此时显示出了大眼光,阻止孔子事公山弗扰。他说:"末之也已,何必公山氏之之也?"没有地方去就算了,为什么要去公山弗扰那里呢?也不知道孔子是不是受了阳货的蛊惑,急着想出仕。对于子路的反对,孔子有自己的一番解释:"夫召我者而岂徒哉?如有用我者,吾其为东周乎!"意思是:"难道他会白白地召我去吗?总会给我安排个职位吧,这样我不就有机会为东周做点贡献了吗?"

这种想法恐怕只是孔子一时冲动。事实上,像公山弗扰这样的人,怎么可能帮助他实现复兴东周的理想呢?当然,最终孔子并未成行。

《论语·阳货篇第十七》记:

佛肸召,子欲往。

子路曰:"昔者由也闻诸夫子曰:'亲于其身为不善者,君子不入也。'佛肸以中牟畔,子之往也,如之何?"

子曰:"然,有是言也。不曰坚乎,磨而不磷;不曰白乎,涅而不缁。吾岂匏瓜也哉?焉能系而不食?"

中牟是赵国大夫赵简子的私邑。佛肸为中牟宰,即赵简子的家臣。赵简子挟国君以令晋国，与季氏专权鲁国的性质一样。"佛肸以中牟畔"，与公山弗扰以费畔性质一样。

佛肸召孔子，孔子竟然也想去。可见，此时，孔子已经享誉盛名，很多人想来拉拢孔子。子路质疑这件事，向孔子提出了疑惑："亲于其身为不善者，君子不入也。"佛肸凭借着中牟起兵叛乱，怎么能去这样的地方呢？

孔子却认为自己有"磨而不磷"之坚，有"涅而不缁"之白，无论在哪种环境里都能够"出淤泥而不染"，言下之意自己在任何地方都可以利用机会来复兴周朝礼制。末了又说："吾岂匏瓜也哉，焉能系而不食。"孔子不想做一个被挂起来看的匏瓜，此处孔子言明自己的心志，希望有机会出仕，成就一番政治理想。空有其才而无所用，这是孔子当时面临的境遇。

当然，孔子最终未应召。

通过阳货、公山弗扰、佛肸等人召孔子的对话和描述，可以看出当时社会政治局面之混乱，也可以看到官场斗争之残酷。在春秋各国混乱的政治斗争中，犯上作乱、弑父弑兄、国君公子出逃之类的政治事件此起彼伏。孔子想站出来，高举周礼的大旗，恢复社会秩序。但是，在这种唯利是图，各方交相争利的时代，孔子的政治理想难以实现。

接舆·长沮·桀溺·丈人

孔子在周游列国的路途中,还遇到了一些道家的隐士。

一、接舆

《论语·微子篇第十八》记:

楚狂接舆歌而过孔子。

曰:"凤兮凤兮,何德之衰?往者不可谏,来者犹可追。已而已而,今之从政者殆而!"孔子下,欲与之言。趋而辟之,不得与之言。

接舆,早期道家隐士的代表人物。

西晋皇甫谧《高士传》载:"陆通,字接舆,楚国隐士。"因为对现实社会的不满,接舆剪去头发,佯装癫狂,发表各种大而无当的言论,平时"躬耕而食",被人们称为"楚狂"。楚昭王听说接舆很有才能,曾派使者带着金银车马去请他出仕治理江南,被接舆拒绝。传说接舆最终隐居在峨眉山,以芦柑、韭菜为食,养性于山林,直至死去。

后世引用接舆典故的文章很多。《庄子·人间世第四》有相关记载,唐代诗人李白亦有"我本楚狂人,凤歌笑孔丘"的句子,茶圣陆羽也以接舆自居。

孔子曾到过楚国边境之地,在路上遇到了楚国的狂人接舆。接舆故意唱着歌超过孔子的马车:"凤兮凤兮,何德之衰?往者不可谏,来者犹可追。已而已而,今之从政者殆而!"意思是,凤鸟啊凤鸟啊,你的德行为什么衰退了啊?过去的事不可能挽回了,未来的事还来得及。算了吧算了吧,现在这些从政的人都很危险啊。

孔子听到接舆所唱,下车来,想要和他交谈。但是,接舆赶紧跑开,致使孔子没有机会和他谈话。既然接舆不想和孔子面对面地直接交流,却为什么要故意唱歌引起孔子的注意呢?

春秋末期,很多人对世道感到绝望,认为天下之纷乱已无可救药,与其同流合污,不如洁身自好,做"躬耕而食"的农夫。这些人良知未泯,对天下苍生怀着无限的同情,却又感到无可奈何,只能采取消极避世的方式来应对。而孔子则不同,十几年流离失所,奔波在追求理想的路上,其艰辛与不易可想而知。接舆唱歌奉劝孔子"算了吧",这可算是以个人立场对孔子含蓄而善意的提醒。从这一章可以看出,面对同样的时代,人们做出的选择是不同的。

二、长沮、桀溺

长沮和桀溺,都是楚国的隐士。长沮、桀溺并非人名,而是代称,指的是在田里干活的人,高个子称"长沮",长得壮称

"桀溺"。

《论语·微子篇第十七》记：

长沮、桀溺耦而耕，孔子过之，使子路问津焉。

长沮曰："夫执舆者为谁？"

子路曰："为孔丘。"

曰："是鲁孔丘与？"

曰："是也。"

曰："是知津矣。"

问于桀溺，桀溺曰："子为谁？"

曰："为仲由。"

曰："是鲁孔丘之徒与？"

对曰："然。"

曰："滔滔者天下皆是也，而谁以易之？且而与其从辟人之士也，岂若从辟世之士？"耰而不辍。

子路行以告，夫子怃然曰："鸟兽不可与同群，吾非斯人之徒与而谁与？天下有道，丘不与易也。"

根据《史记·孔子世家第十七》载："去叶，反于蔡。长沮、桀溺耦而耕，孔子以为隐者，使子路问津焉。"孔子及众弟子准备离开楚国叶县，返回蔡国。他让子路向田间正在干活的两个人打听一下渡口在哪里。

长沮、桀溺两个种田人得知是孔子一行，感慨地说全天下已经洪水泛滥，谁能改变得了呢？他们对子路说，与其跟着孔子做"辟人之士"，还不如跟着自己这样做"辟世之士"。两个人似乎看穿了天下的纷乱，认为已根本没有改变的希望，与其像孔子这样颠沛流离，还不如像自己这样隐居田园。道家的隐士，看不惯黑暗的现实，既找不到现实的出路，又不愿意同流合污，最后选择了消极避世。实际上，世间万物同在，再怎么"避"又能"避"到哪里去呢？

孔子听了长沮、桀溺的看法，不能苟同，只好说"鸟兽不可与同群，吾非斯人之徒与而谁与？"孔子所看到的是人的本质——人的本质是社会性的，是不可能离开社会而独自生活的。既然生而为人，不与人在一起又和谁在一起呢？儒家的追求是以天下为己任，儒家的使命是"天下兴亡，匹夫有责"，所以，孔子绝不会去隐居山林。

孔子说"天下有道，丘不与易也"。意思是如果天下有道，就不需要自己了。正因为天下无道，自己才有发用的地方——这正是儒家的志气所在。孔子开创了一种"知其不可而为之"的勇者精神，可看作孟子"当今之世，舍我其谁"的先声。

三、丈人

孔子一行在楚国还遇到另一个隐者，不知其名，《论语》中曰"丈人"，即一老者。

《论语·微子篇第十八》记：

子路从而后，遇丈人，以杖荷蓧。

子路问曰："子见夫子乎？"

丈人曰："四体不勤，五谷不分，孰为夫子？"

植其杖而芸，子路拱而立。止子路宿，杀鸡为黍而食之，见其二子焉。

明日，子路行以告，子曰："隐者也。"

使子路反见之，至则行矣。

子路曰："不仕无义。长幼之节不可废也，君臣之义如之何其废之？欲洁其身而乱大伦。君子之仕也，行其义也，道之不行已知之矣。"

这一章故事说的是：孔子弟子子路落在孔子后面，在路上碰到一个老者用拐杖挑着除草的工具。子路向他打听有没有见到自己的老师。老者说："四肢不劳动，五谷分不清，谁是你的老师呢？"这话听起来话中有话。子路也不走，恭恭敬敬地拱手站在路边，看着他锄草。当天晚上，老者留子路在家吃饭过夜，并让两个儿子拜见他。第二天，子路追上孔子，说起自己遇到的这位老者。孔子意识到这是一位隐者，让子路返回来再次拜见他，结果老者已经出门了。

孔子为什么让"子路反见之"呢？结合楚狂接舆"歌而过孔子"，孔子"欲与之言"，可以推测，孔子是很愿意和这些隐士谈一谈的。可惜这些人都只点到为止，接舆"趋而避之"，长沮、桀溺"耰而不辍"，丈人"至则行矣"，都不愿与孔子多打交道，避之唯恐不及。

子路返回来没有见到老者，却由此说了一番重要的话。

初见子路，老者"止子路宿，杀鸡为黍而食之，见其二子焉"，不仅让子路住在自己的家里，还"杀鸡为黍"热情地招待他,并让两个儿子出来拜见,说明老者是个知书识礼,懂得人伦道义之人。既然"长幼之节"都不可废,"君臣之义"又怎么能够废弃呢?本来是想保持自身的纯洁,却因此乱了大伦。国家的发展需要人才,假如人人都去避世,又由谁来辅佐国君治理国家呢?所以,"君子之仕",不是出于对高官厚禄的追求,而是一种道义之举。若身负经天纬地之才,却白白地让自己终老于荒野,对国家对历史对人类对社会无所贡献,本质亦是一种"不义"之举。至于能不能成功,则另当别论。尽管全天下的人都知道"道之不行",但是儒家依然主张挺身救世,因为这是道义。儒家做事的原则是"依礼行之""以义行之"。

《论语》所记录的关于孔子与楚国隐士的故事,彰显了以孔子为代表的儒家的精神追求和早期道家隐者的思想。从这里,隐隐可以看到,面对纷乱的社会,那个时代的知识分子给出了两个路径:一是离世归隐;二是挺身救世。事实上,离世归隐终究是行不通的,毕竟人之为人,根本不可能完全与人世间脱离。真正的出路只能是"起而行之",勇敢地站出来解决问题。

三桓·季文子·季氏·季康子

一、三桓

所谓"三桓",是对春秋时期鲁国势力最大的三大家族的总称,即孟孙氏、叔孙氏、季孙氏,起源于鲁庄公时期。公元前694年,鲁国国君鲁桓公去世,嫡长子鲁庄公继位。嫡次子季友(后称季氏)、庶长子庆父(后称孟氏或仲氏)、庶次子叔牙(后称叔氏)分别被封为卿,形成了三大家族。由于都是鲁桓公之后,所以被称为"三桓"。自此,鲁桓公的四个儿子(一个国君、三个卿)开始展开长期的政治斗争,其中以嫡次子季氏的权势最大。史书上常提到的"季孙氏、孟孙氏、叔孙氏",指的就是这三家大夫。之所以都要加上"孙"字,是古人为表示尊敬的说法。

读《论语》,必须了解孔子所处的时代背景及鲁国政治的来龙去脉,才能真正认识孔子的思想。其中,三桓是一个重要的概念。

《论语·季氏篇第十六》记:

孔子曰:"禄之去公室五世矣,政逮于大夫四世矣,故夫三桓之子孙微矣。"

"禄"和"政",都是指政权。孔子说鲁国的政权离开公室已经是第五代了,政权在大夫那里已经连续四代了。这种不合礼制的专权政治已经太久了,三桓子孙的权势必将衰微了。这是孔子对三桓未来的预测。

《论语·八佾篇第三》记:

三家者以《雍》彻,子曰:"'相维辟公,天子穆穆',奚取于三家之堂?"

三家,即是指三桓,也就是季(孙)氏、孟(孙)氏、叔(孙)氏三家大夫。依照周礼的规定,周天子在祭祀结束后,在撤祭品和祭器的时候,要唱《诗经·周颂·雍》。

"彻",同"撤",也就是一边撤这些祭祀用品,一边唱"相维辟公,天子穆穆"。这句话的意思是:诸侯帮助祭祀,天子神情肃穆地主持祭祀。

然而,三桓家里举行祭祀活动,也唱这首《雍》诗。这显然是不合礼的。所以,孔子反问:"怎么能够在三家大夫的庙堂里听到唱这样的诗呢?"言语中透露出强烈的反感。

这一章说明了春秋末期周礼的衰微。

二、季文子

自鲁宣公(公元前608年至公元前591年在位)开始,鲁国公室日益衰微,朝政逐渐落入以季氏为首的三桓手中。这些事情发生在孔子出生之前的五十余年里。在鲁国国君与三桓旷日持久的政治斗争中,出现了几个重要人物,其中之一就是季文子。

公元前591年,鲁宣公想除掉三桓,"以张大公室"。在这场政治斗争中,鲁宣公突然去世,季文子夺得朝政实权,成为三桓势力的首领,执掌鲁国三十余年,辅佐了鲁宣公、鲁成公、鲁襄公三代君主。正是因为季文子的努力,三桓最终成为凌驾于鲁国国君之上的强势卿家。

季文子大权在握,但为人谨小慎微、克俭持家、忠贞守节,威望很高。他在鲁国实行田赋改革,推行"初税亩"制,鼓励开荒种地,允许土地私有,增加财政收入,客观上促进了鲁国的发展。公元前568年,季文子去世,并留下遗言,要求薄葬,仅用家里的器物作为葬具。

《论语·公冶长篇第五》记:

季文子三思而后行。

子闻之曰:"再,斯可矣。"

季文子为人谨慎,小心处事,总是"三思而后行"。一般人都认为这种作风很好,后世也常用"三思而后行"来告诫那些做事冲动草率之人。

然而,孔子对此却有着不同的看法。他认为"再,斯可矣"。再,即"二"。孔子认为考虑两次就可以了。这个观点充分体现了孔子的中庸之道。一个人做事之前,充分思考是应该的。但是,若考虑过多,就显得有些优柔寡断了。

这样的告诫之语,孔子绝不可能对做事冲动的子路讲,对顾虑重重、优柔寡断的冉求讲倒是有可能的。

三、季氏

季文子死后,其儿子季武子(公元前 568 年至公元前 535 年执政)继位,经历了鲁襄公、鲁昭公两代国君。季武子在位三十三年,增设中军,进一步增强和巩固了季氏家族在鲁国的影响力。

季武子死后,其孙子季平子继位。季平子在位三十年(公元前 535 年至公元前 505 年执政),经历了鲁昭公、鲁定公两代国君。

自季文子开始,到季武子、季平子,历经鲁宣公、鲁成公、鲁襄公、鲁昭公四代国君,经过近百年的发展,"三桓胜,鲁如小侯,卑于三桓之家",可见三桓势力,尤其是季氏家族的势力已是如日中天。

季平子死后,其子季桓子继位。季桓子在位十三年(公元前 505 年至公元前 492 年),为鲁定公时期。季桓子死后,其子季康子继位。季康子在位二十四年(公元前 492 年至公元前 468 年),为鲁哀公时期。

依照时间推算,孔子出生于公元前 551 年,15 岁之前生活在季武子执政期间,16 岁至 46 岁生活在季平子执政期间,47 岁至 59 岁处于季桓子执政时期,60 岁以后为季康子执政时期。《论语》多次提到的季氏,每次所指的未必是同一个人。而孔子的仕途与季桓子关系最为密切。

《论语·八佾篇第三》记:

孔子谓季氏："八佾舞于庭，是可忍也，孰不可忍也？"

佾舞是古代的一种乐舞，一般用于祭祀活动。舞者排成列，起舞时左手执羽，右手执籥（yuè）（形状像笛的一种乐器），以八人为一列，一共八列，共计六十四名舞者，故称"八佾"。依照周礼的规定，"八佾"舞是天子才能享用的乐舞规格。诸侯享用"六佾"，即六人为一列，一共六列，共计三十六名舞者，后面依此类推，大夫享用"四佾"，士享用"二佾"。

季氏是大夫，按照规定，只能享用"四佾"。但是，季氏居然在自己的家里，公然地超规格享用天子乐舞，这显然是一种僭越行为。后世学者对这位季氏所指何人，有不同的看法，有人说是季平子，也有人说是季桓子。推算孔子的年龄与生活时间，季桓子的可能性更大。毕竟，季平子在孔子15岁的时候已经去世了。料想一个还未出社会的少年孔子，不大可能去评价当朝大夫的所作所为，并且还提出如此强烈的批评。

显然，孔子对季氏的做法深感不满，认为这样的行为是不可容忍的。"是可忍，孰不可忍！"孔子对于这种明目张胆的对周礼的漠视，可以说是痛心疾首，批评的语气很强烈。

通过"八佾舞于庭"事件，可以看出，当时的礼已经全然崩塌。诸侯大夫早已不在乎周礼的规定，想怎么干就怎么干。周天子已经威信丧尽，鲁国公室也完全没有话语权，季氏在鲁国的势力可见一斑。

《论语·八佾篇第三》记：

季氏旅于泰山。

子谓冉有曰："女弗能救与？"

对曰："不能。"

子曰："呜呼！曾谓泰山不如林放乎？"

"旅于泰山"，不是去泰山旅行，而是祭祀泰山。古人十分重视祭祀活动，周礼对祭祀活动有着明确的规定。泰山为五岳之首，历朝历代都有天子祭祀泰山的传统。古人认为泰山是最高的山，代表着至高无上的权威和神灵。依照周礼，只有天子才有祭祀泰山的资格。但是作为大夫的季氏，完全无视礼制的规定，也去祭祀泰山，这是典型的僭越。

孔子知道这件事之后，很痛心，问自己的学生冉有（即冉求）："你就不能阻止吗？"冉有说自己阻止不了。孔子愤然长叹："哎呀！难道泰山还不如林放吗？"林放是一个普通人，尚且懂得"礼"的本质，难道智慧的泰山之神连这个道理都不懂吗？

《论语·季氏篇第十六》记：

季氏将伐颛臾。

冉有、季路见于孔子，曰："季氏将有事于颛臾。"

孔子曰："求，无乃尔是过与？夫颛臾，昔者先王以为东蒙主，且在邦域之中矣，是社稷之臣也。何以伐为？"

冉有曰："夫子欲之，吾二臣者皆不欲也。"

孔子曰："求，周任有言曰：'陈力就列，不能者止。'危而不持，颠而不扶，则将焉用彼相矣？且尔言过矣，虎兕出于柙，龟玉毁于椟中，是谁之过与？"

冉有曰："今夫颛臾固而近于费，今不取，后世必为子孙忧。"

孔子曰:"求,君子疾夫舍曰欲之而必为之辞。丘也闻,有国有家者,不患寡而患不均,不患贫而患不安。盖均无贫,和无寡,安无倾。夫如是,故远人不服则修文德以来之,既来之,则安之。今由与求也相夫子,远人不服而不能来也,邦分崩离析而不能守也,而谋动干戈于邦内。吾恐季孙之忧不在颛臾,而在萧墙之内也。"

冉有、子路两个弟子来给孔子报告季康子想讨伐颛臾国的事。

颛臾,是周朝初年周成王分封的一个非常小的诸侯国,在今山东省的临沂,位于鲁国东部,是鲁国的附庸国,靠近季氏的采邑费县。周天子给颛臾国的主要任务就是祭祀蒙山。所以,孔子说其是"昔者先王以为东蒙主,是社稷之臣也"。也就是说,颛臾自古以来便是一个合法的存在,季氏有什么道理去讨伐他呢?因此,孔子反问冉求:"这事恐怕要责备你们吧?"言下之意是:子路、冉求这些在季氏身边的人,就不能阻止这件事吗?

子路听着老师的责备不说话,冉求却要为自己辩解一下:"是季康子想这么干,我们两个都不想这么干。"当然,孔子怎么可能听信冉求的辩词呢,紧接着就教训了这两个学生一顿,并且反复地点着冉求的名字。

明明子路也在,孔子偏偏只点冉求的名字。说明在孔子看来,冉求的作用很关键。

孔子的观点是:一个人帮别人做事,如果能够施展才能就去做,如果施展不了就应该离开。别人遇到危险,保护不了;别人跌倒在地,扶不起来,还要这个辅助者干什么呢?老虎犀牛从笼子里跑出来,龟板(一种占卜用具)玉器坏在了盒子里,这是谁的过错呢？

孔子这话听起来十分严厉，他责怪冉求和子路没有尽到辅佐的责任。好比老虎犀牛从笼子里跑出来害人，守笼子的人要负责任，不能只责怪老虎；龟板玉器坏在盒子里，保管盒子的人要负责任，不能责备龟板玉器自己坏了。

子路继续保持沉默，而冉求听了孔子这番话却不大服气，进一步解释季氏讨伐颛臾的原因。冉求说颛臾国城墙坚固，并且很靠近季氏的私邑费县，如果不早点夺取，会给子孙后代留下隐患。

冉求的这番辩解遭到了孔子更加严厉的批评。他点着冉求的名字说："求！君子疾夫舍曰欲之而必为之辞！"意思是君子特别讨厌那种明明自己想做却还要编出一堆借口的人。在孔子看来，作为一个国君和大夫，即"有国有家者"，所担心的不是财富少，而是分配均不均，百姓过得安不安宁。如财物分配合理，就无所谓贫穷；如果上下和睦，就无所谓人民多寡；如果百姓安宁，就无所谓国家会不会颠覆。季康子这样的执政者，正确的做法应该是"修文德以来之，既来之，则安之"。

孔子反对武力征伐一个合法的国家，主张用文德教化来治理百姓。君臣百姓和睦，民心自然归顺，安居乐业，由此才能享千年基业。而季康子现在打算去讨伐颛臾，远方的人不来归顺，国内分崩离析不能稳定，冉求、子路作为季康子身边的辅臣，不能使季康子行仁德之政，却要开始谋动干戈。

孔子之所以这样说，其实是缘于鲁国公室与三桓长期的明争暗斗，政治局面十分复杂。季氏攻伐颛臾的目的当然不是为"后世子孙之忧"，而是想进一步扩展自己的势力，进一步与鲁国公室分庭抗礼。而鲁国公室一直想削弱三桓的势力，这一场战争必将激化鲁国公室与季氏之间的矛盾。孔子虽然年事已高,但对于鲁国的政局形势把握得十分准确。所以孔子最后强调:"吾恐季孙之忧不在颛臾,而在萧墙之内也。"表面上看起来这是一场对外扩张的战争,但本质上这却是残酷的内部政治斗争。

或许冉求、子路听了孔子的分析,也接受了孔子的批评,回去后他们力谏季康子,季康子最终放弃了攻伐颛臾的打算。

四、季康子

季康子,也称季孙肥,是季桓子的儿子,其执政的时间为鲁哀公时期。

在《论语》里出现多次季康子向孔子问政、问弟子的记录。孔子得以结束周游列国的流亡生涯,正是季康子的决定。

《史记·孔子世家第十七》记录了这样一段故事:"其明年,冉有为季氏将师,与齐战于郎,克之。季康子曰:'子之于军旅,学之乎?性之乎?'冉有曰:'学之于孔子。'季康子曰:'孔子何如人哉?'对曰:'用之有名,播之百姓,质诸鬼神而无憾。求之至于此道,虽累千社,夫子不利也。'季康子曰:'我欲召之,可乎?'对曰:'欲召之,则毋以小人固之,则可矣。'……季康子逐公华、公宾、公林,以币迎孔子,孔子归鲁。"

公元前484年,齐国侵犯鲁国,冉求任左将军,身先士卒,取得了抗击齐国的胜利,乘机劝说季康子迎接孔子回国。季康子派出使者,带着礼物至卫国,把孔子迎回了鲁国。

孔子回鲁国之后,虽然不再过问政治,却做了类似国家顾问的工作。被季康子和鲁哀公这批年轻一代的政治人物，尊之以"国父"，时不时来找孔子请教为政方面的问题。

《论语·为政篇第二》记：

> 季康子问："使民敬、忠以劝，如之何？"
> 子曰："临之以庄，则敬；孝慈，则忠；举善而教不能，则劝。"

季康子问怎么样才能让百姓做事严肃认真，尽心竭力，并且能够顺从？"劝"，有"鼓励、勉励、说服、劝导"之义。

孔子认为，作为居上位的统治者，对待百姓要做到"庄、孝慈、举善而教不能"三条。换句话说：如果治国者能够待人庄重，对父母孝顺，对子女慈爱，任用有贤能的人，教导能力差的人，那老百姓必然上行下效，也能做到"敬（认真恭敬）、忠（尽心竭力）、劝（顺从服从）"了。

孔子的建议，本质上来说，还是希望季康子在道德修养方面严格自我要求，才能影响到居下位的百姓，因为"君子之德风，小人之德草，草上之风必偃"，百姓是跟着领导者走的。

《论语·颜渊篇第十二》中，季康子连续三问：

> 季康子问政于孔子。
> 孔子对曰："政者，正也。子帅以正，孰敢不正？"

> 季康子患盗，问于孔子。
> 孔子对曰："苟子之不欲，虽赏之不窃。"

季康子问政于孔子。

曰："如杀无道以就有道，何如？"

孔子对曰："子为政，焉用杀？子欲善而民善矣。君子之德风，小人之德草，草上之风必偃。"

第一问，什么是"政"？孔子解释"政者，正也。"正，有"端正，光明正大"之意。孔子告诫季康子自己要正，百姓才会正，这就是"政"了。

第二问，怎么解决偷盗问题？孔子告诫季康子，只要自己不贪财，就不会有盗患。《礼记·缁衣第三十三》云："上好是物，下必有甚焉者矣。"意思是，居上位的人有什么爱好，下面的人必定有过之而无不及。

第三问，对有道与无道的处理方法。季康子认为把"无道"者杀了，剩下来的就是"有道"者。显然，季康子和孔子对"有道"与"无道"的理解是有差异的。在季康子所面对的政治斗争中，反对他的人不少，不仅鲁哀公想除掉他夺回权力，其他大夫对他的专权也十分不满，与他明争暗斗，关系十分微妙。对于季康子来说，把这些威胁自己权势和利益的异己铲除掉就是"杀无道以就有道"。所以，季康子的"有道"无非是自己的利益。

而在孔子的观念里，"有道"是君子之道，符合天道人道，天德人德。不过，孔子并没有直接与季康子做概念上的讨论，而是反问他"子为政，焉用杀？"为政怎么需要杀人呢？那怎么才能做到"为政而不杀人"呢？孔子认为"子欲善则民善"。他把上位者比喻为风，把下位者比喻为草。风朝哪边吹，草就往哪边倒，这就是"君子之德风，小人之德草。草上之风必偃"。

季康子这三问,在孔子看来,本质上是一个问题,也就是要以身作则,做好榜样,反求诸己。正如孔子对樊迟所说:"上好礼,则民莫敢不敬;上好义,则民莫敢不服。上好信,则民莫敢不用情。"孔子可谓用心良苦,时时刻刻劝诫季康子作为为政之君,要"好礼""好义",不要"好财""好利"。

《论语·雍也篇第六》记:

季康子问:"仲由可使从政也与?"
子曰:"由也果,于从政乎何有?"
曰:"赐也可使从政也与?"
曰:"赐也达,于从政乎何有?"
曰:"求也可使从政也与?"
曰:"求也艺,于从政乎何有?"

季康子向孔子打听子路、子贡、冉求有什么专长,可不可以从政。孔子评价子路果断、子贡通达、冉求有才华,都是可以重用的人才。

季康子也如鲁哀公一样,问过孔子,谁最好学。

《论语·先进篇第十一》记:

季康子问:"弟子孰为好学?"
孔子对曰:"有颜回者好学,不幸短命死矣,今也则亡。"

可见,鲁国的上层社会对孔门弟子颇为欣赏,并且有着招贤纳士的人才需求,否则打听这些事干吗呢?从各种文献资料来看,季康子与孔门弟子的交集是比较多的。子路、冉求均做过季康子的家臣，子贡也曾为季康子立过大功。

《史记·孔子世家第十七》记载，公元前488年，孔子64岁时，"吴与鲁会缯（zēng），征百牢。太宰嚭（pǐ）召季康子。康子使子贡往，然后得已"。吴国和鲁国在一个叫缯的地方会盟，但是吴国势力比鲁国强大。吴国要求鲁国向自己提供太牢的祭品。吴国大夫太宰嚭要召见季康子。一般来说，被召见者的地位要低于召见者。可见，在鲁国与吴国的外交关系上，吴国处于上风。季康子自己不愿意去，也不适合去，于是派擅长外交辞令的子贡前往。

季康子还曾经想重用闵子骞，不过被闵子骞拒绝了。

《论语·雍也篇第六》记：

季氏使闵子骞为费宰。

闵子骞曰："善为我辞焉。如有复我者，则吾必在汶上矣。"

季康子想任命孔子弟子闵子骞为费邑的长官。费邑就是季氏的私家采邑。对一般人而言，这是对闵子骞的抬举和重用。令人意想不到的是，闵子骞毫不犹豫地推辞掉了。季康子虽然位高权重，可孔门弟子也不是谁都买他的账，都愿意去给他做官的。

鲁昭公·鲁定公·鲁哀公·齐景公·卫灵公·晋文公·齐桓公

一、鲁昭公

公元前 542 年,鲁襄公去世。此时的昭公 19 岁,在季武子的拥立下即位,成为鲁国第二十四任国君。

鲁昭公比孔子年长 9 岁,两人相交时,孔子还很年轻。《孔子家语·本姓解第三十九》载:"至十九,娶于宋之上官氏,生伯鱼。鱼之生也,鲁昭公鲤鱼赐孔子。荣君之贶,故因以名曰鲤。"孔子 19 岁生子,鲁昭公送鲤鱼表示祝贺。于是,孔子给儿子取名孔鲤,字伯鱼。

《史记·孔子世家第十七》记南宫敬叔向鲁昭公请求与孔子一起去东周(洛阳)游学。鲁昭公非常爽快地答应,并慷慨地资助孔子"一乘车、两马,一竖子俱","适周问礼,盖见老子"。孔子年轻时去东周洛阳游学访问,拜访当时的大学问家老子,是由鲁昭公资助的。

由此可见，年轻时的孔子因其卓越的才学，已闻名于鲁国上层社会，与鲁昭公有交往，很可能关系还不错。

鲁昭公二十五年（公元前517年），鲁国大夫季平子与郈昭伯斗鸡，季平子给鸡套上护甲，郈昭伯给鸡套上金属爪子。两个人都搞小动作，相互恼怒，怀恨在心，揭开了鲁国复杂政治斗争白热化的序幕。另一个大夫臧昭伯的弟弟用谗言陷害臧昭伯，自己则躲在季平子家里。臧昭伯一生气，囚禁了季平子的家人，而季平子则囚禁了臧昭伯的家人。由于季平子是鲁国最有权势的大夫，臧昭伯和郈昭伯的力量都不足以撼动季平子的势力和权威，于是，臧昭伯和郈昭伯联名向鲁昭公告难。鲁昭公也想借机铲除季平子，遂发兵攻伐，并进入季氏家中。面对国君的发难，季平子要求迁走或逃亡，没有被允许。郈昭伯强烈要求鲁昭公杀死季平子，但是另一个大夫叔孙氏在权衡利弊之后，决定联合孟孙氏一起营救季平子。三家大夫联合起来击败了鲁昭公的军队，郈昭伯被擒。公元前516年，鲁昭公在这场政治斗争中失败，逃亡至齐国。从此，鲁国开始了长达七年无国君的政治，朝政从此完全把持在三家大夫的手上，其中以季氏权力最大。

面对这错综复杂的鲁国政治斗争，孔子为避内乱，也于公元前516年到了齐国，时年35岁。

关于鲁昭公，《论语》中仅有一段。

《论语·述而篇第七》记：

陈司败问："昭公知礼乎？"

孔子曰："知礼。"

孔子退，揖巫马期而进之，曰："吾闻君子不党，君子亦党乎？君取于吴，为同姓，谓之吴孟子。君而知礼，孰不知礼？"

巫马期以告，子曰："丘也幸，苟有过，人必知之。"

陈司败是陈国的司寇，掌管一国的治安刑狱。他问孔子：鲁昭公是不是一个"知礼"的人？所谓"知礼"，就是懂得礼法规矩。孔子毫不犹豫地回答"知礼"。但是，等孔子走后，陈司败向孔子的学生巫马期（出生于公元前521年）做了一番颇"耐人寻味"的评论："我听说君子不结党营私，君子也会结党营私吗？鲁昭公娶吴国同姓女子为妻，并改称为吴孟子。如果鲁昭公这样做也能称为知礼，还有谁不知礼呢？"

鲁国和吴国都是周公之后，同姓姬。按照当时的礼制，同姓不婚，陈司败言下之意是鲁昭公"不知礼"。孔子面对陈司败的质问，却说昭公"知礼"，被陈司败批评为"结党营私"，被认为是一种基于个人情感的"偏袒"。

可是，如果孔子说昭公"不知礼"，陈司败又会怎么说呢？陈司败很可能还会有其他的批评，比如鲁国为周公之后，鲁国国君都不知礼，为什么还要求其他人"知礼"呢？陈司败其实是给孔子挖了个坑，无论孔子回答"知礼"还是"不知礼"，都有下文在等着他。

陈司败是陈国司寇，孔子曾任鲁国司寇，两个司寇之间的交往，也可以看作是两个国家之间的较量。所以，孔子与陈司败对话，一不小心就会陷入其设置的语言陷阱之中。那么，孔子回答"知礼"，是未做思考的随意之举，还是故意"袒护"鲁昭公呢？结合儒家"隐恶扬善，执其两端"的思想和孔子"父为子隐，子为父隐，直在其中"的观点来看，孔子回答"知礼"，是因为他只能这么回答。

为什么孔子只能这么回答呢？

首先从私人情感来看，年轻时孔子与鲁昭公交好，或许有亦君亦友的情谊，若在鲁昭公死后评价其"不知礼"，反而是一种"不直"的表现。其次，从古人"为尊者讳"的习惯来看，孔子作为鲁国人，也很难在外国人面前对已故的本国国君作负面评价，如果孔子这样做，又是一种"不直"的表现。"直"是一种品格，发自于内心的真诚，是一种真正的"礼"。

当被告知陈司败背后发的议论时，孔子立即承认自己错了，并非常谦虚地讲"丘有幸，苟有过，人必知之"，孔子不想解释，也不想辩论。鲁昭公在事实上"不知礼"，但对于孔子来说，陈司败别有用心地提问，孔子只能回答"知礼"，这反而是孔子"直而有礼"的表现。

二、鲁定公

鲁定公，鲁国第二十五任国君，鲁昭公的弟弟，47岁继位，在位时间为公元前509年至公元前495年，在位时长共计十五年。《史记·孔子世家第十七》载："定公以孔子为中都宰，一年，四方皆则之。由中都宰为司空，由司空为大司寇。"定公九年（公元前501年），孔子时年50岁，受到鲁定公的赏识，正式出仕做官，在一年内，由中都宰升为司空，又升为鲁国大司寇，掌管鲁国治安刑狱等工作。

此时的鲁国政坛内忧外患，情况非常复杂。鲁国朝政一直被季孙氏、叔孙氏、孟孙氏三家大夫（史称"三桓"）把持。鲁定公形同傀儡，急迫地想摆脱三家大夫的控制。他曾听孔子讲学，听闻孔子"君君、臣臣"之道，是以向孔子请教如何才能做到"君使臣，臣事君"。

《论语·八佾篇第三》记：

定公问："君使臣，臣事君，如之何？"
孔子对曰："君使臣以礼，臣事君以忠。"

鲁定公所问的，是君臣关系如何相处的大问题，也是他自己一直困惑的问题。中国古代把人与人的关系分为五种，即父子、君臣、夫妇、兄弟、朋友，也称"五伦"。这五种关系若处理好了，则天下太平。每一种关系都有其相应的标准与法则，其中君臣关系的基本准则是"君礼臣忠"。很明显，这是一种双向奔赴的积极关系，并不是单方面对君或臣提要求。所谓"君使臣以礼，臣事君以忠"，意思是国君应依照礼仪规定来使用大臣，大臣则需尽心尽力侍奉国君。

《论语·子路篇第十三》记：

定公问："一言而可以兴邦，有诸？"
孔子对曰："言不可以若是其几也。人之言曰：'为君难，为臣不易。'如知为君之难也，不几乎一言而兴邦乎？"
曰："一言而丧邦，有诸？"
孔子对曰："言不可以若是其几也。人之言曰：'予无乐乎为君，唯其言而莫予违也。'如其善而莫之违也，不亦善乎？如不善而莫之违也，不几乎一言而丧邦乎？"

理解这一章的难点在于"一言"。"一言"就是"一句话"，即"一句话可以使国家兴盛"。鲁定公为什么会问这样的问题呢？

这是鲁定公出于自身身份的需要和处境的考虑，向孔子请教。揣测鲁定公当时尴尬的处境，再看看其哥哥鲁昭公最后的遭遇，可以猜想鲁定公这个国君每天也是如芒在背，恨不得找到一个快速解决问题的灵丹妙药，所以才问出这样急迫的问题来。

孔子的回答，颇为沉着淡然："不能够期待有这样的话呀。有人说当国君难，做臣子也不容易。如果能够懂得做国君的艰难，这不就接近于'一言而兴邦'了吗？"孔子所要表达的意思，与孔子所强调的"君事臣以礼，臣事君以忠"，本质上是一样的，都强调君臣关系的相互理解、相互配合、各守本分，依照不同角色的处世准则来做事。作为一个国君，如果真能知道自己做国君的艰难，也就够了。可是，国君真的知道吗？大部分国君都是贪图享乐、沉迷声色，哪里会意识到自己作为一国之君的责任重大呢？"勤政爱民"，是一个国君最基本的责任。孔子是话中有话，含蓄地向鲁定公指出一国之君的责任所在。

也不知道鲁定公到底有没有听懂孔子的话。不过，定公继续问："一句话就可以使国家灭亡，有这样的事吗？"孔子依然沉着淡然地回答："不可以期待有这样的话呀。有人说做国君没有什么快乐，只是他讲话没有人敢违抗而已。如果国君的话是对的，自然不必违抗；如果国君讲得不对，也不违抗，这不接近于'一言而丧邦'了吗？"这一段孔子所要强调的是，国君要善听劝谏，对于唯命是从、阿谀奉承的人要小心。如果身边没有讲真话的人，对国君来讲是很危险的事。

定公十年（公元前500年），鲁定公与齐景公在夹谷相会，"孔子行相事"，也就是做代理国相的工作。在夹谷之会上，孔子表现得有礼有节、进退自如，既保住了鲁国的面子，又争得了鲁国的权益，成为孔子外交工作上的高光时刻。关于这一段故事，《史记·孔子世家第十七》《史记·鲁周公世家第三》均有详细记载。

夹谷之会后，鲁定公更加信赖孔子。孔子主张加强鲁国国君的权力，削弱三桓的势力，得到了鲁定公的极力支持。于是，定公十三年（公元前497年），孔子联手鲁定公，"使仲由为季氏宰，将堕三都"，由子路率领，拆毁了三家大夫的私邑——郈、费、郕三座城的城墙，并借此打击了三家近乎失控的家臣势力。此时，鲁国朝政由三家大夫把持，其中权势最大的是季恒子，早已目无国君。然而，上行下效，三家大夫的内部政治也已经千疮百孔，阳虎、公山拂扰等家臣势力强大，已经到了大夫难以控制的地步。孔子得以实行"堕三都"，一方面是孔子和鲁定公想要削弱三桓的力量，另一方面则是三桓想借此削弱家臣的势力。这就是中国历史上有名的堕毁鲁国当朝权贵季孙氏、叔孙氏、孟孙氏三家私邑的历史事件。最初，三家大夫为了遏制家臣势力，支持堕三都。但随着事态的发展，三家大夫开始反对，矛盾日深，最终和孔子决裂。铲除削弱三桓的事情半途而废，鲁定公为了缓和与三家大夫的矛盾，称病不朝。

孔子在鲁国政治中失去了鲁定公的支持，遭到三家大夫的排挤，终于在公元前497年离开了鲁国，开始了长达14年周游列国的流亡生涯。

在鲁定公的支持下，孔子得到了短暂的三年出仕机会，推行他的政治主张，使鲁国迅速稳定，秩序井然。《史记·孔子世家第十七》载："与闻国政三月……男女行者别于途，途不拾遗；四方之客至乎邑者不求有司，皆予之以归。"

三、鲁哀公

公元前495年，鲁定公死，鲁哀公即位，为春秋时期鲁国最后一任国君。

鲁哀公继位时，孔子已周游列国。哀公八年（公元前475年），孔子64岁，终于结束14年的流亡生活，返回鲁国。作为一个年轻的国君，鲁哀公也和其父亲一样，面临着纷乱复杂的国内政治斗争与虎视眈眈的齐国，常感到疑惑和压力。所以，他也时不时会向孔子及其弟子们问一些政事方面的问题，并尊孔子为"尼父"。

《论语·为政篇第二》记：

哀公问曰："何为则民服？"
孔子对曰："举直错诸枉，则民服；举枉错诸直，则民不服。"

鲁哀公问孔子"怎么样才能让百姓服从呢？"孔子回答："举直错诸枉。"举，就是"举荐、选拔、任用"的意思；直为"正"，枉为"弯"；错，通"措"，放置之意。整句话的意思是说，选拔正直的人来管理不正直的人，这样百姓就能够服从，反之则不能。

《史记·孔子世家第十七》载："鲁哀公问政，对曰：'政在选臣。'"可以推测，孔子曾经反复告诫鲁哀公要善于用人，要有判断识别人才的能力。孔子为鲁哀公指点出了国君的用人之道——知人善用、选贤与能。这与儒家一贯的思想是相符的。《礼记·礼运第九》曰:"大道之行也,天下为公,选贤与能,讲信修睦。"

鲁哀公对于自己"生于深宫之中,长于妇人之手"的认识是很深刻的,非常清楚自己"未尝知哀也,未尝知忧也,未尝知劳也,未尝知惧也,未尝知危也"。就是这样一个不懂得忧愁、悲哀、辛劳、恐惧、危险为何物的国君,怎么可能具备知人善任、选贤与能的能力呢?怎么可能承担得起鲁国强大和复兴的重任呢?

《论语·雍也篇第六》记:

哀公问:"弟子孰为好学?"
孔子对曰:"有颜回者好学,不迁怒,不贰过,不幸短命死矣,今也则亡,未闻好学者也。"

鲁哀公问孔子,哪个弟子最为好学?孔子认为除颜回之外,另无二人,因为颜回"不迁怒,不贰过"。所谓"好学",并非现代人所说的"喜欢学习新知识",孔子所谓的"好学",是如颜渊"不迁怒、不贰过"的修养与德行。《礼记·中庸第三十一》云:"好学近乎知。"一个"好学"之人是有智慧的。

那么,鲁哀公为什么会问这样的问题呢?大概是由于孔子反复向鲁哀公强调"知人善用,选贤与能",所以鲁哀公想了解孔子弟子中谁是德行修养最高的人。

鲁哀公不仅向孔子提问,也会向孔子的学生宰我、有若提问。

《论语·八佾篇第三》记:

哀公问社于宰我，宰我对曰："夏后氏以松，殷人以柏，周人以栗，曰使民战栗。"

子闻之，曰："成事不说，遂事不谏，既往不咎。"

鲁哀公向宰我问社神牌位是什么做的。宰我回答说："夏朝用的是松木，商朝用的柏木，周朝用的是栗木。"

为什么鲁哀公与宰我之间会有这样的问答呢？这必定跟鲁哀公所面临的政治局面有关系。鲁国朝政长期被三家大夫把持，鲁哀公没有实权，国君当得很憋屈，心里无时无刻不想摆脱三家大夫的控制。无奈三桓势力强劲，鲁哀公束手无策。他用这种含蓄隐晦的方式问宰我，宰我是个聪明人，当然知道鲁哀公不会是真的想了解社神牌位是什么木材做的。木材是一种象征。宰我说"使民战栗"，就是"让他们害怕"，其实就是建议鲁哀公以暴制暴，与三家大夫正面抗衡，夺回自己的权力。

宰我的这种解释，孔子不以为然。孔子的看法是，过去已经发生的事情不要再提了，政治斗争需要审时度势，不能蛮干，言下之意，就是不要在鲁哀公那里煽风点火，挑起事端了。

公元前468年，季孙肥去世，鲁哀公故意简化了葬礼，将鲁国公室与三桓的矛盾公开化，直接与孟武伯叫板，想驱逐三桓。但是三桓势力强大，鲁哀公最终被赶出鲁国，不得善终。

《论语·颜渊篇第十二》记：

哀公问于有若曰："年饥，用不足，如之何？"

有若对曰："盍彻乎？"

曰："二，吾犹不足，如之何其彻也？"

对曰:"百姓足,君孰与不足?百姓不足,君孰与足?"

这一段对话,全是问句,一个疑问句三个反问句,精彩尽在其中。有若是孔子的学生,即有子。

鲁哀公问有若:"遇到饥饿灾荒之年,物用不足,该怎么办呢?"有若反问:"为什么不用彻的方法呢?""彻",是周代的一种田税制度。《孟子·滕文公上》载:"夏后氏五十而贡,殷人七十而助,周人百亩而彻,其实皆什一也。"孟子提到了三代的田税分别为"贡"法、"助"法、"彻"法,都是征收十分之一的田税。这么看起来,夏商周三代最轻的田税应该是周代的"彻"法了。有若建议鲁哀公在灾荒之年要实行"彻"法,说明当时这个田税制已经被取消不用了。这从一个侧面反映了周朝礼制受到了严重破坏。

鲁哀公反问:"我收十分之二的田税,尚且不够开销,怎么可能采用十分之一的'彻'法呢?"有若又反问:"百姓物用充足,国君怎么会不充足呢?百姓物用不充足,国君怎么会充足呢?"有若是提醒国君要懂得藏富于民,民富则国富,民强则国强。这完全符合儒家的民本思想。而鲁哀公想的只是自己,高高在上,无视民生,可见,鲁哀公并非安邦定国之才。

《论语·宪问篇第十四》记:

陈成子弑简公,孔子沐浴而朝,告于哀公曰:"陈恒弑其君,请讨之。"

公曰:"告夫三子。"

孔子曰:"以吾从大夫之后,不敢不告也,君曰'告夫三子'者!"

之三子告，不可。

孔子曰："以吾从大夫之后，不敢不告也。"

"陈成子弑简公"是齐国的一次政变，发生在公元前481年，时年孔子71岁。自齐景公在公元前490年去世后，齐国不到十年中，两易其君。齐景公死后，其子齐悼公继位，四年后被大臣所杀。公元前484年，齐悼公之子齐简公继位，分别任用了陈恒（也称田恒）和阚止为左右相。阚止得宠于齐简公，让陈恒很嫉妒。齐国另一个大夫诸御鞅建议齐简子除掉陈恒。齐简公四年的一天，阚止在上朝的路上碰到陈恒家族的人在路上杀人，就把这个人抓了起来。因为是陈氏家族的人，所以陈恒就把这个人救了出去。因此，阚止和陈恒的矛盾公开化。为了自保，阚止联合齐简公，准备驱逐陈恒。结果阚止的家臣却向陈恒告了密，致使陈恒先下手为强，率兵攻入宫中。阚止落败而逃，死在逃亡的路上。齐简公也在逃亡的路上被陈恒兵杀死。孔子弟子宰我因支持陈恒，也在这次政变中被杀害，令孔子深感遗憾。这看起来极具偶然性的一件事，其实是错综复杂的政治争斗的必然结果。

孔子对于"陈恒弑其君"这件事，极其反感。对于"子弑父，臣弑君"这种大逆不道的事，按说应该由周朝的大家长——周天子，出面主持，伸张正义，干预讨伐。然而，此时的周天子早已式微，形同虚设，各诸侯国根本不把周天子放在眼里。在孔子看来，必须把陈恒绳之以法，否则正义不倡。周天子不得力，那这个维持正义的责任理应落在周公之后——鲁国人的身上。

所以，孔子沐浴更衣，以71岁高龄郑重其事地觐见鲁哀公，请求鲁哀公出兵讨伐陈恒。但是，鲁哀公一方面没有权力，做不了主;另一方面也不想掺和这事,所以玩起了踢皮球的游戏,让孔子去找三家大夫。孔子又去找三家大夫,三家大夫也不愿出兵。正义无处伸张,孔子当时的心情应该是相当沮丧的。

难道孔子不知道自己说话是没有用的吗?他当然知道,这明明就是"知其不可而为之"的做法。孔子反复说,"以吾从大夫之后,不敢不告也",因为自己做了大夫,"在其位,谋其政",所以提建议是自己的本分和职责。

通过了解《论语》中的鲁定公和鲁哀公两个人物,可以从一个侧面感受到春秋末期政治斗争的复杂性和残酷性,更能够理解礼崩乐坏导致国家社会陷入混乱的社会状况,也更能深刻地体会孔子一生不放弃恢复周礼的原因。

四、齐景公

齐景公,名姜杵臼(jiù),生年不详,公元前547年至公元前490年在位,是姜氏齐国的第二十五代国君,统治齐国长达58年。齐景公一方面贪酒好淫乐,纵情于声色犬马;另一方面又虚心纳谏,胸怀复兴齐国霸业的梦想,在其执政后期长期图谋与晋国争霸,削弱周边国的势力。相关事迹在《晏子春秋》里有较详细的记录。

据《史记·孔子世家第十七》载:鲁昭公二十年(公元前521年),齐景公与晏婴来到鲁国访问,景公问孔子:"秦穆公所在之处国小地偏,为什么能够称霸天下?"孔子回答:"秦国国小而志大,地偏而行正。善用人才,广开言路。这样来治理国家,连称王都可以，何况称霸呢。"史书记载齐景公对孔子的回答感到"悦"，可见他对孔子言论的欣赏与认可。

孔子一介布衣，年仅30岁，也没有出仕为官，怎么会有机会和外国到访的国君坐而论道呢？

《史记·孔子世家第十七》记"孔子年十七"时，鲁国大夫孟僖子临死之前，对自己的儿子孟懿子交代："今孔丘年少好礼，其达者欤？吾即没，若必师之。"也就是说，孔子17岁时，已经以知礼而闻名于鲁国，以至于鲁国贵族孟僖子临死前要求自己的儿子要向孔子学礼。后来，孟懿子及其弟弟南宫敬叔受教于孔子门下，《论语》里多处有相关记载。可见，正因为孔子年轻时以礼闻名于鲁国，所以有机会参加鲁昭公接见齐景公的外事活动。

面对错综复杂的鲁国政治斗争，孔子为避内乱，35岁时到齐国，做了丞相高昭子的家臣，"欲以通乎景公"，想要通过高昭子觐见齐景公，所以有了后来齐景公问政的故事。

《论语·颜渊篇第十二》记：

齐景公问政于孔子，孔子对曰："君君，臣臣，父父，子子。"

公曰："善哉！信如君不君、臣不臣、父不父、子不子，虽有粟，吾得而食诸？"

此时的齐景公已执政齐国多年，亲身经历了齐国长期的内乱，在丞相晏婴的辅佐下，意气风发，正想要干一番大事业。孔子仅用八个字回答了齐景公的问政："君君、臣臣、父父、子子。"意思就是：国君要有国君的样子，履行好国君的职责；臣子要有臣子的样子，做好臣子的本分；父亲要有父亲的样子，扮演好父亲的角色；

子女要有子女的样子，守好子女的规矩。每个角色都要尽自己的本分，"君使臣以礼，臣事君以忠""父慈子孝"，也就是说应"在其位，谋其政""不在其位，不谋其政"，总而言之，"君子思不出其位"。这显然是结合当时"子弑父、臣弑君"，各国不断发生政治动乱的礼崩乐坏的混乱时局而开出的处方。

齐景公对孔子的回答大加赞赏，认为孔子说得太好了，还非常兴奋地补充着孔子的话："假如一个国君没有国君的样子，臣子没有臣子的样子，父亲没有父亲的样子，子女没有子女的样子，就算是有粮食，又怎么说吃得下去呢？"很显然，齐景公对于孔子所言深有感触，因为他自己亲身经历和见证过齐国长达十几年之久的政治动乱。

齐景公当政之前，齐国就发生了"崔子弑齐君"的事件。齐景公的哥哥齐庄公，与大臣崔杼的妻子棠姜通奸，被崔杼杀死。由于崔子专政，大权在握，在崔子的拥立下，齐景公得以继位。齐景公继位后，又出现左丞相庆封与右丞相崔杼争权的残酷厮杀。长期动荡不安的齐国政局及胸中成就霸业的理想，使得齐景公非常关注为政之道。

司马迁在《史记·孔子世家第十七》里记述："他日又复问政于孔子，孔子曰：'政在节财。'"齐景公听到孔子的言论，很高兴，认为孔子是一个治世之能臣，想将"尼谿（xī）田"封给孔子，被晏婴阻止。

为什么晏婴要阻止齐景公重用孔子呢？

《史记·孔子世家第十七》记载了晏婴对儒家的看法：

夫儒者，滑稽而不可轨法；倨傲自顺，不可以为下；崇丧遂哀，猞产厚葬，不可以为俗；游说乞贷，不可以为国。自大贤之息，周室既衰，礼乐缺有间。今孔子盛容饰，繁登降之礼，趋详之节，累世不能殚其学，当年不能究其礼。君欲用之以移齐俗，非所以先细民也。

可见，晏子认为孔子虽然能说会道，但是自以为是、奸诈狡猾，不可以为用，并且认为孔子所主张的周礼繁琐复杂，不实用，不是治国之道。晏子的看法，可以看作是那个时代主流社会对儒家、对孔子的看法。由此，可知儒家的思想和孔子的主张在那个礼崩乐坏时代的境遇。晏子对国不可谓不诚，对君不可谓不忠，但是以晏子为代表的当时的主流社会，对儒家是没有信心，也没有兴趣的。

《论语·微子篇第十八》记：

齐景公待孔子曰："若季氏，则吾不能。"
以季、孟之间待之。
曰："吾老矣，不能用也。"
孔子行。

《史记·孔子世家第十七》对这一段故事进行了补充：正是因为晏子异议，齐景公放弃了重用孔子的想法，"敬见孔子，不问其礼"，对孔子敬而远之。后来，齐景公直截了当地对孔子说："奉子以季氏，吾不能。"意思就是，不可能给予孔子如鲁国季氏那样的待遇，而"以季、孟之间待之"，但可以给一个高于孟氏，低于季氏的中间待遇。从这里，依然能够看出齐景公对孔子的欣赏，虽不重用，却也不想完全放弃。

《史记·孔子世家第十七》载："齐大夫欲害孔子，孔子闻之。景公曰；'吾老矣，弗能用矣。'孔子遂行，反乎鲁。"或许是孔子的主张不能见容于齐国，又或者孔子受景公之私爱不能容于当朝大夫，总之，孔子在齐国遭受到了严重的排挤，已经不安全了。不得已，齐景公只好直接辞掉孔子，对孔子说："吾老矣，不能用也。"言下之意是自己年纪大了，不可能再用他了。于是，孔子返回鲁国。孔子在齐国前后大约三年时间，他所期待的政治前途，最终以齐景公的彻底放弃而结束。

齐景公卒于公元前490年，时年孔子61岁，还在周游列国，未回到鲁国。

《论语·季氏篇第十六》记：

齐景公有马千驷，死之日，民无德而称焉；伯夷、叔齐饿于首阳之下，民到于今称之。其斯之谓与？

"有马千驷"，就是"有马四千匹"，意味着齐景公财富很多。孔子的意思是，齐景公虽然生前富有，生活奢侈豪华，权势显赫，但是死了之后，老百姓却找不到好的德行来称赞他；而商朝末年孤竹国国君的两个儿子——伯夷、叔齐——两兄弟彼此让位而出走他国，后来周朝灭商，两人不吃周朝的粮食，饿死在首阳山上，老百姓到现在还称颂他们。

这一章，虽没有"子曰"二字，但结合前后语境，很明显是齐景公去世后，孔子对齐景公的评价。在孔子看来，齐景公无所建树，并且将他与古之贤人"伯夷、叔齐"放在一起进行对比，表达的是孔子对于人生价值的理解。人生的价值不在于外在的财富与地位，而在于内在的德行与修养。至于此句因何而起，因前文未交代，则语焉不详。

五、卫灵公

《论语·宪问篇第十四》记：

子言卫灵公之无道也。

康子曰："夫如是，奚而不丧？"

孔子曰："仲叔圉治宾客，祝鮀治宗庙，王孙贾治军旅，夫如是，奚其丧？"

卫灵公，春秋时期卫国第二十八代国君，其在位时间长达41年，约在公元前534年至公元前493年之间。孔子公元前497年从鲁国来到卫国，正值卫灵公执政晚期。此时的卫灵公，生活奢靡好色，宠幸南子，家庭内部争斗很严重。孔子初到卫国时，受到卫灵公的礼遇。但孔子看到卫国政治内部暗流涌动，预感到要发生动乱，不久就带着弟子们离开了卫国。

这一章，是孔子对卫灵公的评价。孔子认为卫灵公"无道"。

季康子不解地问："如果卫灵公无道，为什么卫国没有灭亡呢？"在卫灵公执政的41年里，卫国非但没有灭亡，而且还显示出较强的实力，人口众多，土地宽广。这是为什么呢？孔子认为卫灵公做对了一件事，那就是——知人善用，这是他得以生存的法宝。他任用了仲叔圉来处理外交，祝鮀来管理祭祀，王孙贾来统率军队。

为政者最关键是善于发现人才、培养人才、重用人才。季康子和孔子讨论这个问题并非偶然。季康子前后执掌鲁国24年，想知道孔子对各国政治人物的看法，从中获得一些经验和启发，这也是合情合理的事。事实上，季康子多次与孔子讨论过为政方面的问题。他也曾经任用过孔子弟子子贡、子路、冉求、樊迟等人，表现了他知人善用、选贤与能的一面。

《论语·卫灵公篇第十五》记：

卫灵公问陈于孔子。
孔子对曰："俎豆之事，则尝闻之矣；军旅之事，未之学也。"
明日遂行。

"陈"，通"阵"，即排兵布阵，代指战争方面的事情。孔子初到卫国，受到卫灵公的款待，并被问及如何打仗。

《论语·述而篇》载："子之所慎：齐、战、疾。"孔子对打仗这件事十分谨慎，认为必不得已不要打仗。孔子说"俎豆之事"，也就是祭祀礼仪方面的事，自己还听说过；至于军事方面的事情，从来没有学过。孔子怎么可能不懂得军事方面的事情呢？只是天下已经够纷乱了，他不想再去发表如何打仗的言论，所以拒绝回答卫灵公的问题。

卫灵公不和孔子谈论如何为政的问题，一上来就问如何打仗。这让孔子感觉卫国没有任何希望，"明日遂行"，第二天就离开了。

六、晋文公、齐桓公

《论语·宪问篇第十四》记:

子曰:"晋文公谲而不正,齐桓公正而不谲。"

晋文公和齐桓公都是春秋五霸之一。这一章是孔子对这两位历史人物的评价。

齐桓公,姜姓,吕氏,名小白,其在位时间为公元前685年至公元前643年,春秋五霸之首。齐桓公早年在鲍叔牙的帮助下,杀死哥哥公子纠自立为国君。他礼贤下士,重用管仲为相,九合诸侯,一匡天下。当时西北的戎狄不断进犯中原,齐桓公打着"尊王攘夷"的旗号,联合燕国、卫国抗击戎狄,共同维护周王室的利益,同时,也奠定了自己在诸侯中的霸主地位。在孔子看来,齐桓公的做法至少在名义上"正","名正则言顺"。因此,孔子评价齐桓公"正而不谲"。"谲",诡诈的意思。

晋文公,姬姓,晋氏,名重耳,其在位时间为公元前636年至公元前628年。他在秦穆公的支持下杀掉自己的侄儿晋怀公,自立为国君。在晋文公的治理下,晋国强大起来,并开始对外扩张。在晋楚"城濮之战"中,晋文公运用贿赂、离间等诡计打击楚国,行事诡诈,所以孔子认为其奸诈狡猾,虽开创了晋国百年基业,成为春秋时期的第二位霸主,但孔子却认为其"谲而不正"。显然,孔子对晋文公的评价也不高。

伯夷・叔齐・柳下惠・臧文仲・臧武仲・令尹子文・崔子・陈文子・微子・箕子・比干

一、伯夷、叔齐

伯夷、叔齐是商朝末年孤竹国国君的儿子。相传孤竹国国君有三个儿子,国君想把君位传给三子叔齐。孤竹国君死后,叔齐不愿打破天伦规则,拒不受位,要把王位还让给大哥伯夷,伯夷则遵父亲遗命不受。

《史记·伯夷列传第一》载:"父欲立叔齐,及父卒,叔齐让伯夷。伯夷曰:'父命也。'遂逃去。叔齐亦不肯立而逃之。国人立其中子。于是伯夷、叔齐闻西伯昌善养老,盍往归焉。"伯夷叔齐兄弟让国的故事,与周国初期泰伯让位是一样的,受到后世的称赞。伯夷叔齐两人离开孤竹国,来到周。

此时,周文王刚刚去世,周武王带着木制的文王灵牌,准备去讨伐商纣王。《史记·伯夷列传第一》载:"及至,西伯卒,武王载木主,号为文王,东伐纣。"武王的这种做法,在伯夷、叔齐看来是不合乎道的。他们迎着武王的队伍,拦住武王的马车,"叩马而谏",对周武王说:"父死不葬,爰及干戈,可谓孝乎?以臣弑君,可谓仁乎？"连续两个反问，质问周武王，言下之意是父亲刚去世，不给父亲守孝却要发起战争，这是不孝的做法；以下犯上，起兵叛乱，这是不仁的表现。

很明显，伯夷、叔齐对于周武王讨伐商纣王是持反对态度的，并且在周武王东征的路上冒死劝谏，提出批评，不可谓不勇。可见，伯夷叔齐之所以一直被儒家学者所推崇，是因为他们关于"孝"与"仁"的观点，符合儒家的价值观。

儒家的学说或许更擅长守成，对开拓者来讲，似乎显得有些保守和犹豫，破坏性不够大，力量感就不够强。

伯夷、叔齐冒死谏武王，差点被周武王杀掉，被姜太公救下来。虽然政见不和，但姜太公赞赏二人的德行，认为"此义人也"。很快，牧野一战以商朝覆灭而结束，周朝取而代之。天下诸侯逐渐归附于周。商朝的灭亡，政局上的改变，使得伯夷、叔齐十分愤怒。《史记·伯夷列传第一》载："天下宗周，而伯夷、叔齐耻之，义不食周粟，隐于首阳山，采薇而食之。及饿且死，作歌。"伯夷、叔齐誓死不吃周朝的粮食，隐居在首阳山上采野菜吃，最终饿死在首阳山上。临死之前还作歌讽谏："以暴易暴兮，不知其非兮。神农、虞夏忽焉没兮，我安适归矣？"伯夷、叔齐自始至终对于周武王伐纣这种"以暴易暴"的做法持反对态度。临死前也感慨神农、虞舜这样的圣王已经不在了，"我"应该去哪里归附呢？

从伯夷、叔齐身上，依稀可以看到孔子的某些精神风貌。司马迁写伯夷叔齐列传的时候，言语之中充满着同情，司马迁反问"若伯夷、叔齐，可谓善人者非邪？积仁絜行如此而饿死？"俗话说"天道无亲，常与善人"，难道伯夷、叔齐不是善人吗？这样积善行德、洁身自好的人为什么会被活活饿死了呢？

这些古代有名的历史人物，也是孔子及其弟子之间常常讨论的对象。孔子常常借用这些历史人物，来表达自己的看法和价值观，彰显儒家的立场。

《论语·述而篇第七》记：

冉有曰："夫子为卫君乎？"
子贡曰："诺，吾将问之。"
入，曰："伯夷、叔齐何人也？"
曰："古之贤人也。"
曰："怨乎？"
曰："求仁而得仁，又何怨？"
出，曰："夫子不为也。"

孔子到卫国之初，得到了卫灵公和卫国大夫阶层的接纳，并且各方势力都希望拉拢他。《史记·孔子世家第十七》载："卫灵公问孔子：'居鲁得禄几何？'对曰：'奉粟六万'。卫亦致粟六万。"卫灵公打听孔子在鲁国任大夫时的薪酬水平，给孔子开薪酬"粟六万"。

公元前493年，也就是孔子出国的第三年，卫灵公死。卫灵公的儿子蒯聩早就被卫灵公赶出了卫国，蒯聩的儿子辄继位，最终导致一场父子争国的闹剧。郑玄注曰："为犹助也，卫君者，谓辄也。卫灵公逐太子蒯聩，公薨而立孙辄。"卫国换了新国君，政治局势错综复杂，大家都在猜想孔子会不会去帮新国君做事呢？

冉求和子贡都对政事感兴趣，想知道孔子是否会"为卫君"，子贡说自己去问一下老师。

但是，子贡不直截了当地问，而是转着弯试探性地问。

子贡问孔子怎么评价伯夷、叔齐？孔子说两个都是"古代的贤人"。子贡又问："他们有怨恨吗？"言下之意就是伯夷、叔齐因为拒不食周粟饿死于首阳山，会有怨恨吗？孔子说"求仁得仁，又何怨？"

"求仁得仁"，意思是追求仁就得到了仁，如愿以偿了。这句话后世流传甚广，其实最初是孔子用来评价伯夷、叔齐的。在孔子看来，伯夷、叔齐饿死是为了捍卫自己的道，他们已经达到目的，没有什么可以抱怨的。

表面上是评价伯夷、叔齐，实际上表现的是孔子的价值取向。孔子追求的也是仁道。卫国父子争国，政治纷乱，显然不合礼制，更不合仁道。依照孔子的价值观，是不会去掺和卫国政治的。

《论语·公冶长篇第五》记：

子曰："伯夷、叔齐不念旧恶，怨是用希。"

孔子说伯夷、叔齐"不念旧恶"，有什么"旧恶"呢？史书记载，伯夷叔齐父子兄弟和睦，相互让国，显然家庭里面没有什么"旧恶"。结合伯夷叔齐反对周武王伐纣之事来看，这里所指的"旧恶"应该是指商纣王曾经作过的恶。两兄弟相互让国"出逃"孤竹国，去哪里呢？商纣王统治残暴，他们俩其实也没有什么好地方可以去，最佳的选择还是去投奔周文王。结果等他们到了周国，周文王已经死了，遇到周武王要武力讨伐商纣王。一方面伯夷叔齐为商纣王统治残暴、荒淫无道而感到不满，另一方面伯夷叔齐又不愿意看到周武王"以暴易暴"的武力征伐。

《论语·季氏篇第十六》记：

子曰："齐景公有马千驷，死之日，民无德而称焉；伯夷、叔齐饿于首阳之下，民到于今称之。其斯之谓与？"

孔子把齐景公和伯夷、叔齐放在一起对比，认为齐景公虽然在现实生活中地位高、财富多，但是死了之后，老百姓找不到可以称道的德行；而伯夷、叔齐虽然饿死在首阳山上，可以说穷困到了极致，但是老百姓到现在都还称赞他们。原因在于伯夷、叔齐是有德行操守之人。

《论语·微子篇第十八》：

逸民：伯夷、叔齐、虞仲、夷逸、朱张、柳下惠、少连。
子曰："不降其志，不辱其身，伯夷、叔齐与！"
谓："柳下惠、少连降志辱身矣，言中伦，行中虑，其斯而已矣。"
谓："虞仲、夷逸隐居放言，身中清，废中权。我则异于是，无可无不可。"

"逸民"，就是德行超逸之人。这一章提到了"伯夷、叔齐、虞仲、夷逸、朱张、柳下惠、少连"这七个周朝的隐士。孔子逐一对他们进行了评价。

伯夷和叔齐"不降其志，不辱其身"，即不降低自己的志气，不辱没自己的身份，宁死也要保持自己的气节和操守；柳下惠和少连则是降低了自己的身份，"言中伦，行中虑"，说话做事合乎伦理,合乎人心;虞仲和夷逸两个人"德行超逸",洁身自好,退官隐居合乎权宜之法。

古人面对乱事,各人有各人的处理方法。既可以如伯夷叔齐那样保持高洁,宁肯饿死,坚决不肯放弃自己的准则;也可以像柳少惠、少连那样放下身段,在混乱中保持自己的基本原则;还可以像虞仲、夷逸那样退隐山林,不与人争。无论哪一种处理方法,孔子都持开放和包容的态度。

孔子认为自己和周朝这些行德超逸之人不同,孔子的态度是"无可无不可"。

"无可无不可",并不是说孔子像两边倒的墙头草那样没有原则,而是意味着"不执着"。孔子不执着于一定要怎么做,也不执着于一定不要怎么做。该行还是该藏?该保持高洁还是该降低身份?这需要根据具体的情况来定。但是,万变不离其宗,孔子对"以民为本"的政治理想的追求是永恒不变的,至于实现的方法则是可以权宜的。这彰显的是孔子思想的灵活性。所以,以孔子为代表的儒家思想本身便具有高度的灵活性。

二、柳下惠、臧文仲

周朝的七个隐士,除了伯夷、叔齐之外,《论语》里还提到过柳下惠。

《论语·微子篇第十八》:

柳下惠为士师,三黜。

人曰："子未可以去乎？"

曰："直道而事人，焉往而不三黜？枉道而事人，何必去父母之邦？"

柳下惠，鲁国人，姬姓，展氏，名获。因封于柳下，谥号"惠"，后人尊称其为"柳下惠"。生活年代为公元前720年至公元前621年之间，后世称其为中国传统道德的典范，孔子以之为"被遗落的贤人"。

《和圣年谱纪事》载："远行归，夜宿郭外。时天大寒，有一女子趋诧（tuō），恐其冻死，乃令坐于怀中，以衣覆之，至晓不乱。"这就是柳下惠"坐怀不乱"的故事，在后世广为流传，由此成为作风正派的道德典范。

柳下惠在臧文仲手下为"士师"，即掌管刑罚诉讼方面的事务。但是他多次被撤职，又多次被起用。有人问他，受到这么大的侮辱还不离开这个国家吗？就一般人而言，几次三番被罢免撤职，心中一定气愤难平、委屈难消，可能就离开这个国家另谋高就了。但是柳下惠却认为自己之所以反复被罢免，是因为自己"直道而事人"，也就是坚持原则做事情。如果自己一直这样坚持原则在鲁国会被罢免，至哪里都有可能被罢免。如果自己为了保乌纱帽，"枉道而事人"，不坚持原则做事情，那又何必要跑到外国去呢，在自己的国家不也是一样吗？

柳下惠可以说是人间清醒，把事情看得通透明白。他所关注的只是自己是否要坚持"直道而事人"，至于是不是会被罢免，是无所谓的。

《论语·卫灵公篇第十五》记：

子曰:"臧文仲其窃位者与!知柳下惠之贤而不与立也。"

臧文仲,鲁国卿大夫。臧氏家族世代担任鲁国的司寇,掌管鲁国刑狱和治安。柳下惠任"士师",是臧文仲的部下。臧文仲思想较为开明,重国轻财,有杰出的政治管理才能,反对"三桓"专政,曾在鲁国与齐国的势力争斗中展现出高超的军事和外交才能,对鲁国的发展起过积极作用。

但是,孔子认为臧文仲在对待柳下惠这件事情上"窃位"了,就是失职了。他明明知道柳下惠是一个贤人却不重用他,不仅没有好好重要他,还三番五次罢免他。在孔子看来,这是作为政治家的臧文仲失职的表现。

可见,孔子对于柳下惠的才干和德行都给予了极高的肯定。

《论语·公冶长篇第五》记:

子曰:"臧文仲居蔡,山节藻棁,何如其知也?"

"蔡"原来是一个地名,由于这个地方盛产用来占卜的乌龟,所以蔡地所产之龟,就用"蔡"来指代。"臧文仲居蔡",意思是臧文仲为这个用于占卜的乌龟建了一座房子,也可称为"龟房"。这个"龟房"修建得特别讲究,所谓"山节藻棁",是说房梁上的斗拱(称为"节")雕成山的形状,房梁上的短柱(称为"棁")刻上水草花纹。言下之意,就是把这养乌龟的房子装修得特别精美,好像是给大乌龟建了一幢豪华大别墅。

古代人很重视占卜,遇到祭祀、军事等重大事件,均要占卜,所以养龟对古人来说是很重要的事。古代用于占卜的龟各不相同，相传有六种，每种龟要分开养，由专门的人负责。臧孙氏家族三代均为掌龟大夫，所以"臧文仲居蔡"这件事情无可厚非。问题在于"山节藻棁"，把养龟的地方装饰得跟祖庙一样，这就显很没有智慧，有"僭越"之嫌。

臧文仲虽然在政治、经济、军事、外交方面有相当的才华，但是在某些事情上显得有些无知和愚昧。《国语》载："海鸟曰'爰居'，止于鲁东门外二日。臧文仲使国人祭之。"这个故事是说，鲁国的东门来了一只海鸟，停了两天。或许臧文仲觉得这是只神鸟，就让老百姓去祭祀这只鸟。这件事被柳下惠阻止。《国语》载："展禽曰：'越哉，臧孙之为政也！夫祀，国之大节也。而节，政之所成也。'"展禽即柳下惠，认为祭祀海鸟这件事，已经越礼了。祭祀是国家的大法，是政治成功的基础，怎么能够这样随随便便去祭祀一只海鸟呢？

无论是《国语》记祭祀海鸟一事，还是孔子批评为龟房"山节藻棁"一事，总之，臧文仲在祭祀方面确实显得有些无知和迷信，所以孔子认为这个人智慧不够，故云："何如其知也？"

三、臧武仲

《论语》里不仅出现了臧文仲，还出现了臧武仲，也就是臧文仲之孙，继承了鲁国司寇一职，掌管鲁国刑狱和治安等事务。臧文仲的封地在"防"，也就是孔子父亲工作过的地方。孔子父亲叔梁纥曾为臧武仲工作。公元前556年，齐国高厚围困臧武仲于防，孔子父亲叔梁纥率领士兵把他救了出来。

《论语·宪问篇第十四》记：

子曰："臧武仲以防求为后于鲁，虽曰不要君，吾不信也。"

《左传·襄公二十三年》载："孟孙恶臧孙，季孙爱之。"孟孙、臧孙、季孙三家大夫之间的关系很微妙。本来季孙和臧孙关系很好，在孟孙氏挑唆下，"季孙怒，命攻臧孙"，友谊的小船说翻就翻。于是，臧武仲在这场斗争中失败，逃到邾国去了。他在邾国派人带着一只大龟回国，给自己同父异母的长兄臧贾讲，"纥不佞，失守宗祧（tiāo）……纥之罪不及不祀。子以大蔡纳请，其可。"所表达的意思是说，自己没有才能，出逃在外，不能祭祀祖先。但是祖先是不能不祭祀的，所以愿意放弃防的领地，请求鲁国国君立自己的兄长臧贾为防地的继承人。长兄臧贾按照臧武仲的要求，派出自己同父同母的弟弟臧为（即臧武仲同父异母的另一个哥哥）带着大龟去向鲁君报告。结果臧为请求的是把自己作为防的继承人。最后，臧武仲放弃了防，而臧为成了防地的继承人。

所谓"臧武仲以防求为后于鲁"的事件始末大致就是如此。看起来，臧武仲主动让出防地，请求国君重立防地的继承人，这是一件好事，但是孔子对于臧武仲的动机却表示了怀疑。所以孔子说"虽曰不要君，吾不信也"。

臧武仲是一个非常聪明的人，难道他真的只是因为防地没有人继承才愿意放弃吗，难道这背后没有更深的谋略和打算吗？孔子是不相信的。

《论语·宪问篇第十四》记：

子路问成人。

子曰:"若臧武仲之知、公绰之不欲、卞庄子之勇、冉求之艺,文之以礼乐,亦可以为成人矣。"

曰:"今之成人者何必然?见利思义,见危授命,久要不忘平生之言,亦可以为成人矣。"

孔子的学生子路问:"怎么样才算是成人?"

成人之道,是儒家人格学说中非常重要的理论。要了解清楚儒家的成人之道,首先需要了解儒家对人的定义。什么样的人,才能称之为人?《论语》的表述方式与现今学者的表述方式不同。现代人建构自己的理论时,一定是先给出一个明确的定义。而孔子则不然,孔子对于他心中的那个"理想之人"的描述,是在与不同人的对话中逐渐建构起来的。

孔子回答子路成人之道,分了两个层次:一是从能力上进行说明;二是从德行上进行说明。

孔子认为,要像臧武仲那样聪明,公孙绰那样没有贪欲,卞庄子那样勇敢、冉求那样有才能。臧武仲、公孙绰、卞庄子这三个人都是鲁国的大夫,冉求是孔子的学生,都有各自的才干,如果把这四个人的优点都集中在一个人身上,再加上礼乐方面的修养,即"文之以礼乐",就可以算是"成人"了。这是从能力方面来讲成人。

接着,孔子又说:"今之成人者何必然?"意思就是没有这四种能力,也是可以成人的。每个人都可以"成人",并不是只有聪明的、能干的、勇敢的、不贪心的人才能"成人"。

孔子认为，见到利要思考一下应当不应当，这就叫"见利思义"，义是一种规则。守义就是守礼。如果遇到危险敢于自我牺牲，这叫"见危授命"，这是守仁。时间长了也不要忘记自己曾经的誓言和约定，无论走得有多远，不要忘了初心，这是守信。一个人若能做到守信、守礼、守仁，难道还不算是"成人"吗？

只要做到"见利思义，见危授命，久要不忘平生之言"这三点就可以了。这是从德行方面来讲成人。

显然，孔子更强调后者。"有德者必有才，有才者不必有德"，儒家当然追求德才兼备，如若二者不可得兼，则以德为本。

四、令尹子文、崔子、陈文子

《论语·公冶长篇第五》记：

子张问曰："令尹子文三仕为令尹，无喜色，三已之无愠色，旧令尹之政必以告新令尹，何如？"

子曰："忠矣。"

曰："仁矣乎？"

曰："未知，焉得仁？"

"崔子弑齐君，陈文子有马十乘，弃而违之。至于他邦，则曰：'犹吾大夫崔子也。'违之。之一邦，则又曰：'犹吾大夫崔子也。'违之，何如？"

子曰："清矣。"

曰："仁矣乎？"

曰:"未知,焉得仁?"

这一章出现了三个人物。

令尹子文,芈(mǐ)姓,斗氏,本名为斗谷於菟,字子文,亦称斗子文,生活在公元前708年至公元前626年之间,比孔子早了七八十年。令尹是楚国的官名,即楚国首辅大臣,集军政大权于一身。据《左传·宣公四年》记载,斗子文的父亲为楚国国君最小的儿子斗伯比。斗伯比与自己的表妹私通,生下斗子文,弃之于"云梦泽",被老虎喂养。郧国国君打猎时发现老虎在给婴儿喂乳,以为神物,把这个婴儿带回家,交给自己的女儿来抚养。第二年,郧国国君把女儿嫁给了斗伯比,把这个从老虎嘴里捡来的孩子又带回到了其亲生父亲斗伯比身边。楚国人称"乳"为"谷",称"虎"为"於菟",故斗子文名叫"斗谷於菟"。

令尹子文是一位忠君爱国、清廉勤政、刚正无私又体恤民情的执政者。《左传·庄公三十年》载:"斗谷於菟为令尹,自毁其家以纾楚国之难。"当国家有难,他把自己的钱财全部捐献出来。为了国家的利益,令尹子文曾经三次让贤,把自己首辅大臣的位置主动让给其他人,这就是子张所谓"令尹子文三仕为令尹"之事。他每一次让贤都是主动的,毫无怨言,并且还要把自己的工作与新令尹做好交接。楚成王三次请他出任令尹,他也不以之为傲。孔子夸赞令尹子文"忠矣",克己为公,尽心尽力,是"尽忠职守"的典范人物。

"崔子弑齐君"事件发生在公元前548年。崔子,即崔杼,齐国大夫,辅佐齐庄公。《左传·襄公二十五年》记有"崔子弑其君"的故事。齐庄公与崔子的妻子棠姜私通,崔子一怒之下杀了齐庄公，拥立齐庄公的弟弟齐景公为君。两年后，崔子及两个儿子相互争权，左丞相庆封乘机想灭掉崔氏家族。最终，崔子家破人亡、妻离子散，上吊自杀，尸体被齐景公戮暴。可以说，一方面崔子弑君是犯上作乱，另一方面崔子凄惨的下场也是春秋时期无耻的宫廷内斗和残酷政治斗争的缩影。

陈文子和崔子，同为齐国当朝大夫。"陈文子有马十乘"，意味着他的地位与崔子相当。一部车配四匹马，称为"一乘"，十乘即有十部车和四十匹马。陈文子虽然有这么高的地位，但因为齐国政坛上有崔子这样"弑君"的乱臣贼子，导致齐国的政治生态不好，所以陈文子宁肯不要"有马十乘"的待遇，"弃而违之"，跑到别的国家去了。但在春秋时期，各个国家都如齐国一样，局面混乱，像崔子这样的人层出不穷，所以陈文子说"犹吾大夫崔子也"，于是又弃而走之。再到另一个国家，陈文子还是发现乱臣贼子到处都是，所以又说"犹吾大夫崔子也"，于是又弃而走之。

纵观春秋时期各个国家几乎都和齐国一样，父子争权、兄弟相杀、夫妻反目，各个政治利益集团互相勾结，全天下已无一处清流之地。所以，陈文子去了很多国家，都说"犹吾大夫崔子也"。

陈文子这种头脑清醒、在乱世之中洁身自好的人是不多的，因此孔子称赞陈文子"清矣"，即清高，不与世俗同流合污，是洁身自好的典范人物。

至于子张问这个人是不是"仁"呢？孔子说"未知，焉得仁？"虽然他们在某一个方面做得很好，但是还未达到"知（智）"的层面，"智"都还没有到，怎么能够说"仁"呢？

五、微子、箕子、比干

《论语》中还提到了三个商朝遗老,被孔子誉为"三仁"。《论语·微子篇第十八》记:

微子去之,箕子为之奴,比干谏而死。
孔子曰:"殷有三仁焉。"

微子、箕子、比干,其实是一家人。

微子,即微子启,是商纣王同母之兄,周朝宋国始祖。微子出身时,其母还没有被立为正妻。纣王是在母亲成为正妻之后所生,所以后来纣王得以继位。由于商纣王荒淫无道,微子向他进谏,但"纣终不可谏"。微子认为"今诚得治国,国治身死不退,为死,终不得治,不如去"。微子决心离开纣王,这就是所谓的"微子去之"。周武王灭商之后,微子持祭器造访周武王,肉袒面缚,左牵羊右把茅,膝行而前,向武王说明自己离开纣王的始末。周武王深受感动,"复其位如故"。后来周成王将微子封于商丘,建立宋国。

箕子,纣王的叔父。箕子曾向他进谏,但是纣王不听,于是装疯卖傻,后来被降为奴隶。这就是所谓的"箕子为之奴"。

比干,也是纣王的叔父。他也和箕子一样,竭尽全力劝谏纣王,最后被纣王剖心而死。这就是"比干谏而死"。

三个人都是忠贞仁义之士,所以孔子盛赞他们三位是"三仁"。因为他们是站在国家利益的角度去思考问题的,是在国家利益之上决定个人行为的。

泰伯·管仲·公叔文子·宁武子

一、泰伯

泰伯，即吴太伯，吴国的第一代国君，被称为东吴文化的始祖，周太王古公亶父的大儿子。古公亶父的正妻太姜，生了三个儿子：老大泰伯，老二仲雍，老三季历（也称王季）。季历是周文王的父亲，泰伯也就是周文王的伯父。《诗经·大雅·皇矣》称颂："帝作邦作对，自大伯王季。维此王季，因心则友。则友其兄，则笃其庆。载锡之光，受禄无丧，奄有四方。维此王季，帝度其心，貊其德音。"大意是天帝要兴旺周国，从降生明德之君开始。明德之君从泰伯让位于季历开始。全诗描述了十分和谐的兄弟关系。

《论语·泰伯篇第八》记：

子曰："泰伯，其可谓至德也已矣。三以天下让，民无得而称焉。"

在《论语》里，孔子用"至德"称赞泰伯和周文王两个人，这是很高的评价。为什么泰伯能得到孔子如此高的评价呢？

"三以天下让",指的是泰伯将王位让给季历,南走东吴的事情。《史记·周本纪第四》记载了事件的原委:"古公曰'我世当有兴者,其在昌乎!'"泰伯的父亲周太王古公亶父认为周兴盛的使命在文王姬昌的身上。姬昌是泰伯弟弟季历的儿子。为了成全父亲的想法,携二弟仲雍出走南方(今无锡、常熟一带),终身不返,创建勾吴王国。

泰伯、仲雍在南方不畏艰辛,勇于开拓,以德著称,很多人来归附,为后世强大的吴国打下了基础。相传泰伯去世后,吴人无不悲痛,争相采花相献,并纷纷将麻束于腰间以作纪念。这一行为竟发展成后来中国人为去世的长辈披麻戴孝的丧葬习俗。唐代诗人陆龟蒙作《和袭美泰伯庙》赞颂泰伯让王位的美德:"故国城荒德来荒,年年椒奠湿中堂。迩来父子争天下,不信人间有让王。"

孔子认为泰伯太完美了,可以说是"至德"之人,老百姓实在已经找不到恰当的语言来称道了,所以孔子说"民无得而称焉"。

二、管仲

《论语·宪问篇第十四》记:

或问子产,子曰:"惠人也。"
问子西,曰:"彼哉,彼哉!"
问管仲,曰:"人也。夺伯氏骈邑三百,饭疏食,没齿无怨言。"

这一章出现了三个历史人物。有人问孔子怎么看待于子产、子西、管仲这三个人。孔子一一进行了评价。通过评价历史人物，表达孔子的思想，在《论语》里很常见。

子产，姬姓，公孙氏，字子产，历史多称为"公孙子产"，郑国大夫，是郑国公子子国的儿子，出生年代比孔子略早一些，与孔子同时代人。

子产先后辅佐过郑简公、郑定公等国君。子产执政期间，进行了自上而下的改革，既维护了公室的利益，又限制了贵族的特权，整顿了国家的政治秩序。进行田制改革，发展与晋、楚的外交。郑国在子产的推动下呈现出中兴局面。《左传·襄公三十年》中有关于子产为政的记载。孔子赞子产"惠人也"，认为子产施恩惠于百姓。

关于子西为何人，不同学者有不同的说法。钱穆认为此处孔子所说的子西应该是郑国公子子西，与郑国大夫子产是同宗兄弟。另一种说法认为，此处孔子所说的子西应该是楚昭王时期的楚国令尹子西。本书认同后一种说法。

根据《左传》中的记录，公元前516年，楚平王去世，时任将军子常认为太子年龄太小，想拥立子西继承王位。子西没有同意，于是楚昭王继位。公元前505年，伍子胥带领吴军入侵楚国，挖出楚平王的尸体，鞭尸三百。子西带着楚昭王出逃，后在秦国的帮助下复国。公元前489年，楚昭王去世后，子西辅佐楚惠王，在白公之乱中被杀。子西有让国之贤、忠君之德、复国之功，应该是一个很优秀的人。

但子西对于孔子的思想并不认同。《史记·孔子世家第十七》载：

昭王将以书社地七百里封孔子。楚令尹子西曰："王之使使诸侯有如子贡者乎?"曰:"无有。""王之辅相有如颜回者乎?"曰:"无有。""王之将率有如子路者乎?"曰:"无有。""王之官尹有如宰予者乎?"曰:"无有。"且楚之祖封于周,号为子男五十里。今孔丘述三五之法,明周召之业,王若用之,则楚安得世世堂堂方数千里乎?夫文王在丰,武王在镐(gǎo),百里之君卒王天下。今孔丘得据土壤,贤弟子为佐,非楚之福也。昭王乃止。

这一段故事,讲的是楚昭王想重用孔子,有意封孔子七百里地,遭到令尹子西的反对。子西连问楚昭王四个问题:楚国有像子贡这样的外交人才吗?有像颜回这样的辅相人才吗?有像子路这样的军事人才吗?有像宰予这样的管理人才吗?楚昭王说都没有。然后子西就给楚昭王分析楚国不能重用孔子的原因:楚国是周朝最初的封国,当初被封的爵位是"子男"。这个爵位在诸侯中是比较低的,封地仅五十里。孔子主张三皇五帝的法度,倡导周公、召公的礼乐之制,如果用孔子这一套思想来治理国家,楚国还有可能堂堂正正、世世代代拥有这数千里的土地吗?如果楚国一旦封地给孔子,孔子必然像周文王、周武王那样,以百里之地而一统天下。在子西的眼里,楚国封地重用孔子,无异于引狼入室,引火自焚。楚昭王大概听得一身冷汗,只好打消了任用孔子的想法。孔子在楚国的政治前途亦因为子西的阻挠而流产。

子西反对孔子入楚的原因十分清楚,他不否定孔子及其弟子的才能与德行,正是因为他深知孔子有文武之德,认识到孔子及其弟子们的才干了得,所以才认为孔子的到来对于楚国是一件危险的事情。对于楚国之利来说,子西或许说得没错,但是他把孔子的格局看得太小了。子西站在楚国贵族阶层的立场来分析问题，所思所想完全没有离开贵族阶层的利益。所以孔子在谈到子西时不做评论，只说"彼哉，彼哉！"意思就是"他呀，他呀"，孔子言下之意就是"你自己去意会吧"。

管仲，名夷吾，齐国国相，是辅佐齐桓公称霸的功臣，其生活的时间在公元前723年到公元前645年之间，比孔子早一百多年。公元前685年，因鲍叔牙的推荐，担任齐国国相，辅助齐桓公成为春秋五霸之首。管仲对内大兴改革，富国强兵；对外尊王攘夷，九合诸侯，一匡天下。他也因此被誉为"华夏第一相"和"法家先驱"。

管仲"夺伯氏骈邑三百"，指的是管仲没收齐国大夫伯氏的三百里土地，导致伯氏穷困潦倒，吃粗茶淡饭，即所谓"饭疏食"。但是，伯氏一辈子对管仲没有怨言，所谓"没齿而无怨言"。管仲没收了别人的财产，还能让别人心服口服，毫无怨言，这是怎么做到的呢？这说明管仲断案讲原则讲方法，让人无可挑剔。所以，孔子评价管仲"人也"。这是个很高的评价，"人者仁也"，言下之意，管仲是个仁者。

而《论语》里，孔子"罕言利与仁"，很少夸谁是仁者。鲁国大夫季康子问孔子其弟子们仁还是不仁，孔子一概回答"不知道"。但是他却用"仁"来评价管仲，以至于孔子的学生都不太能理解。

《论语·宪问篇第十四》记：

子路曰："桓公杀公子纠，召忽死之，管仲不死，曰未仁乎？"
子曰："桓公九合诸侯不以兵车，管仲之力也。如其仁，如其仁!"

子贡曰:"管仲非仁者与?桓公杀公子纠,不能死,又相之。"

子曰:"管仲相桓公霸诸侯,一匡天下,民到于今受其赐。微管仲,吾其被发左衽矣。岂若匹夫匹妇之为谅也,自经于沟渎而莫之知也。"

孔子评价管仲"仁",子路和子贡均对此提出质疑。

子路说:"齐桓公杀了公子纠,召忽死了,管仲却不死,这不能说是仁吧?"子贡说:"管仲不是仁者吧?齐桓公杀了公子纠,管仲不死,还去辅助桓公。"两个弟子提出了相同的疑问。

齐桓公杀公子纠,所指何事呢?

据《史记·管晏列传第二》载:公元前698年,齐国国君僖公去世。齐僖公有三个儿子,长子诸儿,另两个分别是纠和小白,历史上称公子纠和公子小白。太子诸儿继承君位,是为齐襄公。公子纠和公子小白当然就是齐国的卿大夫了。管仲和好友鲍叔牙,两人分别辅佐公子纠和公子小白。

由于齐襄公与自己同父异母的妹妹文姜(鲁桓公夫人)乱伦被发现,齐襄公索性把自己的妹夫鲁桓公灌醉杀死。这样一场宫廷丑闻加宫廷暗杀事件,势必有引发齐国内乱和齐鲁之间战争的可能。为了躲避齐国即将发生的内乱,公子纠带着自己的家臣管仲和召忽逃到了鲁国,公子小白则带着自己的家臣鲍叔牙逃到了莒(jǔ)国。后来齐襄公被自己的堂兄公孙无知等人杀死,齐国大夫雍廪又把公孙无知杀了,齐国政治大乱,国内无君。

逃亡在外的公子纠和公子小白一见时机到了,连忙起程回国夺取君位。结果公子小白抢先一步出发。管仲带着30个士兵在莒国通往齐国的路上埋伏射杀公子小白，以阻挡公子小白回国继位。管仲对准公子小白一箭射中，公子小白应声倒下。管仲和公子纠都以为公子小白已死，便不慌不忙地往齐国走。而公子小白其实是诈死，在被刺杀之后，更加快马加鞭地飞速回到齐国。于是，公子小白率先到达齐国，当上了齐国国君，这就是齐桓公。

齐桓公即位后，当然要清算反对派。由于鲁国是公子纠的支持者（公子纠的母亲是鲁国人），齐桓公逼迫鲁国处死了公子纠，家臣召忽自杀殉主，管仲则被押回齐国。管仲的好友鲍叔牙因为辅佐公子小白（即齐桓公）夺得君位有功，获得了齐桓公的信任。在鲍叔牙的游说下，齐桓公不仅没有杀管仲，反而重用管仲为国相。管仲亦欣然从命，成为齐国国相，并辅佐齐桓公成就了春秋霸业。

管仲辅佐的原上司公子纠与齐桓公有杀身之仇，召忽尚且知道以身殉主，管仲不以身殉主也就罢了，还为自己上司的仇人做事，成了仇人的重要智谋之士。按照一般的理解，管仲这一做法是"不忠"的行为。这样一个"不忠"的人，怎么会配得上"仁"呢？

这就是子路、子贡不能理解的地方。然而，孔子的着眼点却不在这件事情上。孔子着眼于管仲当上齐国宰相之后所做的事。

齐桓公即位后，曾多次召举诸侯会盟。据《左传》记载，齐桓公在位期间，先后主持大小会盟多达16次，参与的诸侯有将近二十来个。其中，最有名的一次是在公元前651年，齐国召集各国诸侯会盟，成为中国历史上第一个充当盟主的诸侯，这次会盟史称"葵丘会盟"。这其实都是管仲的功劳。也就是所谓"桓公九合诸侯，不以兵车，管仲之力也"。管仲积极使用外交手段解决诸侯各国的纷争，避免了大规模战争带来的杀戮，这是孔子所看到的，也是孔子所要称赞的。因此，孔子说，管仲立的这一大功"如其仁，如其仁"。

除此之外，在管仲的辅佐下，齐桓公打着"尊王攘夷"的口号，赢得了很多诸侯的追随。他号令诸侯北伐山戎，南伐楚国，使中原各国免于戎狄南蛮之苦，维护了一方安宁。所以，孔子说"管仲相桓公霸诸侯，一匡天下，民到于今受其赐。"

"微管仲，吾其被发左衽矣。岂若匹夫匹妇之为谅也，自经于沟渎而莫之知也。"孔子认为，如果没有管仲，说不定中原一带已经被北方的山戎或南方的楚国兼并了，"披发左衽"是少数民族的习俗。汉族是束发右衽。这里"披发左衽"，代指沦为夷狄的统治。难道管仲应该像一般的"匹夫匹妇"那样，为了守小节，在小山沟里自杀也没有人知道吗？孔子言下之意是：成大事者不拘小节。况且公子纠和公子小白之间的斗争谈不上哪一方正义哪一方非正义，只不过是争权夺利而已。管仲保全了自己，客观上为社会的稳定做了更大的贡献。这就是孔子评论管仲的视角。

事实上，管仲能被称为"天下第一相"，不是没有道理的。管仲是中国历史上最早使用"以商止战"策略的人。由于与齐国接壤的鲁国和梁国都是大国，为了制衡打击这两个国家，管仲运用了贸易手段。据《管子·轻重戊第八十四》记载：鲁国和梁国的老百姓以织绨为业。绨，就是一种粗厚光滑的丝织品。管仲说服齐桓公带头穿绨（tí）衣，让绨衣在齐国迅速流行起来。由于齐国有了穿绨衣的风尚，对绨的需求量猛增。于是，管仲召集鲁国和梁国的商人，高价收购绨。鲁、梁两国人受到利益的驱使，纷纷从事绨的纺织，荒废了农事生产。正当鲁国和梁国大力开展绨织业生产的时候，齐国关闭了与两国的绨织品交易，导致两国经济受到损伤。

管仲积极使用贸易手段来制衡其他诸侯,避免了大量流血伤亡事件的发生。《史记·管晏列传第二》载:"管仲既任政相齐,以区区之齐在海滨,通货积财,富国强兵,与俗同好恶。"管仲特别注重发展经济,认为管理百姓的第一步是要让他们富裕起来,《管仲·牧民第一》云:"仓廪实,而知礼节;衣食足,而知荣辱。上服度,则六亲固;四维张,则君令行。"

《论语·八佾篇第三》记:

子曰:"管仲之器小哉!"

或曰:"管仲俭乎?"

曰:"管氏有三归,官事不摄,焉得俭?"

"然则管仲知礼乎?"

曰:"邦君树塞门,管氏亦树塞门;邦君为两君之好,有反坫。管氏亦有反坫,管氏而知礼,孰不知礼?"

前一章孔子称赞管仲"仁",而这一章孔子却说"管仲之器小哉!"

"器",本义是一条狗正破口大叫。后来本义消失,假借为器具。因为器具能容纳物品,所以又被引申为"才华、才能"。比如"庙堂之器",指的是治理国家的才能。孔门弟子中有不少治世之能臣,比如冉求、宰我有管理才能;公西华、子贡有外交才能;子路有军事才能。但是孔子轻易不称赞他们的才华,而是一直不断地勉励弟子们更进一步,强调"君子不器"。君子不仅仅要有治事之才能,还需要有德。有德者为君子。孔子曾经评价子贡是"器",认为他还没有达到君子的境界。可见,在孔子眼里,成为君子的关键是德行，而不是才能。

孔子说管仲是"器"，有安邦治国的才华；却又说他"器小"。为什么呢？

有人问管仲节俭吗？又有人问管仲知礼吗？孔子说管仲既不节俭，也不知礼。不节俭是因为管仲有三个公馆，娶了三个老婆，各家有各家的家臣，互不兼任，说明管仲是很奢侈的。不知礼的原因是国君有"树塞门"，管仲也有"树塞门"（大门前的壁，遮挡外面）。国君有"反坫"，管仲也有"反坫"（放置酒杯的矮茶几），换言之，国君有什么待遇，管仲就有什么待遇，显然已经违礼了。

在孔子看来，管仲虽有管理才能，但是在个人德行修养方面还有所欠缺。正如东晋学者孙绰所言："功有余而德不足，以道观之，不曰小乎？"以道观之，管仲亦还是不明于圣王之大道，所以孔子要说"管仲之器小哉！"

三、公叔文子

公叔文子，卫国贤大夫，卫灵公时期人。

《论语·宪问篇第十四》记：

公叔文子之臣大夫僎与文子同升诸公，子闻之，曰："可以为'文'矣。"

公叔文子推荐自己的家臣僎和自己一起做大夫，即"同升诸公"。

孔子听说这件事情，对公叔文子大加称赞，认为他以后可以用"文"来作谥号了。古人很重视死后的谥号，这代表了时人对自己一生或褒或贬或同情的评价。如果谥号"文"，则代表着有经天纬地之才，有厚博仁义之德。例如《论语》里出现的周文王、孔文子、季文子等。

《论语·宪问篇第十四》记：

子问公叔文子于公明贾曰："信乎，夫子不言，不笑，不取乎？"

公明贾对曰："以告者过也。夫子时然后言，人不厌其言；乐然后笑，人不厌其笑；义然后取，人不厌其取。"

子曰："其然？岂其然乎？"

看起来孔子和公叔文子没有什么交道，所以对公叔文子的了解来自于"闻"，都是听别人说的，以至于孔子向卫国人公明贾打听公叔文子的为人。

孔子听说公叔文子"不言""不笑""不取"，问公明贾这是不是真的。公明贾与公叔文子同为卫国大夫，对其比较了解，认为对公叔文子进行"不言、不笑、不取"的评价有失偏颇，并不客观。

公叔文子不是"不言、不笑、不取"，而是"言、笑、取"都有自己的准则和要求，不乱言乱笑乱取。公叔文子只在时机恰当的时候才说话，在快乐的时候才笑，符合义的财富才取，所以人们不会讨厌他说话和笑，也是不会讨厌他取财。

孔子听了后，觉得非常难以置信，感叹说"其然，岂其然乎？"是这样吗？真的是这样吗？这里面充满了惊叹。

四、宁武子

《论语·公冶长篇第五》记:

子曰:"宁武子,邦有道则知,邦无道则愚。其知可及也,其愚不可及也。"

宁武子,卫国大夫,谥号武子,曾在卫文公、卫成公时辅政多年。卫成公前期,国家形势安定,宁武子充分地施展了自己的才干和智慧,很有建树;后来卫国受到晋国的胁迫,国家形势错综复杂,他表现出很愚笨的样子,韬光养晦,等待时机。所以孔子说他"邦有道则知,邦无道则愚"。这和孔子对颜渊所说的"用之则行,舍之则藏"的观念是一致的。

孔子认为"邦有道则知"可以做得到,但是"邦无道则愚"则是不容易做到的。因为一般人都很难做到长期卧薪尝胆、韬光养晦,这需要非同寻常的忍耐力,要承受一般人难以想象的痛苦和压力。"其知可及也,其愚不可及也。"孔子的意思是,要像宁武子那样聪明或许可以达到,但要像他那样"大智若愚"却难以达到。

尧·舜·禹·文王·武王·周公

一、尧

尧、舜、禹，是圣王的代表，历代儒家所称颂的人物。通过了解《论语》中对古代圣王的描述、评价、赞叹，既可以了解孔子的思想，窥见儒家思想的源头，还可以了解中国古代的历史。

自炎帝黄帝之后，黄河流域先后出现了三位首领——尧、舜、禹。

尧为帝喾（五帝之一）的儿子，13岁受封祁地，以祁为姓，15岁定都于陶唐，又称陶唐氏。《史记·五帝本纪第一》载："其仁如天，其知如神。就之如日，望之如云。富而不骄，贵而不舒。黄收纯衣，彤车乘白马。能明驯德，以亲九族。九族既睦，便章百姓。百姓昭明，合和万国。"司马迁对尧极尽赞美之词，认为尧是"最理想的君主"。

《论语·泰伯篇第八》记：

子曰："大哉尧之为君也！巍巍乎，唯天为大，唯尧则之。荡荡乎，民无能名焉。巍巍乎其有成功也，焕乎其有文章！"

孔子对尧也给予了极高的赞颂。

"大哉！尧之为君也！"赞颂的口吻极其强烈，意思是"尧作为君王，真是伟大啊！"尧到底有多伟大呢？孔子用"巍巍乎""荡荡乎"来形容。"巍巍"，形容高大壮观的样子，有崇高伟大之意；"荡荡"，形容浩大宽阔的样子，有广博开阔之意。"焕乎"，形容光芒四射的样子。这些词都形容了尧的德行和功劳的伟大。

孔子说"唯天为大，唯尧则之"，意思是尧依照天道治理百姓，造就了万民同德、天下为公的大同世界，老百姓到现在都不知道该用什么语言来称赞他。"焕乎其有文章"，赞叹尧所创建的"文章"，光芒万丈。此"文章"并非现代人所说的文章，而是指文化规章，也就是"制度"。

通过孔子对尧的赞颂，可以看到孔子思想的源头。周朝的礼乐制度，是继承了三代圣王的结果。那么，尧做了些什么样的丰功伟绩呢？

尧的初期，国家是一个非常松散的部落联合体，不利于管理，尧根据政务的需要任命各种不同的官员，命百官各司其职，《史记·五帝本纪第一》载："乃编入百官，百官时序。"尧是中国历史上第一个建立起较为系统的国家管理制度的人。早在4000多年前的上古时期，中国就在尧的带领下开始了制度管理时代，这的确是人类发展史上的壮举。用制度来进行政治管理，意味着文明的进步，所以孔子盛赞尧"焕乎其有文章"。

在尧的时代，百姓因不知四时变化而耽误农时。尧组织观察天文，制定历法。《史记·五帝本纪第一》载："乃命羲和，敬顺昊天，数法日月星辰，敬授民时。……岁三百六十六日，以闰月正四时。"

尧把一年确定为366天,用闰月调整历法和四季的关系。百姓可以根据所颁授的农耕时令进行耕作,促进了农耕文明的发展。

不仅如此,尧勤俭廉洁,善听谏言。作为一代君王,住茅草屋,喝野菜汤,穿着葛藤做的粗布衣。《韩非子·五蠹》载:"尧之王天下也,茅茨不翦,采椽(chuán)不斫;粝粢之食,藜藿之羹;冬日麑裘,夏日葛衣;虽监门之服养,不亏于此矣。"同时,尧还愿意倾听百姓的意见,在宫门前设一张"欲谏之鼓",凡有意见的百姓可以鸣鼓受到尧的接见;在道路旁立一条"诽谤之木",令一人看守,百姓若有意见可以向守木的人陈述,并可以根据守木人的指引亲见到尧。这可能便是中国最早的信访制度。

尧还有一项重要的功德,就是开创了禅让制。《史记·五帝本纪第一》载:"尧知子丹朱之不肖,不足以授天下……授舜,则天下得其利而丹朱病;授丹朱,则天下病而丹朱得其利。"尧有一个儿子叫丹朱,但是"丹朱不肖",无德继承王位。尧"不以天下之病而利一人",为了天下人的利益,把王位禅让给了德才兼备的舜。

西汉刘向《说苑》曰:"尧存心于天下,加志于穷民,痛万姓之罹罪,忧众生之不遂也。"尧之所以受到后世的称赞,是因为他一心为民、大公无私、真心爱民,即"有一民饥则曰,此我饥也;有一人寒则曰,此我寒之也;有一民有罪则曰,此我陷之也"。

孔子所处的春秋时代,国与国之间征伐杀戮,父子与兄弟之间争权夺利,每个人只想着自己的私利,整个社会陷入了无序状态,民不聊生,与尧的圣德时代形成鲜明对比,这就是为什么孔子如此盛赞,如此怀念尧的原因。

二、舜

舜，名重华，号有虞氏。以德行和政治才能著称于世，被后世誉为一代圣王。《史记·五帝本纪第一》载："尧立七十年得舜，二十年而老，令舜摄行天子之政，荐之于天。"尧向上天举荐舜，使舜继承了天子之位。

舜有哪些伟大的德行和功绩呢？

《史记·五帝本纪第一》载："舜年二十以孝闻。"舜的父亲叫瞽叟，舜的母亲去世之后，另娶妻生象。"瞽叟爱后妻子，常欲杀舜，舜避逃；及有小过，则受罪。"其父亲、后母及同父异母的弟弟象三个人，对舜的虐待可以说是无所不用其极。《史记·五帝本纪第一》载："瞽叟尚复欲杀之，使舜上涂廪，瞽叟从下纵火焚廪。"瞽叟让舜爬到房上修房顶，然后从下面放火想烧死他。"后瞽叟又使舜穿井……舜既入深，瞽叟与象共下土实井。"瞽叟让舜下井去探井，等舜进去之后，往井里填土，想把舜活埋掉。可见，舜小时候的家庭成长环境是多么的恶劣。然而，"舜复事瞽叟，爱弟弥谨"，也就是说，舜并没有因为父亲和弟弟迫害他而憎恨他们，反而依旧孝顺父亲、爱护弟弟。

舜勤政为民，为老百姓办实事。《史记·五帝本纪第一》载："岁二月，东巡狩……合时月正日，同律度量衡，修五礼五玉三帛二生一死为挚……五月，南巡狩；八月，西巡狩；十一月，北巡狩。"舜日理万机，一年四季都在为国奔忙，从不懈怠。

《史记·五帝本纪第一》载："（舜）举八元，使布五教于四方，父义、母慈、兄友、弟恭、子孝，内平外成。"舜有治世之才，善用贤人，改革了管理制度。任命禹为"司空"，治理水土；任命稷为"田畴"，掌管农业；任命契为"司徒"，推行教化；任命皋陶为"士"，执掌刑狱；任命垂为"共工"，掌管百工；任命益为"虞"，掌管山林；任命伯益为"秩宗"，主持礼仪；任命夔为"乐官"，掌管音乐和教育；任命龙为"纳言"，负责发布命令，收集意见。还规定了三年考核制。在舜的管理下，国家制度日益完备，贤者居位，天下政治步入正轨。舜大公无私，不徇私利。"舜之子商均亦不肖"，于是，舜将天子之位禅让给了有德有才的禹，与尧同德。

《论语·泰伯篇第八》记：

> 子曰："巍巍乎！舜、禹之有天下也，而不与焉。"

孔子用"巍巍乎"来称赞尧舜，赞美尧和舜的崇高伟大。他们为什么崇高伟大呢？

孔子评价说"舜、禹之有天下也，而不与焉"。意思是尧舜拥有天下，但是不贪图个人享受，而是一心为民。此处的"与"字，指的是贪图富贵享受。

从孔子对尧舜的反复称赞可以看出，在孔子心里，什么样的帝王是好的帝王？一心为百姓着想的帝王就是好的帝王；什么样的天子是有德的天子？大公无私、勤政为民的天子就是有德的天子。孔子之所以反复拿尧舜出来讲，实际上是希望给那些身居高位的为政者树立一个榜样，希望他们能够学习尧舜这样的圣王之德，不要总想着个人私利。

《论语·卫灵公篇第十五》记：

子曰："无为而治者其舜也与！夫何为哉？恭己正南面而已矣。"

孔子赞叹舜治理天下是"无为而治"。他是怎么做到的呢？他只是"恭己正南面而已矣"，意思是，舜只是端正庄严地坐在自己的王位上而已。所谓"南面"，就是"面向南方"，古代天子"坐北朝南"，所以"南面"意味着天子之位。

做天子只需要"恭己正南面而已"，就可以做到"无为而治"，是不是很简单呢？

所谓"无为"，并不是什么都不做，而是不妄为，不胡作非为；所谓"恭己正南面"，是指严肃认真地做好自己天子的本分，守好自己的职责——为人民服务，让社会稳定，百姓安宁。无论是道家讲"无为而治"，还是儒家讲"无为而治"，都不是消极避世，而是强调不要妄为和胡作非为。在孔子看来，只有尧舜这样的圣王能够做到"无为而治"。

三、禹

禹，因治水有功，勤俭有德，接受了舜的禅让。禹在历史上最伟大的功绩是治理了滔天洪水。《庄子·天下第三十三》载："禹亲自操橐（tuó）耜（sì）而九杂天下之川。腓无胈，胫无毛，沐甚雨，栉疾风，置万国。禹大圣也，而形劳天下也如此。"他翻山越岭，勘察地形，疏通水道，引河入海。为了治水，三过家门而不入，风餐露宿，辛苦得连腿上的汗毛都磨光了，终于安定了天下。庄子称其为"大圣"。

在治水的过程中，禹走遍天下，熟悉各地地形、习俗、物产。《尚书·禹贡》载："禹敷土，随山刊木，奠高山大川。"他将天下划分为九州，九州分别为冀州、兖（yǎn）州、青州、徐州、扬州、荆州、豫州、梁州、雍州。时至今日，我们依然习惯于用"九州"来代指中国。

禹与尧舜一样，厥功至伟，是上古时代最令人敬佩的圣王之一。

《论语·泰伯篇第八》记：

子曰："禹，吾无间然矣。菲饮食而致孝乎鬼神，恶衣服而致美乎黻（fú）冕，卑宫室而尽力乎沟洫。禹，吾无间然矣。"

孔子在谈到禹时特别感慨，说"禹，吾无间然矣！"对于禹这个圣王，孔子已经找不到任何可以挑剔的毛病了。言下之意，禹太完美了。禹在孔子心里有多完美呢？孔子举出禹在日常生活中的一些例子来证明。

禹平时饮食简单，但祭祀鬼神的时候却很丰盛。这是为什么呢？《礼记·郊特性第十一》曰："魂气归于天，形魄归于地。"西汉韩婴《韩诗外传》载："人死曰鬼，鬼者归也。精气归于天，肉归于土。"也就是说，人死了之后就被称为"鬼"。鬼就是死去的人，代表逝世的祖先。这是古人的观念。神，在古代最早指"自然神"。古人认为万事万物皆有神，《礼记·祭法第二十三》载："山林川谷丘陵，能出云，为风雨，见怪物，皆曰神。"所以，"神"亦指大自然的一切。祭祀鬼神，表达的是对逝去祖先与山川自然的感恩与敬畏，所以要虔诚、隆重、庄严。

禹平时衣着粗陋简朴，祭祀的时候却打扮得十分庄重华美。祭祀时穿的礼服称"黻"，祭祀时戴的帽子称"冕"。这种盛装打扮表达的是尊敬与感恩。禹自己所住的宫室低矮简陋，却努力地兴修沟渠。"沟洫"，即田间用于灌溉的沟渠。

禹如此的无私奉献、廉洁自律，真是做到了无可挑剔啊！

这几章，孔子对尧舜禹给出了极高的评价，认为他们才是圣王的代表。孔子借古讽今，期望后世统治者能够以这样的圣王明君为榜样，致力于人民生活的安定与国家的强盛，而不是个人的权力、财富与地位。

四、周文王、周武王、周公

《论语》中，孔子反复称道古代圣王尧、舜、禹，也反复盛赞周朝初年的德治，对于周文王、周武王、周公三父子的德行充满了敬佩之情，非常怀念周朝初年安定的社会政治局面，力主恢复周朝礼制。

周文王，生活于公元前1152年至公元前1056之间，姬姓，名昌。周，本是商朝的诸侯，封西伯，所以文王又称西伯、西伯昌。周文王德行很高，敬老爱幼，礼贤下士，有才干的人纷纷投奔于他。《史记·周本纪第四》载："西伯曰文王……笃仁、敬老、慈少。礼下贤者，日中不暇食以待士，士以此多归之。伯夷、叔齐在孤竹，闻西伯善养老，盍往归之。太颠、闳夭、散宜生、鬻（yù）子、辛甲大夫之徒皆往归之。"这就是孔子经常所说的文王以德服人，"近者悦，远者来"。孤竹国在东边，离周地很远，伯夷叔齐也不远千里来归附。

商纣王担心文王势力渐大，威胁自己的统治，把他囚禁在羑里长达九年。传说周文王在羑里推演八卦，把易经八卦推演为六十四卦。辅佐文王的大臣闳夭等人从各处收集了很多美女、马匹等各种珍奇稀有的宝物，向纣王行贿。《史记·周本纪第四》载："乃求有莘氏美女，骊戎之文马，有熊九驷……献之纣。"商纣王很高兴，把文王释放了，并赐给文王兵器，命他去征伐其他诸侯。周文王向商纣王敬献洛西之地，请求废除残酷的炮烙之刑，得到纣王的允许。

文王在位时，"改法度，制正朔"，改革商朝律法制度，减省严苛的刑罚；制定新的历法，施行仁政。《尚书·无逸》载文王的德政："徽柔懿恭，怀保小民，惠鲜鳏寡。"周文王提倡"怀保小民"，大力发展农业生产；采用"九一而助"的政策，给农民划分田地，让农民助耕公田，纳九分之一的税（井田制的雏形）；实行"裕民政治"，有节制地征收租税，让农民有所积蓄，以增加农民的积极性。这些其实就是孔子所宣扬的礼乐制度的表现。周文王生活节俭、礼贤下士、勤政爱民、累善积德，作为一代明君的典范，受到后世的拥戴和称赞。

《论语·子罕篇第九》记：

子畏于匡，曰："文王既没，文不在兹乎？天之将丧斯文也，后死者不得与于斯文也；天之未丧斯文也，匡人其如予何？"

《史记·孔子世家第十七》载:"阳虎尝暴匡人,匡人于是遂止孔子。孔子状类阳虎,拘焉五日……匡人抱孔子益急,弟子惧。"据说孔子和阳虎长得有些像,大概个子都特别高吧。阳虎曾经对匡地的人施暴,所以匡地的人看到孔子来了,以为是阳虎来了,就把孔子围困起来,想要报仇。这就是"子畏于匡"。由于情况危急,生命危在旦夕,弟子们都感到害怕,让孔子赶紧逃走。

然而,孔子却心中坦然,说"文王既没,文不在兹乎?"周文王虽然已经去世了,但是他所开启的"文"不正是在自己这里吗?南宋思想家朱熹在《论语集注》中解释:"道之显者谓之文,盖礼乐制度之谓。"孔子称颂周文王,认为周文王的道,没有丧尽,还在自己身上。这其实是孔子赋予自己的人生使命,和孟子"当今之世,舍我其谁"有着相同的悲壮气概。正因为有这样一种大无畏的勇者气魄,孔子在面对危险的时候,才能乐观地面对。每当遇到危难之时,孔子往往还命于天,把自己的理想寄托于天。在孔子的心里,天是讲道理的,是公正的。而传布文武周公之道,乃是自己的天命,受了天的旨意,依照天理在做事情,何其惧也?所以,孔子反问:"匡人其如予何?"意思是匡人能把我怎么样呢?

周文王有十七个儿子,嫡长子伯邑考在与商纣王的政治斗争中被杀害。大约公元前1056年,文王死,嫡次子姬发继位,即周武王。武王继位后,继承父志,重用太公望(姜子牙)、周公旦、召公奭(shì)等人治理国家,国势日盛。公元前1046年,周武王联合其他部族,讨伐商纣王。武王联军与商纣王军队在牧野决战,商军大败,纣王自焚于鹿台,殷商灭亡,周朝建立。周武王为周王朝的开国君主。

周武王继位后对内重用贤良之才,使其各司其位,使周日益强盛；对外联合其他诸侯，壮大力量。

《论语·泰伯篇第八》记：

舜有臣五人而天下治。

武王曰："予有乱臣十人。"

孔子曰："才难，不其然乎？唐虞之际，于斯为盛；有妇人焉，九人而已。三分天下有其二，以服事殷。周之德，其可谓至德也已矣。"

这一章通过回忆历史人物舜和周武王，进而引出关于人才的讨论。

舜有五个大臣，天下就被治理好了。当然，舜一定不止五个大臣，所谓的"五人"是指舜最重要的五个大臣。西汉经学家孔安国中指出，这五人应该是指"禹、稷、契、皋陶、伯益"。

武王有"乱臣十人"。此处"乱"字很可能是衍文，应为"治"。不是"乱臣"而是"治臣"，是"贤臣"。根据三国学者何晏《论语集解》中的记录，这十人应该是指"周公旦、召公奭、太公望、毕公、荣公、太颠、闳夭、散宜生、南宫适、文母"，其中周公、召公，是周武王的弟弟；毕公、荣公是周成王的老师；太公望、太颠、闳夭、散宜生和南宫适，都是亲信大臣；文母，学者们大多认为是武王夫人邑姜。南宋思想家朱熹在《论语集注》中也认为"九人治外，邑姜治内"。这十个人共同辅佐武王，开创了周朝的八百年基业。

孔子感叹说："才难，不其然乎？"人才难得，难道不是这样吗？自尧舜以来，周武王时期的人才数量已经可算是盛况空前了，但也只有九人而已。实际上,周武王招纳天下贤士,当不止九人。但是在历史上可圈可点的人应该也不会多。

"三分天下有其二,以服事殷。"周文王被商纣王释放后,还赐给他兵器,命他讨伐周围那些"不听话"的诸侯。文王曾经评断过虞、芮两国的争讼,获得了诸侯的拥护,又征伐了西边的犬戎、密须等部落,灭掉周边的崇国,向东征伐了邘国和黎国等等,因此归附周文王的诸侯日益众多,以至于"三分天下有其二",势力已经非常大。但是周文王依旧"以服事殷",依旧听命臣服于商王朝。

周文王并没有因为自己的势力强大了,就越礼。这是孔子特别想肯定的。反观孔子所处的时代,各诸侯羽翼丰满后就不把天子放在眼里,得意忘形、僭越非礼,可以想象孔子对文王时代政治的怀念。所以,孔子盛赞"周之德"是"至德"。

周武王讨伐商纣王建立周朝仅三年,就因病去世。《史记·周本纪第四》载:"武王病。……后而崩,太子诵代立,是为成王。成王少,周初定天下,周公恐诸侯畔周,公乃摄行政当国。"

周公是周文王的第四个儿子,周武王的弟弟,也是周武王最得力的助手。周公常常劝诫武王顺德谋事,修德待时,对武王极尽辅佐之德。周武王建立周朝后,实行分封制,封山东曲阜给周公。周武王死后,由于武王的儿子成王年幼,周公要留在京城辅政,便让周公的儿子伯禽去了曲阜,建立了鲁国。故鲁国实际上是周公后人所建。周朝初年政权还很不稳固,商朝贵族武庚想复辟政权,东夷不服周朝统治想伺机反叛,周朝内部,周武王的弟弟管叔、蔡叔、霍叔等人不服周公的管理,几方势力联合起来发动叛乱,史称"三监之乱"。总而言之,周朝初年的政治统治面临着极大的挑战。周公亲自率师东征,诛杀武庚和管叔,流放了蔡叔,贬谪霍叔为庶民,平定了"三监之乱"。三监之乱后,周公乘胜向东进军,灭掉山东东部的五十多个国家,扫清了商朝外围的势力,把周朝的版图延伸到了海边。从此,诸侯全部归顺于周朝。周公在周武王的基础上,把周朝扩张成了一个东至大海,南到淮河流域,北至辽东的泱泱大国。

为了进一步稳固周王朝的统治,周公励精图治、勤勉治国。他在洛邑新建都城,召集天下诸侯举行盛大典礼,正式册封诸侯,"立七十一国,姬姓独居五十三"。《尚书·康诰》载:周公制礼作乐,为周朝创立典章制度,主张"明德慎罚",以礼治国,为后来"成康盛世"的出现奠定了基础。《史记·周本纪第四》载:"周公……兴正礼乐,度制于是改,而民和睦,颂声兴。"

周公制礼作乐,为何重要?为何一直为孔子及后世人所称颂?"礼",泛指一切的规章、制度、规矩,代表的是秩序,可对人的行为起约束和规范作用。"乐"的作用是陶冶人的情操,激发人内心的真实情感,配合礼来约束和规范人们的行为,其本质强调的是和谐。礼,代表秩序;乐,代表和谐。

礼乐制度与刑罚制度形成鲜明对比。礼乐制度是积极地激发人的真诚,依靠道德准则来规范和约束人的行为,强调的是教化;刑罚制度是消极地应对人的偏差性行为,强调的是惩罚。礼乐制度彰显出的是对人性的尊重,对人性善的肯定,这是时代的进步,文明的发展。

周公厥功至伟而急流勇退,摄政六年后还政于成王,以自己的丰功伟绩塑造了中国历史上辅相的典范。

《论语·述而篇第七》记:

子曰:"甚矣吾衰也!久矣吾不复梦见周公。"

孔子晚年,有一天对弟子说自己已经很衰老了,很久都梦不到周公了。这话听起来颇有些凄凉。这说明孔子平时经常梦到周公。否则孔子不会说"不复梦见周公"了。为什么会经常梦到周公呢?所谓"日有所思,夜有所梦",孔子一定经常想念着、研究着、学习着周公的学问和思想。

《论语·泰伯篇第八》记:

子曰:"如有周公之才之美,使骄且吝,其余不足观也已。"

孔子的意思是:作为一个为政者,就算他有周公那样卓越的才能,但是如果他为人骄傲吝啬,再卓越的才能也不值一提。这句话表达了孔子对德的重视。孔子敬佩周公,不仅欣赏其卓越的才能,更看重其崇高的德行。

五、先王遗训

在《论语·尧曰篇第二十》中还有一大段文字,记述了尧、舜、禹、文王、武王、周公等先王的遗训,十分精彩,值得读者注意。

尧曰:"咨!尔舜,天之历数在尔躬,允执其中。四海困穷,天禄永终。"

尧告诫舜，继承帝位，是上天赋予的使命，要"允执其中"，即真诚地执守先王内心的道，这个"道"本质上就是"全心全意为人民服务"；如果四方百姓困苦贫穷，那老天就会把帝位收回去，天子就当不成了。这句话彰显了儒家一个重要的价值观——天子虽然是奉天承运，但是如果做得不好，天是可以收回成命的。换句话说，天子如果失德，是可以被取消资格的。这就给了后世之商汤讨伐夏桀、武王讨伐商纣以至于一切失德之天子被赶下台以合理性。

舜亦以命禹。

舜也用这样的话来告诫禹。这些话都是圣王一代传至又一代的叮咛嘱咐，可谓用心良苦。

曰："予小子履，敢用玄牡，敢昭告于皇皇后帝：有罪不敢赦，帝臣不蔽，简在帝心。朕躬有罪，无以万方；万方有罪，罪在朕躬。"

这段话是谁说的呢？这是汤王在起兵讨伐夏桀时的告天之词。

商汤怀着无比恭敬虔诚之心，用黑色的马作为祭品，郑重其事，明明白白地给天报告：夏桀残暴，民有所怨，犯下不能够饶恕的罪行，这是不能被掩盖的，上天对这一切都知晓明白。君王一个人犯错，不能让万民来受过；万民犯错，应由君王一个人来承担责任。这说明，君王要替所有的百姓担起责任来，如果担不起这份责任，他就要被天惩罚。天就会收回他的成命，另立新的君王取代之。商汤讨伐夏桀的原因在《史记·殷本纪第三》中有记载："匪台小子敢行举乱，有夏多罪，予维闻女众言，夏氏有罪。予畏上帝，不敢不正。今夏多罪，天命记殛（jí）之。"

"周有大赉（lài），善人是富。"
"虽有周亲，不如仁人。百姓有过，在予一人。"

这是周武王讨伐商纣王时的誓词，是对大众的承诺。
"大赉"是丰厚的赏赐，"善人"是"贤能的人"。"周有大赉，善人是富"，意思是周得到了上天丰富的赏赐，得到这么多有贤能的人。人才济济，所以能安国兴邦。"虽有周亲，不如仁人"，这句话出自《尚书·泰誓》。周武王向百姓承诺：虽然周有亲人，但是周的用人标准是任人唯贤，而不是任人唯亲。如果百姓有过错，责任都在自己身上。这就是为君者应该有的担当。

谨权量，审法度，修废官，四方之政行焉。兴灭国，继绝世，举逸民，天下之民归心焉。
所重：民、食、丧、祭。宽则得众，信则民任焉，敏则有功，公则说。

自"谨权量"至最后"公则悦"，为孔子所言。
孔子在尧、舜、禹、武王等圣王训诫的基础上，进一步明确了治国的具体做法。
首先，"四方之政"如何施行？"谨权量"，就是统一度量衡，强调交易的公平性；"审法度"，就是审查礼法制度合不合适，恰不恰当，强调社会的秩序性；"修废官"，就是修正官职的岗位职责，任用合适的人才，强调官员的适配性。如果能够做到这几点，则天下的政治就能步上正轨，国家必然也会安定统一，人民安居乐业。

其次，"民心"如何归附？"兴灭国"，扶持恢复那些已经灭亡的诸侯国；"继绝世"，恢复那些失去家族祭祀的大夫们的祭祀权利；"举逸民"，荐举那些隐居乡野的人才。君子如此有情有义，则天下必然民心归附，国家必然安定统一，人民必然安居乐业。

再次，治国最重要的事情是什么？一个国家最应该重视的事情有四个方面：重民、重食、重丧、重祭。西汉经学家孔安国《论语训解》注："重民，国之本也；重食，民之命也；重丧，所以尽哀；重祭，所以致敬。"儒家一直强调作为君主的第一要义是全心全意为人民服务，这是重民；重食，本质上是重视民生，重视经济建设，强调发展生产；重丧重祭，是强调人文教化，通过丧礼祭礼，激发调动人的悲悯哀思和恭敬庄重之心。正如《孝经》所言："丧则致其哀，祭则致其严。"

最后，君主如何待人？"宽则得众"，强调宽厚待人，必能得到民众的拥护；"信则民任"，强调真诚待人，必能得到民众的信任；"敏则有功"，强调办事迅捷，不拖拉，必然能够完成好工作。"公则悦"，强调公平公正待人，不徇私情，必能使民众心悦诚服。假如一个君王能做到这几点，则是圣王之治了。

整一章看下来，孔子对尧、舜、禹、汤、武王等几代圣王的美德善政做了总结，归根结底，无非是强调以民为本。一切以民为本，则社会稳定、人民幸福。这一章可看作孔子民本思想在《论语》中最集中的表达。

参考文献

《论语正义》，刘宝楠撰，上海：商务印书馆，1935 年

《史记》，〔汉〕司马迁撰、〔宋〕裴骃集解、〔唐〕司马贞索隐、〔唐〕张守节正义，北京：中华书局，1982 年

《四书章句集注》，〔宋〕朱熹撰，北京：中华书局，1983 年

《说文解字注》，许慎撰、段玉裁注，上海：上海古籍出版社，1988 年

《论语集释》，程树德撰、程俊英、蒋见元点校，北京：中华书局，1990 年

《诸子文粹（上）》，文白对照诸子文粹编写组编译，哈尔滨：北方文艺出版社，1994 年

《论语正义》，刘宝楠、焦循注疏，北京：团结出版社，1996 年

《中国传统语言文字学》，徐超著，济南：山东大学出版社，1996 年

《诸子集成》，蔡元培著，长沙：岳麓书社，1996 年

《中国儒学史论》，陈翠芳著，厦门：厦门大学出版社，1997 年

《梵天庐丛录》，柴小梵著，太原：山西古籍出版社，1999 年

《苏格拉底的智慧》，〔古希腊〕苏格拉底著，刘烨、王劲玉编译，北京：中国电影出版社，2007 年

《论语新解》，钱穆著，北京：九州出版社，2011 年

《老子道德经注》，〔魏〕王弼注、楼宇烈校释，北京：中华书局，2011 年

《庄子注疏》，郭象注、成玄英疏，北京：中华书局，2011 年

《唐诗三百首》，王财贵主编，北京：北京教育出版社，2011 年

《孝弟三百千》，王财贵主编，北京：北京教育出版社，2012 年

《十批判书》，郭沫若著，北京：人民出版社，2012 年

《二十四孝》，齐艳霞编著，合肥：黄山书社，2012年

《孙子兵法》，〔春秋〕孙武撰，北京：中国言实出版社，2013年

《和圣柳下惠》，展恩华著，呼伦贝尔：内蒙古文化出版社，2013年

《图解说文解字》，唐译编著，北京：企业管理出版社，2014年

《中国文化史》，柳诒徵著，北京：中国和平出版社，2014年

《〈论语〉之道》，薛金学编著，济南：山东人民出版社，2014年

《说文解字》，〔汉〕许慎撰、〔宋〕徐铉等校定、愚若注音，北京：中华书局，2015年

《墨子》，方勇译注，北京：中华书局，2015年

《韩非子》，高华平、王齐洲、张三夕译注，北京：中华书局，2015年

《荀子》，方勇、李波译注，北京：中华书局，2015年

《管氏地理指蒙》，〔三国〕管辂撰、一苇校点，济南：齐鲁出版社，2015年

《论语注疏》，〔三国〕何晏注〔宋〕邢昺疏著，北京：中国致公出版社，2016年

《山海经》，方韬译注，北京：中华书局，2016年

《列子》，叶蓓卿译注，北京：中华书局，2016年

《古文观止》，〔清〕吴楚材、吴调侯编选，北京：中国文联出版社，2016年

《王阳明集》，〔明〕王守仁著，王晓昕、赵平略点校，北京：中华书局，2016年

《国语》，陈桐生译注，北京：中华书局，2016年

《清儒得失论》，刘师培著，长春：吉林出版社，2017年

《孔子家语》，王国轩、王秀梅译注，北京：中华书局，2018年

《礼记》，胡平生、张萌译注，北京：中华书局，2018年

《论语 孝经》，陈晓芬、胡平生译注，北京：中华书局，2018年

《周礼》，徐正英、常佩雨译注，北京：中华书局，2018年

《尔雅》，管锡华译注，北京：中华书局，2018年

《周易》，杨天才译注，北京：中华书局，2018年

《孟子》，方勇译注，北京：中华书局，2018年

《左传》，郭丹、程小青、李彬源译注，北京：中华书局，2018年

《诗经》，王秀梅译注，北京：中华书局，2018年

《说苑》，王天海、杨秀岚译注，北京：中华书局，2018年

《战国策》，〔西汉〕刘向辑，北京：民主与建设出版社，2018年

《全金元词》，唐圭璋编，北京：中华书局，2018年

《尚书》，王世舜、王翠叶译注，北京：中华书局，2018年

《吕氏春秋》，吕不韦著，哈尔滨：北方文艺出版社，2018年

《管子》，李山、轩新丽译注，北京：中华书局，2019年

《经学文献考论》，朱天助著，上海：上海三联书店，2020年

《竹简〈性自命出〉章句讲疏》，何益鑫著，上海：上海三联出版社，2020年

《西周》，李学勤主编、张广志著，上海：上海科学技术文献出版社，2020年

《韩诗外传》，〔汉〕韩婴撰、谦德书院译注，北京：团结出版社，2020年

《言子思想的当代传承和价值》，陈颖主编，扬州：广陵书社，2021年

《中国服饰文化》，李燕、罗日明编，北京：海豚出版社，2022年